KB274101

沙川集 草藁

■ 편저자 **김근태** 金槿泰
- 숭실대학교 대학원 국어국문학과 졸업(문학박사)
- 서울교육대학교 강사
- 『한국 고소설의 서술방식 연구』 지음

■ 감수자 **남윤수** 南潤秀
- 서울대학교 문리과대학 중어중문학과 졸업
- 고려대학교 대학원 국어국문학과 졸업(문학박사)
- 강원대학교 사범대학 한문교육과 교수

■ 역자 **양승이**
- 고려대학교 대학원 국어국문학과 박사과정 수료
- 육군사관학교 · 한국방송통신대학교 강사
- 『양씨보감(梁氏寶鑑)』 공저

■ 역자 **양규석**
- 김부윤(설월당 문집) · 광주향교 기문 번역, 눌재 양성지 문집 공동 번역

서울역사문화인물발굴총서 1

사천집 초고 沙川集草藁

초판인쇄 2005년 2월 15일
초판발행 2005년 2월 20일

발 행 처 **서울역사문화포럼**(대표/박경룡)
저 자 심 제
편 저 김 근 태
번 역 양승이 · 양규석
감 수 남 윤 수
펴 낸 이 이 찬 규
펴 낸 곳 선 학 사
등록번호 제10-1519호
주 소 121-802 서울시 마포구 공덕동 173-51
전 화 (02) 704-7840
팩 스 (02) 704-7848
이 메 일 sunhaksa@korea.com
홈페이지 www.ibookorea.com

값 20,000원

ISBN 89-8072-183-8(93090)

본서는 2004년도 서울문화재단 서울문화재단 으로부터 시민문화예술지원사업으로 번역비의 일부를 지원받았습니다.

서울역사문화인물발굴총서 1

沙川集草藁

사천집초고

심제(沈濟) 저 — 서울역사문화포럼 기획 — 김근태 편저 — 양승이 · 양규석 번역

선학사

目次

사천집초고沙川集草藁 권지일 (양승이 번역)

【 시(詩) 】

사천집초고沙川集草藁 권지이 (양승이 번역)

사천집초고沙川集草藁 권지삼 (양규석 번역)

사천집초고沙川集草藁 권지사 (양규석 번역)

머리말

본 서울역사문화포럼은 역사문화 관련의 보존·교육 등 활동과 지역사 연구로 서울의 전통문화 발전에 이바지하며, 서울지역 문화예술에 대한 전 국민의 지식을 드높이고, 문화재 보존·수호운동을 목적으로 설립하였다. 그리하여 연구활동 사업으로 학술 심포지엄 및 학술 강연회를 개최하며, 학술지의 발간 및 도서 간행을 하기로 하였다. 서울의 역사문화 인물의 행적(行績)과 예지(叡智)를 살피는 일은 한국사의 흐름을 올바르게 이해하는 첩경(捷徑)이 될 것이며, 이들의 혼(魂)과 정신을 재조명함으로써 자라나는 후손들이 계승, 발전시킬 수 있을 것이다.

본 회가 민족과 역사를 이끌어 온 선인들의 발자취를 밝혀내어 이를 수록, 정리하기로 한 것은 급변하는 오늘의 시점에서 중차대(重且大)한 일이라고 할 수 있으므로 매년 서울의 역사문화 인물을 발굴, 그의 문집을 번역하여 보급하기로 하였다. 이에 따라 그 첫 번째 총서 1권으로 조선후기의 '8문장'의 한 사람으로 꼽는 사천(沙川) 심제(沈儕 : 1597~1649) 선생의 문집 『사천집 초고(沙川集草藁)』를 번역, 발간하기로 하였다.

사천 심제 선생은 본관이 풍산(豊山)으로 임진왜란 중인 선조 30년(1597) 4월 10일에 출생하여 인조 6년(1628) 32세에 별시문과(別試文科)에 급제하고, 이듬해 인조 7년에 알성문과(謁聖文科)에 장원급제하였다. 이어서 그는 사간원 정언(正言)·지평(持平)·이조정랑(吏曹正

郎) 등의 청요직(淸要職)을 역임하고, 인조 26년(1648) 전주부윤(全州府尹 : 종2품)에 부임하였다가 이듬해 1649년에 재임중 서거하였으며, 참판으로 추서(追敍)되었다.

그의 문집은 손자 심주한(沈柱漢)이 숙종 42년(1716)에 심제 선생이 쓴 일기 책력 10 여권을 발견한 후 집필원고를 찾아서 따내어 기록하고, 친구의 집에 흩어져 있는 것을 구하여, 합한 다음 이를 시(詩) · 잡저(雜著) · 책(策) · 표(表) · 전문(箋文)으로 분류하여 그 이듬해에 건 · 곤(乾坤) 두 권의 책으로 정서하고 발간하지는 않았다.

본 회는 뒤늦은 감은 없지 않으나 자료가 산실(散失)되기 전에 서울지역에 거주하였거나 관련된 유명 인물을 밝혀 서울의 혼과 숨결을 계속적으로 밝혀 나갈 것이다.

이 책이 나오기까지 자료를 발굴하고 번역서를 기획한 김근태 박사가 「사천 심제 선생의 생애와 문학」을 집필하였다. 양승이 선생은 『사천집초고(沙川集草藁)』 건(乾)편, 양규석 선생이 곤(坤)편을 번역하고, 강원대학교 남윤수 교수가 원고 감수를 맡아 주셨다. 위 분들의 노고에 심심한 사의를 표하며, 이 책의 발간을 위해 물심양면으로 협조해 준 서울문화재단과 강서(江西) · 양천(陽川)의 풍산심씨(豊山沈氏) 성심회(盛沈會)에 깊이 감사드린다. 그리고, 요즈음 같이 출판 사정이 어려운 때에 선뜻 이 책을 내기로 결정한 선학사의 이찬규 사장님께 진심으로 고마움을 나타내고자 한다.

2005년 2월 10일

서울역사문화포럼 회장 박경룡

사천 심제 공의 생애와 문학

〈김근태 연구〉

1. 시작하면서

사천 심제 공은 풍산 심씨 17세손으로 1597년(선조 30)에 출생하여, 1649년(인조 27)에 돌아가신 분이다. 그는 서울에 근거를 두고 살았던 17세기 중기의 정치인이자 시인으로 당시에 8문장으로 이름난 분이었다.

하지만 지금까지 그에 대한 소개가 전혀 없었을 뿐만 아니라, 작품에 대한 문학사적인 평가도 전혀 이루어지지 않았다. 이러한 이유는 일차적으로 〈풍산심씨세보〉 이외에 그에 대한 자료가 없었던 데에 기인한다. 그런데, 필자가 수년 전부터 풍산 심씨 선현들의 자료를 정리하는 과정에서, 문중사 편집실의 심현탁 선생으로부터 심제 공의 〈사천집초고(沙川集草藁)〉가 서울대학교 규장각에 소장되어 있다는 사실을 알게 되었다.

규장각에 확인한 결과, 아주 양호한 상태로 이 자료가 보관되어 있음을 확인하고, 필자는 이 자료가 17세기 중반 문인의 문집으로 발굴하여 번역할 필요성이 있음을 깨닫게 되었다. 그런데 여러 과정을 거쳐, 〈사천집초고〉를 번역하는 일을 성사시킨 후에도, 필자는 심제 공의 생애와 문학에 대한 정리를 하지 않으면 안 된다는 일종의 의무감에 사로잡히게 되었다. 이에 필자는 조선왕조실록 등의 사료를 모두 검토하여 심제 공의 생애를 입체적으로 복원하는 동시에 그의 문학사적 위치도 처음으로 가늠해 보는 자리를 마련하게 된 것이다.

필자는 우선, 여러 가지 사료들을 바탕으로 하여, 심제 공의 생애를 몇 단계로 나누어 정리해 보고자 한다. 그리고 그의 문학 작품들을 중심으로 그의 문학적 경향과 특징들을 분석하여 문학사적인 평가의 자료로 삼고자 한다. 필자의 연구를 통해 서울시의 역사문화를 빛낼 수 있는 중요한 인물의 실제를 새롭게 밝힐 수 있기를 기대한다.

2. 생애의 복원

(1) 풍산 심씨의 가계

사천 공의 생애를 검토하기 전에, 조선왕조실록의 기록을 중심으로 그의 선계(先系)를 일별(一瞥)함으로써 그의 생애를 좀더 깊이 있게 이해하는데 참고하고자 한다.

풍산 심씨(豊山沈氏)는 중국(中國) 오흥(吳興 : 지금의 절강성 북구와 태호 남쪽 기슭에 위치한 지명) 출신인 심만승(沈滿升)이 고려 예종조에 우리 나라에 와서 문장과 행의(行義)로 국가 문치에 기여하여 상서봉어와 태자첨사에 오르고 태백산(太白山) 아래인 풍산현(豊山縣)에 정착한 데에서 기원한다.

그후 시조 심만승의 8세손인 승경(承慶)은 고려 말에 전농시사(典農寺事)와 상호군(上護軍)을 역임하다가 폭정이 날로 심해지자 이를 개탄하여 벼슬을 버리고 향리(鄕里)로 돌아와 시서(詩書)로 자오(自娛)하며 여생을 마쳤고, 그의 아들 구령(龜齡)이 조선 초기에 크게 현달하여 가세(家勢)를 일으키게 된다.

심구령은 1398년(태조 7) 제1차 왕자(王子)의 난에 대장군(大將軍)으로 방원(芳遠)을 도와 박원길(朴元吉)과 정도전(鄭道傳)을 축출하는

데 공을 세웠으며, 1400년(정종 2)제2차 왕자의 난에도 방원에게 가담하여 그가 태종으로 즉위하자 좌명사등공신(佐命四等功臣)이 되고 천추사로 명나라에 다녀와 풍천군(豊川君)에 봉해졌다. 1408년(태종 8)에는 조전절제사(助戰節制使)로 전라도 연안에 침입한 왜구를 격파하여 크게 무명(武名)을 떨쳤다.[1]

구령은 아들 3형제를 두었는데, 장남 보(寶)는 한성부윤과 충청도 절제사를, 차남 실(實)은 군수(郡守)를, 막내 치(寘)는 목사(牧使)를 역임하여 가통(家統)을 이었다. 심실의 아들로 백부(伯父)인 심보에게 출계(出系)했던 심주(沈冑)는 문과(文科)에 급제하여 여러 청환직(淸宦職)을 거쳐 이조 참판(吏曹參判)에 올랐다.

목사 치(寘)의 둘째 아들 응(膺)은 세조(世祖) 때 이시애(李施愛)의 난을 진압한 공으로 적개이등공신(敵愾二等功臣)으로 풍산부원군(豊山府院君)에 봉해지고[2] 영의정(領議政)에 추증되었다. 심응은 원(元), 형(亨), 정(貞), 의(義) 등 네 아들을 두었다.

심원, 심형, 심정은 상중에 중종반정에 참여하여[3] 심형과 심정이 정국삼등공신(靖國三等功臣)[4]으로 심형은 풍창군(豊昌君), 심정은 화천군(花川君)에 봉해졌다. 심정은 좌의정(左議政)에 올랐고 심의는 소격서령(昭格署令)을 역임함으로써, 네 형제가 가문을 반석 위에 올려놓는 계기가 되었다.

심정의 아들인 사손(思遜)은 비변사 낭관(備邊司郎官)으로 야인(野人) 정벌에 공(功)을 세웠고 교리(校理) · 병조 정랑(兵曹正郎) · 수찬(修撰) · 응교(應敎) · 사인(舍人) 등을 거쳐 만포진 첨절제사(滿浦鎭僉

1) 조선왕조실록, 태종 025 13/06/20(정묘), 풍산군 심귀령의 졸기

2) 조선왕조실록, 세조 044 13/11/02(갑자), 공신연을 베풀다. 적개 공신 귀성군 이준 등이 치사하니, 교서를 반사하다②

3) 조선왕조실록, 중종 002 02/03/18(신유), 숙의 나씨 · 박씨의 부친의 일 · 가은대 · 심원의 일을 의논하다

4) 조선왕조실록, 중종 001 01/09/08(갑신), 공신을 책정하다

節制使)가 되어 변방 방어에 힘썼으나 야인들의 습격을 받아 살해되고 말았다.

심정의 셋째 아들로 백부(伯父)인 심원에게 출계(出系)했던 사순(思順)은 1517년(중종 12), 별시(別試)에 급제하여 호당(湖當)에 뽑히고 사가독서(賜暇讀書)를 한 후 홍문관 부제학(弘文館副提學)에 올랐으나 익명서(匿名書) 사건으로 김안로의 무고(誣告)를 받아 고문을 받던 중에 죽었다.

사손의 아들 수경(守慶)은 1546년(명종 1) 식년문과에 장원으로 급제, 사가독서(賜暇讀書)를 하였고, 1552년 검상(檢詳)을 거쳐 직제학을 지냈다. 대사헌과 8도 관찰사를 역임하였으며, 청백리에 뽑혔다. 1590년(선조 23)에는 우의정에 오르고 기로소에 들어갔으나, 1592년 임진왜란이 일어나자 삼도체찰사가 되어 의병을 모집하여 많은 전공을 세우기도 하였다. 그 이듬해 영중추부사가 되었다가 1598년 치사(致仕)하였다. 특히 그는 유학자(儒學者)이면서도 무예(武藝)에 뛰어나 말을 달리며 활을 쏘는데 오발사중(五發四中)을 하여 무공(武功)을 떨쳤으며, 문장과 글씨에 능하여 많은 책을 저술하였다고 전한다.

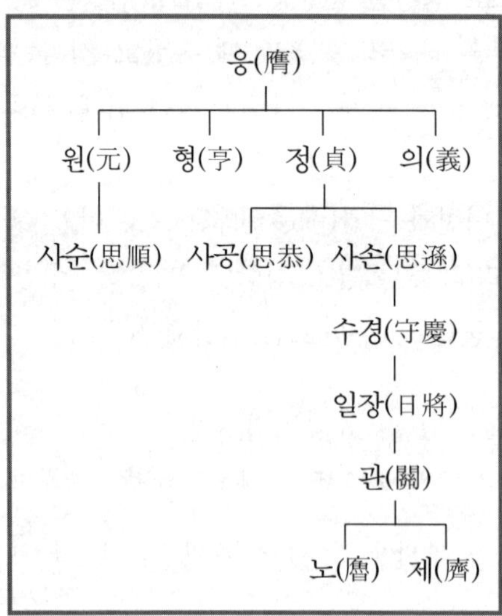

그가 개성 유수(開城留守)로 나갔을 때 당시 미신으로 귀신을 섬기는 음사(淫祠)가 많이 있었는데 궁중(宮中)과 연관을 맺어 복(福)을 비는 곳으로 되어 있어 관에서도 손을 쓰지 못했던 것을, 사당집을 불사르고 무당들을 잡아 가두어 없앴다. 이에 문정왕대비(文政王大

妃)가 크게 노하여 맨 먼저 주장한 유생을 잡아 가두게 하니 수경은 "모든 것이 내가 한 일이므로 유생은 죄가 없다" 하고 자핵소(自劾疏)를 올렸으나 왕은 가상히 여겨 벌을 주지 않았다.

수경의 아들인 일장(日將)은 조산대부 행사근도찰방(朝散大夫行沙斤道察訪)으로 이조참의(吏曹參議)를 증직 받았다.[5] 한편, 일장의 아들 심관(闢)은 호조정랑을 역임[6]했으나 40세에 일찍 숨졌다. 큰아들인 심노(廬)가 원종공신(原從功臣)이 됨에 따라 좌승지(左承旨)에 증직되었고, 작은아들인 심제(儕)가 부윤(府尹)이 됨에 따라 도총관(都摠管)의 벼슬이 더해졌다.[7]

지금까지 훑어본 것처럼, 풍산 심문(沈門)은 조선 초기 심귀령이 태종의 즉위를 도와 좌명사등공신(佐命四等功臣)에 책록된 것을 비롯하여, 세조 때 심응이 이시애 난을 평정하는데 참가하여 적개이등공신(敵愾二等功臣)에 녹훈되고, 심정 형제들이 연산군을 축출하고 중종을 옹립하는데 참가하여 정국삼등공신(靖國三等功臣)에 서훈된 것을 통해 모두 군호(君號)를 받아 명실공히 조선시대의 명문 벌족을 형성하였음을 알 수 있다.

가문을 이렇게 빛낼 수 있었던 것은 언제나 역사의 가장 중심부에서 중추적인 역할을 자임했던 인물들이 있었기 때문이다. 심문의 인물들은 대부분 문무(文武)를 겸전(兼全)한 인물들로 조선왕조실록의 여러 곳의 기록에서 평가되고 있다.

예컨대 대장군이었던 심구령을 제외하고서라도, 문필로 당대에 유명했던 문신이었던 심정은 궁중의 활쏘기대회인 관사(觀射)에서 자주

---

5) 풍산심씨세보, 1963년.

6) 풍산심씨세보에는 호조정랑만이 기록되어 있으나, 실록에는 이밖에도 평양 판관(平壤判官, 선조 140 34/08/20), 의성 현령(義城縣令, 선조 171 37/02/1), 사헌부 감찰(선조 179 37/09#10), 함흥 판관(咸興判官, 선조 180 37/10/12) 등을 역임한 것으로 기록되어 있다.

7) 풍산심씨세보, 1963년. 그러나 〈추후하여 증직한 아버님과 어머님께 제사를 올린 축문(追贈祭先考妣祝文)〉(사천집 189)에는 사헌부 대사헌에 증직된 것으로 나와있다.

우등을 차지했으며, 심수경은 77세에도 의병을 모집하여 출전했을 정도였다. 무재(武才)가 있어 유장(儒將)으로 평가 받은 사람도 심정, 심수경, 심제 등을 아우를 수 있다.

그러나 혁혁했던 심문에도 위기가 닥치게 된 것은 심정의 정치적 과오로 인한 것이었다. 중종반정의 공신들이 신진(新進) 사류(士類)인 조광조(趙光祖) 등의 개혁정치에 불만을 느껴 이들을 제거하여 기묘사화가 일어난 것이다. 심정은 이 기묘사화의 주모자로 세인들의 비판을 받게 되었을 뿐만 아니라, 이어지는 김안로(金安老)와의 권력 투쟁 과정에서 자신도 몰락하는 결과를 빚고 말았다.

가문의 위기를 구하고 다시 부흥시키게 된 것은 심수경에 이르러서이다. 그는 조부인 심정으로 인해 실추된 가문을 되살리는데 가장 심혈을 기울였다. 그 결과 한때는 심정의 손자라는 선입견도 많았지만, 선대의 잘못으로 인재 등용에 제한을 두어서는 안 된다는 좋은 예가 되었다. 심수경의 노력이 조부인 심정에 대한 세인들의 인식을 불식시켰다는 평가는 실록의 여러 군데에서 보인다.

> 심정(沈貞)의 손자로 제술(製述)의 재능과 우애(友愛)의 행실이 있었다. 시세에 따라 처신을 잘하여 남에게 미움을 받지 않았기 때문에 조부로 인해 버림받지 않았다.[8)]

> 사람됨이 근약(覲約)하게 처신하고 전고(典故)에 밝았으며 마음가짐이 안정되고 시류에 아부하지 않아 선세(先世)의 허물을 덮을 만했다. 그러나 규모가 협소하고 공을 세울 만한 재능이 없어 사람들이 단점으로 여겼다.[9)]

---

8) 조선왕조실록, 명종 029 18/10/28(계유)

9) 조선왕조실록, 선조 048 27/02/15(갑자), 심수경을 봉상시 제조(奉常寺提調)로 제수하는 기사

심수경은 심정(沈貞)의 손자로 청현직(淸顯職)을 역임하여 자기 할아버지의 죄악을 덮기에 충분하였다. 이번에 이 치사를 정한 일은 더욱 당시 사람들 중에 뛰어났으니, 요즘에 와서 보기 드문 재상이다. 다만 임진왜란 당시 호종(扈從)을 못했다 하여 이제 80이 넘은 나이로 건의대장(建義大將)이라 자칭하고 해적(海賊)을 토벌하겠다고 하였는데, 그것으로 그의 죄과가 속죄될 수 있을는지 모르겠다.[10)]

(2) 가문의 정치적 경향

한편, 풍산 심씨 가문의 정치적 경향을 가늠해 보는 것도 심제의 생애를 이해하는데 큰 도움이 될 것이다.

잘 알려져 있듯이 선조대왕 시대는 동인(東人)과 서인(西人)이 분당되고, 동인에서 다시 남인(南人)과 북인(北人)이 나뉘었으며, 북인은 다시 대북(大北)과 소북(小北)으로 나뉘는 붕당 정치의 혼란기였다.

정철, 윤두수, 윤근수를 필두로 한 서인과 이산해, 유성룡을 중심으로 동인이 정치적으로 대립하다가, 1591년(선조 24) 왕세자 책봉을 건의하는 건저(建儲) 사건에서 정철이 동인의 계략에 빠져 귀양을 가게 되자 서인은 권력의 주도권을 잃게 되었다. 그리고 동인 내에서는 다시 정철에 대한 처리를 강경하게 하자는 북인과 온건하게 마무리하자는 남인으로 분파되기에 이른다. 더 나아가 북인은 1599년(선조 32)에 홍여순(洪汝諄)을 대사헌으로 임명하는 일에 찬성하는 대북과 반대하는 소북으로 분당하기에 이르렀는데, 대북과 소북은 광해군의 옹립에서도 의견이 나뉘게 되었다. 마침내 1608년 광해군이 등극하자 그를 지지하던 대북이 권력을 독점하고 이를 반대하던 소북은 이후 15년간 정치적으로 소외되기에 이르렀다.

---

10) 조선왕조실록, 선조 099 31/04/13(정묘), 심수경이 치사(致仕)할 것을 청하는 기사

심씨 가문을 다시 일으킨 심수경은 명종과 선조 때에 홍문관직제학과 사헌부대사헌, 성균관대사성을 비롯하여 영중추부사를 역임하였는데, 어느 당파에도 기울지 않고 공정한 위치에서 사람들의 신망을 잃지 않았다. 하지만 임진왜란 직전에 우의정이었던 심수경은, 서인인 좌의정 정철과 개인적 교분이 두터워 여러 편의 시를 주고받을 정도였다.

그 후, 심수경의 아들인 심일장이 크게 현달하지 못했고, 손자인 심관은 외직인 함흥판관으로 재직 중에 1608년(선조 41) 6월 사망했다. 이런 상황에서 심노와 심제 형제는 늦은 나이에 환로(宦路)에 나오게 되었다. 얼핏 본다면 이들이 늦은 나이에 벼슬에 나온 것은 가정사로 인한 문제였다고 볼 수 있다.

그런데 심노가 34세라는 늦은 나이에 벼슬에 나온 것에 대해, 〈풍산심씨세보〉에는 "30세가 넘어 벼슬에 나왔다"[11]고 했고, 27세에 과거에 급제한 심제에 대해서는 "계해년 이전에는 과거를 보지 않았다"[12]고 기록했다. 이 부분이 바로 심씨 가문의 정치적 경향을 가늠할 수 있는 대목이다.

〈풍산심씨세보〉의 표현을 통해 이들 형제가 특정한 시기 동안 의도적으로 과거 응시를 하지 않았다는 것을 알 수 있는데, 이를 방증이나 하듯이 형제는 함께 1624년(인조 2)이 되자 기다렸다는 듯이 생원시와 진사시에 응시하는 것이다. 1624년은 광해군을 축출한 인조반정이 일어난 이듬해로 대북파가 실각하고 소북이 집권하는 시기임을 상기한다면, 심노 심제 형제는 세자의 지위가 위태롭던 광해군이 즉위하고 대북이 정권을 장악한 이후부터 광해군이 축출되고 대북이 실각하기까지의 기간에는 일부러 출사를 하지 않았다고 할 수 있다.

그러므로 지금까지의 논의로 미루어볼 때, 심노와 심제 형제가

---

11) 풍산심씨세보에는 "萬曆庚寅正月二十日生 逾立筮仕"로 되어있는데, '筮'은 '筮 '의 오기로 "逾(而)立筮仕"로 보면, "30세를 넘어서 처음 벼슬에 나아갔다."로 풀이해야 한다.

12) 풍산심씨세보, "萬曆丁酉四月十日生 癸亥以前不赴擧"

환로(宦路) 진출에 장애가 되었던 것은 부친인 심관이 일찍 죽었던 사실만이 아니라 정치적으로 대북파의 반대에 서 있었던 소북파의 대응에서 연유하고 있음을 주목할 필요가 있다.

풍산 심문이 정치적으로 소북에 근거하고 있음은 심일장이나 심관에 관한 직접 자료를 통해 논증하는 것이 가장 바람직할 것이다. 하지만 심일장이 현달하지 못했고, 심관은 일찍 사망하여 구체적인 자료가 남아 있지 않아 이를 제시하기에는 한계가 있다. 그래서 심노와 심제의 관련 인물들에서 풍산 심문의 정치적 성향을 살펴보는 방법을 택하고자 한다.

예컨대 심노의 첫 부인의 아버지인 이명(李溟)은 대표적인 소북파 인물로, 광해군 초에 평안도어사·이조정랑 등을 지내면서 이이첨(李爾瞻) 등의 정책에 반대하여 사임하고, 1613년 응교로 있으면서 영창대군(永昌大君)에게 죄주는 것의 부당함을 주장하다가 파직된 인물이다. 소북의 인물들이 1623년의 인조반정 시에 대거 벼슬길에 재등용 되듯이 그도 전라도관찰사에 특진되었던 것이다. 또한 심제가 〈사천집초고〉에서 수많은 만장을 쓴 것은 대부분이 소북계 인물들이었는데, 이들에 대해서는 심제의 생애사를 언급할 때 자세히 검토할 것이다.

(3) 생애의 단계별 구분

지금까지 심제의 생애를 깊이 있게 이해하기 위한 배경으로 풍산 심문의 가계와 정치적 성향의 일단을 검토해왔다. 이제부터는 심제의 생애를 각종 사료를 통해 복합적으로 재구성하여 검토해 볼 단계에 이르렀다.

필자는 심제의 생애사를 다음과 같이 크게 네 단계로 구분할 수 있다고 생각한다.

첫째, 출사를 준비하던 시기 - 출생 (1597년, 선조 30 丁酉)~27세 (1623년, 인조 1, 癸亥)

둘째, 문재(文才)를 발휘하던 시기 - 28세(1624년, 인조 2, 甲子)~35세(1631년, 인조 9, 辛未)

셋째, 청환직(淸宦職)에 나아간 시기 - 37세(1633년, 인조 11, 癸酉)~45세(1641년, 인조 19, 辛巳)

넷째, 지방관에 나아간 시기 - 46세(1642년, 인조 20 壬午)~53세 (1649년, 인조 27, 己丑)

1) 출사를 준비하던 시기

출생(1597년, 선조 30 丁酉) ~ 27세(1623년, 인조 1 癸亥)

부친인 호조정랑(戶曹正郞) 심관(沈關)과 모친 창원 황씨(우찬성(右贊成) 식암(息菴) 황섬(黃暹)의 딸) 사이에서, 1597년(선조 30) 4월 10일에 출생하였다. 부친이 내직에 있었기 때문에 서울에서 출생했다.[13] 자(字)는 자미(子美), 호(號)는 사천(沙川)이었다.

심제가 출생했을 당시 이미 위로는 일곱 살 위인 이복형 심노가 있었다. 심노의 모친은 의령남씨 의천군(宜川君) 나주목사 남유(南瑜)의 딸이었다. 심노는 1590년(선조 23)에 서울에서 출생하였는데, 자는 원직(元直), 호는 죽사(竹沙) 또는 죽계(竹溪)였다.

형제간의 우애가 남달랐음은 심제의 시에 여러 차례 기록되어 있다. 그래서 심제에 대해 이해하기 위해서는 두 사람의 관계를 빼놓을 수 없다.

---

13) 그는 여러 곳에서 성서(城西)에 자기의 옛 집이 있다고 했는데, 여기에서 성서는 현재 서울시 강서구 가양동 일대로 이곳에는 일찍이 심정이 지은 소요정이 있었고, 방화동의 개화산에는 선영이 있다. 다음 싯구를 참조할 만 하다. "나는 성 서쪽으로부터 왔고 (自我城西來) / 아름다운 이웃이 사는 곳 점쳐 사니 기쁘네 (喜得芳隣卜) / 지금 삼십년이 되었는데 (于今三十年) / 사귄 정은 오랠수록 더욱 돈독해지네 (交情久逾篤)" 〈양근 윤응지의 만사 (挽尹楊根應之)〉의 7~10행, 사천집 162.

심노가 34세, 심제가 27세 되던 1623년(인조 1 癸亥) 이전까지는 과거에 응시하지 않았다. 부친이 일찍 사망하여 가정사적인 어려움에도 원인이 있었겠지만, 대북에 반대한 소북에 가담했기 때문으로 보인다. 1608년 광해군이 즉위하자 정권을 장악한 이이첨, 정인홍 등의 대북 세력은 1612년(광해군 4)에는 순화군(順和君)의 양아들인 진릉군 태경(晉陵君泰慶)이 반란을 꾀했다는 김직재(金直哉) 무옥을 일으키고, 1613년(광해군 5) 계축옥사를 일으켜 영창대군(永昌大君)을 사사(賜死)하며 인목왕후(仁穆王后)를 서궁에 유폐(幽閉)시켰다. 이로인해 대북과 소북 간에 피비린내 나는 정쟁이 일어났다.

이 시기는 어수선한 정쟁을 피하고, 환로에 나아가기 위한 준비기로 문재(文才)를 단련하고 인생관이 성숙되는 시기로 볼 수 있겠다.

2) 문재(文才)를 발휘하던 시기

28세(1624년, 인조 2, 甲子) ~ 35세(1631년, 인조 9, 辛未)

34세인 형 심노와 함께 생원시와 진사시에 모두 급제하였다.[14)]8월 28일에 응시한 진사시(會試)에서, 이하(二下)로써 장원을 하였는데, 과시(科詩)제목은 〈공신상을 찬양함(追頌功臣像)〉(사천집 125)이었다.

29세(1625년, 인조 3, 乙丑) 때에 첫 벼슬인 세마(洗馬)에 제수되었다. 세마는 세자익위사(世子翊衛司)에 속한 정9품의 벼슬로 세자를 모시는 일을 담당했다.

32세(1628년, 인조 6, 戊辰) 2월 13일 별시(別試) 문과(文科)에서 책과 논, 부, 표가 모두 과주를 받아 네 과장에 장원하였다. 각각의

14) 사마방목 및 풍산심씨세보, 1963년 참조.

과제는 다음과 같다. 〈읍배화상부 (泣拜畫像賦)〉(사천집 170), 〈종묘의 예에 소목의 차례를 물음(問宗廟之禮序昭穆)〉(사천집 196), 〈촉나라의 정치가 엄격하고 용맹함을 숭상함(治蜀尙嚴猛)〉(사천집 199).

별시 문과에서 장원한 뒤에 의금부도사경력(義禁府都事經歷)에 제수되었다.[15] 의금부는 국왕의 직속 수사기관이었고, 도사는 그 실무자였는데 도사경력(都事經歷)은 종4품의 품계였다.[16] 중죄인을 압송하거나, 사약형벌을 집행하는 직책이었다.

이어서 이해 8월 여름에 실시되었던 증광시에서 장원 급제를 하였다. 과시는 〈농가의 수리를 물음(問農家水利)〉이었다.

33세(1629년, 인조 7, 己巳) 9월 22일 알성문과(謁聖文科)에서 장원 급제하였다. 과제는 〈당나라 승상 송경 등이 같은 날 상관에게 명하여 도당에서 연회한 일에 대해 사례한 것을 본뜸 (擬唐丞相宋璟等 同日命宴都堂)〉(사천집 203)이었다. 이로써 별시, 증광시, 알성시 등에서 연이어 장원 급제를 하여 문재를 유감없이 발휘하기 시작한 것이다.

34세(1630년, 인조 8, 庚午), 한성부참군(漢城府參軍)에 제수되었다.[17] 조선 시대 한성부에 둔 훈련원의 정7품 벼슬이었다. 훈련원에서는 군사의 시재(試才), 무예의 연습, 병서의 강습 따위를 맡아보던 관아였다.

이 해 10월 2일에 별시문과(別試文科)에서 급제하였다. 제출한 과제는 〈죽기는 쉽고 혼자 외롭게 서기는 어렵다 (死易立孤難)〉(사천집

---

15) 풍산심씨세보, 1963. 연도만 알 수 있고 정확한 날짜는 알 수 없어, 별시의 결과로 벼슬을 제수 받았을 것으로 추정한다.

16) 정9품의 세마에서 갑자기 자급을 뛰어넘어 종4품으로 되기는 어려웠을 것이다. 뒤에 나오는 품계와도 맞지 않지만, 확인하기 전까지는 〈풍산심씨세보〉의 기록을 그대로 따른다.

17) 풍산심씨세보, 1963. 연도만 알 수 있고 정확한 날짜는 알 수 없어, 전년도의 알성시의 결과로 벼슬을 제수 받았을 것으로 추정한다.

200)였다.

35세(1631년, 인조 9, 辛未) 때에, 전년도에 응시했던 별시문과의 결과로 전옥주부(典獄主簿)로 승진했을 것으로 추정된다. 전옥서는 형조 소속으로 남녀 죄인을 일반범과 국사범으로 분류하여 수용하던 감옥이었다. 전옥서는 한양의 중부 서린방, 곧 지금의 서울특별시 종로구 서린동 33번지 영풍문고 자리에 위치했는데 그 맞은편(현재 제일은행 본점 자리)에 의금부가 위치하고 있었기 때문이다. 한편, 주부란 조선시대 각 아문의 문서와 부적(符籍)을 주관하던 종6품 벼슬이었다.

심제가 전옥서에서 문서를 관리하던 직책을 맡았었다는 것은, 이 해 〈승정원일기〉 2월 9일자 기록에, 심제가 금산(金山)의 죄인 이정(李侹)과 지례(知禮) 죄인 양천식(楊天植) 들을 잡아 가두면서 문서에 문제가 생겼다[18]고 한 것에서 분명히 확인된다.

한편, 9월 2일에는 별시문과(別試文科) 한성시(漢城試)에 응시하여 또 다시 장원을 하게 되었다. 제출한 과제는 〈군사를 부리는데 기병과 정병에 대하여 물음(問用兵奇正)〉(사천집 198)이었다. 이 시험의 결과로 호조좌랑(戶曹佐郞)에 제수된 것으로 보인다.[19] 호조는 육조(六曹) 가운데 호구, 공부, 전량(田糧), 식화(食貨)에 관한 일을 맡아보던 관아였고, 좌랑은 정6품계에 해당되었다.

이 시기는 심제가 자신의 능력을 과거를 통해 보여주고 인정받던 시기였다. 7년 동안 일곱 번이나 과거에 응시한 것을 통해 심제는 끊임없이 승진의 기회에 도전하였음을 알 수 있다. 그렇다면, 심제가 과거 시험에 이토록 집착한 이유를 어디에서 찾을 수 있을까? 필자는 아마도 심제가 자신의 직책에 만족하지 못하고 다른 희망을 갖고 있었기

18) 승정원일기, 인조 9년 2월 9일(계축) 제32책/제2책 (11/12)

19) 풍산심씨세보, 1963. 연도만 알 수 있고 정확한 날짜는 알 수 없어, 별시의 결과로 벼슬을 제수 받았을 것으로 추정한다.

때문이 아닐까 한다. 첫 벼슬이 세자익위사였지만 그는 줄곧 의금부, 훈련원, 전옥서 등에 소속되어 있었는데 주로 죄인을 다루거나 경찰 훈련에 전념하는 업무였다. 심제는 자신의 능력이 이런 직책에는 맞지 않는다고 생각하고, 이를 벗어나 다른 직책을 얻기 위해 유일한 인재등용 방식인 과거에 전념했을 것으로 보인다.

3) 청환직(淸宦職)에 나아간 시기

37세(1633년, 인조 11, 癸酉) ~ 45세(1641년, 인조 19, 辛巳)

37세(1633년, 인조 11, 癸酉) 4월 19일 증광별시(增廣別試) 문과(文科)에서 병과(丙科) 2등으로 급제하였다. 이 시험의 결과로 9월에 사서(司書)에 제수[20]된 것으로 보인다. 사서란 왕세자의 교육을 맡아보던 세자시강원에 속한 직책으로 정6품 벼슬이었다. 여기에서 심제는 세자시강원에서 참익위(參翊衛, 정5품)의 벼슬로 한 단계 승진한다.[21] 〈승정원일기〉 같은 해 10월 7일자의 기록을 보면, 시강원(侍講院)에 직원의 공석이 많아, 사서(司書)인 심제를 하번에서 상번으로 승진시키겠다는 보고[22]가 있다.

심제가 세자시강원(世子侍講院)으로 발령을 받은 것은 중요한 의의를 지닌다. 동궁관(東宮官)은 무관 중심의 세자익위사와 문관 중심의 세자시강원이 속해 있었는데, 심제의 첫 벼슬이 세자익위사의 세마였던 것을 생각하면, 일견 옛 직장으로 다시 돌아온 것으로 볼 수 있다.

하지만 세자시강원은 미래의 왕이 될 세자를 철저한 유교식 이념으로 교육하는 곳이기 때문에, 가문이 좋고 앞날이 촉망되는 실력을 인정받은 관료들이 발령 받는 곳이다. 그러므로 심제의 앞날은 이제부터 탄탄대로

20) 풍산심씨세보, 1963.

21) 풍산심씨세보, 1963.

22) 승정원일기, 인조 11년 10월 7일(병인) 제41책/제2책 (11/22)

에 접어든 것으로 평가할 수 있다.

12월 3일에는 사헌부 지평(司憲府持平)에 발탁된다.[23] 사헌부는 정사(政事)를 논의하고 풍속을 바로잡으며 관리의 비행을 조사하여 그 책임을 규탄하는 일을 맡아보던 사정기관으로 조선시대의 대표적인 청환직(淸宦職)이었다. 지평의 품계는 종5품이었지만 다른 기관에서 함부로 볼 수 없는 위치에 있었다. 12월 16일에는 대사헌 김상헌(金尙憲), 집의 최행(崔荇) 등과 6조목의 차자(箚子)를 인조에게 올리면서[24] 본격적인 정치 활동에 참여하게 된다.

38세(1634년, 인조 12 甲戌) 때인 1월 25일 정언(正言)에 제수되었다.[25] 정언은 사간원에 속한 정6품 벼슬이었다. 사간원은 임금의 언론을 보좌하고 인사를 견제하던 기관으로 사헌부 · 홍문관과 함께 대간 또는 3사로 통칭되었다.

4월 12일 사헌부 지평에 제수되고[26], 7월 15일[27], 8월 5일에 연이어 지평에 제수되었다.[28] 8월 10일에는 당시 대사간인 유백증이 인조의 친아버지인 정원군 부(定遠君 琈)에 대한 원종(元宗) 추존 논의에 적극 찬성하였는데, 이에 미온적이던 장령 정백형(鄭百亨)과 함께 체직되었다.[29] 홍문관에서는 이성구 · 유백증을 체차시킬 것과 정백형 · 심제를 출사시킬 것을 청하였으나, 인조는 이성구와 유백증의 편을 들어 주었던

23) 조선왕조실록, 인조 028 11/12/03(신유) / 심제를 지평으로 삼다

24) 조선왕조실록, 인조 028 11/12/16(갑술) / 김상헌 등이 여섯 조목을 들어 왕의 정사에 대해 건의하다

25) 조선왕조실록, 인조 029 12/01/25(임자) / 심제를 정언으로 삼다

26) 조선왕조실록, 인조 029 12/04/12(정묘) / 심제를 지평으로, 강학년을 사업으로, 김광혁을 수찬으로 삼다

27) 조선왕조실록, 인조 029 12/07/15(기해) / 이민구 · 조경 · 윤명은 등에게 관직을 제수하다

28) 조선왕조실록, 인조 030 12/08/05(무오) / 이성구 · 유백증 · 한필원 등에게 관직을 제수하다

29) 조선왕조실록, 인조 030 12/08/10(계해) / 대사간 유백증이 파직을 청하다. 이성구 등을 체사시키다

것이다.

그런데, 같은 일로 심제의 형인 심노는 12월 8일에 부묘례를 거행하는데 봉책 집사(捧冊執事)로 참여하여 다른 신하들과 함께 상을 받았다.[30)]

39세(1635년, 인조 13 乙亥), 이 해에 인조의 비인 인열왕후(仁烈王后, 1594(선조 27)~1635(인조 13))의 만사를 지었다.[31)] 인열왕후 한씨는 본관이 청주(淸州)로 서평부원군(西平府院君) 준겸(浚謙)의 딸이었다. 1610년(광해군 2) 가례(嘉禮)를 행하여 청성현부인(淸城縣夫人)에 처음 봉해지고, 1623(인조 1) 왕비에 책봉되었으며, 소현세자 · 효종 · 인평대군 · 용성대군을 낳았고, 능은 장릉(長陵)이다.

인조의 부묘례에 대해 사헌부 실무자들의 공동 책임으로 심제가 물러난 후에 어떤 관직에 있었는지는 기록이 없다. 다만, 왕후의 만사를 지은 것을 감안한다면, 서울에서 소식을 듣고 썼을 것이므로 내직에 머물러 있을 가능성이 크다.

한편, 형인 심노는 사과(司果)로 재임 중 증광문과에 을과로 급제하였다. 군사조직인 오위(五衛)에 속한 정6품의 군직(軍職)이었다.

40세(1636년, 인조 14 丙子)가 되던 해의 8월에 무장(茂長) 현령(縣令)에 제수되었다. 무장은 지금의 전라북도 고창(高敞)이다. 심제가 무장의 현령이 되었다는 것은 〈무장읍지〉와 〈청천당난고〉 수집의 소회를 적은 글[32)]에 기록되어 있다. 아마 1634년 8월 10일의 체직으로

---

30) 조선왕조실록, 인조 030 12/08#21(갑진) / 부묘례가 이루어진 것으로 인해 홍주원 등에게 상을 주다

31) 사천집 74, 정확하게 언제 글을 지었는지는 알 수 없어 인열왕후의 사망 년도에 맞추어 추정한 것이다.

32) "증대부(曾大父) 청천당(聽天堂)의 난고(亂藁)가 오랫동안 호남 창평(昌平)에 유락되었더니 인조 14년 병자 불초가 무장현령(茂長縣令)으로 갔더니 바로 이웃 고을이 창평이었다. 창평 현령 조사군(趙史君)이 이 책을 구하여 오랫동안 소장해오다가 나에게 보내주어 실로 망실(亡失)된 지 40년만에 우리집으로 돌아오니 서책(書冊)의 득실(得失) 또한 인연인가 싶어 전말을 적는다." 청천당집(聽天堂集), 심석규 역, 277쪽. 만남, 1996.12.

인해 다시 제수 받은 외직 벼슬이 무장현령으로 추정된다.

12월 10일에는 청군(淸軍)이 침입하여 병자호란(丙子胡亂)이 일어났다. 병자호란이 일어났을 때, 심제는 전라도에 있었으므로 당시의 전황에 대해 자세히 알 수 없었고 정계의 흐름과도 일정한 거리에 있었을 것으로 생각된다. 조선왕조실록에 이 기간에 심제에 관한 기록이 없는 것은 바로 이 때문으로 보인다.

다만, 병자호란 직후에 서울의 옛집에 돌아와서 전쟁의 상흔이 처참한 데 대해 읊은 시가 몇 편 전한다.

향당에서 멀리서 온 손님 기쁘게 맞이하니	鄕黨欣逢遠客來
마을에서 술을 가지고 높은 누대에 오르네	爲持村酒上高臺
강변의 초야에 살던 늙은이 처음으로 뼈 묻었고	江邊野老初埋骨
골짜기 어구의 민가는 다 잿더미가 되었네	谷口民家盡就灰
이 나라에서 도학(道學)만 논쟁하니 난리가 극에 달했고	爭道此邦離亂極
어느 날에 태평한 운이 돌아올지 모르겠네	不知何日泰運回
놀라 불러도 창자 속 뜨거운 것 깨닫지 못하니	驚呼不覺中腸熱
눈물 닦고 도리어 한 잔 술 권하네	拭淚還將勸一杯

그 중에서 〈난리 후에 파릉장으로 들어와서(亂後入巴陵庄)〉(사천집 63)라는 시이다. 이 작품에서 심제는, 백성의 고통이 도학만 논쟁하던 잘못된 정치에서 비롯되었음을 비판하고 있다.

42세(1638년, 인조 16 戊寅) 되던 때에 심제는 삼사전랑(三司銓郞),

그동안 풍산 심문에서 청천당집을 번역 출판하면서도, 이 문집을 누가 목판으로 간행했었는지는 알지 못하고 있었다. 사천 심제가 청천당집을 간행한 사실은 〈청천당 선생 문집 발 (聽天堂先生文集跋)〉(사천집 195)을 통해서 확인할 수 있다.

보덕사인(輔德舍人), 응교(應敎), 종사관(從事官) 겸 선전관(宣傳官), 지제교(知製敎), 유장(儒將) 등 여러 벼슬을 제수 받았다고 〈풍산심씨세보〉에 기록되어 전한다. 그러나 사천집의 여러 곳의 기록에 보면 심제는 무장 현감(縣監)으로 계속 직임을 다하고 있었음을 알 수 있다. 전쟁 상황이었으므로 국가에서도 관료들의 승진이나 관리에 전혀 여념이 없었을 것이다. 그래서 40세 때의 무장현령에서 계속 근무하다가 현감으로 승진한 것으로 보는 것이 타당하다. 새로운 기록이 나오지 않는 한 〈풍산심씨세보〉의 기록을 믿기는 어려울 것이다.

6월 22일 홍문관(弘文館) 수찬(修撰)에 제수[33]되었는데 정6품 벼슬이었다. 8월 13일에도 홍문관(弘文館) 수찬(修撰)에 제수[34]되었는데, 심제는 무장현에서 이 전지를 듣고 서울로 올라오던 도중에 병이 나서 수찬 직위를 사직하는 상소[35]를 올리게 된다. 이 상소의 내용을 보면, 학질(瘧疾)과 감기가 겹쳐 건강상의 이유로 사직을 청하고 있다. 이 상소에 의하면 전지를 받은 것이 7월 2일이고 상소를 올린 것이 8월로 되어 있으니 첫 번째로 수찬에 제수한 전지를 심제가 보고 사직 상소를 올렸는데도, 왕은 두 번째로 수찬을 제수한 것임을 알 수 있다.

11월 13일에 사간원 헌납(獻納)에 제수되었다.[36] 헌납은 정5품 벼슬이었으니, 38세 때 사간원 정원에서 다시 한 자급 높은 직책으로 승진하여 옛 직장으로 복귀한 셈이 되었다. 사간원 헌납의 제수를 계기로 전라도에서의 생활을 청산하고 다시 서울의 내직에서 근무하게 되었다.

---

33) 조선왕조실록, 인조 036 16/06/22(계축) / 문정전에서 남한 수성 대장 신경진·구굉·이시백 등을 인견하다

34) 조선왕조실록, 인조 037 16/08/13(계묘) / 강석기·전식·엄정구·정치화·목성선·심제 등에게 관직을 제수하다

35) 사천집 180

36) 조선왕조실록, 인조 037 16/11/13(신미) / 전식·심제·홍진·임담 등에게 관직을 제수하다

43세(1639년, 인조 17 己卯) 때에 〈울진(蔚珍) 이지영(李之英) 만사〉(사천집 59)와 〈장령(掌令) 홍집(洪霱) 만사〉(사천집 60)를 지었다.[37] 홍집의 부친인 홍이상(洪履祥) 은 1596년 형조참판과 대사성을 역임하고, 1607년에는 청주목사, 1609년(광해군 1) 대사헌이 되었으나 1612년에 이이첨(李爾瞻) · 정인홍(鄭仁弘)의 일파에 몰려나서 개성유후사유후(開城留後司留後)로 좌천되어 그곳에서 죽은 인물로 소북파의 일원이었다. 홍집은 1606년(선조 39) 생원이 되었으나 대북파의 집권으로, 1624년(인조 2)에 가서야 증광문과에 병과로 급제하여 지평 · 장령 등을 지낼 수 있었다. 심제는 그의 아우인 홍영(洪霙)의 만사도 1645(인조 23)에 쓰게 된다.

1월 9일에 홍문관 부교리(副校理)에 제수되었는데[38] 종5품 벼슬이었다. 홍문관은 삼사(三司) 가운데 궁중의 경서, 문서 따위를 관리하고 임금의 자문에 응하는 일을 맡아보던 기관으로 성종 이후에는 감찰과 언론 기능까지 확대되었다.

심제는 3월 19일에는 다시 사간원 헌납(獻納)에 제수되었고[39], 4월 22일에는 홍문관 부교리(副校理)에[40], 5월 16일에는 사간원 헌납(獻納)에 제수[41]되는 등, 사간원과 홍문관의 벼슬을 번갈아가며 맡았다.

5월 22일에는 이조좌랑(吏曹佐郎)에 제수되었다.[42] 이조는 육조 가운데 문관의 선임과 훈봉, 관원의 성적 고사(考査), 포폄(褒貶)에 관한 일을 맡아보던 관아였고, 좌랑은 정6품의 벼슬이었다. 드디어

37) 정확한 창작 일시를 알 수 없어, 이지영과 홍집의 사망 연도를 감안하여 추정한 것이다.

38) 조선왕조실록, 인조 038 17/01/09(정묘) / 송시길 · 권도 · 조수익 · 심제 · 이경여 · 이명웅 · 임전 · 조중려 · 심열 · 오준 등에게 관직을 제수하다

39) 조선왕조실록, 인조 038 17/03/19(병자) / 이경여 · 정치화 · 홍무적 · 민응협 · 심제 · 성태구 · 이행우 · 이상형 · 성이성 · 이도장 등에게 관직을 제수하다

40) 조선왕조실록, 인조 038 17/04/22(기유) / 남이웅 · 심제 · 유철 등에게 관직을 제수하다

41) 조선왕조실록, 인조 038 17/05/16(임신) / 전식 · 이경의 · 이상형 · 민응협 · 이회 · 심제 · 임전 등에게 관직을 제수하다

42) 조선왕조실록, 인조 038 17/05/22(무인) / 목성선 · 유철 · 성이성 · 심제 · 김익희 등에게 관직을 제수하다

이조로 옮겨와서 심제는 이제 현실정치에서 나름대로 중요한 역할을 담당하는 직책을 맡아 자기의 포부를 자신 있게 펼칠 수 있게 되었다.

여름에 〈왕의 전지에 응하는 차자 (應 旨箚)〉(사천집 183)를 지어 올렸다. 5월에 심한 가뭄이 들자 인조가 신하들에게 직언을 구하는 전교를 내렸는데, 이 전교에 대해 심제가 쓴 상소문이다. 심제는 이 글에서 심각한 가뭄으로 민생이 소생하지 못하고 풍속이 그릇된 당시의 시대상을 분석하면서 그 대책을 내놓고 있다.

그는 첫째, 사헌부와 사간원을 중하게 여겨서 공평한 여론을 크게 넓힐 것, 둘째, 백성을 후대할 것, 셋째, 학식과 능력이 뛰어난 사람을 양성하여 천지(天地)의 기운을 배양할 것, 그리고 넷째로 염치(廉恥)를 장려하고 절조와 도의를 숭상하여서 선비의 기운을 착하게 할 것, 다섯째로는 옥사(獄事)와 송사(訟事)를 신중하고 분명히 할 것 등을 들었다.

45세(1641년, 인조 19년 辛巳) 때에 〈승지(承旨) 최유해(崔有海) 만사〉(사천집 3)를 지었다. 그는 1613년(광해군 5) 생원이 되었고, 같은 해에 증광문과(增廣文科)에 병과로 급제한 인물이었다. 홍문관응교를 거쳐서 훈련도감낭청이 되었으며, 1617년에는 평안도평사(平安道評事)가 되었으나 대북파(大北派)에 의하여 삭직되었다. 1623년 인조반정으로 재등용되었으며, 이듬해 안변부사(安邊府使)가 되어 함경도관향사(咸鏡道管餉使)를 겸하였다. 이른바 소북파의 일원이었다.

이어서 〈고석(孤石) 목장흠(睦長欽) 만사〉(사천집 6)를 지었다. 목장흠 역시 이이첨(李爾瞻)·정인홍(鄭仁弘) 등이 영창대군(永昌大君)을 폐하려 하자 이를 저지하려다가 이덕형(李德馨)과 함께 연좌되어 청풍군수로 좌천되었던 소북파의 일원으로 1623(인조 1) 인조반정으로 승지에 임명된 인물이다.

8월 7일에는 이조 정랑(吏曹正郞)에 제수되어[43] 정5품으로 승진하였다. 9월 9일에는 부교리(副校理)에 제수되었다가[44], 곧바로 9월 24일에 이조정랑(吏曹正郎)으로 복귀했다.[45]

이 시기는 심제가 수차례의 과거를 통해 청환직에 오르고 정치적으로 자신의 입지를 확고하게 한 시기였다. 물론 병자호란의 와중에서 한때 지방관으로 근무하기도 하였으나, 결국 정부의 요직인 삼사(三司)의 중요 직책을 맡게 됨으로써, 자신의 정치적 식견을 발휘하는 위치를 차지할 수 있었다. 그런 점에서 이 시기는 그의 생애에서 가장 중요한 시기였다.

4) 지방관에 나아간 시기

46세(1642년, 인조 20 壬午) ~ 53세(1649년, 인조 27, 己丑)

46세(1642, 인조 20 壬午) 때에 〈동지(同知) 강홍중(姜弘重) 만사〉(사천집 12)를 지었다. 강홍중은 1623년 인조반정 이후 문사낭청(問事郎廳)으로서 정치적 물의를 일으키던 대북파의 죄상을 다스렸으며 풍산 심문과 긴밀했던 인물이었다.

〈병사(兵使) 김준룡(金俊龍) 만사〉(사천집 15)도 이 시기에 지은 것이다. 그는 1636년 병자호란시에 전라도병마절도사로 숱한 전공을 세운 인물이었다. 심제가 전라도 고창(무장)에 있을 때, 교분을 쌓은 인물일 것이다.

4월 1일 병을 핑계로 궐직하여 추고를 당했다.[46] 〈조선왕조실록〉에는 이조 낭관 신면(申冕)·박종부(朴宗阜)·정태제(鄭泰齊)·심제가 모두 병을 핑계로 궐직(闕直)하고, 승지인 홍무적(洪茂績)까지 동시에

43) 조선왕조실록, 인조 042 19/08/07(경술) / 서경우·장응일 등에게 관직을 제수하다
44) 조선왕조실록, 인조 042 19/09/09(임오) / 한형길·심제에게 관직을 제수하다
45) 조선왕조실록, 인조 042 19/09/24(정유) / 윤의립·김육 등에게 관직을 제수하다
46) 조선왕조실록, 인조 043 20/04/01(경자) / 이조 낭관 신면·박종부 등이 병을 핑계하고 궐직하다

병을 핑계 삼아 출근하지 않아, 모두 추고하였다고 기록했는데, 필시 어떤 이유로 집단적인 항의 표시를 한 것이 아니었는지 추측할 수 있다.

6월 3일에는 비변사에서 장재(將才)로 천거되었다.[47] 심문 대대로 유장(儒將)의 기질이 있었으니 심제에게도 이점이 확인된다.

6월 23일에는 부응교(副應教)에 제수되었다.[48] 홍문관의 종4품 벼슬이었다. 12월 27일에는 보덕(輔德)에 제수되었다.[49] 세자시강원에 속하여 세자에게 경사(經史)와 도의(道義)를 가르치던 종3품의 벼슬이었으나, 인조 때부터 정3품으로 승격된 상태였다. 그런데 심제는 〈보덕을 사직하는 소 (辭輔德疏)〉(사천집 178)를 지어 올렸다. 11월 16일에 숙직을 하다가 청나라 사신을 접대하는 낭관들에게 까닭없이 구타를 당한 일로, 충격을 받고 임금을 욕되게 하였기 때문에 사직해 달라고 간청한 것이다.

47세(1643년, 인조 21 癸未) 되던 1월 22일에 보덕을 사직했던 일로 탄핵을 받고 귀양을 가게 되었다.[50] 사헌부에서는 심제가 보덕을 사직하는 이유에 대해서, "그저 한때의 우연한 조처로서 유감과 노여움을 품은 경우와는 달라 저쪽에서도 다시 따져 물을 만한 단서가 없고 이쪽에서도 인피할 만한 혐의가 없는데 심제는 이를 고집하여 책임을 모면하는 하나의 구실로 삼았으니, 그 마음씀이 또한 교활"하다고 하여 인조에게 귀양 보낼 것을 건의하였고, 인조는 이를 승낙하고 만 것이다.

위의 일로 심제는 전라북도 옥구의 임피에 귀양을 가게 되었다.[51]

---

47) 조선왕조실록, 인조 043 20/06/03(신축) / 사헌부가 조정립을 초탁함은 부당하다고 아뢰다, 비변사등록, 6월 4일

48) 조선왕조실록, 인조 043 20/06/23(신유) / 이경여 · 서상리 등에게 관직을 제수하다

49) 조선왕조실록, 인조 043 20/12/27(임진) / 정광경 · 서경우 · 김광현 등에게 관직을 제수하다

50) 조선왕조실록, 인조 044 21/01/22(정사) / 사헌부가 심제가 보덕의 직임을 제대로 수행하지 못했다 하여 귀양보낼 것을 청하다

〈취성에서 소군 동헌 시에 차운하다(鷲城次蘇君東軒韻)〉를 짓고 7월에는 〈애련헌기발(愛蓮軒記跋)〉(사천집 194)을 지었다.

48세(1644년, 인조 22 甲申)가 되던 해에 〈첨지 남계하(南啓夏)의 만사〉(사천집 20)를 짓고, 11월에는 〈유자건 대인 수장(壽章) 시에 차운하다〉(사천집 22)를 지었다. 지방관으로 좌천된 심제는 문학에 점점 깊이 침잠하기 시작했던 것으로 보인다.

한편, 심제의 형인 심노는 정언으로 있을 때 언관의 체모를 손상시켰다 하여 파직되었다가, 1644년 사은사 김자점(金自點)의 서장관(書狀官)으로 청나라에 다녀와 장령이 되었다.

49세(1645년, 인조 23 乙酉) 때에 〈천미옹(天微翁) 이필행(李必行) 만사〉(사천집 25)를 짓고 〈참판(參判) 홍영(洪霙) 만사〉(사천집 26)도 지었다.

이해 1월에는 심양에 볼모로 가 있던 소현세자가 돌아왔는데, 4월에 급서(急逝)하는 사건이 발생한다. 대신들이 독살설을 제기했으나 인조는 서둘러 장사를 치루게 하였다. 6월 8일에 심제는 왕을 대신해서 〈소현세자의 만사〉(사천집 1)를 지었다. 일찍이 세자를 모시는 직책에 있었으니 남달랐던 감회를 심제는 이렇게 읊었다.

은상(銀床)엔 아직도 친히 맛보던 약이 있고 銀床尙有親嘗藥
벽루(碧樓)엔 옛날 글 읽던 강당이 굳게 닫쳐있네 碧樓鏤扃舊講堂
진나라 사기와 주나라 시를 일찍이 모시고 읽었는데 晋史周詩曾侍讀
맏아들 잔치 회상하니 눈물이 흘러 치마에 가득하네 冑筵回憶淚盈裳

51) 〈취성에서 소군 동헌 시에 차운하다 (鷲城次蘇君東軒韻) 즉 임피의 별호인데, 계미년 귀양 왔을 때 지었다.(卽臨陂別號 癸未 在謫時)〉(사천집 45)

6월 8일 같은 날에는 〈소현세자 빈궁(昭顯世子嬪宮)에 올리는 제문〉(사천집 184)을 지었다. 이때에는 아직 소현세자빈궁인 강빈이 생존해 있었기 때문에 세자의 제문을 이곳에 올린 듯하다. 그러나 이듬해에 강빈도 사사를 받게 된다.

6월 중순에 담양도호부사(潭陽都護府使)에 제수되었다.[52] 〈장령 임득열 제문 (祭林掌令得悅文)〉(사천집 185)도 이때에 지은 듯하다.

9월에 〈왕세자책봉례를 하례하는 전문(王世子冊禮賀箋文)〉(사천집 207)을 지었다. 봉림대군이 9월 27일에 세자로 책봉되었으니 9월 말쯤에 지어서 올렸을 것으로 추정된다.

가을에 〈전라우도의 문과 초시에 시사의 책제 (乙酉秋全羅右道文科初試策題)〉(사천집 202)를 내었다.

50세(1646년, 인조 24 丙戌) 때에 〈감사(監司) 윤명은(尹鳴殷)의 만사〉(사천집 165)를 지었다. 윤명은도 인조반정 후에 벼슬에 나온 사람으로 효성이 지극한 인물이었다.

9월 20일 중시(重試) 문과(文科)에 2등으로 급제하였다. 과제는 〈한나라 간의대부 하후승이 이미 지나간 일을 징계하지 않음으로써 효유함을 사례한 것을 본뜸 (擬漢諫議大夫夏侯勝 謝喩以無懲前事)〉(사천집 204)이었다.

한편 심제의 형인 심노는 1645년 수찬 · 교리를 거쳐 1646년 3월 14일 헌납으로 있을 때 소현세자빈 강씨(昭顯世子嬪姜氏)를 변호하다가 인조의 노여움을 사서 남해에 유배되었다.[53] 장령 이응시가 언관의 직책상 일이라고 하여 변호하는 상소를 했지만[54] 이경여 · 홍무적 등과 함께 귀양을 가게 된 것이다.

---

52) 담양군 담양향토문화연구회, 역대담양도호부사명단, 2000.

53) 조선왕조실록 인조 047 24/03/14(신유)

54) 조선왕조실록 인조 047 24/04/29(을사)

51세(1647년, 인조 25 丁亥)되던 해에 증조부인 청천당 심수경의 시구, 비명, 잡저 등을 모아, 태학사 택당(澤堂) 이식(李植)에게 보이고, 이를 가려 뽑아 청천당문집 간행에 착수하였음이 〈청천당선생문집발(聽天堂先生文集跋)〉(사천집 195)에 기록되어 있다. 자신이 근무하던 담양에서 공인(工人)을 모아 판각까지 하였으나 간행하지는 못했다고 하였다.

52세(1648년, 인조 26 戊子) 〈상서(尙書) 이명(李溟)의 만사〉(사천집 48)를 지었다. 이명은 형인 심노의 첫 부인의 아버지로 이이첨(李爾瞻) 등의 정책에 반대하고, 영창대군(永昌大君)에게 죄주는 것을 반대하다가 파직된 인물로, 1623년 인조반정 후 전라도관찰사에 특진되었다. 〈참판(參判) 김영조(金榮祖) 만사〉(사천집 49)도 이 때에 지었는데, 김영조는 1612년(광해군 4)에 증광문과에 병과로 급제하여 승문원정자를 거쳐 전적에 승진하였으나, 당시 혼란한 정치를 보고 10여 년간 은거생활을 하였다. 그도 역시 1623년 인조반정 후 복관되어 벼슬길에 나아간 인물이다.

4월 8일에 심제는 귀양 간 형 심노를 대신하여 가묘에 제사를 지냈는데, 그때 올린 축문이 〈백씨를 대신하여 가묘에 제사를 지낸 축문(代伯氏祭家廟祝文)〉(사천집 188)이다.

5월에 담양도호부사(潭陽都護府使)에서 교체되었는데,[55] 7월에 가서야 전주부윤(全州府尹, 종2품)에 제수되었다. 심제가 제수받은 가장 높은 품계의 관직이었다. 이 품계를 받아 심제의 아버지인 심관에게는 가선대부사헌부대사헌을, 어머니에게는 정부인(貞夫人)이 증직되었고, 이를 조상께 알리는 는 고유제(告由祭)를 지냈다.

7월 12일에는 〈대사헌 박황 제문(祭朴大憲潢文)〉(사천집 186)을 지었고, 7월 하순에는 〈청천당문집〉 목판을 전주로 옮겨 인쇄하고

55) 담양군 담양향토문화연구회, 역대담양도호부사명단, 2000.

발문을 썼다. 8월 2일에는 〈창원 유신로 제문 (祭柳昌原莘老文)〉(사천집 187)을 지었다.

한편, 유배 중인 심노는 다시 북쪽의 부령(富寧)으로 이배되었다.[56] 효종이 즉위한 뒤에, 영돈녕부사 김상헌의 차자에 따라 효종은 심노를 다시 연안(延安)으로 옮겼다가, 영의정 이경석(李景奭)의 진언에 따라 석방되기에 이른다.[57] 사면되어 집의가 되었고, 이듬해에 사간을 거쳐 1654년(효종 5) 승지와 예조참의를 역임했다.

53세(1649년(인조 27 己丑) 되던 1월 9일, 전주부윤(全州府尹) 재임 중 근무지에서 사망하였다. 나이는 53세. 묘는 현재 강서구 개화동의 개화산 선영의 남쪽 양지바른 곳에 부인인 권씨와 합장되었다. 공은 하늘이 낳은 효성과 우애를 지닌 분으로 평가된다.

지방관으로 나아갔던 시기는 비록 우연한 사건에서 비롯된 좌천으로 인한 것이 계기가 되었지만, 심제에게는 이로인한 울분을 문학적 열정으로 승화시키는 계기가 되었다. 많은 시들이 대체로 이 시기에 창작되었는데, 특히 애도시인 만사의 창작을 통해서는 인조반정 이후에 벼슬에 나온 사람들과 그들의 가족에 대한 작품이 많이 보인다.

5월 3일에 국왕의 제문을 지제교(知製敎) 신익전(申翊全)이 지어서 올렸다.[58] 이 제문에서는 심제를 " 중시(重科)에 계속하여 급제하니 명성이 제일과 제이보다 떨쳤고 수령을 역임하여 여러 번 지방의 지휘봉을 차지하였으며, 용모와 기상이 화락하고 단아함을 먼저 하니, 피폐한 백성이 의지하여 살아났고, 안과 밖이 모두 마땅하여 소망하는 진실을 저버리지 않았도다."라고 한 후에 "재능을 쓰게 하려고 생각하였으니 나의 애석하고 탄식함을 더하도다."라고 아쉬움을 표현하였다.

---

56) 조선왕조실록 인조 049 26/03#17(임오)

57) 조선왕조실록 효종 003 01/01/12(병인)

58) 사천집 193

사후 68년(1717년, 숙종 43 丁酉) 3월 초순에 손자인 심주한(沈柱漢)이 사천집의 초고를 만들고 발문을 지었다. 발문에 의하면 심제는 평소에 저작한 것이 매우 많았었는데, 거의 다 중간에 흩어져 잃어버렸고, 심주한의 아버지가 스스로 수집(蒐輯)하여 한 질 책을 만들었는데, 그것도 을병(乙丙) 2년간의 아주 심한 흉년으로 좀도둑에 의해 잃어버렸다고 한다. 그런데 1716년 초여름에 우연히 집에 간직한 할아버지가 손수 쓴 일기 책력 십여 권(卷)을 열람하고는 그 사이에 기록하였던 것들을 따내어 기록하고 또 친구의 집에 흩어져 있는 것을 구하여 상하 두 권의 책을 만들게 되었다는 것이다.

3. 문학적 경향

(1) 애도시 영역의 확대

〈사천집초고〉에는 7언근체시를 비롯하여 7언배율시, 7언고시 등 거의 모든 시체가 망라되어 있기 때문에, 심제의 문학적 역량을 확인할 수 있는 좋은 자료이다. 다만, 작자 자신이 뽑은 글이 아니므로, 시체별 외에 시간적인 창작 순서는 정밀하지 못하다.

〈사천집초고〉를 검토할 때 우리의 시선을 가장 끄는 부분은 자연을 읊은 경물시가 거의 없는 대신에 만시(挽詩)라는 애도시(哀悼詩)의 장르가 매우 편중되어 있다는 점이다. 〈사천집초고〉 권1, 권2의 시 169편 중에서 만시가 76편이나 된다.[59] 그렇다면 만시는 무엇이고, 심제가 쓴 만시의 특징은 무엇인가를 살펴볼 필요가 있을 것이다.

최재남은 만시(挽詩)나 만사(挽詞)를 주제적인 측면에서 애도시라

59) 물론 여기에 연작 편수는 계산하지 않고, 편의상 한 제목 아래에 있는 작품을 묶어 1편으로 삼은 것이다.

는 유형으로 정식화했는데, 우리나라의 애도시는 구체적인 대상의 죽음을 전제로 할 때에만 성립된다고 보았다.

> 비록 애도시의 관습을 이용하여 슬픔이 아닌 다른 것을 말하는 경우가 있다고 해도 이는 죽음을 전제한 것이고, 자만(自挽)이나 자도(自悼)와 같이 자신의 죽음을 가탁하며 말하는 경우에도 항상 죽음이 전제되어 있다. 따라서 한국문학에서 애도시는 구체적 대상의 죽음을 맞아 개인의 내면의 정서를 언어로 형상화한 것이라 규정할 수 있다.[60]

이러한 애도시는 죽음의 인식 방법, 죽은 대상과의 관계, 애도자의 태도에 따라 문학적 전통으로 자리 잡았다. 이런 기준에서 최재남은, 우리나라의 애도시를 아내의 죽음을 애도하는 도망시(悼亡詩), 자식의 죽음을 애도한 곡자시(哭子詩), 형제의 죽음을 애도한 곡형제시(哭兄弟詩), 친구 및 동료의 죽음을 애도한 도붕시(悼朋詩)로 구분하였다.

그러나 심제의 경우 76편의 애도시를 분류하면, 다음과 같다.

친구나 동료	선배나 어른	친구의 부인 등 여성
25편	28편	23편

일반적으로 자기 아내나 자식에 대한 만사를 따진다면 그 편수는 당연히 몇 편으로 제한될 수밖에 없다. 심제는 전문적으로 만사만을 썼다고 할 수 있을 정도로 각종 인간관계에서 모두 만사를 남기고 있다. 그중에서도 특이한 것은 친구의 부인 등 여성에 대한 만사를 특히 많이 남기고 있다는 점이다. 심제가 남긴 여성 만시의 목록을 보이면 다음과 같다.

---

60) 최재남, 韓國 哀悼詩의 構成과 表現에 대한 硏究, 서울대대학원 국어국문학과 박사학위논문, 8~9쪽, 1992.8.

낙안 허쟁 모부인 조씨 만사 (挽許樂安 崝 母夫人趙氏) (사천집 4)

함평 노후설 모부인 만사 (挽盧咸平后卨 母夫人) (사천집 9)

첨정 유씨의 아내 송씨 만사 (挽柳僉正内子宋氏) (사천집 10)

최노망의 아내 이씨 만사 (挽崔魯望内子李氏) (사천집 14)

한자명의 딸 만사 (挽韓子明女) (사천집 18)

태복정 유심 아내 엄씨의 만사 (挽柳太僕正淰 内子嚴氏) (사천집 23)

이감사 부인 유씨 만사 (挽李監司夫人柳氏) (사천집 28)

참봉 성시량 모부인의 만사 (成参奉時亮母夫人挽) (사천집 61)

서영평 아내 만사 (挽徐永平内子) (사천집 67)

유첨지 아내 이씨 만사 (挽柳僉知内子李氏) (사천집 72)

권문백 모부인 원씨 만사 (挽權文伯母夫人元氏) (사천집 81)

공주 김효성 딸 만사 (挽金公州孝誠女子) (사천집 86)

김중윤 아내 성씨 만사 (挽金重胤内子成氏) (사천집 92)

진사 김사원 아내 만사 (挽金進士士元内子) (사천집 118)

연산 이신원의 아내 정씨 만사 (挽李連山信源内子鄭氏) (사천집 120)

김유경의 어머니 심씨의 만사 (挽金有慶母氏沈氏) (사천집 129)

정읍 김자회 모부인 구씨의 만사 (挽金井邑自晦母夫人具氏) (사천집 130)

좌랑 나무춘의 아내 만사 (挽羅佐郎茂春内子) (사천집 133)

통례 성시헌 아내의 만사(挽成通禮時憲内子) (사천집 142)

참의 남여앙 아내 김씨의 만사 (挽南參議汝昂内子金氏) (사천집 148)

삭령 이명달 아내의 만사 (挽李朔寧命達内子) (사천집 149)

박철원 아내 이씨의 만사 (挽朴鐵原内子李氏) (사천집 154)

연안 안창의 아내 유씨 만사 (挽安延安昶内子兪氏) (사천집 156)

위의 내용을 다시 나누면 남의 아내에 대한 만시가 15편, 남의 어머니는 6편, 그리고 남의 딸은 2편이 된다. 이들 유형 중에서 편의상

순서대로 1편씩을 예로 들어 여성 만시의 특성을 언급해 보고자 한다.

첨정 유씨의 아내 송씨 만사 (挽柳僉正內子宋氏) (사천집 10)

엄숙하고 편안한 명가의 맏손녀　肅靖名家長主孫
유 상공의 가문에 시집 왔다네　于歸又是相公門
동관은 즐겨보니 앞 역사를 통하고　耽看彤管通前史
언제나 곁에서 모시며 지론을 들었네　每侍芳茵聽至論
6년 동안 난세 경대 앞에서 외로운 얼굴 보며 슬퍼했고　六載鸞匳悲隻影
하루아침에 용검되어 같은 언덕에 모였네　一朝龍劒會同原
종남산의 고택엔 지나는 사람이 없는데　終南古宅無因過
가을비는 쓸쓸히 내리고 나무 잎은 담을 가렸네　秋雨蕭蕭葉擁垣

위 작품은 유씨의 아내인 송씨에 대한 만시이다. 1~2행은 송씨가 시집을 오고, 3~4행은 여자지만 시서와 역사를 공부했음을 표현하고 있다. 5~6행은 무슨 일로 남편과 6년 동안 헤어졌었고 결국 남편이 죽었음을 표현한 것으로 보인다. 그리고 마지막 7~8행에서는 옛집의 쓸쓸함과 송씨 부인의 죽음을 하강적 이미지를 통해 암시하고 있다.

정읍 김자회 모부인 구씨의 만사 (挽金井邑自晦母夫人具氏) (사천집 130)

명망가 집안으로서 구슬 꿴 듯이 귀한데　望族連珠貴
높고 영화로움은 태후(太后)의 형이라네　尊榮太后兄
자식 많이 두어 남은 경사가 있고　多男有餘慶
솥걸고 음식 마련하니 오로지 성안에서 흠향하네　列鼎享專城

일생동안 꽃다운 규방의 모범되고 一代芳閨範
천추에 동관(彤管)은 유명하네 千秋彤管名
뛰어난 풍채로 세상의 절의 돈독히 하니 鳳毛敦世誼
만사를 보매 다시 갓끈 적시네 相挽更沾纓

위 작품에서 1~2행은 구씨의 가계를 표현한 것이다. 출신이 왕비의 형이라는 점을 강조했다. 3~4행은 구씨의 한 평생을 요약적으로 표현한 것이고, 5~7행은 구씨에 대한 여인으로서의 덕목을 칭양(稱揚)한 것이다. 마지막 8행은 다분히 만시에서의 관습화된 표현이다. 작자 자신보다 지위가 높은 여성이기 때문에 격앙된 슬픈 감정보다는 감정적인 거리를 두고 표창(表彰)하는 데에 중점을 두다 보니, 애절함을 거의 찾을 수 없게 되었다. 애도시의 성격에서 상당히 벗어날 가능성이 있는 것이다.

한자명의 딸 만사 (挽韓子明女) (사천집 18)

조대 김만령의 아내임 (金措大萬齡內子)

저 늙은이의 딸은 즉 우리 아이인데 若翁之女卽吾兒
늘 침상 앞에서 머리 단장하던 때 기억나네 每記床前撫頂時
훌륭한 신랑 배필로 얻었으나 참으로 짝이 되지 못하고 得配賢郎眞不偶
가련하다, 꽃다운 나이에 죽게 되었구나! 可憐芳歲至於斯
사람의 인연과 업은 아이에게 남기고 人間緣業餘黃口
꿈속의 얼굴 모습은 푸른 눈썹 대한다네 夢裏容顔對翠眉
원통한 소쩍새 달밤에 울게 하지 말아라 莫化寃禽啼夜月
여막에 있는 백발 늙은이 더 슬퍼진다네 山廬添却白頭悲

위 시의 제1~2행은 과거 시적 대상에 대한 회상이고 3~4행은 죽음에 이른 과정을 표현하고 있다. 5~6행은 현재 고아가 된 아이들을 표현한 것이며, 7~8행은 쓸쓸함과 애절함을 바탕으로 한 비탄이다.

이 작품의 시적 대상은 작자와 면식(面識)이 있었던 인물이기 때문에 그녀의 죽음에 대한 심리적 거리는 매우 가깝다고 할 수 있다. 그러므로 앞에 보았던 작품들과는 달리 일찍 죽은 사람에 대한 안타까움과 남겨진 아이들에 대한 비탄(悲嘆)의 정조가 강하다. 그러므로 다른 작품에서 보여주었던 여성의 덕목을 칭송하는 부분은 들어설 여지가 거의 없게 되었다.

심제가 남긴 여성인물을 대상으로 한 만시를 간단히 분석해 보았는데, 일반적인 만시가 갖는 〈비탄-진혼(鎭魂)-칭양〉의 단계적 구조[61]로 짜여 있는 것과는 달리, 시적 대상과의 거리에 따라서 시상을 전개하는 방법에 의존하고 있다고 보아야 한다. 앞으로 좀더 정밀하게 이 논의를 발전시킬 수만 있다면, 심제가 개척한 여성 만시의 구성원리와 그에 따른 유형론을 분석할 수 있다고 생각한다.

일반적으로 자기 가족이나 친구들에 대한 만시를 몇 편 남기는 경우는 많았지만, 심제처럼 전문적으로 만시를 즐겨 썼던 사람을 찾기는 쉽지 않을 것이다. 게다가 그가 개척한 여성 만시는 기존의 만시가 보여주었던 형식적 매너리즘에서 벗어나는 시적 조탁(彫琢)을 보이고 있다는 점에서 주목해야 할 것이다.

(2) 현실의 참상과 관료의 자세

〈사천집초고〉에서 또 한 가지 눈여겨봐야 하는 것은, 병자호란의 참상을 읊은 작품들이다. 편수로는 얼마 되지 않지만, 관리로서의 자기 비판이 담겨 있어 예사롭게 넘길 수 없기 때문이다.

---

61) 최재남, 15~16쪽.

난리 뒤에 동교를 방문하고 (亂後過東郊) (사천집 53)

천리나 되는 임금님 계신 곳 보는 곳마다 비참한데 千里王畿極目悲
백년 된 문물이 불타 연기 피어오르네 百年文物逐煙飛
일찍이 정사에 부지런해야 함 알아, 보탬이 못될까 근심하고
早知宵旰憂無益
화친을 말하지 말라, 일이 도리어 잘못되었다네 莫道和親事却非
궁궐의 물은 멀리 이어지니 한강으로 흘러들고 宮水遠連江漢去
대궐의 성은 공간 둘렀으니 아름다운 산이 에워쌌네 禁城空遶華山圍
넓은 모래톱 막막하고 나그네는 적은데 平沙漠漠行人少
청문에 해 떨어지자 말 타고 돌아가네 落日青門信馬歸

이 작품의 시적 화자는 병자호란이 끝난 직후에 서울에 올라온 실제의 작자이다. 전반부 1~4행까지에서 화자는 바라보는 곳마다 임금님이 계신 곳까지도 비참하고 문물이 불타오르는 것을 보면서, 관료로서 백성에게 보탬이 되어야 한다는 다짐이 비장하다.

그러나 후반부 5~6행에서는 그러한 비참한 현실이 흐르는 한강과 아름다운 산으로 둘러싸여 있다고 하여 일말의 희망적 표현으로 이해할 수 있다. 그래서 마지막 7~8행을 쓸쓸히 돌아서는 힘없는 관료가 아니라, 새로운 자세로 심기일전한 화자의 모습으로 풀이할 수 있게 된다.

서교 (西郊) (사천집 54)

난리 뒤에 지나가니 부닥치는 일마다 놀라는데 亂後經過觸事驚
때 아닌 때 공연히 우리 삶 고민하네 不辰空自悶吾生
슬프고 슬픈 과부는 성이 무너져라 통곡하고 哀哀寡婦崩城哭
곳곳마다 장군은 훌륭한 집 망가트렸네 處處將軍甲第傾

까마귀는 석양을 띠고 꽃나무로 돌아가고　　　鴉帶夕陽歸苑樹
기러기는 가을 소식 전해주고 강성으로 지나가네　　　鴈傳霜信過江城
서교의 길에서 매우 마음 아파하는데　　　傷心最是西郊路
지난해에 천자의 황화를 이 땅에서 맞이하네　　　去歲皇華此地迎

앞의 작품이 서울의 동대문 변두리에서 쓴 시라면, 이 작품은 서대문 외곽에서 읊은 시이다. 전반부인 1~4행에서는 난리가 끝난 뒤인데도 백성들의 삶이 얼마나 비참한지를 아무렇지도 않게 그것을 파괴한 장군과 대조적으로 보여준다. 아마 이 장군은 뒤에 나오는 천자의 사신(황화)에 맞물린다는 점에서 중국의 장군을 가리키는 것으로 볼 수 있겠다. 후반부는 쓸쓸한 자연을 보며 화자가 가슴 아파하는데, 이곳의 모화관에서는 천자의 사신을 맞이한다고 하여 감정상의 대립 효과를 구사하고 있다.

이 작품은 전 후반부가 각각 대립적인 구조로 짜여져 있는데, 전반부가 통곡하는 백성-장군의 대립구조로 짜여 있다면, 후반부는 마음 아파하는 화자-천자의 사신의 대립 구조로 짜여져 있다. 이런 대립구조는 화자의 의도를 매우 선명하게 부각시키는 효과를 창출해낸다. 그러면서도 화자는 힘없는 백성과 어쩔·수 없이 외세에 의존할 수밖에 없는 현실 두 가지를 동시에 바라보는 모순을 드러낸다. 이 모순은 관료로서 느껴야 마땅한 양심일 것이다.

난리 후에 파릉장으로 들어와서 (亂後入巴陵庄) (사천집 63)

향당에서 멀리서 온 손님 기쁘게 맞이하니　　　鄕黨欣逢遠客來
마을에서 술을 가지고 높은 누대에 오르네　　　爲持村酒上高臺
강변의 초야에 살던 늙은이 처음으로 뼈 묻었고　　　江邊野老初埋骨
골짜기 어구의 민가는 다 잿더미가 되었네　　　谷口民家盡就灰

이 나라에서 도학(道學)만 논쟁하니 난리가 극에 달했고 爭道此邦離亂極
어느 날에 태평한 운이 돌아올지 모르겠네 不知何日泰運回
놀라 불러도 창자 속 뜨거운 것 깨닫지 못하니 驚呼不覺中腸熱
눈물 닦고 도리어 한 잔 술 권하네 拭淚還將勸一杯

화자가 병자호란 뒤에 고향인 파릉에 돌아와 읊은 것이다. 전반부에서 화자가 고향에 돌아 온 기쁨은 시골의 늙은이들도 거의 죽고, 집채들은 잿더미가 되어 곧바로 비애로 바뀐다. 후반부에서는 이렇게 된 원인이 관리들이 "도학만 논쟁"한 데에 있다고 본다. 그러나 화자의 외침을 아는 관료들은 없으니 눈물이 나는 것이다. 그러나 화자 또한 위정자의 한 사람이니 이러한 각성이 있다는 것은 희망적인 일일 것이다. 그래서 눈물을 닦고 술을 마시는 것을 필자는 새로운 다짐으로 보아야 한다고 주장한다.

〈사천집초고〉의 번역이 완료되었으므로, 이제는 좀더 구체적인 관련 사료들을 발굴하여 작품의 창작 연대에 따른 배열에 유의한다면, 심제의 문학 세계의 추이를 면밀하게 정리할 수 있을 것이다.

4. 마무리하면서

지금까지 각종 사료를 최대한 활용하여, 이번에 번역한 〈사천집초고〉를 연계시켜 시인 심제의 생애를 복원하고 그의 문학세계를 정리하였다.

심제는 선조대왕 시에 영의정과 영중추부사를 역임한 심수경(1516, 중종 11~1599, 선조 32)의 증손자로 서울에서 태어나 인조 때에 이름을 날렸던 시인이다. 그의 생애는 크게 네 단계로 요약할 수 있다.

첫째, 출사를 준비하던 시기 – 출생(1597년, 선조 30 丁酉) ~ 27세(1623년, 인조 1, 癸亥). 심노가 34세, 심제가 27세 되던 1623년(인조 1 癸亥) 이전까지는 과거에 응시하지 않았는데, 여기에는 부친이 일찍 사망한 가정사적인 문제와 가문의 정치적 경향에서 원인을 찾을 수 있다. 심노의 혼맥이나 심제의 교류 인물은 대개 대북에 반대하여 인조반정 이후에 출사한 소북계 인물들이었다.

둘째, 문재(文才)를 발휘하던 시기 – 28세(1624년, 인조 2, 甲子) ~ 35세(1631년, 인조 9, 辛未). 이 시기는 심제가 자신의 능력을 과거를 통해 보여주고 인정받던 시기였다. 7년 동안 일곱 번이나 과거에 응시한 것을 통해 심제는 끊임없이 승진의 기회에 도전하였음을 알 수 있다. 심제가 과거 시험에 이토록 집착한 이유는 자신의 직책에 만족하지 못하고 과거를 통해 다른 직책으로 승진하기 위해서였을 것으로 보았다. 지금까지 심제가 맡았던 직책은 주로 무관들과 같이 근무하는 것이었는데 이를 벗어나기 위한 방법이 과거를 통한 것이었다.

셋째, 청환직(淸宦職)에 나아간 시기 – 37세(1633년, 인조 11, 癸酉) ~ 45세(1641년, 인조 19, 辛巳). 심제가 세자시강원(世子侍講院)으로 발령을 받은 것을 계기로 사헌부 사간원 홍문관 등 이른바 삼사의 요직을 두루 거치고 병자호란을 전후로 하여 무장 현령과 현감을 거치지만, 다시 삼사에 복귀하여 자신의 정치적 식견을 발휘하는 위치를 차지할 수 있었다. 그런 점에서 이 시기는 그의 생애에서 가장 중요한 시기였다.

넷째, 지방관에 나아간 시기 – 46세(1642년, 인조 20 壬午) ~ 53세(1649년, 인조 27, 己丑). 우연한 폭행 사건에서 비롯된 좌천으로 인한 계기로 지방관이 되었지만, 심제에게는 이로인한 울분을 문학적 열정으로 승화시키는 계기가 되었다. 많은 시들이 대체로 이 시기에 창작되었는데, 특히 애도시인 만사의 창작을 통해서는 인조반정 이후에 벼슬에 나온 사람들과 그들의 가족에 대한 작품이 많이 보인다.

문학적인 경향으로는 크게 두 가지를 정리할 수 있다.

첫째, 애도시인 만사 영역의 확대는 기존 만사의 전통을 수용하면서도 그 표현의 영역을 친구의 아내나 딸, 어머니 등의 여성으로 확대한 점을 높이 평가할 수 있다. 과거에 여성인물에 대한 만사는 주로 자기 아내에 한정하여 직접 쓰는 경우가 일반적이었기 때문이다.

둘째로는 병자호란 당시의 참상을 사실적으로 표현한 작품들을 통해 당시 정치에 대한 비판적 견해를 읽을 수 있다. 심제 자신은 병자호란 당시 전라도에 있었기 때문에 직접 병란을 경험한 것으로 보이지는 않지만, 전쟁의 참상을 통해 백성의 아픔에 공감하고 그 원인이 어디에 있었는가를 파악하는 것은 그의 정치적 식견과 뛰어난 통찰력에 근거하고 있는 것이다.

지금까지의 탐구 결과, 아직까지 겨우 이름 정도밖에 알려지지 않았던 문인으로서 심제를 본격적으로 부각하는데 일조했다고 평가해 본다. 필자는 앞으로 심제와 교류했던 인물들의 시집을 면밀히 검토하여 서로 차운한 시 작품들을 발견해내고, 이를 통해 심층적인 교류의 내용과 역사 이면의 새로운 사실들을 찾아내는 방향에서 더욱 발전된 연구를 구상해 보고자 한다.

사천집초고
沙川集草藁

권지일

<양승이 역주>

【 시(詩) 】

7언 근체시(七言近體)

1. 소현세자[1])의 만사(昭顯世子挽詞) 응제[2])(應製)

봄이 오니 기쁜 기운 동방에 가득한데 　春來喜氣滿東方
바로 앞의 별은 다시 광채 빛내네 　正爲前星更耀光
누가 9년 동안 머리 들고 바라 봄 알랴 　誰識九年翹首望
문득 오늘날 가슴 치며 슬프게 하네 　便教今日扣心傷
은상(銀床)엔 아직도 친히 맛보던 약이 있고 　銀床尙有親嘗藥
벽루(碧樓)엔 옛날 글 읽던 강당이 굳게 닫혀있네 　碧樓鏤扃舊講堂
진나라 사기와 주나라 시[3])를 일찍이 모시고 읽었는데 　晋史周詩曾侍讀
맏아들 잔치 회상하니 눈물이 흘러 치마에 가득하네 　胄筵回憶涙盈裳

---

1) 소현세자(昭顯世子) : 1612 (광해군 4) ~ 1645 (인조 23) 휘는 조, 시호는 소현. 인조의 맏아들. 인열왕후(仁烈王后) 한씨 소생으로 부인은 우의정 강석기(姜碩期)의 딸인 민회빈(愍懷嬪)이다. 1625년(인조 3)에 세자로 책봉되고, 1627(인조 5) 정묘호란, 1636년(인조 14) 병자호란을 당하여 아우인 봉림대군(鳳林大君 : 뒤의 효종)과 함께 청나라의 심양으로 볼모 잡혀갔다. 그곳에서 몽고말도 배우고 서역원정(西域遠征)에 출전도 하였다. 부왕 인조의 노력으로 귀국할 때 천주교 예수회 선교사 아담 샬(Joannes Adam Schall)과 친밀하여 천문·과학에 관한 서양의 문물과 성교정도(聖教正道)에 관한 많은 번역서적·지구의(地球儀)·천주상(天柱像) 등을 가지고 귀국하였다. 귀국 후 2개월 만에 병사하여 서적들도 모두 태워버리게 되어 천주교 전래의 기회도 놓치게 되었다.

2) 응제(應製) : 칙명(勅命)에 의하여 시에 화운(和韻)하거나, 또는 시문을 짓는 일. 그 시체(詩體)를 응체제(應體制)라 함.

3) 주나라 시(周詩) : 〈시경(詩經)〉의 주남·소남 편을 말함.

2. 지평 이극인[4])의 만사 (挽李持平 克仁)

청련과 백옥은 두 집안의 아이인데 青蓮白玉兩家兒
필법이 같이 빛나 그 미묘함 계승되었네 筆法同華繼厥微
봄바람 불어 바다는 찬데 무예 익힘을 보고 海寒春風觀習戰
찬비 내리는 못가 궁엔 아름다운 문 열려있네 澤宮寒雨闢文闈
공교로운 말은 고운비단 짠 듯, 정말 망령됨 없고 巧言貝織誠無妄
효자는 신명 다해 붙들어야 하나 이치상 또 어겼네 孝子神扶理亦違
내가 와전[5])으로 살아 헤어진 후에 부끄러워하는데 愧我瓦全含索後
계강에서 남쪽 바라보며 홀로 옷깃 적시네 桂江南望獨沾衣

3. 승지 최유해[6])의 만사 (挽崔承旨 有海)

월왕 구천[7])의 중흥의 계책인데 越王句踐中興策
명도선생[8])이 옛 글 상고하네 明道先生稽古書
자리에 나아가 진언함은 이 사람 뿐이니 前席進言唯在此
성조에 정직함 끼침이 과연 누가 이 같을까? 聖朝遺直果誰如
대궐에서 도포입고 추운 밤 같이 했고 省中持被同寒夜
호수에서 도롱이 쓰니 좋은 곳 점쳐 살았네! 湖上披簑與卜居
지난 일은 지금에 한바탕 꿈으로 돌리는데 往事秖今歸一夢

---

4) 이극인(李克仁) : 1602년 출생, 본관은 연안(延安), 호는 송정(松汀). 양관대제학(兩館大提學)을 역임한 이후백(李後白)의 고손(高孫), 1636년 문과 급제
5) 와전(瓦全) : 아무 하는 것 없이 겨우 신명(身命)만 보전함을 뜻함.
6) 최유해(崔有海) : 1588년 출생, 본관은 해주(海州), 호는 묵수당(默守堂), 1613년 문과급제
7) 월왕 구천(越王句踐) : 춘추 시대의 월(越)나라의 제2대 왕. 와신상담(臥薪嘗膽) 끝에 부차(夫差)에게 당한 치욕을 씻었음.
8) 명도 선생(明道先生) : 송나라의 유학자인 정호(程顥)를 말함. 아우인 정이(程頤)와 함께 주돈이(周敦頤)의 문인.

공적 · 사적인 마음으로 애통해하니 절로 옷깃 적시네! 公哀私慟自沾裾

4. 낙안 허쟁 모부인 조씨 만사 (挽許樂安 崝 母夫人趙氏)

아흔 살 어머니에 일흔 살 아이이니 九旬之母七旬兒
인간의 복과 수 아직 이런 경우 없었다네 福壽人間未有斯
자식 가르치는 아름다움 누가 전하는가? 訓子芳徽誰作傳
가정 다스리는 훌륭한 모범 내가 잘 안다네 宜家令範我深知
호수 가운데로 땅 피하니 참으로 같은 꿈을 꾸고 湖中避地眞同夢
한강 언저리에 새 무덤길 여니 차마 애사(哀詞)를 쓰네 漢上新阡忍寄詞
헤어지는 이 몸 아직 죽지 않아 含索餘生猶不死
흰 머리로 남쪽 바라보니 눈물이 턱으로 흐르네 白頭南望淚交頤

5. 지평 조공숙[9]의 만사 (挽趙持平 公淑)

서탑은 일찍이 허시랑과 같이 했는데 書榻曾同許侍郞
곽서는 가을날 몇 번이나 평상을 같이 썼는가 郭西秋日幾聯牀
일찍이 도량이 무리에서 뛰어남을 알았고 早知器度傾流輩
어찌 시문이 한 과장을 마음대로 했을 뿐이랴 豈獨詞華擅一場
검은 살쩍 털로 한직에 던져지니 사람들이 같이 애석해 하고 黑鬢投閑人共惜
흰 눈썹 되어 가업 전하니 후손들 번창하네 白眉傳業後應昌
지금 남기에 돌아가는 배 막혔으니 秖今南紀歸舟阻

9) 조공숙(趙公淑) : 1594년 출생, 본관은 평양(平壤). 호는 창계(蒼溪). 1624년 문과 급제

술은 어떤 방법으로 한 잔 드릴 수 있을까 綿酒何由奠一觴

6. 고석 목장흠10)의 만사 (挽睦孤石 長欽)

위엄 있는 봉황과 상서로운 기린은 세상을 상서롭게 하는 자태인데 威鳳祥麟瑞世姿
묘령의 나이에 일찍이 목릉11)이 알아주었네 妙齡曾受穆陵知
이름은 북두성에 걸렸으니 누가 낫기를 다투겠는가 名懸斗極誰爭右
망곡12)은 조정에 소속되니 어찌 더디 그만 두겠는가 望屬巖廊奈已遲
밀지에서 잠깐 받드니 앞자리를 돌아봄 이고 密地纔承前席眷
도읍을 기울여 도리어 감쌈은 해마다 슬픔이라네 傾都還抱巳年悲
응문은 오래되어 가객이 통하는데 膺門久作通家客
울며 쓴 애사는 백미13)에 부친다네 泣寫哀詞寄白眉

7. 영덕으로 가는 사빈 박수문14)을 보내며 (送朴士彬守文 赴盈德)

옛날에 들으니 제일 아름다운 곳은 동남쪽인데 昔聞第一東南美
칠십 고을 가운데 이 고을을 말한다네 七十州中說此州

---

10) 목장흠(睦長欽) : 1572 (선조 5)~1641 (인조 19). 1599년 문과 급제
11) 목릉(穆陵) : 조선의 선조와 그의 원비(元妃) 의인왕후(懿仁王后) 및 계비(繼妃) 인목왕후(仁穆王后)의 능. 경기도 양주군에 있으며 당시 의 문풍(文風)이 대단하여 목릉성세(穆陵盛世)라고 함.
12) 망곡(望哭) : 먼 곳에서 임금 · 부모의 상을 당하고 요배(遙拜)하며 슬프게 울.
13) 백미(白眉) : 여러 사람 가운데서 가장 뛰어난 사람을 가리킴. 촉한(蜀漢) 사람 마량(馬良)의 오형제가 모두 재명(才名)이 있었으나, 그 중에도 눈썹에 흰 털이 섞여 있던 마량이 가장 뛰어났다는 데에서 온 말.
14) 박수문(朴守文) : 1604년 출생, 자는 사빈(士彬), 1631년 문과에 급제하고 삼사(三司)와 목사(牧使)를 역임했음

푸른 시냇물이 졸졸 흐름은 봉래산[15] 물이고　碧澗細連蓬島水
청산을 곧바로 대함은 고을 성 누각이라네　青山直對郡城樓
기이함 찾으려 아직도 으쓱댐은 삼생[16]의 빚이고　探奇尚詫三生債
그대 보내며 도리어 바라봄은 오마[17] 노는 거라네　送子還看五馬遊
스스로 못가에 걸터앉아 웃은 지 이미 오랜데　自笑池邊蹲已久
한 잔 술을 들고 외로이 떠나는 역정의 가을이라네　離觴孤負驛亭秋

8. 승지 이유성의 만사 (挽李承旨 惟聖)

온화한 인품에다 순수한 자태인데　溫溫風味粹然姿
이 사람이 이렇게 될 줄은 누구도 말하지 못했다네　不謂斯人遽至斯
자금[18]과 은대[19]엔 모경(暮景)이 임했고　紫禁銀臺臨暮境
백미(白眉)와 단계(丹桂)는 당시를 비추네　白眉丹桂暎當時
가까스로 석화(石火)가 화갑(華甲) 재촉함 들었는데　纔聞石火催花甲
새벽 서리가 버들 못에 떨어짐 차마 보겠는가　忍見晨霜拂柳池
돌이켜 상각해보니 지난해 밤에 같이 숙직 했었지　却憶去年同直夜
달밤에 누가 황금 술잔 권했던가?　月邊誰勸泛黃巵

15) 봉래산(蓬島) : 동해 가운데에 있는, 신선이 산다는 산. 봉래산(蓬萊山)을 말함.
16) 삼생(三生) : 사람이 태어나는 과거 · 현재 · 미래의 세상. 곧 전생 · 현생 · 후생을 말함.
17) 오마(五馬) : 태수의 수레는 다섯 필의 말이 끌었으므로, 태수의 별칭으로 쓰임.
18) 자금(紫禁) : 임금님이 사는 대궐을 말함.
19) 은대(銀臺) : 조선시대 임금의 명을 출납하던 승정원(承政院)의 별칭

9. 함평 노후설[20] 모부인 만사 (挽盧咸平后卨 母夫人)

함무와 연성은 노나라와 위나라 같은데 咸茂連城魯衛如
두 집은 같은 해에 반여를 받들었네 兩家同歲奉潘輿
스스로 고요한 나무에 바람 자기 어려움을 불쌍히 여기고
自憐靜樹風難止
도리어 때때옷 입고 즐거움이 여유로운 것 부러워하네 却羡斑衣樂有餘
지난일은 더욱이 모두 꿈만 같은데 往事轉頭渾似夢
애사는 눈물 흘리며 글씨 썼다네 哀詞和淚若爲書
이 몸은 하늘가의 학이 되지 못하니 此身未化天邊鶴
어느 곳 강남의 효자 집으로 날아가겠는가 何處江南孝子廬

10. 첨정 유씨의 아내 송씨 만사 (挽柳僉正內子宋氏)

엄숙하고 편안한 명가의 맏손녀 肅靖名家長主孫
유 상공의 가문에 시집 왔다네 于歸又是相公門
동관[21]은 즐겨보니 앞 역사를 통하고 耽看彤管通前史
언제나 곁에서 모시며 지론을 들었네 每侍芳茵聽至論
6년 동안 난세경대 앞에서 외로운 얼굴[22] 보며 슬퍼했고
六載鸞匳悲隻影
하루아침에 용검되어 같은 언덕에 모였네 一朝龍劒會同原
종남산의 고택엔 허물이 없는데 終南古宅無因過

---

20) 노후설(盧后卨) : 1600년 출생, 본관은 장연(長淵)으로 진천(鎭川) 출신, 1630년 문과 급제, 경상도사(慶尙道事)를 역임함.

21) 동관(彤管) : 붉은 빛의 붓대. 또는 그 붓. 후궁에서 기록을 맡은 궁녀가 썼음. 부인의 서화(書畵)의 뜻으로 쓰임.

22) 외로운 얼굴(隻影) : 외따로 떨어져 있는 물건의 그림자. 그림자 하나.

가을비는 쓸쓸히 내리고 나무 잎은 담을 가렸네	秋雨蕭蕭葉擁垣

11. 첨정 홍세충 만사 (挽僉正洪世忠)

가까운 인척으로 지낸지 40년인데	瓜葛情親四十秋
다발머리 어린 아이 때 같이 놀았다네	髫年已與令兒遊
외가 집의 옛 일은 공께서 기억할 수 있고	外家故事公能記
늦게 서로 만나니 이야기 끝이 없네	晩歲相逢說不休
몇 군데나 분부하여 혜화에 머물렀는가	幾處分符留惠化
한 때의 훌륭한 친구들은 모두 명사였네	一時傾盖摠名流
종남산의 옛 집에 늘 찾아가는데	終南舊宅常經過
저믄 나무에 찬 연기 끼어 수십이 배로 생기네	暮樹寒烟倍覺愁

12. 동지 강홍중[23]의 만사 (挽同知姜弘重)

진산의 벼슬[24]은 우리나라에서 으뜸인데	晋山軒冕冠五東
세덕은 지금의 우리 공을 보는 것과 같네	世德如今見我公
보배는 일찍이 전대 속에 넣어두지 않았고	越寶不曾留橐裏
구슬은 누 가 차 속에 실었다고 말했는가	明珠誰道載車中
화갑잔치 송별연에서 가을날 만났고	華筵勝餞逢秋日
조도[25]의 명정[26]은 북풍에 휘날리네	祖道銘旌送北風

---

23) 강홍중(姜弘重) : 1577(선조 10)~1642(인조 20) 호는 도촌(道村), 1606년 문과 급제

24) 벼슬(軒冕) : 초헌과 면류관이라는 뜻으로. 벼슬이나 관록을 가리킴.

25) 조도(祖道) : 여행할 때에 조신(祖神)을 제사지내는 일. 옛적에 황제(黃帝)의 아들 (누조(累祖), 일설에는 공공씨(共工氏)의 아들) 수(脩)가 여행하기를 좋아하여 행로(行路)에서 죽었으므로, 후인이 행로신(行路神)으로 모셨음.

같은 마을의 소년들 백발이 되었는데 同里少年成白首
들보에 가득한 쇠잔한 달빛 아래 눈물이 끝없이 흐르네 滿樑殘月泣無窮

13. 동지 정지우[27]의 만사 (挽鄭同志子修 之羽)

꽃다운 향기는 멸하기 쉽고 빼어난 건 먼저 꺾이는데 芳香易滅秀先摧
예부터 연민 같이했으니 그대가 가장 슬프다네 從古同憐子最哀
풍부한 말 펴지 못했으나 나라를 빛낸 솜씨이고 詞富未施華國手
기이한 재주 누가 알까 시대를 구제할 재주였네 跡奇誰識濟時才
지금 돌아가니 거듭 황천이 한스럽고 只今遺却重泉恨
애처로운 어린 아이를 차마 보겠는가 忍見纍然數尺孩
병들어 누워 마침내 외로운 몸으로 상여줄 잡는데 臥病竟孤躬執紼
광릉의 봄풀에 노닐며 돌아오네 廣陵春草徜歸來

14. 최노망의 아내 이씨 만사 (挽崔魯望內子李氏)

한 세상의 영웅호걸 박릉에서 보는데 一世英豪見博陵
가정의 살림 잘하는 맑은 덕은 유인[28]을 일컬음이네 宜家淑德孺人稱
이른 나이에 호해(湖海)의 풍류 다하였고 早年湖海風流盡
반수(半樹)의 오동에 피눈물 엉키었네 半樹梧桐血淚凝
백도[29]는 자식을 잃었으나 도리어 후손이 있었고 伯道無兒還有後

---

26) 명정(銘旌) : 장사(葬事) 때 쓰는, 죽은 사람의 벼슬 · 성명 등을 적은 기. 명정(明旌). 명기(銘旗).

27) 정지우(鄭之羽) : 1592년 출생, 본관은 동래(東萊), 자는 자수(子修), 1624년에 문과에 급제하고 양사(兩司)와 승지(承旨)를 역임했음

28) 유인(孺人) : 남편에게 딸린 사람이란 뜻으로, 아내를 가리키는 뜻으로 쓰임.

반희[30]는 경계를 드리우니 징험할 만하네　　班姬垂戒足能徵
홀로 가련한 건 가을 기러기 나란히 나는 모습 끊어져　　獨憐霜雁聯行斷
세밑에 외로운 기러기는 한강의 얼음 위를 날아 가네　　歲暮孤飛漢水氷

15. 병사 김준룡31) 만사 (挽金兵使俊龍) 2수(二首)

첫째 (其一)

호남 막부에서 병사를 찾으니　　湖南幕府謁元戎
피눈물 가슴에 드리우니 간담이 격동하네　　血淚垂膺膽激中
광교산 앞 아침 싸움 피하였고　　光敎山前朝戰罷
광릉성 위 저녁 봉화 타오르네　　廣陵城上夕烽通
큰 이름 역사에 기록되지 못했으니　　大名不與鍾常紀
내세에 누가 사직의 공을 알겠는가　　來世誰知社稷功
웅대한 계획을 접고 적막한 데로 가니　　斂却雄圖歸寂莫
한 언덕의 연기 서린 나무에 슬픈 바람이 이네　　一丘烟樹起悲風

둘째 (其二)

살빛은 희고 수염은 길어 근엄하기 신선 같은데　　白晳長髥儼若神

---

29) 백도(伯道) : 중국 진(晉)나라 양양(襄陽) 사람인 등유(鄧攸)를 가리킴. 석륵(石勒)의 병란을 만나 가족을 데리고 피란할 때에 아들을 버리고 조카를 구했음.

30) 반희(班姬) : 반소(班昭), 후한 초기의 여류문학가. 일찍 과부가 되었으나 박학(博學)하여 황후(皇后)와 귀인(貴人)의 스승이 되어 조대고(曹大姑) 또는 조대가(曹大家)라고 불렸음. 반고(班固)는 그의 오빠임.

31) 김준룡(金俊龍) : 1586(선조 19)~1642(인조 20). 조선 중기의 무신. 본관은 원주, 시호는 충양(忠襄). 전라도병마절도사가 된 1636년에 병자호란이 발발하자 크게 활약하여 많은 전공을 세웠음. 어영중군(御營中軍) · 김해부사 · 경상도병마절도사 등을 역임.

풍채는 신중하여 조정의 대관을 움직이네　　風儀抑抑動朝紳
예쁜 아낙은 가정의 뜻 두어 일찍이 힘쓰고　　嫖姚早勵辭家志
장수는 원래 나라를 위해 자신을 잊는다네　　岳將元忘報國身
옥절이 변방에 임하니 청해(淸海)도 비색해 하고　　玉節臨邊淸海塞
단정이 돌아오는 길에 군민이 곡하네　　丹旌歸路哭軍民
영혼이 지하에서 또한 기뻐하리니　　英魂地下還應喜
집안에 계시는 학발 노인[32]은 또한 한 봄 맞이한다네　　鶴髮堂中又一春

16. 감역 이구함의 만사 (挽李監役 久涵)

효도하고 우애하는 가문의 명성 가난하지 않은데　　孝友家聲業不貧
일생의 순수한 행실 무리에서 뛰어났네　　一生純行絶夷倫
다른 때 도에 대해 논쟁하니 둘째가지 않는 선비이니　　異時爭道無雙士
이로부터 공과 같은 사람 몇 명이나 될까　　從此如公有幾人
타고난 나의 명 궁하니 공연히 흰 머리 되었고　　賦我命窮空白首
무리에서 뛰어났지만 재주 꺾이니 어찌하랴, 하늘이여!　　出群才屈柰蒼旻
광릉의 강 위엔 문이 굳게 닫혔는데　　廣陵江上門長掩
피리를 누가 비낀 달 아래서 부는가　　鐵笛誰橫月下鄰

17. 참봉 이진발 만사 (挽參奉李震發)

구슬 패옥 머리에 두르고 옷깃은 붉고 푸른데　　珠貝縈頭紫翠裾
아함[33]과 대나무말 타며 어려서 같이 놀았다네　　阿咸騎竹共嬉初

32) 학발 노인(鶴髮) : 늙은 노인을 이르는 말. "鶴髮堂中千年壽, 膝下子孫萬世榮."라는 시구가 있다.

청춘의 한 수명은 도리어 꿈만 같고	青春一命還如夢
흰 머리의 두 어버이 부질없이 여문(閭門)에 기대었네	白首二親空倚閭
떠나는 길엔 아직도 자꾸만 눈물 흐르고	行路尙揮新涕淚
작은 서재엔 예전에 읽던 시서(詩書)만 남아있네	小堂唯有舊詩書
훌륭한 늙은이와 어린 자식이 그대 뒤 따라가니	賢翁弱子隨君逝
쌓인 원한은 황천과 요대에서 조금 풀릴 것이네	恨菀泉臺徜小紓

18. 한자명의 딸 만사 (挽韓子明女) 조대 김만령의 아내이다.(金措大萬齡內子)

저 늙은이의 딸은 즉 우리 아이인데	若翁之女卽吾兒
늘 침상 앞에서 머리 단장하던 때 기억나네	每記床前撫頂時
훌륭한 신랑 배필로 얻었으나 참으로 짝이 되지 못하고	得配賢郞眞不偶
가련하다, 꽃다운 나이에 죽게 되었구나!	可憐芳歲至於斯
사람의 인연과 업은 아이에게 남기고	人間緣業餘黃口
꿈속의 얼굴 모습은 푸른 눈썹 대한다네	夢裏容顔對翠眉
원통한 소쩍새 달밤에 울게 하지 말아라	莫化寃禽啼夜月
여막에 있는 백발 늙은이 더 슬퍼진다네	山廬添却白頭悲

19. 유여주의 만사 (挽柳汝舟)

묘령의 아름다움 당시에 빛났는데	妙齡文采暎當時
만년의 절개와 맑은 지조 더욱이 절로 기이하네	晩節淸操益自奇
이르지 않았는가, 덕 있는 사람 결국 쓸쓸하게 된다고	不謂德人終寂莫
어찌 오래 살기로 한 기약에 인색했는가	奈何眉壽嗇期頤

33) 아함(阿咸) : 악기의 이름

화남의 옛 집엔 찾는 이 없고　　華南舊宅無因訪
강가 새 무덤길에서 차마 애사(哀詞)를 부치네　　江上新阡忍寄詞
쌍벽으로 지금도 나라의 선비라 일컫는데　　雙壁卽今稱國士
다른 해 평상과 홀에 남은 슬픔 있다네　　他年床笏有餘悲

20. 첨지 남계하[34]의 만사 (挽南僉知啓夏)

성랑[35]과의 교분은 오랜 마음으로 친하니　　星郎交契宿心親
젊은 날 문하에 올라 후진[36]에 절했네　　少日登門拜後塵
동쪽 고을의 남은 백성은 깊은 은택 남아있고　　東郡遺民深澤在
서추(西樞)의 훌륭한 노인은 성은 새롭네　　西樞優老聖恩新
누가 채색 옷과 성찬[37]이 나는 땅인지 알까?　　誰知彩服三牲地
차마 상복 입은 이극인[38]을 볼 수 있겠는가?　　忍見衰麻二棘人
해 저무는 겹으로 언 얼음이 한강 물 막으니　　歲暮層氷塞漢江
묘 앞에 술 한 잔 올리지 못해 부끄럽구나!　　愧無綿酒墓前陳

21. 재종제 조한상 만사 (挽再從弟曺漢相)

형의 나이 삼십에 동생이 처음으로 태어나니　　兄年三十弟初生

---

34) 남계하(南啓夏) : 1564(명종 19)~1644(인조22), 조선 중기의 시인으로 호는 구봉(龜峰), 첨지중추부사(僉知中樞府事) 역임

35) 성랑(星郎) : 낭관(郎官)으로 당하관(堂下官)임

36) 후진(後塵) : 사람이 지나간 뒤에 나는 먼지. 남의 뒤를 따르는 일. 또 남과 자리를 같이한 것을 겸손하여 이름.

37) 성찬(三牲) : 삼생은 세 가지 희생(犧牲). 곧 소・양・돼지를 말함. 또는 미식(美食)이나 성찬(盛饌)을 말함.

38) 이극인(二棘人) : 어버이의 죽음(親喪)을 당한 사람

이 날 누가 먼저 저세상으로 갈 줄 알았겠는가?	此日誰知先此行
준수함은 일찍이 모든 동생 중에 최고였고	俊秀早爲群季最
어린 나이에 이미 노련한 명성 얻었다네	髫齡已有老成名
지하에서 가족의 즐거움 말하지 말라	莫言地下妻孥樂
인간 세계에서 부모의 정은 거의 같다네	爭似人間父母情
응당 외로운 혼 보내어 원조(寃鳥)가 되었으니	應遣孤魂化寃鳥
달 밝고 꽃 피면 삼청[39]에서 곡한다네	月明花發哭三清

22. 유자건 대인 수장(壽章) 시에 차운하다 (次柳子健大人壽章韻)

갑신년 11월 다시 동뢰일(同牢日)을 맞아 동뢰연(同牢宴)[40]을 베풀었다.(甲申 十一月 再逢同牢日設宴)

다른 말로 일찍이 녹발(綠髮) 신선이라 하는데	異說曾傳綠髮仙
부부가 지금 축하 받으니 복록이 모두 갖춰졌네	同牢今賀福俱全
금슬[41]은 종고(鐘鼓) 같으니 평생의 즐거움이요	瑟琴如鼓平生樂
화촉을 다시 밝히니 60년이 되었다네	花燭重開六十年
옛날 일에도 응당 이런 경사스런 일 없었고	故事只應無此事
옛 인연은 새 인연으로 만들어 보았네	舊緣從見作新緣
화갑 잔치에 홀로 잔 들어 축하하는데	華筵獨阻稱觴賀
다시 영춘[42]을 기다리니 또한 8천 년이라네	更待靈椿又八千

39) 삼청(三清) : 도교에서 말하는 옥청(玉淸)·상청(上淸)·태청(太淸)의 세 개의 공간.

40) 동뢰연(同牢宴) : 혼례 시에 신랑과 신부가 교배(交拜) 뒤에 술잔을 나누는 것.

41) 금슬(琴瑟) : 금슬지락(琴瑟之樂), 부부간에 서로 화합함을 말함.

42) 영춘(靈椿) : 옛날에 대춘(大椿)이란 나무가 만년 이상을 살았다는 장자(莊子)의 우언(寓言)에 의하여, 장수의 비유로 쓰임. 〈장자〉 "上古有大椿者, 以八千歲爲椿, 八千歲爲秋."

23. 태복정 유심[43] 아내 엄씨의 만사 (挽柳太僕正淰 內子嚴氏)

뛰어난 중승 대부 어진데 中丞矯矯大夫賢
지난날 가문의 명성은 여자로 전하게 했네 舊日家聲令女傳
맑은 덕 지녀 일찍이 가정 잘 꾸리니 군자의 짝이고 淑德早宜君子配
젊어 칭찬 들으니 가정의 주부됨 보았네 妙譽曾見主家專
누가 칩칩[44]한 다남(多男)의 경사 알겠는가 誰知蟄蟄多男慶
마침내 침침[45]한 두 아이 병마(病魔)에 걸렸네 竟使沈沈二豎纏
관록의 자리 점점 높아지자 아이도 또한 귀하게 되니 祿位漸高兒亦貴
영화로운 자식 어느 곳에서나 눈물 흘리네 耀榮無處不潸然

24. 주부 김진 만사 (挽金主簿 璡)

산 앞 오솔길 지난해 겨울에 났는데 山前細路去年冬
말에서 내리니 예쁜 가시나무에 석양이 지네 下馬班荊夕照春
강상에 봄바람 불 때 다시 만나기로 약속하고 江上春風重有約
침문[46]에서 맑은 눈물 흘리나 문득 따를 수 없네 寢門清淚忽無從
언제나 고향에 들러 돌아가신 아버님 친구분을 슬퍼했고 每過故里悲先執
애사를 쓰려하니 옛날 그 모습 떠오르네 欲寫哀詞想舊容
병들어 누워 몸소 상여줄 잡지 못했는데 臥病獨乖躬執紼
어느 때나 그대 집을 우러러 볼 수 있을까? 幾時瞻拜若堂封

---

43) 유심(柳淰) : 1608(선조 41)~1667(현종 8), 호는 도계(道溪), 1635년 문과 급제, 경상도관찰사, 평안도관찰사, 예조참판, 도승지를 역임

44) 칩칩(蟄蟄) : 많은 모양.

45) 침침(沈沈) : 성한 모양.

46) 침문(寢門) : 사랑으로 드나드는 문.

25. 천미옹 이필행[47]의 만사 (挽天微翁李必行)

충성스럽고 정직한 자손은 삶을 욕되게 하지 않아 忠正之孫不忝生
광릉의 화주[48]가 뛰어난 명성 떨쳤네 廣陵華冑振英聲
가슴은 빛나고 빛나니 군신의 의리요 胸中耿耿君臣義
머리는 밝고 밝으니 해와 달의 밝음이네 頭上昭昭日月明
하늘은 어진 사람 원수로 여겨 결국 수명에 인색했단 말인가
天意仇賢終嗇壽
사가는 글로 전하니 아마도 이름을 남겼으리라 史家傳信倘留名
지금 온세상(四海)은 온통 파도쳐 어지러운데 秖今四海同波蕩
마음이 곧고 굳으니 그대와 누가 다투겠는가 貞固何人與子爭

26. 참판 홍영[49]의 만사 (挽洪參判霙)

젊은 나이에 재주가 뭇 영웅에 뛰어나니 妙齡才調出群英
학사로 훌륭한 신랑감이니 상국[50]의 사위이네 學士賢郎相國甥
일처리 잘하니[51] 도위[52]라는 귀한 보직 받았고 幹蠱卽看都尉貴

---

47) 이필행(李必行) : 1589(선조 22)~1645(인조 23). 조선 중기의 문신. 본관은 광주(廣州). 자는 이원(而遠), 호는 천미(天微). 1623년 문과 급제, 경성판윤(鏡城判尹), 호조·형조좌랑, 보성군수, 경상도사 등 역임

48) 화주(華冑) : 왕족이나 귀족의 자제. 주(冑)는 사자(嗣子).

49) 홍영(洪霙) : 1584(선조 17)~1645(인조 23). 조선 중기의 문신. 본관은 풍산(豊山). 자는 택방(澤芳), 호는 추만(楸巒). 1605년(선조 38) 생원시에 합격하고, 1621년(광해군 13) 정시문과에 병과로 급제하여 공조참의·공조참판·동지중추부사 등을 역임.

50) 상국(相國) : 백관(百官)의 장. 진시황이 여불위를 임용한 데서 시작되었는데 처음에는 승상보다 높았으나 후세에는 승상도 상국이라 일컬어 마침내 재상의 통칭이 됨.

51) 일처리 잘하니(幹蠱) : 아들이 아버지의 실패한 사업을 회복함. 따라서 일을 잘 처리함을 말함.

52) 도위(都尉) : 중국에 있었던 벼슬 이름. 진한(秦漢) 때 각 군(郡)에 둔 군사(軍事)·경찰(警察)을 맡은 벼슬. 군수(郡守)의 버금이 됨. 그 뒤에는 경거도위(輕車都尉)·기도위(騎都

특별한 은혜로 일찍 발탁되니 예조의 경(卿)이 되었네　殊恩曾擢禮曹卿
가문의 찬란한 복록은 고금에 없던 일이고　門闌福履無今古
인간 세상의 슬픔과 영화 죽음과 삶에도 족했다네　人世哀榮足死生
종남산으로 머리 돌려 꽃구경 하는데　回首終南賞花地
석양 비치는 깊은 숲 속 매미소린 요란하네　夕陽深樹集蟬聲

27. 늙은이에게 희롱삼아 주다 (戱贈老者)

생각하며 서강 강 위 누각에 오르니　憶上西江江上樓
붉은 비단에 가로 안은 것은 나전(螺鈿)으로 꾸민 공후라네
紫羅橫抱鈿箜篌
하늘가에서 한번 이별하니 청조[53]가 없고　天涯一別無青鳥
전라도 땅에서 서로 만나니 이미 흰 머리 되었네　湖外相逢已白頭
얼굴 보고 어찌 예전 모습 알겠는가　看面豈知前度樣
이름 말하니 바야흐로 옛날 놀던 때 기억하네　道名方記舊時遊
그대는 화창한 봄 빛 저물었다고 원망치 말아라　憑渠莫怨韶光暮
연못에 나뭇잎 떨어지니 또 한번의 가을이 되었네　木落湘潭又一秋

尉)·부마도위(駙馬都尉) 등 널리 무관(武官)의 훈관(勳官)으로 되었으며, 청(淸)나라 때에는 정삼품(正三品) 내지 종사품(從四品) 무관의 계급으로 되었음.

53) 청조(青鳥) : 반가운 소식을 뜻함.

28. 이감사 부인 유씨 만사 (挽李監司夫人柳氏) 즉 태인(泰仁) 원님(倅貳)으로 있는 이성징[54]의 모부인으로 나한테 외종숙모가 된다.(卽泰仁倅 李星徵母夫人 於吾爲外從叔母也)

요즘에 높은 친척이 거듭 황천길 가니 邇來尊戚擧重泉
숙모가 지금 돌아감에 눈물이 배로 흐르네 叔母今歸倍潸然
6년 동안 잘 모셔 백세 동안 삶을 기약했고 六載侍歡期百歲
한결같이 봉양함은 3년뿐이었네 一麾榮養只三年
고당(高堂)[55]이 다하지 않았으니 인간의 복이고 高堂不盡人間福
신검이 따름을 마치니 지하의 인연이네 神劍終隨地下緣
보탑산 앞 금수가 돌아 흐르니 寶塔山前回錦水
아름다운 기가 성하여 훌륭한 이 탄생시켰구나! 定知佳氣蔚生賢

29. 임금께서 백우선[56]을 내리다 (勅賜白羽扇) 월과(月課)

한낮에 봉래산[57]은 더운 기운이 푹푹 찌는데 日午蓬萊暑氣烘
둥글고 둥근 백우선 금궁(金宮)에서 꺼내네 團團白羽出金宮
전달하여 부르니 비로소 작은 정성 움직임 깨닫고 傳呼始覺微忱激
절하고 춤추니 바야흐로 임금님 은택 큼을 알겠네 拜舞方知聖澤洪
한줄기 맑은 바람이 소매 속에서 나오고 一陣清飈生袖裡
반쯤 되는 수레바퀴 모양의 밝은 달이 가슴에 떨어지네 半輪明月落懷中
시절이 태평하여 삼군(三軍)이 쓰지 아니하니 時平不向三軍用
지금 높은 낭하에서 온화한 바람 불어줌이 알맞다네 只合巖廊頌穆風

54) 이성징(李星徵) : 1608년 출생, 자(字)는 길응(吉應) 본관(本貫)은 연안(延安), 눌은(訥隱) 이광정(李光庭)의 손자이며 유영경(柳永慶)의 외손, 1662년 문과 급제
55) 고당(高堂) : 높은 집. 훌륭한 집. 따라서 남의 집의 존칭을 말함.
56) 백우선(白羽扇) : 흰 깃으로 만든 부채.
57) 봉래산(蓬萊山) : 주 15)

30. 영군은 여산에 있다 (領軍在礪山)

천길 외로운 성 첩첩 산으로 둘렀는데 千仞孤城疊嶂迴
성문이 한 번 닫치니 어느 때 열릴까? 城門一閉幾時開
남방의 의로운 군대는 함성소리 씩씩하고 南方義旅軍聲壯
북방의 뭇 오랑캐들 담기(膽氣) 꺾인다네 北地群胡膽氣摧
만세의 신성한 서울엔 요기들 뒤엉켜 있고 萬歲神京纏沴祲
백년의 문물은 불타 재가 되었네 百年文物逐烟灰
강산엔 사자가 온단 소식 없으니 江山使者無消息
날마다 임금님 편지 물 건너오기 바란다네 日望天書渡水來

31. 어떤 사람의 만사 (挽人) 성명은 기록하지 않는다.(不記名)

생각하니 일찍이 방랑하여 장사[58]에 이르렀는데 憶曾漂泊到長沙
객지에서 사귄 정은 한 배나 더했다네 客裏交情一倍加
언제나 재주와 평판 아끼더니 쓸모없게 되었으니 每惜才名成濩落
어찌 이 사람이 갑자기 죽어 슬퍼할 줄 알았겠는가! 豈知人事遽驚嗟
책상머리엔 개똥벌레 죽었으니 누런 책만 남아있고 案頭螢死餘黃卷
벽 위엔 먼지 생기니 푸른 비단 까맣게 되었네 壁上塵生暗綠紗
가을날 장강에서 먼저 나한테 물었는데 秋日漳江先問我
지금 돌이켜 생각하니 귀밑털이 아름다웠다네 只今回憶鬢堪華

---

58) 장사(長沙) : 무장(茂長), 지금의 전라북도 고창(高敞)

32. 저물녘에 높은 누각에 기대어 설봉을 대하다 (暮倚高樓對雪峯)

외로운 성에서 눈 온 뒤 높은 누각에 의지했다가 孤城雪後倚高樓
다시 설산 광경에 이끌려 억지로 머물러 있었다네 更被山光强引留
앞쪽 바라보니 아름다운 지경이 가까이 있음을 알겠고 對面只知佳境逼
마음 돌림은 어지러운 봉우리 조밀하게 한계 지어서가 아니라네 歸心不限亂峯稠
오늘 온 것이 어찌 스님의 맑은 기운 탐해서랴! 今來豈是貪僧氣
구경하고 가면 응당 나그네 수심 흩어지리라 看去應須散客愁
해 떨어지자 고인의 소식 끊어지니 落日故人消息斷
여기에서 약재 캐며 진짜 놀고 있겠지. 若爲於此採眞遊

33. 참봉 홍선 만사 (挽洪參奉 銑)

무리지어 노는 이 모두 사혜련[59]과 같지만 群從皆如謝惠連
형이 여러 형제 중 제일 훌륭하다네 唯兄最是白眉賢
높은 산 밤 눈을 일찍이 같이 구경했고 喬山夜雪曾同賞
강가 절 봄 등불 밑에서 몇 번이나 함께 잤던가! 江寺春燈幾共眠
재상의 가문에서 도를 쟁론하니 지금 후임이 있고 爭道相門今有後
어찌 알았겠는가? 어진 자는 결국 오래 살지 못한다는 것을 豈料仁者竟無年
예쁘고 예쁜 한 조각은 성 서쪽의 달 娟娟一片城西月
당시 때때옷 입고 춤추는 잔치 자리에 비쳐주네 留照當時舞綵筵

---

59) 사혜련(謝惠連) : 남조 송나라 때 시인. 사령운(謝靈運)의 종제(從弟)로 문명을 함께 떨쳤으며 37세에 일찍 죽었음.

34. 신씨 어른 만사 (挽申丈)

훌륭한 그대는 나와 마음 터놓을 정도로 친했는데　賢郞與我許心親
저 신장(申丈)께선 어른스럽다는 말 익히 들었네　慣聽夫公丈者人
재명(才名)을 여덟 번 읊조리니 묵은 계획 어긴 것이고　八詠才名違宿計
바닷가에서 일생동안 사니 천진(天眞)에 맡기는 것이네　一生江海任天眞
나이 칠순이 되니 어질어 장수함이 마땅하고　年齊七秩仁宜壽
집은 일천 곳집으로 윤택하니 가업이 빈한하지 않다네　屋潤千箱業不貧
수석은 황량한 채 고택에 남았는데　水石荒凉餘古宅
꽃다운 풀 보니 또 새로 봄이 왔구나!　忍看芳草又新春

35. 황여화의 만사 (挽黃汝和)

얼굴을 알고 사귄지 20년 되었는데　識面論交二十齡
중간에 서로 이합하니 물에 뜬 부평초 같구나!　中間離合等漂萍
다시 남곽[60]선생을 찾으니 모두 꿈만 같고　再尋南郭渾如夢
한번 중산주[61]에 취하니 마침내 깨지 못하네　一醉中山竟不醒
피눈물은 새로운 잣나무에 마르지 않았는데　血淚未乾新柏樹
때때옷 입고 부모님 즐겁게 하던 당신은 옛날 원추리 심은 뜰[62]에 없네

60) 남곽(南郭) : 남곽자기(南郭子綦)를 말함. 〈장자〉』「제물론(齊物論)」. "南郭子綦隱机而坐, 仰千而噓, 苔焉似喪其耦. 顔成子游立侍乎前, 曰 : '何居乎? 形固可使如枯木, 而心固可使如死灰乎? 今之隱机者, 非昔之隱机者也.'" 成玄英疏 : "楚昭王之庶弟, 楚莊王之司馬, 字子綦. 古人淳質, 多以居處爲號, 居於南郭, 故號南郭......其人懷道抱德, 虛心忘淡, 故莊子羨其淸高而託爲論首." 郭慶藩集釋引盧文弨曰 : "机, 案今本作 '几'. " 后 以南郭子綦爲物我兩忘, 淸高淡泊的典型.

61) 중산주(中山酒) : 취기가 오래 깨지 않는 좋은 술의 이름. .

62) 원추리 심은 뜰(萱庭) : 훤당(萱堂). 어머니의 아칭(雅稱). 또는 남의 어머니의 존칭. 옛날에 어머니는 북당(北堂)에서 거처하였는데, 그 뜰에 근심을 잊도록 원추리를 심었던 데에서 유래됨.

綵衣無影舊萱庭
문 밖 일천 실 버드나무 차마 보지 못하겠는데 忍見門外千絲柳
마치 봄바람이 청안(青眼)을 대하는 것 같구나! 猶是春風對眼青

36. 덕무령의 만사 (挽德茂令)

교외의 집 방문한 것은 지난해 봄인데 郊扉經過昔年春
기쁜 마음으로 우리 서로 찾음은 적막한 물가였네 喜我相尋寂寞濱
눈물을 삼키고 진언함은 선세의 덕이고 含淚爲陳先世德
일가에 돈독함 힘씀은 뒷날 사람 본받네 惇宗却勉後來人
자식과 손자 준수함은 가훈을 이어 받았고 兒孫俊秀承家訓
안석과 자리 깨끗이 닦으니 속진을 끊음이네 几席清修絶俗塵
세상일은 문득 한 베개머리에서 놀랜 듯하니 世事忽如驚一枕
석문의 비낀 해 속절없이 정신을 상하게 하네 石門斜日暗傷神

37. 친구가 풍악산[63]을 유람하던 시에 차운하다 (次友人遊楓岳韻)

풍악의 산세는 달리다가 다시 돌았는데 楓岳之山走復迴
한 구역의 형승(形勝)은 해동의 굽이라네 一區形勝海東隈
호천[64]의 이적은 지금과 옛날에 전하고 壺天異跡傳今古
신령스런 지경에 선인(仙人)이 몇 번이나 왕래했는가? 靈境仙人幾往來
여라 덩굴 속 작은 길에 달 밝으니 학이 울고 蘿徑月明笙鶴韻

63) 풍악산(楓岳山) : 가을의 금강산의 다른 이름.

64) 호천(壺天) : 호중천(壺中天). 신선 호공(壺公)의 고사에 의하여 별천지(別天地)·별세계(別世界)·선경(仙境) 등의 뜻으로 씀.

돌로 만든 단엔 가을 깊으니 계화가 피었네　石壇秋老桂花開
어찌 마땅히 요지[65]의 짝을 버리고　何當去逐瑤池侶
구슬 나무 밑 구슬 자리에서 옥잔을 드는가?　珠樹琳筵稱玉杯

38. 당숙어른 심여시의 만사 (挽沈叔丈汝始)

당숙어른이 평소에 정을 어김이 없었는데　令叔平生情莫違
고향[66]을 점쳐 이웃한 지 거의 30년 되었네　卜隣桑梓卅年幾
들 정자에선 마음이 답답하니 수심 없애려 애쓰고　野亭慱塞消愁鬪
강 객사에선 술 마시니 다 취하여 돌아가네　江舍杯罇盡醉歸
사람의 일은 문득 한 베개에서 놀랜 듯하고　人事忽如驚一枕
생각하니 공연히 눈물이 한 자나 흐르게 되네　想來空使涕矆揮
황천으로 떠나자 따로 끝없는 아픔 있으니　重泉別有無涯慟
흰 머리 홀어머니 땅바닥에 또 쓰러지누나!　白髮孀慈底更依

39. 더위를 없애는 그릇 (辟暑犀)[67]

강의하는 자리 처음 만들어 반차를 같게 했는데　講筵初設引班齊
뜨거운 햇볕 내리쬐니 보배로운 그릇 내려주네　庚熱方烘賜寶犀
바람은 기이한 향기 보내니 옥축(玉軸)에 더하고　風送奇香添玉軸

---

65) 요지(瑤池) : 주나라 목왕(穆王)이 서왕모(西王母)와 만났다는 선경(仙境). 곤륜산(崑崙山)에 있음.

66) 고향(桑梓) : 뽕나무와 가래나무. 옛날에 집 담 밑에 뽕나무와 가래나무를 심었으므로, 향리(鄕里)의 주택, 또는 고향을 말함.

67) 더위를 없애는 그릇(辟暑犀) : 당나라 문종이 주역을 배우는데 날씨가 너무 더웠다. 임금이 피서시를 가져오게 하여 좌중(坐中)에 두었더니 서늘한 바람이 불어 나왔다고 하고, 겨울에는 더운 기운이 났다고 하는 진기(珍器)

빛은 상서로운 광채 머금으니 금규[68]에 장식했네　光涵瑞旭綴金閨
서늘함 맞아 더욱 깨달음은 번잡한 가슴 넓어지고　迎凉轉覺煩襟豁
더위 당해 다투어 놀램은 맑은 기운이 서늘함이네　當暑爭驚灝氣凄
세상의 드문 특별한 은혜 갚지 못할까 부끄러운데　不世殊恩慙未報
임금의 아름다운 보살핌에 감동되어 또 끌리네　感君嘉眖更携提

40. 남에게 주다 (贈人)

애정이 서로 골육의 친척과 같으니　情愛相同骨肉親
이별함에 어느 날이나 마음 상하지 않은 날이 없네　別來無日不傷神
역정에 분주함은 수고로움에 일찍이 배불러 지쳤고　驛程奔走勞曾飽
태학의 채소반찬은 맛이 또 시구나!　太學虀鹽味更辛
가정이 벼슬 때문에 파산되니 운명이고　家破以官仍作命
시절이 위태로우니 어느 곳에서 몸을 숨길 수 있겠는가　時危何處可藏身
명년엔 밭 구하는 계획 이루어지리니　明年定遂求田計
그대 또한 밭으로 돌아가 이웃과 더불어 살게나　君亦歸田與卜隣

41. 화엄사에서 각성 선사를 찾아뵙다 (華嚴寺訪覺性師) 2수(二首). 절에 오래된 돌이 있는데, 이 돌에 화엄경을 썼기 때문에 화엄사라 이름 지었다.(寺有古石 寫華嚴經故名)

첫째 (其一)

비단 돌 붉은 숲은 이만한 경치 드문데　錦石紅林盡不如

65) 금규(金閨) : 금마문(金馬門). 중국 한(漢)나라의 미앙궁(未央宮)에 금마문이 있었는데 문학지사(文學之士)가 출사하던 곳을 말함.

석양이 비친 다리 위에 수레가 머물러 있네　　夕陽橋上爲停車
전조의 화엄사 이름 들은 지 오래 되었고　　前朝巖寺聞名久
남국의 고승 얼굴 앎은 처음이라네　　南國高僧識面初
푸른 이끼 비석 더럽히니 경(經)자 없어졌고　　綠蘚漫碑經字滅
흰 구름 나무를 감싸니 종소리 성기네　　白雲籠樹磬聲疎
노니는 사람이 혹 시 짓는 객 물으니　　遊人倘問題詩客
장사의 태수[69] 글 알려주네　　報道長沙太守書

둘째 (其二)

소매로 티끌 떨쳐 버려 변화한 듯하니　　拂袖逃塵幻化如
고을 문에서 사또 수레 물리치네　　洞門遺却使君車
죽방(竹房)의 사람들 이야기는 종소리 멎은 뒤이고　　竹房人語鍾殘後
다원(茶院)에서 스님이 잠잠은 달 떠오르는 때라네　　茶院僧眠月上初
서리가 석단(石壇)에 진하게 내리니 이끼는 태반이 시들었고
　　霜重石壇苔半老
비 낮은 나무에 지나가니 잎이 다 성기네　　雨經秪樹葉全疎
다른 해 혹 참된 객을 기억해 찾는다면　　他年倘記尋眞客
반드시 공중에서 편지 글 부치리라　　須寄空中尺素書

42. 두류산 (頭流山)[70]

대지가 동으로 달리니 이 어찌 공허한 것이랴　　坤輿東走此焉空
서쪽으로 곤륜산 바라보니 맥락이 통하네　　西望崑崙脉絡通

---

69) 장사의 태수(長沙太守) : 장사태수를 지낸 글쓴이 자신을 말함. 장사는 주 58) 참조
70) 두류산(頭流山) : 지리산(智異山)의 다른 이름

고을에 선경(仙京)이 있음은 예로부터 전해오고　洞有仙京傳自古
세상에 뛰어난 역사가 없으니 다시 누가 공교롭겠는가　世無良史更誰工
산봉우리 보일락 말락 함은 뜬 구름 밖이요　峰巒隱顯浮雲外
해와 달이 떴다 졌다함은 쌓인 기운 가운데이네　日月升沈積氣中
어찌 잠보 같은 씩씩한 걸음으로　安得健如岑父步
일만 숲 일천 골짜기를 한번에 다 다닐 수 있을까　萬林千壑一時窮

43. 윤순창의 만사 (挽尹淳昌)

그대는 남으로부터 돌아와 이미 침상에 누웠는데　君自南還已臥床
작은 창문엔 아직도 따뜻한 햇살 펴졌지만 서늘하네　小窓猶得敍暄凉
조가(朝家)에서 바로 급한 건 순량한 관리 구하는 것이고　朝家正急求循吏
지부(地部)에서 지금 없는 건 무랑을 아는 것이라네　地部今無識務郎
밤에 곡하니 자모(慈母)의 애통함 차마 듣지 못하겠고　夜哭忍聞慈母慟
노가[71] 불러 공연히 친구 보내며 상심하네　露歌空遣友朋傷
여강에 물 넓어 외로운 배 멀리 떠 있는데　驪江水闊孤舟遠
지는 달 돌아가는 구름과 같이 아득하구나!　落月歸雲共渺茫

44. 대진으로 가면서 주필[72]로 주인 숙주 시에 차운하다 (往大津走次主人叔主韻)

옛날엔 버들이 무성하였는데　昔來楊柳正依依

71) 노가(露歌) : 해로가(薤露歌), 상여가 나갈 때 부르는 만가(輓歌)
72) 주필(走筆) : 빠르게 쓰는 글

세월이 바뀌었으니 며칠 만에 돌아왔는가? 換盡光陰幾日歸
한강 북쪽엔 전쟁이 아직 평정되지 않았고 漢北戎衣猶未定
양서엔 농사 짓는 절기 어기지 말라 瀼西耕候莫相違
얼음이 옛 언덕에 비끼니 만나는 사람 적고 氷橫古岸逢人少
눈이 장주를 매몰하니 날아가는 새 드무네 雪沒長洲去鳥微
들으니 고산[73]엔 매화가 이미 피었다 하니 聞說孤山梅已放
홀로 여윈 말 채찍질 하며 강가 집 찾네 獨鞭羸馬訪江扉

45. 취성에서 소군 동헌 시에 차운하다 (鷲城次蘇君東軒韻) 즉 임피[74]의 별호인데, 계미년 귀양 왔을 때 지었다.(卽臨陂別號 癸未 在謫時)

의로움 행동 들으니 뜻이 절로 기울어지는데 行義聞來意自傾
손님 중에 부지런히 찾음은 연꽃의 깊은 정이라네 客中勤訪荷深情
작은 창에서 술 들며 꽃 떨어짐 구경하고 小窓把酒看花落
옛 절에서 시 읊조리며 달 떠오르는 걸 기다리네 古寺吟詩待月生
두보(杜甫)는 모름지기 두곡을 생각지 못했고 工部未須思杜曲
왕찬[75]은 남형에 있음을 망각했네 仲宣忘却在南荊
경거[76]와 옥설[77]을 또한 서로 만나니 瓊琚玉屑還相遇
졸음이 달아나 눈이 총명해지네 喚起慵眠眼忽明

---

73) 고산(孤山) : 지금의 충청남도 예산군(禮山郡)

74) 임피(臨陂) : 지금의 전라북도 옥구(沃溝).

75) 왕찬(王粲) : 중국 위(魏)나라 고평(高平) 사람, 자는 중선(仲宣). 널리 유람하여 지식이 많았음.

76) 경거(瓊琚) : 아름다운 옥. 또는 존귀하고 아름다움을 말함.

77) 옥설(玉屑) : 썩 잘 지은 글귀. 미사여구(美辭麗句)를 말함.

46. 권상하의 만사 (挽權生相夏) 정읍에서 살다가 금구로 나갔는데 과거를 보지 않았으나 마침내 시명(詩名)을 날렸다.(居井邑赴金溝 監科未出場 卒播詩名)

재주는 아직도 속된 선비의 무리를 놀라게 하는데	才調猶驚俗士群
시를 논함에 개원[78]만 못하다 여기지 않네	論詩不肯下開元
빈 집엔 밤비 내리니 잔에 술 따르고	虛堂夜雨含杯酒
고국엔 가을바람 부니 눈물 흔적 보이네	古國秋風見淚痕
붉은 계수나무 그림자 머니 유한이 남고	丹桂影遙遺恨在
푸른 복숭아나무 읊조리기 파하니 만성 삼켰네	碧桃吟罷謾聲呑
초산[79] 남쪽 바라보니 일천 봉우리 우뚝한데	楚山南望千峰矗
어느 곳에서 시인이 끊어진 혼 찾을까?	何處騷人招斷魂

47. 여산 허제의 만사 (挽許礪山 穄)

사직단 앞에 한 초가집 지었는데	社稷壇前一草廬
고인의 어리석은 동생이 처음 알게 되었다네	故人癡弟受知初
훈천의 부귀는 머리 일찍이 흔들었고	薰天富貴頭曾掉
임수의 전원은 손수 김 매었네	臨水田園手自鋤
늙바탕[80]엔 호수 밖 손님과 요행히 함께 했고	暮境幸同湖外客
새 가을엔 병중에서도 책을 잠깐 보았다네	新秋纔見病中書
종래의 모이고 흩어짐이 모두 꿈만 같은데	從來聚散渾如夢
곡하며 단정(丹旌)보내고 옛 집으로 돌아왔네	哭送丹旌返舊居

78) 개원(開元) : 중국 당(唐)나라 태종(太宗)의 연호, 이백(李白)과 두보(杜甫)의 활동기였음.
79) 초산(楚山) : 지금의 전라북도 정읍(井邑)
80) 늙바탕(暮境) : 노경(老境)을 말함.

48. 상서 이명[81]의 만사 (挽李尚書溟) 4수(四首)

첫째 (其一)

여럿이 의론하여 뇌사 쓰고자 하는데	欲將輿議誄文題
덕이 있고 재주 겸했으니 누가 가지런할 수 있겠는가!	有德兼才孰可齊
일대의 본보기는 이원례(李元禮)이고	一代模楷李元禮
백년의 교의는 정동계(鄭東溪)라네	百年交誼鄭東溪
아름다운 말 귓가에 맴도니 어찌 잊을 수 있겠는가?	徽言在耳何能忘
외로운 자취 앞길에 있으니 이미 아득함 깨달았네!	孤跡前途已覺迷
도리어 당시 사가(謝家)의 객[82] 부러워 하니	却羡當時謝家客
수레 돌려 국문 서쪽에서 곡하네	回車猶哭國門西

둘째 (其二)

공께서 부친 친구보다 치린[83]을 끊으니	公於先執絶緇磷
과갈[84]의 인척 된 지 40년이라네	瓜葛連姻四十春
이마 쓰다듬으며 늘 옛 친구의 자식 불쌍히 여기고	撫頂常憐故人子

---

81) 이명(李溟) : 1570(선조 3)~1648(인조 26). 조선 중기의 문신. 본관은 전주(全州). 자는 자연(子淵), 호는 구촌(龜村). 효령대군(孝寧大君)의 후손으로, 정랑 정빈(廷賓)의 아들. 1606년 문과 급제, 여러 곳의 관찰사를 거쳐 호조·병조·형조의 참판 역임, 병자호란 뒤에 다시 호조·형조의 판서를 역임하면서 전란 후 고갈된 재정을 잘 수습함.

82) 사가(謝家)의 객 : 사객(謝客)은 송(宋)나라 사령운(謝靈運)을 말함. 사령운은 남조(南朝) 송(宋)나라의 시인. 진(晉)나라의 명장(名將) 사현(謝玄)의 손자로서 강락공(康樂公)의 작위(爵位)를 이었으므로 사강락(謝康樂)이라 불렀음. 문제(文帝) 때 시중(侍中)이 되었으나 참언에 걸려 사형을 당하였음. 그의 청신(淸新)한 시풍은 후대에 큰 영향을 미쳤으며 종제(從弟) 혜련(惠連)에 대하여 대사(大謝)로 일컬어짐. 불교에도 조예가 깊어 대반열반경(大般涅槃經) 36권의 번역을 완성시켰음.

83) 치린(緇磷) : 때가 묻어서 거멓게 됨과 닳아서 얇게 됨.

84) 과갈(瓜葛) : 과갈지친(瓜葛之親). 오이와 칡이란 뜻으로, 그 덩굴은 서로 엉클어져 뻗으므로, 인척(姻戚)관계를 뜻함.

가슴 열고 예전 마음으로 가까이 대해 줬다네	園亭花竹誰爲主
동산과 정자, 꽃과 대는 누가 주인 될까?	開懷忝許宿心親
거문고와 술, 풍류는 자취 이미 묵었네	琴酒風流跡已陳
풍채가 수려한 긴 몸 다시 볼 수 없으니	玉立長身無復覩
어느 곳에 정신이 돌아갔는지 모르겠구나!	不知何處返精神

셋째 (其三)

차마 빠른 붓으로 만사를 쓸 수 없으니	不忍濡毫寫挽詞
나의 공께서 오늘날 이런 경우에 이르렀네	我公今日至於斯
뛰어난 재주와 위대한 국량은 어느 누가 대적할까	高才偉量人誰敵
목숨 바친 외로운 충성은 임금님 홀로 안다네	盡瘁孤忠上獨知
고운 비단 같은 공교로운 말로 모두 죽이고자 하고	貝錦巧言皆欲殺
고황의 말질[85]은 정녕 치료하지 못한단 말인가?	膏肓末疾奈無醫
곧 남국을 보니 남긴 은택이 남아 있으니	卽看南國存遺澤
눈물이 호숫가 여덟 자 비석에 떨어지네	墮淚湖邊八尺碑

넷째 (其四)

일찍이 오마[86]가 남쪽으로 오던 날 생각해 보니	憶曾五馬南來日
억지로 잔에 술 가득 채워 들며 먼 길 위로했구나!	强擧深巵慰遠歸
이별하는 말은 갈림길에서 오히려 뒤돌아보고[87]	訣語臨分猶眷眷
풍신이 꿈에 드니 도리어 그리워하는구나![88]	風神入夢却依依

85) 고황의 말질(膏肓末疾) : 고황은 심장과 격막의 사이의 부분. 곧 침이나 약으로 고치지 못하는 곳. 명치. 예전부터 내려오는 고치기 어려운 오류(誤謬).

86) 오마(五馬) : 주 17) 참조

87) 오히려 뒤돌아보고(眷眷) : 못 잊어 뒤돌아보는 모양.

88) 그리워하는구나(依依) : 사모하는 모양. 차마 떨어지기 어려워하는 모양.

인척과 화목한 높은 의는 온 집안의 관습이고　睦姻高義通家慣
사위와 장인의 돈독한 정은 이 세상에서 드물다네　甥舅敦情此世稀
북해 성 가에서 부고 전하니　北海城邊傳訃地
눈물 흔적은 신하의 옷에 가득하구나!　淚痕應滿逐臣衣

49. 참판 김영조[89]의 만사 (挽金參判 榮祖)

풍산은 예전 관례[90]로 볼 때 같은 고을인데　豐山舊貫是同鄕
젊은 날 천조[91]에서 그대 욕되게 하였네　少日天曹更忝郎
세상 상서롭게 하는 기이한 자태는 다투어 시원스럽게 보고　瑞世奇姿爭快覩
사람 대하는 온화한 기운은 빛나서 잊기 어렵네　接人和氣耿難忘
소나무와 대나무는 쓸쓸히 농막 에워싸고　松筠寂寞圍棋墅
꽃과 꽃받침은 같이 떨어져 집 마당 덮었네　花蕚飄零共被堂
동남쪽에서 온 많은 선비들의 의논 생각해 보니　想得東南多士論
공을 곡하는 건 존망을 애석해 그런 것만이 아니라네　哭公非獨惜存亡

50. 한흥군 이영남의 만사 (挽韓興君李英男)

아흔 살에도 강령함은 옛날에도 없었는데　九秩康寧古亦無

---

89) 김영조(金榮祖) : 1577(선조 10)~1648(인조 26). 조선 중기의 문신. 본관은 풍산(豊山). 자는 효중(孝仲), 호는 망와(忘窩). 산음현감 대현(大賢)의 아들이며, 김성일(金誠一)의 사위이다. 1601년(선조 34)에 사마시에 합격하고, 1612년(광해군 4)에 증광문과에 병과로 급제

90) 예전 관례(舊貫) : 구관(舊慣). 예전부터 내려오는 관례(慣例)를 말함.

91) 천조(天曹) : 이조(吏曹)의 다른 이름

공훈과 녹봉도 또한 상경 대우 받았네　勳封又襲上卿組
푸른 주머니에 든 비술(秘術)은 신선의 비결이고　青囊秘術神仙訣
흰 머리 되어 산 곳은 수죽이 있는 구역이라네　白髮幽棲水竹區
세간에서 도를 논쟁하니 오복[92]이 온전하고　爭道世間全五福
다시 자신의 뒤를 돌아보니 삼고[93]가 있네　更看身後有三孤
가련하다 내일은 천중절[94]인데　可憐來日天中節
축수의 옥잔이 무엇 때문에 푸른 부들에 떠있는가　壽斝何因泛綠蒲

51. 선운사를 찾아서 (訪仙雲寺)

위태로운 비탈길로 구름 뚫고 올라가 새 나는 형세로 굽어보니
危磴穿雲俯鳥飛
어지러이 선 소나무는 모자 낮게 쓰고 돌 틈에 의지했네
亂松低帽石鉤衣
푸른 여라 햇볕 가리니 가는 곳마다 어둡고　青蘿障日隨行沒
붉은 비단으로 병풍 쳤으니 몇 겹이나 둘렀는가　紫錦屛風幾疊圍
종소리 멎자 상방엔 등불 그림자 작아지고　鍾歇上房燈影小
비 그치자 섬돌엔 약 향기 미미하구나!　雨殘欹砌藥香微
밤새도록 선담(禪談)나눠 속세의 생각 끊으니　禪談竟夜休塵慮
오마[95]는 명조에 돌아가지 못할 것이네　五馬明朝未擬歸

---

92) 오복(五福) : 다섯 가지 복. 곧, 수(壽)·부(富)·강녕(康寧)·유호덕(攸好德)·고종명(考終命). 또는 수(壽)·부(富)·귀(貴)·강녕(康寧)· 자손중다(子孫衆多)를 말함.

93) 삼고(三孤) : 주대(周代)에 천자를 보좌하던 삼공(三公) 다음가는 벼슬. 곧, 소사(少師)·소부(少傅)·소보(少保)를 말함.

94) 천중절(天中節) : 천중가절(天中佳節). 단오(端午)를 말함.

95) 오마(五馬) : 주 17) 참조

52. 방랑하다가 타향에서 옛 친구를 만나서 (遇流寓舊友)

궁벽한 길 뜬세상 둘 다 유유한데	窮途浮世兩悠悠
하늘 끝에서 우연히 만나니 옛날 놀던 친구이네	邂逅天涯是舊遊
오마로 홀로 찾음은 안자의 마을[96]이고	五馬獨尋顏子巷
한 잔 들고 다시 오름은 유공의 누각[97]이라네	一罇重上庾公樓
산은 저녁 햇빛 머금고 외로운 성가퀴에 임하고	山含夕照臨孤堞
기러기는 맑은 서리 끌고 먼 모래톱으로 내려앉네	鴈拖清霜下遠洲
서울에서 이별한 뒤 용모와 살쩍이 변했으니	京洛別來容鬢改
옛 친구가 옛 친구를 기억할 수 있겠는가	故人能記故人不

53. 난리 뒤에 동교를 방문하고 (亂後過東郊)

천리나 되는 임금님 계신 곳 보는 곳마다 비참한데	千里王畿極目悲
백년 된 문물이 불타 연기 피어오르네	百年文物逐煙飛
일찍이 정사에 부지런해야[98] 함 알아, 보탬이 못될까 근심하고	早知宵旰憂無益
화친을 말하지 말라, 일이 도리어 잘못되었다네	莫道和親事却非
궁궐의 물은 멀리 이어지니 한강으로 흘러들고	宮水遠連江漢去
대궐의 성은 공간 둘렀으니 아름다운 산이 에워쌌네	禁城空遶華山圍

96) 안자의 마을(顏子巷) : 안회(顏回)가 살던 거리라는 뜻. 청빈한 사람들이 사는 거리를 말함.

97) 유공의 누각(庾公樓) : 강서성 구강현에 있는 양자강을 등진 누각. 진(晉)나라 유량(庾亮)이 정서장군(征西將軍)이 되어 무창(武昌)에 있을 때 세운 건물이라 함. 유루(庾樓)라고도 한다. 유량은 동진(東晋)의 정치가. 언릉(鄢陵) 사람. 자(字)는 원규(元規). 성제(成帝) 때 중서령(中書令)이 되어 정사를 처결하였으며, 소준(蘇峻)의 난을 토평(討平)하였음.

98) 정사에 부지런해야(宵旰) : 소의간식(宵衣旰食). 날이 새기 전에 일어나 옷을 입고, 해가 진 후에 늦게 저녁을 먹는다는 뜻으로, 천자가 정사에 부지런함을 이름.

넓은 모래톱 막막하고 나그네는 적은데	平沙漠漠行人少
청문[99]에 해 떨어지자 말 타고 돌아가네	落日青門信馬歸

54. 서교 (西郊)

난리[100] 뒤에 지나가니 부닥치는 일마다 놀라는데	亂後經過觸事驚
때 아닌 때 공연히 우리 삶 고민하네	不辰空自悶吾生
슬프고 슬픈 과부는 성이 무너져라 통곡하고	哀哀寡婦崩城哭
곳곳마다 장군은 훌륭한 집 망가Em렸네	處處將軍甲第傾
까마귀는 석양을 띠고 꽃나무로 돌아가고	鴉帶夕陽歸苑樹
기러기는 가을 소식 전해주고 강성으로 지나가네	鴈傳霜信過江城
서교의 길에서 매우 마음 아파하는데	傷心最是西郊路
지난해에 천자의 황화[101]를 이 땅에서 맞이하네	去歲皇華此地迎

55. 늦가을에 김사인을 방문하다 (暮秋 訪金舍人)

황당[102]의 관청 근황은 정말 무료한데	黃堂官況正無聊
푸른 살쩍의 성랑[103]이 일찍이 초대 받았네	綠鬢星郎早見招
짧은 시편은 늘 고민을 없애려 짓고	短什每緣排悶寫
깊은 술잔은 수심을 깨뜨리려 할 뿐이라네	深觥只爲破愁澆

---

99) 청문(靑門) : 동문(東門)

100) 난리(亂) : 1636년에 발발한 병자호란(丙子胡亂)

101) 황화(皇華) : 〈시경(詩經)〉 소아(小雅)의 황황자화(皇皇者華)의 준말. 천자의 사신. 또는 칙사(勅使)를 말함.

102) 황당(黃堂) : 태수가 집무하는 곳. 또 태수의 다른 이름.

103) 성랑(星郎) : 주 35) 참조

스님 풍악산[104] 절에 돌아오니 가을 낙엽 날리고 僧回嶽寺飛秋葉
손님 강가 정자에서 흩어지니 저물녘 썰물 무렵이라네 客散江亭落暮潮
책상에 가득한 부서[105]로 머리 이미 어지러우니 盈案簿書頭已掉
이제부터 그대와 같이 노를 젓고 싶다네 與君從此理歸橈

56. 영광 송양분의 만사 (挽宋靈光 良賁)

미나리 캐고 계수나무 잡고 오름은 둘 다 같은 해 급제자인데
採芹攀桂兩同年
덧없는 세상에 사귄 우정은 인연인 듯하네 浮世交情若有緣
봉황새 아침에 울자 곧은 소리 우렁차고 一鳳朝鳴直聲壯
쌍오리 저물녘에 나니 은혜로운 바람 퍼지네 雙鳧暮擧惠風宣
누가 조적[106]이 때를 슬퍼하며 생환하지 못함을 눈물 흘릴 줄 알았는가?
誰知祖逖傷時淚
마침내 회양을 잃어버려[107] 치현에 누웠네 竟失淮陽臥治賢
인사는 삽시간의 한바탕 꿈이니 人事轉頭成夢幻
슬픔 삼키며 바로 푸른 하늘에 물어보네 含悲直欲問蒼天

104) 풍악산(楓嶽山) : 주 63) 참조
105) 부서(簿書) : 관부의 전곡의 출납을 기입하는 장부. 또는 널리 관문서를 이름.
106) 조적(祖逖) : 중국 진(晉)나라 범양(范陽) 사람, 자는 사치(士稚). 강개(慷慨)하고 절의(節義)가 있었음. 유곤(劉琨)과 함께 사주주부(司州主簿)가 되고, 원제(元帝) 때에는 군자좨주(軍諮祭酒), 예주자사(豫州刺史) 등을 역임하고 중국을 통일하는데 큰 공로를 세웠음.
107) 회양을 잃어버려(失淮陽) : 한(漢)나라 태수 급암(汲黯)

57. 고부 김적 만사 (挽金古阜 迪)

장사[108]의 길 옛날 영주[109]로 났으니　長沙路出古瀛洲
객사에서 서로 만남은 지난해 가을이라네　客舍相逢去歲秋
초췌한 몸으로 어루만지고 사랑해 주었고　勞悴只緣勤撫字
만사 읊으니 오히려 풍류로서 보답하려 함이네　吟哦猶得償風流
뜰 앞엔 옥(玉)심어, 한 쌍의 구슬[110]이 남아있고　庭前種玉餘雙璧
호수밖엔 무덤 만들어져 한 언덕이 되었네　湖外封阡有一丘
소대에 만약 어진 관리가 전한다면　昭代若爲循吏傳
우두커니 서서 남긴 공렬(功烈)이 멀리 빛남을 보리라　佇看遺烈照遨頭

58. 허첨지의 만사 (挽許僉知) 2수(二首)

첫째 (其一)

예전에 내가 탄복되어[111] 동쪽 평상에 있었으니　昔吾坦腹在東床
내의[112] 입고 축수 잔 드렸다네　及見萊衣捧壽觴
수놓은 도끼와 구리 무늬는 셋 백중이고　繡鉞銅章三伯仲
난초 싹과 옥 나무는 열 아랑이라네　蘭芽玉樹十兒郎
당시의 성대한 일은 모두 꿈만 같고　當時盛事渾如夢
이 날 추모하니 슬픔이 배나 더하네　此日追思倍自傷

---

108) 장사(長沙) : 주 58) 참조
109) 영주(瀛洲) : 삼신산(三神山)의 하나. 동해 중에 있는 신선이 산다는 곳.
110) 한 쌍의 구슬(雙璧) : 여기에서는 두 아들을 뜻함.
111) 탄복(坦腹)되어 : 왕희지의 고사(故事)에 의하여 '사위'의 뜻으로 쓰임.
112) 내의(萊衣) : 노래자(老萊子)가 늙은 어버이를 위로하기 위해 입었다는 오색(五色)옷, 때때옷을 말함.

신마봉 앞 맑은 물이 에워싸며 흐르니 神馬峯前迴錦水
집터는 천년동안 아름다운 상서 서려있는 듯하네 若堂千載閟佳祥

둘째 (其二)

공은 호서[113]에 떨어져 있고 나는 바닷가에 있는데 公落湖西我海濱
편지는 그래도 자주 왕래 했었네 音書猶自往來頻
평지에 신선이 있다는 건 오래전에 알았고 久知平地神仙在
오늘 아침에 새 눈물 흘린다는 건 말하지 않았다네 不謂今朝涕淚新
분(粉)으로 명정 글자를 어찌 차마 쓰겠는가 粉字銘旌題豈忍
흰 띠 풀에 술 붓고 속절없이 조상하네 白茅綿酒弔無因
종남산의 고택을 일찍이 방문하니 終南故宅曾經過
초목도 슬퍼하여 한 봄을 잠그었네 草樹悽然鎖一春

59. 울진 이지영[114]의 만사 (李蔚珍之英挽)

우리 가문의 형제 동으로부터 돌아오니 吾家兄娣自東歸
그대 칭찬하는 말 입에서 떠나지 않네 嘖嘖君侯口不離
피난해 온 선비들은 예의 갖춰 조아리고 避地士人叩禮數
성에 가득한 백성들 인자함에 우러렀네 滿城民物仰仁慈
잠깐 부석을 듣고 고향으로 돌아오고 纔聞鳧舃還鄉邑
영원(鴒原)을 보고 놀라 만시를 찾았네 驚見鴒原索挽詩
매우 애통하고 수척하여 결국 일어나지 못하니 堪慟棘欒終不起

---

113) 호서(湖西) : 충청도.

114) 이지영(李之英) : 1585(선조 18)~1639(인조 17), 자는 자실(子實), 호는 수월당(水月堂), 본관은 전의(全義). 광해군 때의 문신

어찌 천도는 이 지경에 이를 수 있는가? 奈何天道至於斯

60. 장령 홍집[115]의 만사(挽洪掌令 霟)

고운 자태 청아한 논리는 아른거려 잊기 어려운데 丰姿雅論耿難忘
애사를 쓰려고 하니 눈물이 절로 펑펑 흐르네 欲寫哀詞涕自滂
모두 아까워함은 큰 마디가 가장 나중에 이루어짐이고 咸惜大寸成最晩
어찌 참된 재상을 바삐 빼앗아 갈 줄 알았겠는가? 清風江上空餘宅
봄날 성 서쪽에선 술자리 파하네 春日城西罷擧觴
백중의 형세로 붉은 명정이 남북으로 가니 伯仲丹旌南北去
옛 못에 돋은 푸른 풀 차마 볼 수 있겠는가! 忍看青草舊池塘

61. 참봉 성시량[116] 모부인의 만사 (成參奉時亮母夫人挽)

옛날에 방랑하다가 아름다운 이웃 만났으니 昔年漂泊接芳隣
몇 번이나 고당을 향해 좋은 자리 욕되게 했는가? 幾向高堂忝席珍
머리카락 잘라[117] 판 건 오래 전에 들었으니 옛 의리 실천함이고
截髮久聞行古義
아이를 대해 항상 단정한 사람과 사귀라고 하셨네 對兒恒勉友端人
어머니[118]는 날마다 두터운 요[119]를 기다리지 않으셨고

115) 홍집(洪霟) : 1582(선조 15)~1639(인조 17), 호는 도담(島潭), 모당(慕堂) 홍이상(洪履祥)의 아들, 1624년 문과 급제

116) 성시량(成時亮) : 경인1590년 출생, 호는 국포(菊圃). 1644년(인조 22년) 문과 급제

117) 머리카락 잘라(截髮) : 절발역주(截髮易酒). 진(晉)나라 도간(陶侃)의 모친 담씨(湛氏)가 자기의 두발을 잘라서 팔아가지고 술을 사서 손님을 대접했다는 고사를 말함.

118) 어머니(萱花) : 어머니를 비유한 것임. 주 60) 참조

119) 두터운 요(重茵) : 중인(重裀). 자리에 까는 두터운 요를 말함.

萱花不待重茵日
잣나무는 그 때 눈물 많이 흘려 말랐다네 柏樹先枯灑淚辰
대련이 붙잡고 가슴 치던 곳을 멀리 생각해 보니 遙想大連攀擗處
면양의 새로 돋은 풀은 누구를 위한 봄인가! 沔陽新草爲誰春

62. 난리 후에 서울에 들어와 즉시 본 일에 대하여 (亂後入京 卽事)

원릉에 아름다운 기운 성하여 풀이 파릇파릇한데 園陵佳氣鬱葱葱
서쪽으로 신성한 도읍 접했으니 만세의 궁궐이네 西接神都萬世宮
채색 그림자 일렁이니 신령스런 봉황새 날아오르고 彩仗影搖靈鳳日
금어[120]소리 딸랑딸랑 나니 촉롱[121]의 바람 때문이네 金魚聲動燭籠風
진나라 서울은 타국보다 백 배[122]나 산하가 장엄하고 秦京百二山河壯
월나라 갑옷은 삼천이니 담기(膽氣)가 웅장하네 越甲三千膽氣雄
서생이 눈물만 뿌리는 걸 보고 자소하는데 自笑書生徒灑淚
어느 때에나 오호 동쪽으로 돌아갈까? 幾時歸去五湖東

63. 난리 후에 파릉장[123]으로 들어와서 (亂後入巴陵庄)

향당에서 멀리서 온 손님 기쁘게 맞이하니 鄕黨欣逢遠客來
마을에서 술을 가지고 높은 누대에 오르네 爲持村酒上高臺

120) 금어(金魚) : 풍경(風磬)에 달린 물고기를 말함.

121) 촉롱(燭籠) : 등롱(燈籠)과 같음. 대나무 또는 나무 · 쇠 같은 것의 살로 둥근 바구니 모양으로 만들고, 비단 또는 종이를 씌워 그 속에 등잔을 넣고 다니게 된 기구를 말함.

122) 백 배(百二) : 지세(地勢)가 험준하여 타국보다 백 배의 힘이 있음을 말함. 이(二)는 배(培)를 뜻함.

123) 파릉장(巴陵庄) : 지금의 서울시 강서구 가양동 부근. 이곳에 5대조인 심정(沈貞, 1471(성종 2)~1531(중종26)이 세운 소요정 등이 있었음.

강변의 초야에 살던 늙은이 처음으로 뼈 묻었고　江邊野老初埋骨
골짜기 어구의 민가는 다 잿더미가 되었네　谷口民家盡就灰
이 나라에서 도학(道學)만 논쟁하니 난리가 극에 달했고　爭道此邦離亂極
어느 날에 태평한 운이 돌아올지 모르겠네　不知何日泰運回
놀라 불러도 창자 속 뜨거운 것 깨닫지 못하니　驚呼不覺中腸熱
눈물 닦고 도리어 한 잔 술 권하네　拭淚還將勸一杯

64. 남편으로 하여금 봉후를 찾아보게 한 것을 후회하다 (悔教夫婿覓封侯) 월과(月課)

길가에 늘어진 버들은 아름답고 야들야들한데　陌頭楊柳正嬌柔
누각에 오른 미인은 화장한 푸른 눈썹에 수심 가득하네　樓上佳人翠黛愁
꽃이 옛 가지에 피었으니 누구와 함께 감상할고　花發故枝誰共賞
제비는 깊은 막사에서 나니 쌍쌍이 노는 모습 부럽구나!　燕飛深幕羨雙遊
헛되이 삼춘의 즐거움 저버린 줄 일찍 알았더라면　知虛負三春樂
어찌 태어나 만호후에 봉해지길 원했겠는가?　豈願生封萬户侯
만약 금장(金章)으로 띠 집에 돌아갈 날 기다린다면　若待金章歸茅日
아름다운 용모와 경치 둘 다 머물게 하긴 어렵다네　容華光景兩難留

65. 백씨[124] 시에 차운하다 (奉次伯氏韻) 허차산을 보내고 옛날에 살던 한강으로 돌아왔다(送許次山 還漢水舊居)

여러 해 동안 송별시를 습관적으로 지었는데	年來慣作送行詩
또 오늘 아침에 너의 이별시를 짓는구나!	況復今朝別爾時
타성간에도 천륜처럼 지냄은 젊었을 때부터이고	異姓天倫從少日
땅 끝에 같이 와 앞날 기약했다네	同來地角若前期
삼추에 기러기 떠남은 뜬 구름 밖이고	三秋鴈去浮雲外
천리에 사람이 수심함은 장해 가이네	千里人愁瘴海湄
이별하는 파교에 이르기도 전에 창자 이미 끊어지니	未到灞橋腸已斷
버들은 누구를 위해 늘어졌는지 모르겠네	不知楊柳爲誰垂

66. 장사[125]에서 호남 절도영으로 가는 친구 진사 임경익[126]을 보내며 (長沙送友人任進士慶翼之湖南節度營)

안개 자욱이 낀 성에 새벽 까마귀 나니	城霧曚曨起曙鴉
나그네는 떠나려 할 때 가벼운 수레 타고가네	旅人將發駕輕車
일천 잎 핀 관청의 버들은 처음으로 비 맞았고	千絲官柳初經雨
한 그루 팥배나무는 아직 꽃피지 않았네	一樹棠梨未放花
바다에서 이별하니 먼 꿈이 수고롭고	海上別來勞遠夢

---

124) 백씨(伯氏) : 글쓴이의 형인 심노(沈櫓). 1590(선조 23)~? 조선 중기의 문신. 자는 원직(元直), 호는 죽사(竹沙)·죽계(竹溪). 수찬 교리 승지 등 역임

125) 장사(長沙) : 주 58) 참조

126) 임경익(任慶翼) : 임한백(任翰伯, 1605(선조 38)~1664(현종 5). 조선 후기의 문신. 본관은 풍천(豊川). 자는 경익(景翼 또는 慶翼), 호는 남곡(南谷). 영로(榮老)의 손자로, 정랑 장(章)의 아들. 1644년 사서로서 소현세자(昭顯世子)가 심양에 볼모로 갈 때 최명길(崔鳴吉)·김상헌(金尙憲) 등과 함께 배종. 지제교, 지평, 수찬, 부제학(副提學) 등 역임. 당대 8문장가의 한 사람.

강남으로 돌아가니 누구 집 생각하는가 江南歸去憶誰家
그대는 봄소식 묻지 마라 憑君莫問春消息
혼자 맑은 술잔 대하니 귀밑머리 털 아름답네 獨對淸罇鬢欲華

67. 서영평 아내 만사 (挽徐永平內子)

피난 와서 일찍이 장해(瘴海)가에 같이 살았는데 避地曾同瘴海濱
자네[127]를 예전부터 마음으로 친애했다네 卿卿元是夙心親
진휼하여 도와 준 높은 의는 집안이 익히 알고 賙施高義通家熟
손수 좋은 음식 만들어 자주 손님께 대접했네 手具芳珍供客頻
지난일은 더욱이 모두 꿈만 같고 往事轉頭渾似夢
애사 읽으며 눈물 흐르니 말하는 듯 하구나! 哀詞和淚若爲陳
광릉 강가에 붉은 만장 깃발 멀어지니 廣陵江上丹旐遠
아이 울부짖는 소리 집에 가득하니 길가는 사람도 눈물 흘리네
滿室呱呱泣路人

68. 관청에 있으며 마음대로 읊조리다 (官居漫詠)

덧없는 세상 뒤바뀜 몇 번이나 보았는가? 浮世滄桑閱幾迴
나는 지금 수운향[128] 후미진 곳에 한가롭게 누웠네 我今閑臥水雲隈
오싹한 소리 성곽을 에워싸니 파도가 소리 높고 寒聲繞郭海濤立
시원한 기운이 발에 드니 산 비 내리네 爽氣入簾山雨來

127) 자네(卿卿) : 친구를 친애하는 뜻으로 부르는 말. 또는 당신. 아내가 남편을 이르는 말.

128) 수운향(水雲鄕) : 물이 흐르고 구름이 떠도는 곳이라는 뜻으로, 속기(俗氣)를 떠난 깨끗하고 맑은 곳을 이름.

붉은 돌 비낀 주변에 봄 계수나무 늙었고　丹石橫邊春桂老
흰 모래 밝은 곳에 들 팥배 꽃 피었네　白沙明處野棠開
티끌 묻은 문미의 글자를 닦아내고 가만히 읊조리니　沉吟拂拭塵楣字
천고의 시정(詩情)은 달 아래서 한 잔 드는 술이라네　千古詩情月一杯

69. 저녁에 촌사에 들어가 본 일을 그 자리에서 읊조리다 (暮投村舍卽事口占)

머리 숙이고 들어가는 초가집은 몸 돌리지 못하는데　抵頂蓬廬臥不周
광솔 불 밝힌 연기 낀 벽엔 더운 연기 피어나네　松明熏壁煖烟浮
늙은이는 손님 반찬 준비하라고 창문으로 얘기하고　翁謀客饌窺窓語
부인은 식은 재를 퍼내며 부엌에서 수심하네　婦撥寒灰對竈愁
뜰 가운데 떨어진 낙엽 쓰느라 짚신 끌고　掃葉庭中拖草屨
찬 샘물 길으러 물동이 머리에 이었네　汲泉氷底戴陶甌
부자는 또한 마음을 수고롭게 해야 한다는 걸 알지 못하고　不知富亦勞心事
늘 곁의 사람한테 가난이 부끄러운 것이라고 말하네　長向傍人說窶羞

70. 태초 허조의 만사 (挽許太初 肇)

상서의 인질[129]은 시랑 형인데　尙書姻姪侍郎兄
얼굴을 알고 지낸 지 여러 해 되어 마음이 절로 쏠리네　識面年來意自傾
향리에서 함께 추대함은 순수하고 독실한 행실이고　鄕里共推淳篤行

---

129) 인질(姻姪) : 고모부에 대하여 자기를 이르는 말.

벗들이 아직도 아낌은 학생 때의 명성 때문이라네　儕流猶惜學生名
쉰 살에 천명 알았으니 어찌 오래살 수 있으랴　五旬知命那稱壽
한 자식이 가문을 이으니 또한 영화롭다 하겠네　一子承家亦足榮
배에서 술 취해 춤추던 때 또한 꿈만 같은데　醉舞舟中還似夢
강가에 임해 머리 돌려보니 마음만 아프구나!　臨江回首獨傷情

71. 사평 임회지의 만사 (挽任司評誨之)

시 읊고 담소하던 때 아른거려 잊기 어려운데　風流談笑耿難忘
애사를 쓰려하니 눈물이 절로 흐르네　欲寫哀詞涕自滂
덕 있고 연세도 들어 거침없이 이야기 하고　有德有年徒漫語
재능 많고 기예도 많았으니 마침내 무엇에다 베풀었는가?
多才多藝竟何張
평생에 높은 덕을 지녔으니 세 가지 부끄러움 없고　平生高義無三媿
늦게야 작은 벼슬 얻었으니 한 번 과장(科場)의 변화이네
遲暮微官幻一場
푸른 쑥은 점점 자라고 봄 술은 익었는데　綠艾漸長春酒熟
성곽 남쪽에서 누구와 또 술 마시자 할고　郭南誰與更呼觴

72. 유첨지 아내 이씨 만사 (挽柳僉知內子李氏)

어사가 평소에 형제를 부탁했는데　御史平生托弟兄
마루에 올라[130] 일찍 깨달았으니 덕은 말하기 어렵다는 것이네

130) 마루에 올라(升堂) : 승당입실(升堂入室). 마루에 올라 방으로 들어간다는 뜻으로, 순서를 밟아 차근차근히 학문을 닦으면 결국엔 심오한 경지에 이르게 됨을 비유한 말임.

升堂早識德難名

부부가 같이 환갑잔치 연 건 예전엔 듣지 못했고 同牢還甲無聞古

여든 살에 성찬[131] 드니 누가 음식 크게 차렸다 하겠는가?

八耋三牲孰可京

거문고와 비파 봉황 기둥에 걸려 있는 걸 차마 보지 못하고

忍看瑟琴停鳳柱

다시 최질[132]이 서리 줄기에 비침 슬퍼하네 更悲衰絰映霜莖

황천에서 혹 나의 어머니를 보시거든 泉臺倘見吾先母

지금 소자의 심정을 말해 주오 爲道如今小子情

73. 정선 정봉헌 종숙의 수직을 축하하며 (賀鄭旌善蓬軒從叔壽職)

더디고 더디게 축하하는 마음 이상하게 여기지 말라 莫怪遲遲送賀情

한 봄날 절반은 명공을 받드는데 있다네 一春强半在承明

비록 법령에 늙은이[133]를 잘 대우하라 되어 있어 雖目令甲優耆老

이로부터 훌륭한 관리 이름이 기록되네 自是循良記姓名

강 밖에서 갑옷 입는 일은 선조 때 일이고 江外披裘先世事

귀밑머리 털 가에 옥구슬 달림은 당시의 영화이네 鬢邊懸玉此時榮

동산에 꽃 떨어지기 전에 방문해야 하는데 園花未落應相訪

혹 화려한 난간을 쓸고 나의 행차 기다리고 있겠지 倘掃華軒待我行

131) 성찬(三牲) : 주 37) 참조

132) 최질(衰絰) : 상복과 수질 및 요질을 말함.

133) 늙은이(耆老) : 60~70세 노인을 말함.

7언배율(七言排律)

74. 인열왕후[134] 장릉 애만 (仁烈王后長陵哀挽)

사록(沙麓)의 아름다운 상서는 멀리까지 기록되리니　沙麓休祥紀載遙
훌륭한 원비(媛妃) 하늘이 성스럽고 밝은 조정에 주셨네
　碩媛天合聖明朝
공은 제갑(提甲)보다 높으니 꽃다운 꾀 빛나고　功高提甲芳猷烈
복은 가연(加緣)을 없애니 검소한 덕 밝힘이네　服去加緣儉德昭
효도는 태궁에 돈독하니 인자함과 공경이 두루미치고　孝篤太宮慈敬洽
업은 중곤(中壼)에 높으니 금술이 조화롭네　業隆中壼瑟琴調
장손의 간하는 말은 당벽[135]을 본받았고　長孫諍語規唐壁
밝은 덕 지녀 사사로운 은혜는 마료[136]를 끊었네　明德私恩絶馬廖
지극한 행실은 길이 후세의 모범이 되고　至行永爲垂後法
아름다운 칭찬은 바로 여자 가운데 으뜸이라네　徽稱端叶女中堯
육아[137]를 차마 폐할 수 있을까. 중리[138]를 강의하고　蓼莪忍廢重离講
규목[139]의 공연히 전함은 복록을 노래함이네　樛木空傳福履謠

---

134) 인열왕후(仁烈王后) : 1594(선조 27)~1635(인조 13) 조선 인조의 비. 성(姓)은 한(韓). 본관은 청주(淸州). 서평부원군(西平府院君) 준겸(浚謙)의 딸. 1610년(광해군 2) 가례(嘉禮)를 행하여 청성현부인(淸城縣夫人)에 초봉, 1623(인조 1) 왕비에 책봉되었으며, 1651년(효종 2) 휘호(徽號 : 明德貞順)가 추상(追上)되었고, 시책문(諡冊文)을 재간(再刊)하였으며, 신주(神主)를 개제(改題)하였다. 효종 · 소현세자 · 인평대군 · 용성대군을 낳았고, 능은 장릉(長陵)이다.

135) 당벽(唐壁) : 중국 명나라 사람. 예법(禮法)으로 어머니를 잘 모셨음.

136) 마료(馬廖) : 중국 후한(後漢) 사람, 마원(馬援)의 아들

137) 육아(蓼莪) : 육아지시(蓼莪之詩). 효자가 부모의 봉양을 뜻대로 하지 못하는 것을 슬퍼하여 읊은 〈시경〉에 나오는 시를 말함. 〈시경(詩經)〉』「육아(蓼莪)」. "蓼蓼者莪, 匪莪伊蒿. 哀哀父母, 生我劬勞. 蓼蓼者莪, 匪莪伊蔚."

138) 중리(重離) : 〈역경(易經)〉의 이괘(離卦)는 해를 둘로 겹친 것을 상징함. 곧 아버지와 아들이 제위(帝位)를 상속함을 이름.

집에 다시 돌아오니 누에치는 절기이고	蠶館復回治繭節
봉황 상여 돌아오니 닭은 밤을 알리네	鳳輴還駕報鷄宵
12년 만에 비로소 화생(化生)함 알려고 한다면	欲知一紀資生化
온 세상이 우렛소리 내어 하늘에 통해야 한다네	匝域雷號徹大霄

---

139) 규목(樛木) : 나뭇가지가 늘어져 아래로 굽은 나무를 말함.

7언고시(七言古詩)

75. 주필로 진양[140] 유장군 호걸에게 주고 길에서 이별하다 (走筆贈晉陽柳將軍孝傑道別)

방장[141]의 신성한 산이 태청에 빛나니 方丈神山麗太清
빼어난 빛은 진양성에 창창하구나! 秀色蒼蒼晉陽城
진양엔 천고에 훌륭한 인걸이 많이 났고 晉陽千古蔚人豪
백성들은 장군 하호정[142]을 바라본다. 民瞻將軍河浩亭
유후가 문득 두 아들 두어 세 사람 되었으니 柳侯奄有二子成三人
태어남에 가슴은 산하 같고 정신은 빼어났네 生膺山河神秀精
유후 가문의 엄군은 비호[143]같이 용맹하고 侯家嚴君勇貔虎
용은 뛰어 바다에서 나와 긴 고래 베고 龍驤出海誅長鯨
높은 아기(牙旗)와 큰 독기(纛旗)는 백치(百雉)의 성에 꽂혀 있으며 高牙大纛城百雉
큰 과업 이루지 못한 채 긴 성 훼손되니 鴻業未集長城毀
순수한 충성은 일찍이 악운아[144]가 전하고 精忠早傳岳雲兒
날랜 용맹[145]엔 또 서평자가 있다네 鷙勇更有西平子
금문 호방에 첫째로 뽑혔고 金門虎榜擢第一

---

140) 진양(晉陽) : 지금의 경상남도 진주시(晉州市)

141) 방장(方丈) : 신선이 산다는 삼신산(三神山)의 하나.

142) 하호정(河浩亭) : 하륜(河崙, 1347(충목왕 3)~1416(태종 16). 고려말 조선초의 문신으로 호는 호정(浩亭). 본관은 진주(晋州). 공진(拱辰)의 후예로, 순흥부사 윤린(允潾)의 아들이다. 영의정부사·좌정승·좌의정을 역임하고 1416년에 70세로 치사(致仕)하여 진산부원군(晋山府院君)에 봉해짐

143) 비호(貔虎) : 비(貔)와 범. 모두 맹수임. 용감한 장졸(將卒)을 비유해서 말함.

144) 악운아(岳雲兒) : 중국 남송(南宋)의 충신 악비(岳飛)의 양아들

145) 날랜 용맹(鷙勇) : 사납고 용감함.

월전(月殿)의 신선 꽃 흰 눈에 비취네	月殿仙葩暎白雪
서문의 절도사 푸른 모전 얻었고	西門節度得青氈
군중 대오의 깃발은 옛 빛깔 그대로네	部伍旌旗依舊色
종경(宗卿)엔 본래 아버지가 충성을 가르침 많고	宗卿素多父教忠
독부(督府)에선 또한 장위공을 만났네	督府還逢張魏公
마구간의 준마는 호추마라 하는데	櫪上駿馬名胡騅
빼어난 재주는 스스로 장군과 대적할 만하구나!	神俊自與將軍敵
구름채찍 번개처럼 휘두르니 일만 말이 거꾸러지고	雲鞭電掣萬馬倒
보도(寶刀)에 붉게 물들임은 일 천 사람의 피이네	寶刀赤染千人血
고기비늘 쳐 터지니 흰 태양이 돌고	魚鱗撇拆白日迴
쾌한 산비둘기 바람 대하니 나는 새 끊어지고	快鶻當風飛鳥絶
날쌘 몸으로 더욱이 싸우니 일천리나 되고	輕身轉戰一千里
마안산 앞에서 오랑캐 혼 빼앗았네	馬鞍山前虜魂奪
예쁜 허리에 산란한 목은 사직 위해 죽임 당하고	妖腰亂領戮于社
금강의 봄 날 천필로 돌아오네	錦江春日回天驊
큰 종과 신성한 솥에 장대한 공을 글씨로 새기고	洪鍾神鼎勒壯功
태산과 장하(長河)에 처음과 마지막 있기를 맹세하네	泰山長河盟始終
기린각엔 그림이 새롭고[146]	麒麟閣上畫圖新
허리 둘레에 흰 깃털은 광채가 영롱하구나!	腰間白羽光玲瓏
양산이 한번 깃발 휘두르니 봉황은 숲에 깃들이고	楊山一麾鳳棲林
붉은 말 한가롭게 우니 복숭아와 오얏나무 그늘이네	紫馬閑嘶桃李陰
털을 불어 허물 찾아 퍼뜨리는 비방은 모두 옥돌 같은 것이고	吹毛飛謗混珪珉
지난번 온 떠들썩한 이들은 진실로 어떤 사람인가?	向來啾唧誠何人
조정엔 다시 서북쪽의 근심이 있고	朝廷復有西北憂

146) 기린각엔 그림이 새롭고(麒麟閣上畫圖新) : 중국 전한(前漢)의 무제(武帝)가 기린을 얻었을 때 지은 누각. 선제(宣帝)가 이 기린각 위에 공신 11인의 상(像)을 그려 걸었음.

한 자 되는 물에 바닷고기 용납할 수 있겠는가? 尺水肯容橫海鱗
옛날에 그대 장안으로 말 달렸는데 昔君走馬長安陌
길 위에서 한 번 마음 허락함을 보았다네 陌上一見許心曲
장막 친 사람은 봉호라는 걸 누가 알겠는가 蓬蒿誰識下帷人
군후는 나의 용확만 가련히 여기네 君侯獨憐余龍蠖
하루 아침에 노둔한 말은 현격히 차이 나고 一朝駑驥隔雲泥
머리 들어 슬피 바라보니 바람이 넉넉히 불어오네 矯首悵望凌風足
진실로 그대 아니면 모든 사람들이 다 안 된다고 하는데 固知微爾人盡非
시대를 구하는 영웅은 쉽게 얻지 못한다네 濟代英豪不易得
금년에 해서[147]에서 우연히 만났는데 今年邂逅海西頭
기쁨이 아직 흡족치 못한 채 이별로 수심하네 未洽歡娛生別愁
이때 궁한 음률(陰律)은 양률[148]로 바뀌고 是時窮陰變陽律
관청의 매화는 처음 꽃망울 터져 맑은 향기 나네 官梅初綻清香浮
우리가 동각의 눈 속에서 한 잔 하는데 飮我東閣雪裏酌
구름 종이에 묵죽(墨竹)을 둘 그려 우리한테 주네 贈我雲牋雙墨竹
그대의 높은 의리에 감동받고 그대의 선물에 감사드리며 感君高義拜君貺
그것이 중하고 가볍지 않음은 백금을 겸해서 라네 重之不減兼金百
그대 생각하며 그대 얼굴 한참 대하고 있으니 思君長對此君面
추운 겨울의 곧은 자태 볼 만 하구나! 歲寒貞姿可相見
갈림길에 임해 한 마디 하노니 그대는 반드시 기억하라 臨岐一語君須記
동쪽 들 구름타고 나는 용은 나도 또한 원하다네 東野雲龍吾亦願

147) 해서(海西) : 황해도.

148) 양률(陽律) : 십이율(十二律) 중에서 양(陽)에 속하는 여섯 율(律). 십이율은 양육(陽六)의 육율(六律)과 음육(陰六)의 육려(六呂)의 총칭. 줄여서 율려(律呂)라 함. 육율(六律)은 황종(黃鐘) 〈11월〉 · 태주(太簇) 〈정월〉 · 고선(姑洗) 〈3월〉 · 유빈(蕤賓) 〈5월〉 · 이칙(夷則) 〈7월〉 · 무역(無射) 〈9월〉, 육려(六呂)는 대려(大呂) 〈12월〉 · 협종(夾鐘) 〈2월〉 중려(仲呂) 〈4월〉 · 임종(林鍾) 〈6월〉 · 남려(南呂) 〈8월〉 · 응종(應鍾) 〈10월〉.

76. 유진사 시에 차운하여 진사 임경익 한백[149]에게 주다 (次柳進士韻贈別任進士慶翼 翰伯)

태어나 청운의 객[150]이 되길 원치 않았으니　　不願生作青雲客
금장[151]과 적불(赤紱) 다투어 축출하였네　　金章赤紱競相逐
태어나 오후(五侯)의 객이 되길 원치 않았으니　　不願生作五侯客
노비의 얼굴과 무릎은 다투어 없어졌네　　奴顏婢膝爭局促
다만 아름다운 산수의 연기와 놀 속에서 삶 사랑하고
　　只愛佳山美水煙霞窟
술 대해 길게 노래 부르면 절로 방랑의 자취라네　　對酒長歌自浪跡
지난해엔 옛 장사[152]에서 벼슬했었는데　　去年作尉古長沙
바로 전쟁을 만나 남국이 암담하였네　　正值兵塵暗南國
신선의 산은 지척이지만 신선의 감상 막혔고　　仙山咫尺阻仙賞
염과에 온 군데 편지는 날마다 속박하고　　鹽課軍書日羈束
남쪽으로 피난 온 사람 어찌 제한하겠는가　　南來何限避地人
한번 그대의 재주 속되지 않음을 알았다네　　一見知君才不俗

77. 백향산[153] 희우시 뒤에 쓰다 (題白香山喜雨詩後) 남의 월과(月課)를 대신 지었다.(代人月課)

대단히 화락한 천자는 성스럽고 신명한데　　元和天子聖且神

149) 임경익 한백(任慶翼 翰伯) : 임한백. 주 126) 참조
150) 청운의 객(青雲客) : 청운(青雲)의 뜻을 품은 사람. 또는 높은 벼슬에 오른 사람.
151) 금장(金章) : 금장옥구(金章玉句). 금옥(金玉)처럼 훌륭한 시가(詩歌). 문장(文章)을 말함.
152) 장사(長沙) : 주 58) 참조
153) 백향산(白香山) : 중국 당(唐)나라의 대시인인 향산거사(香山居士) 백거이(白居易), 호는 낙천(樂天)

하늘이 용맹과 지혜, 인(仁)을 주었네 天錫勇智天錫仁
지난해와 금년엔 오나라와 촉나라 평정되고 去年今年吳蜀平
공업이 융성하여 문물이 새롭네 功隆業大文物新
방탕히 노는 해에 큰 가뭄 내림은 하늘이 경계시킴이고 湯年亢旱自天警
삼동(三冬)에 비 오지 않은 것이 삼춘(三春)까지 이어졌으며 三冬不雨連三春
붉은 구름은 하늘에 떠 있고 산은 푸른데 彤雲漫天嶽翠乾
바다의 티끌 날림을 슬픈 심정으로 바라보네 慘見江海生飛塵
웅성대는 남쪽 밭이랑에선 농사일 철하고 嗷嗷南畝輟載耟
아홉 겹 채색 눈썹은 늘 찡그렸네 九重彩眉長含嚬
임금께서 '하늘의 경계시킴은 면전에서 말하듯'한다 하니 帝曰天戒若面喩
내 그 때문에 우리 백성 재앙 됨을 알았네 以吾之故殃吾民
천문은 금 비단으로 장식하고 봉정(鳳庭)엔 꽃 피었는데 天門金錦鳳庭花
낱낱이 흩어 보내어 남겨두지 않았네 一一散遣無留辰
상림의 육책은 운한(雲漢)의 시이고 桑林六責雲漢詩
임금님 옥음(玉音) 알림은 사륜(絲綸)과 같네 玉音播告如絲綸
오직 임금의 측은히 생각함에 가뭄 뒤에 장맛비 내리고 惟皇惻念霔甘霖
조정과 백성들 일제히 환호성 지르네 在朝在野歡聲均
소고(蘇枯)와 옥초(沃焦)는 손바닥 뒤집는 사이인데 蘇枯沃焦反手間
기운이 두루 편안함은 천지의 기가 조화롭게 어울림이네 氣遍坱圠和氤氳
하얀 집 속에는 백거이 한림학사[154]요 白玉堂中白學士
명관(名冠) 쓴 이는 당시 대궐문 지키는 신하이네 名冠當時青瑣臣
끌어 올리는 묘한 말은 아(雅)와 송(頌)[155]에 맞고 揄揚玅語叶雅頌

154) 백거이 한림학사(白學士) : 주 151) 참조
155) 아(雅)와 송(頌) : 〈시경(詩經)〉 중의 아(雅)와 송(頌). 아(雅)는 정악(正樂)의 노래. 송(頌)은 조상의 공덕을 찬미하는 노래를 말함.

말 근원은 넓고도 넓어 끝이 없네 詞源浩浩無涯津
천년동안 시문에 생기가 도니[156] 서적은 빛나고 流轉千載簡冊光
성대한 일 펼침은 새벽을 거르듯이 하네 盛事鋪張如隔晨
우리나라의 오늘은 성인이 만들어 놓았는데 箕東今日聖人作
삼(三)이 오르고 오(五)가 감에 천하가 태평스럽네 登三邁五調鴻勻
금(金)의 해에 가물어 묘(卯)의 해 풍년들지 않아 金年水旱卯不穰
천하의 백성들 고생이 많구나! 環海蒼生多苦辛
대나무 숲 없어져 길가 문 봉쇄되니 絲篁懸罷路門鎖
지극한 정성에 저 푸르고 푸른 하늘 감동시켰네 至誠感彼蒼蒼旻
바로 천심은 우리 사랑 한다는 걸 알았고 乃知天心仁愛我
우리 임금의 순수한 덕을 하늘이 친애하네 我王一德天爲親
자욱히 오는[157] 신령스런 비 봄에서 여름으로 이어지고 濛濛靈雨春徂夏
저 태평스러움은 같이 짝하기 어렵다네 彼哉元和難等倫
이영차[158], 모두 보배로우니 참으로 상서롭고 登登萬寶眞上瑞
옥과 구슬이 비처럼 내려도 어찌 보배롭다 할 수 있으라 雨玉雨珠何足珍
증손에게 기장과 벼를 하늘이 많이 내려 주었고 曾孫黍稌天與多
한(漢)의 창고에 썩은 곡식 서로 인습되네 漢廩紅腐應相因
백공의 축하에 신도 또한 축하하니 白公之賀臣亦賀
아름다운 시구 없이 앞 사람의 시 따라지음이 부끄럽구나! 愧無佳句追前人
처음은 있고 마지막이 없음이 바로 이 잠규인데 有始無終是箴規
원컨대 이를 써서 임금님 궁전에 바친다네 願言書此獻楓宸

---

156) 생기가 도니(流轉) : 시문(詩文)의 구(句)에 생기가 돎을 말함.

157) 자욱히 오는(濛濛) : 가랑비가 자욱히 오는 모양.

158) 이영차(登登) : 힘을 쓸 때 내는 소리. 이영차.

78. 소동파[159] 영매촌자 시에 차운하다 (次蘇東坡詠梅村字韻)

내가 옛날에 남으로 가 나부촌을 방문했는데	我昔南過羅浮村
일천 그루의 옥 같은 꽃술에 처음으로 혼 돌아왔네	千株玉蘂初返魂
나는 지금 또 남주의 객이 되었고	我今又作南州客
그윽한 향기는 여전히 황혼을 흔드네	暗香依舊搖黃昏
또한 조화의 늙은이 교묘한 뜻 많음을 아는데	也知化翁巧多意
다시 하늘이 작은 동산에 꽃 핌 허락 하였네	更許天葩留小園
곧은 자태는 아직 태어나지 않은 사람 같고	貞姿猶是未生人
흰 피부는 절로 따뜻한 봄기운 머금었네	雪膚自在含春溫
천손[160]은 짜던 베 그치고 채색 비단 꿰매고	天孫織停綴彩錦
소아[161]는 단장 끝내니 아침의 먼동이 트네	素娥粧罷承朝暾
어찌해서 씩씩한 걸음 멀리에서 옮겨 놓는가	何必健步移自遠
달 빛 아래 빨리 달려와 문 두드리네	月下翛然來叩門
다른 날 밤 두뇌에서 짧은 꿈 꾼 것 기억 못하여	不知它夜惱短夢
술 잔 들고 꽃한테 물어보나 꽃은 말이 없구나!	擧酒問花花無言
내일 아침 술 깨면 비바람 몰아칠 터이니	明朝酒醒風雨惡
차마 떨어지는 꽃 술 보며 부질없이 술 잔 들 수 없다네	忍見落葉飄空罇

159) 소동파(蘇東坡) : 중국 송(宋)나라의 문장가 소식(蘇軾), 자는 자첨(子瞻), 동파(東坡)는 그의 호. 아버지인 소순(蘇洵), 동생인 소철(蘇轍)과 함께 당송팔대가의 한 사람.

160) 천손(天孫) : 직녀성(織女星)의 별칭.

161) 소아(素娥) : 백의의 항아(嫦娥). 달 속에 있다는 흰 옷을 입은 선녀. 달의 별칭.

79. 삼가 아산 이상서 시에 차운하여, 백씨[162]한테 바치다 (敬次峨山李尙書韻伏呈伯氏)

어진 자는 형이고 어리석은 자는 아우인데 賢者是兄愚者弟
일생을 쌍명주에 비유하면 부끄럽구나! 一生愧比雙明珠
우리 형 재주 생각해 보면 동해 바다가 좁고 我兄才思隘東溟
입 열어 시 읊조림에 아름다운 비단도 그만 못하다네 開口吟詩錦不如
자신이 간관 되었으니 영달하게 되었고 身爲諫官非不達
충성스런 언행은 빛나고 빛나 봉한 편지에 들어있네 忠言耿耿緘封書
아침에 봉서 받고 저녁에 내쳐져 크게 황급한데 朝封夕貶太蒼黃
만 리나 되는 남해엔 사람이 살지 않는구나! 萬里南海非人居
장미꽃 담장에다 옥으로 꾸민 집인 구천[163]에 올라 薇垣玉堂九天上
머리 돌릴 시간에 한바탕 꿈꾸니 잠깐 동안이네 回首一夢今須臾
동생이 가끔 분부 받음은 호수의 남쪽인데 弟時分符湖水南
나그네로 서로 만나면 헤어질 때 가는 이 옷깃 잡았다네 送旅相逢摻征裾
대낮에 아득히 들리는 곡소리 괴로워 白日茫茫哭聲苦
길가에서 보는 자들이 길게 탄식하네 道傍觀者皆長吁
장기서린 바다 천 길 되어 파도 사나우니 瘴海千尋波浪惡
성난 고래 흰 이빨 드러내어 정말 나를 두렵게 하네 怒鯨白齒眞怕吾
차마 오래 이별하지 못해 또한 서로 따라가는데 不忍久別還相隨
바로 칠월 달 찬 기운이 돌 때이네 正是七月凉氣初
기쁜 마음으로 보니 귀밑머리 평소보다 예쁜데 喜見髭髮勝平素
또한 말 술 갖다놓고 즐거운 자리 열었네 且將斗酒開歡娛

---

162) 백씨(伯氏) : 주 124) 참조

163) 구천(九天) : 하늘의 중앙·사정(四正)·사우(四隅)의 아홉 분야(分野)로 나눈 칭호. 중앙을 균천(鈞天), 동방을 창천(蒼天), 동북을 민천(旻天), 북방을 현천(玄天), 서북을 유천(幽天), 서방을 호천(昊天), 서남을 주천(朱天), 남방을 염천(炎天), 동남을 양천(陽天)이라 함.

이불 덮고 베개 맞대고 누운 집에 있을 때 즐거웠는데	同衾聯枕在家樂
서로 잊고 하늘 한 모퉁이에 떨어져 있구나!	忘却飄零天一隅
나한테 이별한 뒤 바닷가에서 지은 시 보여주니	示我別後臨海作
만년의 맑은 시어는 유신과 서릉[164]에 기울었네	暮年清詞傾庾徐
청운의 꿈 품은 친구를 혹 물어보니	青雲故人倘相問
먼저 성서의 허옥여[165]에게 말 부치네	先寄城西許沃余

164) 유신과 서릉(庾徐) : 유신(庾信)과 서릉(徐陵). 유신은 북주(北周)의 문학자. 자는 자산(子山). 표기대장군. 매우 박학하고 문장은 염려(艶麗)하여 서릉과 함께 이름을 드날려 세상에서 서유체(徐庾體)라 일컬었음. 그의 변려문은 육조의 집대성이라 함. 저서에 『유개부집(庾開府集)이 있음.

165) 허옥여(許沃余) : 허계(許啓). 1594(선조 27)~1653(효종 4). 조선 중기의 문신. 본관은 양천(陽川). 호는 성암(醒菴), 옥여(沃余)는 그의 자. 1612년(광해군 4) 진사가 되고, 1624년(인조 2) 호조좌랑으로서 증광문과에 병과로, 1636년 중시문과에 병과로 급제, 1637년 우승지 · 경기도관찰사, 1642년 동지중추부사, 이후에 도승지, 호조 · 병조 · 예조의 참판 등을 역임.

7언절구(七言絶句)

80. 당숙어른 심위의 만사 (挽沈叔丈 闈) 3수(三首)

첫째 (其一)

결국 글과 검에 미련 두어 둘 다 이루지 못했는데　終憐書劒兩無成
다만 평생 동안 효도와 우애로 이름났네　只有平生孝悌名
슬하에 둔 외로운 아이 지금 있으니　膝下遺孤今尚在
뒷날 응당 가문의 명성 이으리라　後來應續舊家聲

둘째 (其二)

가을 산에 가서 무덤에 제사 지내고 쓸쓸히 돌아오는데　祭罷秋山寂寞歸
옛날의 오랜 자취는 꿈 속에 의지하네　昔年陳迹夢中依
배 타고 춤추고 노래하는 흥취 이제 누구와 함께할꼬!　滿船歌舞今誰共
맑은 눈물이 마구 흘러 나의 옷 적시네　清淚無從濕我衣

셋째 (其三)

선인(先人)의 벗들 반은 황천으로 갔는데　先人群從半重泉
슬프고 슬퍼 차마 만사를 쓰지 못하겠구나!　忍寫哀哀相挽篇
다른 때엔 향당(鄉黨)에서 부러울 것이 없었는데　無復異時鄉黨羨
강가엔 가을 비 내려 황천 길 문 잠그네　隔江秋雨鎖荒阡

81. 권문백 모부인 원씨 만사 (挽權文伯母夫人元氏) 2수(二首)

첫째 (其一)

원성[166]의 훌륭한 씨족으로 영구히 가문 빛내니　原城令族永嘉門
쌓은 경사는 아들과 손자한테서 본다네　積慶留看子若孫
검이 합하고 구슬이 감쳐진 길지에 들었으니　劒合珠藏從吉地
백 년 동안 아름다운 기운이 언덕에 감싸리라　百年佳氣擁丘原

둘째 (其二)

돌아가신 분 연세는 우리 모친과 같은데　孺人年甲同吾母
누린 수명은 다섯 살이나 더 많은 듯하네　享壽猶多五歲强
돌아가신 당일 한 없이 애통하니　却將當日無涯慟
또한 위로하지만 효자의 창자 불에 타는 듯하네　還慰如焚孝子腸

82. 남의 벽에다 쓰다 (題人壁)

나그네 길 멀고멀어 나그네의 밤도 더딘데　客路漫漫客夜遲
넓은 하늘은 끝이 없고 달은 눈썹 같구나!　海天無際月如眉
영원[167]에서 이별한 뒤 머리 돌려 바라보니　鴒原別後長回首
북쪽 기러기 소리 들려 생각나는 바 있다네　北鴈聞來有所思

---

166) 원성(原城) : 강원도 원주(原州)

167) 영원(鴒原) : 형제의 우애를 강조한 것임. 『〈시경(詩經)〉』「소아(小雅) · 상체(常棣)」. "脊令在原, 兄弟急難." 鄭玄箋 : "水鳥, 而今在原, 失其常處, 則飛則鳴, 求其流, 天性也. 猶兄弟之於急難." 脊令, 也寫作"鶺鴒". 后因以"鴒原"謂兄弟友愛.

83. 향인벽에 쓰다 (題鄕人壁) 암행어사 때에 지었다.(繡衣時作)

티끌 묻은 갓에 헤진 옷 입고 손수 파린 말 몰고 오니 塵冠弊褐手驅羸
주인 늙은이 맞으며 어디서 온 누구냐고 묻네 主叟迎來强問誰
나는 본래 옥황(玉皇)의 향을 바치는 관리인데 我是玉皇香案吏
서로 만났으니 괴롭게 서로 의심할 필요 없소이다. 相逢不必苦相疑

84. 경행시에 차운하다 (走次景行) 일준(日遵)

강객(江客)이 봄 완상(玩賞) 접고 바삐 돌아오니 江客催歸負賞春
낙성 서쪽 가에서 자주 머리 돌리네 洛城西畔首回頻
아름다운 때 좋은 일 두 번 만나기 어려움 아니 佳辰勝事知難再
술 잔 앞에 한 사람 적어 한스럽구나! 却恨樽前少一人

85. 약속 어겨 조소하다 (戱謿負約)

갑자기 만났다 이별하니 혼이 끊어질 듯한데 逢別忽忽欲斷魂
강을 사이에 두고 떠날 생각에 눈물이 앞을 가리네 隔江離思淚成痕
푸른 술잔 예쁘나 아름다운 기약 머니 青罇綠艾佳期闊
두 가지 묘한 편지 속에 각각 말을 담았네 二訬書中各執言

86. 공주 김효성 딸 만사 (挽金公州孝誠女子)

첫째 (其一)

삼십년 춘광은 흐르는 물처럼 빠른데	卅載春光劇逝川
십주[168]의 선로(仙路)는 아득해 끝이 안 보이네	十洲仙路杳無邊
가련하구나, 슬하의 여러 아이들이여!	可憐膝下諸兒在
인간 세상에 남겨진 채로, 아직도 인연 맺지 못했네	遺却人間未了緣

둘째 (其二)

늦게 낳은 아들딸은 어린데	晩生兒女正提孩
빨리 성인되어 좋은 배필 만나길 원한다네	願速成人擇配佳
문득 그대 보아 이 만사 쓰려고 하니	忽見使君求此挽
나 그 때문에 자애로운 그대 마음 생각난다네	以吾慈愛想君懷

87. 목면화가 (木綿花歌)

희고 흰 가을 구름 밭 이랑에 가득한데	白白秋雲滿畝間
꽃 따는 촌부는 노래 부르며 돌아오네	摘花村婦唱歌還
울타리 가에서 관리는 빨리 짜라 재촉하니	籬邊有吏來催織
노래 끝나기 전에 눈썹이 찡그려지네	謌曲未終眉已攢

168) 십주(十洲) : 신선이 산다는 섬. 곧 조주(祖洲)·영주(瀛洲)·현주(玄洲)·염주(炎洲)·장주(長洲)·원주(元洲)·유주(流洲)·생주(生洲)·봉린주(鳳麟洲)·취굴주(聚窟洲) 등을 말함.

88. 굴치[169] 아래에 있는 보평촌 인가의 벽에 쓰다 (題屈峙下洑坪村人壁)

한 해 동안에 열 번 왕래하니　一歲中間十往還
위태로운 잔교와 탄탄한 길 걸어 보았네　却將危棧坦途看
지금 험난한 길 가지만 내 사신가는 길에 익숙하니　從今涉險吾差熟
평생 동안 행로가 어렵다는 시[170] 짓지 마라　莫賦平生行路難

89. 청명일[171] 호남 스님에게 주다 (清明日贈湖南僧人)

바로 청명일과 한식일[172] 돌아오니　正是清明百五回
비 갠 강 길에 제비 비로소 날아오네　雨晴江路燕初來
스님 만나 또 산중 일 물어보니　逢僧更問山中事
일 천 그 루 벽도(碧桃) 꽃 필락말락 한다고 하네　千樹碧桃開未開

90. 조카 이사량이 용문으로 가는 친구를 전송하다 (送李甥四亮同友人之龍門)

용문의 구월은 산이 비단처럼 아름다운데　龍門九月山如錦

---

169) 굴치(屈峙) : 전라북도 순창영로(淳昌)嶺路)에 있는 고개

170) 행로가 어렵다는 시(行路難) : 길을 걷는 것이 곤란하다는 뜻으로, 세상을 살아가는 어려움을 말한 것임.

171) 청명일(清明日) : 24절기의 하나. 춘분(春分)의 다음. 양력 4월 5~6일 경.

172) 한식일(百五) : 한식일(寒食日)을 말함. 동지를 지난 뒤에 105일 만에 돌아오기 때문에 백오(百五)라고 한다. "寒食日. 在冬至后的一百零五天, 故名." 청 고염무(清顧炎武) 『금릉잡시(金陵雜詩)』 2 : "거듭 백오일을 들으니, 멀리 13릉에 제사 드리네(重 聞百五日, 遙祭十三陵)."

신선을 짝하고 같이 월협의 배에 오르네　　仙侶同登月峽舟
대 지팡이 짚고 오르니 암자에 계수나무 떨기로 났는데　　竹杖菴邊叢桂樹
가을에 꽃은 몇 가지에 피었는가?　　秋來花發幾枝頭

91. 봉각에서 절로 흥치가 일다 (蓬閣漫興)

괴로움만 쌓이고 공이 없으니 죄가 또한 따르는데　　積苦無功罪亦隨
공적인 것이 사적으로 옮겨가 날로 지탱키 어렵네　　公移私簡日難支
붓 들어 스스로 뇌물 탐하지 말라는 경계 범했으니　　揮毫自犯貪贓戒
다리 아래서 석서시[173]를 짓네　　橋下從他碩鼠詩

92. 김중윤 아내 성씨 만사 (挽金重胤內子成氏) 2수(二首)

첫째 (其一)

어찌 이 병 걸려 갑자기 죽을 줄 알았는가!　　豈知斯疾遽云亡
삼십년 동안의 춘광(春光)은 물 흐르듯 빨리 갔네　　三十春光逝水忙
바닷가에서 부고 전하는 날 생각해 보니　　遙想海濱傳訃日
흰 머리 마주 대하고 아버지 어머니께서 통곡했겠지　　白頭相對哭爺孃

---

173) 석서시(碩鼠詩) : 세금을 많이 거둬들이는 탐관오리를 비유한 것임. 석서(碩鼠)는 〈시경(詩經)〉·위풍(魏風)의 편명(篇名) 임. (시경(詩經)·위풍(魏風)·석서서(碩鼠序』 : "「碩鼠」, 刺重斂也. 國人刺其君重斂, 蠶食於民, 不修其政, 貪而畏人, 若大鼠也." 后遂用作重斂之下, 民不聊生的前實. 大鼠. 比喩橫征暴斂的貪婪官吏. 『시경(詩經)·위풍(魏風)·석서(碩鼠』 : "碩鼠碩鼠, 無食我黍, 三歲貫我, 莫我肯顧." 南朝宋鮑照『代白頭吟』 : "食苗實碩鼠, 點白信蒼蠅." 明陳汝元『金蓮記·釋憤』: "朝堂上嫁毒梟鴟, 仕途中陰爻碩鼠."淸黃遵憲『臺灣行』: "取我脂膏供仇虜, 眈眈無厭彼碩鼠)."

둘째 (其二)

집안에 꽉 찬 어린애 울음소리 차마 듣지 못하겠다. 滿室呱呱不忍聞
외로운 배는 아득히 혼령을 태우고 가네 孤舟渺渺載歸魂
동양으로 가는 길에 천 그루에 꽃 피었는데 東陽去路花千樹
모든 훌륭한 낭군들이 눈물 줄줄 흘리네 摠是賢郎濺淚痕

93. 옥여 허계[174]가 겨울 국화 읊조린 시에 화답하며 (和許沃余咏冬菊示韻 啓)

첫째 (其一)

향기롭고 예쁜 국화는 수척한 거나 살찐 거나 말한 것 없는데 芳艶無論瘦與肥
동산에 모든 풀들은 가을되면 쇠한다네 滿園群卉入秋衰
눈서리 깊은 곳에 황금 꽃 찬란하니 雪霜深處金英粲
예로부터 은자가 가약함[175]을 알겠구나! 知有從前隱者期

둘째 (其二)

찬 꽃술의 그윽한 향기 눈 속에 풍기는데 冷藥幽香雪裡輕
시인이 서로 대하니 아주 향기가 맑구나! 韻人相對十分淸
그대는 매신[176]과 다툰다 말하지 말라 憑君莫道爭梅信

174) 옥여(沃余) 허계(許啓): 주 165) 참조
175) 은자가 가약함(隱者期) : 국화는 다른 꽃보다 늦게 피어 서릿발을 잘 견뎌 이기기 때문에, 은자(隱者)의 비유로 쓰임.
176) 매신(梅信) : 매화가 꽃피기 시작하였다는 소식을 말함.

복숭아와 오얏도 꽃 필 때 다투지 않는다네　　桃李花時亦不爭

94. 나창랑 시에 차운하여 방생(方生) 활(活)의 연당에 쓰다 (次羅滄浪韻題方生活蓮堂)

방생은 즉 추성의 선비(秋城士人)이고, 추성은 즉 담양이다. 창랑은 즉 좌랑인 무송이다. (方生 卽秋城士人 秋城 卽潭陽 滄浪 卽佐郎茂松)

못 위에 맑은 바람이 살랑살랑 부는데　　池面淸風細細吹
잎 새에서 조는 백로 이마에 난 털 실 같구나!　　葉間眠鷺頂毛絲
잠시 틈 얻음은 한가한 속의 홍취인데　　片時偸得閑中趣
티끌 집으로 돌아오니 생각이 배로 나네　　塵閣歸來一倍思

95. 금산사에서 목통실[177]을 읊고 사상[178] 이자범에게 보여주다 (金山寺 戲吟木通實 示使相李子範)

서리 내린 뒤 가을 숲엔 나무마다 열매 달렸는데　　霜後秋林樹樹懸
달고도 향기나 화려한 잔치 상에 올릴 만 하네　　甘香宜薦使華筵
기이한 형태는 미인[179]이 질투할까 두려우니　　奇形恐被蛾眉妬
곁의 사람한테 분부하여 앞에 얼씬 못하게 하라　　分付傍人莫近前

177) 목통실(木通實) : 으름 덩굴 열매.

178) 사상(使相) : 중국 당(唐)나라 때에 훈공이 있는 절도사로서 중서문하평장사 등 재상의 벼슬을 겸한 사람을 일컬음. 송(宋)나라 때에는 훈공이 있는 노신(老臣). 또는 덕망이 있는 전직 재상으로서 절도사의 벼슬을 겸한 사람을 일컬음.

179) 미인(蛾眉) : 누에나방의 촉수(觸鬚)처럼 털이 짧고 초승달 모양으로 길게 굽은 아름다운 눈썹. 곧 미인의 눈썹을 말하는 것으로, 미인을 말함.

96. 피향당에서 스님 시에 차운하다 (披香堂次僧韻) 즉 두류산[180]의 스님인데, 이름은 성열이다. (卽頭流山僧 名性悅)

부용꽃 향기 다하여 홀로 누각에 올랐는데 芙蓉香盡獨登樓
우연히 산 스님 만나 나그네 수심 위로받네 邂逅山僧慰客愁
두류산에 늦게 붉게 물든 단풍이 기다리니 待得頭流紅葉晩
그대와 같이 돌아가며 맑은 가을 경치 완상하네 與君歸去賞淸秋

97. 호병암을 두고 장난삼아 쓰다 (戲題壺甁巖) 고창 경계에 있다.(在高敞界)

호병암이 큰 강 모퉁이에 우뚝 섰는데 壺甁卓立大江隅
형상이 신선 같이 생긴 흰 옥병이라네 狀似仙人白玉壺
봄바람 부는 때 천곡(千斛)이나 되는 술 빚기 바라니 願釀春風千斛酒
술 들어 기분 좋음은 만인을 살리는 것이라네 酌來醺及萬人蘇

98. 무제 (無題)

옅은 색깔 붉은 비단에다 녹색 비단을 비껴대었는데 淺色紅羅綠綺橫
그림 같은 집 속에 깊숙이 앉았으니 새로운 소리 나네 畵堂深坐出新聲
섬섬옥수로 가리키며 일천 가지 말하니 纖纖指下千般語
모두 단랑[181]과 이별한 뒤의 정이라네 總是檀郞別後情

---

180) 두류산(頭流山) : 주 70) 참조

181) 단랑(檀郞) : 처첩이 남편을 부르는 경칭.

99. 개화 (開花)[182]

숲 뚫고 물 건너 산 언덕에 이르니　穿林涉水到山阿
난리 뒤라 쓸쓸하게 8,9집이 있네　亂後蕭條八九家
소나무와 가래나무 옛 모습 그대론 건 기쁘지만　却喜松楸依舊色
사람 만나도 다시 생계에 대해 묻지 않네　逢人不復問生涯

100. 이용[183]의 만사 (挽李生 容)

젊었을 땐 서로 흰 머리 되도록 살 줄 알았는데　小少相知到白頭
사람의 일이 아주 덧없이 흘러감을 어찌 알았겠는가?　豈料人事劇悠悠
문 닫은 남곽엔 봄도 병든 듯한데　閉門南郭春猶病
은혜 저버렸으니[184] 외로이 강가에 임해 떠나는 배 보며 통곡하네
孤負臨江哭去舟

101. 밤에 파강을 건너며 (夜渡巴江)

물에 뜬 얼음과 흰 파도가 밤에 서로 방아 찧으니　氷澌雪浪夜相舂
무협[185]과 구당협[186] 어느 것이 이보다 웅장할까?　巫峽瞿塘孰長雄

---

182) 개화(開花) : 지은이 심제의 고향인 개화마을(현재의 강서구 개화동)을 뜻하는 것으로 볼 수 있음.

183) 이용(李容) : 자는 사관(士寬), 호는 어은(漁隱), 고성인(固城人). 퇴(退溪) 이황(李滉)의 문인

184) 은혜 저버렸으니(孤負) : 은혜를 저버림. 배반함.

185) 무협(巫峽) : 협곡의 이름. 호북성 파동현 서쪽과 사천성 무산현과 접경하여 있음. 서릉협(西陵峽), 구당협(瞿塘峽)과 더불어 삼협(三峽)이라 함.

186) 구당협(瞿塘峽) : 삼협(三峽)의 하나. 사천성(四川省)의 양자강(揚子江)의 상류에 있는

뱃사공은 두려워하지 말라고 일러 주는데　　報道篙工莫惶怖
평지에 사는 세상살이도 이와 서로 같다네　　世間平地此相同

102. 권숙평과 이별하며 (別權叔平) 6수(六首)

첫째 (其一)

지난해 오늘 사신[187]을 욕되게 했으니　　去年今日忝詞臣
옥서[188]에 향기 머금음은 친근한 한 사람이네　　玉署含香近一人
단풍과 국화는 이전과 물색이 다름없는데　　楓菊不殊前物色
흰 머리는 무심코 아름다운 절기에 답하네　　白頭無意答佳辰

둘째 (其二)

가을 색 만연한 빈 산에 온갖 풀은 병들었는데　　秋滿空山百草腓
밤 깊자 서리 이슬이 사람 옷 적시네　　夜深霜露濕人衣
춘궁(春宮)은 만 리이나 소식이 없으니　　春宮萬里無消息
북으로 요하 바라보며 노신의 눈물이 비오듯하네　　北望遼河老淚霏

셋째 (其三)

만 번 죽을 뻔 하고 돌아온 타향 객인데　　萬死歸來客異鄉
일 년의 가을빛은 중양[189]에 가깝구나!　　一年秋色近重陽

험준한 협곡(峽谷).

187) 사신(詞臣) : 시문의 재주로서 섬기는 신하를 말함.

188) 옥서(玉署) : 관서(官署)를 아름답게 부르는 이름. 南朝梁劉孝綽 校書秘書省對雪詠懷』 : "終朝守玉署, 方夜勞石扉."

누런 국화 밭에서 백주(白酒)드니 아무런 흥취 없는데 黃花白酒渾無興
천리에서 떠가는 구름 보니 마음이 절로 슬퍼지네 千里看雲意自傷

넷째 (其四)

낙엽 떨어지는 스산한 소리가 가을을 알리는데 落葉寒聲動九秋
저문 하늘에 안개 비 내려 모래톱이 어둡구나! 暮天烟雨暗沙洲
마음 상한 때 다시 일어나니 남의 한스러움 생각나 傷時更惹思人恨
저녁에 유유(悠悠)히 홀로 누각에 기대있네 日夕悠悠獨倚樓

다섯째 (其五)

한식에 동풍 불어 보슬비 개었는데 寒食東風小雨晴
옥계엔 맑은 물 얕게 흐르고 살구꽃은 선명하네 玉溪清淺杏花明
제일 어여쁜 건 시냇가에 소나무 그늘이 늦게까지 쳐진 것인데 最憐澗畔松陰晚
회오리바람에 버들개지 사뿐 날아오르는 모습 보며 웃네 堪笑飄風柳絮輕

여섯째 (其六)

잠깐 개었다 또 비 오고 비 오다 또 개니 乍晴還雨雨還晴
세태와 인정은 이로써 분명히 알 수 있다네 世態人情此可明
경치 좋은 곳에 와 노는 데는 정해진 객이 없지만 勝地來遊無定客
누구는 진중하고 누구는 가볍다네 向誰珍重向誰輕

---

189) 중양(重陽) : 음력 9월 9일

103. 진사 임중[190]이 술 찾는 걸 보고 희롱하다 (戱任進士重索酒)

배꽃은 눈 같고 버들은 실 같은데 梨花如雪柳如絲
봄 다간 강남엔 해가 더디 지네 春盡江南日正遲
문원(文園)의 재주꾼 목마름 호소하니 文園才子長呼渴
한 잔 술로 어찌 마음 달랠 수 있단 말인가! 巵酒何能慰所思

104. 다시 앞의 시에 차운하다 (再次前韻)

장사의 늙은 태수[191] 귀밑털이 실처럼 희었으니 長沙老守鬢成絲
전원으로 돌아갈려도 이미 너무 늦었다네 歸去田園已太遲
성 밖 친구들도 약속이나 한 듯 찾아오지 않으니 城外故人期不至
문 닫고 봄철 대낮에 홀로 생각에 잠긴다네 閉門春晝獨相思

105. 차산(次山)이 호음(壺陰)에게 장난삼아 지어준 시에 차운하다 (次次山戱呈壺陰韻) 차산은 즉 허겸을 말한다.(次山卽許嗛)

배 꽃 처음 떨어지고 들 팥배 꽃은 피었는데 梨花初落野棠開
사뿐히 나는 제비 바람 따라 왔다갔다 하네 輕燕隨風去又來
바다와 산에 봄 홍취 다했다는 말 듣고도 聞說海山春事盡
억지로 술병 차고 높은 누대에 오르네 强携罇酒上高臺

190) 임중(任重) : 1618(광해군 10)~1657(효종8). 조선 후기의 문신. 본관은 풍천(豊川). 자는 정경(鼎卿) 또는 정숙(鼎叔). 16세에 진사가 되고, 1639년(인조 17) 별시문과에 병과로 급제하여 승문원에 들어가 경기도사·평안도사, 정언 지평·문학 등을 역임.

191) 장사의 늙은 태수(長沙老守) : 장사태수를 지낸 글쓴이 자신. 주 69) 참조

106. 차산의 '금만지(金萬枝), 옥천배(玉千杯)' 시에 차운하다 (次次山金萬枝玉千杯韻)

동각의 꽃핀 자리에 아홉 가지가 선명하니 東閣芳筵明九枝
친구와 우연히 만나 일천 잔 드네 故人邂逅傳千杯
어량[192]에 밤비 내려 물보라 뿜는데 魚梁夜雨浪花吹
그대와 같이 내일 아침에 돌아가리라 與子明朝歸去來

107. 호음 시에 차운하다 (次壺陰韻)

푸른 괴수나무와 어우러져 대숲이 그윽한데 綠槐陰合竹林幽
손님 불러 평상 옮기고 하루 종일 머물렀네 喚客移牀盡日留
뜰 밖에서 벼슬아치들이 서로 이야기 하는데 庭外吏人相告語
사또께서 오히려 아주 수심 없는 듯하다네 使君還似太無愁

108. 호음이 준 시에 차운하다 (次壺陰贈示韻) 그때 백씨의 소식을 듣지 못했기 때문에 말한 것이다.(時未聞伯氏消息故云)

하늘가의 나그네 하루가 일년 같은데 天涯爲客日如年
어렵고 위태로움에 처했단 말 들으니 절로 눈물 흐르네 說到艱危自潸然
기러기는 날아오지 않고 봄은 이미 다 갔으니 鴻雁不來春已盡
강한(江漢)의 물이 하늘에 닿은 걸 차마 볼 수 있겠는가 忍看江漢水連天

---

192) 어량(魚梁) : 물살을 한 군데로 모아 통발로 고기를 잡는 장치.

109. 취하여 호음의 시에 차운하다 (醉次壺陰贈示韻)

우리 형의 성의가 황천을 감동시키니 吾兄誠意感皇天
강도(江都)에서 죽지 않고 문득 신선이 되었네 不死江都便是仙
천리 밖에서 서로 만남은 만 번 죽은 뒤이니 千里相逢萬死後
슬픔에 잠겨 말이 없으나 흰 눈이 이마에 쌓이네 含悲無語雪渾顚

110. 또 호음의 취한 시에 차운하다 (又次壺陰醉示韻)

스스로 평생 동안 슬프게 지냄을 가련히 여기는데 自憐悲吒足平生
늙어서도 불우하여 뜻을 이루지 못했네 到老蹉跎志不成
현달한 이들은 예로부터 모두 이와 같은데 賢達古來皆若是
술잔 들고 무엇 때문에 홀로 마음아파 하는가 把杯何用獨傷情

111. 진사 임경익193)에게 준 시에 차운하여 호음과 이별하다 (次任進士慶翼贈韻別壺陰)

먼 곳으로 손님 자주 보내는 건 아주 싫은데 剛厭天涯送客頻
사람을 만나면 사람 못 만날 때와 다르다네 逢人不若不逢人
오늘 아침에 애써 이별주를 권하니 今朝苦勸離筵酒
떠나는 사람은 아깝지 않으나 봄 경치 아깝구나! 不惜離人解惜春

193) 진사 임경익(進士 任慶翼) : 주 126) 참조

112. 증산 김회경에게 부치다 (寄金甑山晦卿)

작은 걱정으로 괴로움 호소한 지 2년여 되는데　新憂呼苦二年强
같은 병을 가진 사람끼리 서로 동정하니 마음 절로 슬프네　同病相憐意自傷
월나라 사람이 치료한 약을 부치니　寄與越人經驗藥
반드시 그대는 날마다 침상에 누워 맛보시게　須君日日臥而嘗

113. 주필로 경행시에 차운하다 (走次景行)

강가 손님이 돌아가자 재촉하여 봄 경치 감상 저버리니　江客催歸負賞春
낙성 서쪽가로 머리 자주 돌려 보네　洛城西畔首回頻
아름다운 시절 좋은 일은 두 번 만나기 어려운데　佳辰勝事知難再
도리어 술 잔 앞에 한 사람 적어 한스럽다네　却恨樽前少一人

114. 주필로 수안 당숙주 시에 차운하다 (走次遂安堂叔主韻)

봄 동산에 가득 핀 꽃 저버리니　三春孤負滿園花
짙은 녹음 무성하여 멀고 가까운 집 에워쌓네　濃綠陰陰遠近家
종남산의 비 멎기를 기다려　待得終南山雨歇
작은 시냇가에서 술 한 잔 들며 같이 취하고 싶네　一樽同醉小溪涯

115. 추석날 파남사를 방문하여 엄관보 어른께 느낀 바가 있어서 (秋夕日 過巴南社 有感嚴寬甫丈)

사당 제사 지낸 가을철 마을엔 해 지려 하는데 社罷秋村日欲斜
사람들은 버드나무 가 집에서 취해 붙잡고 있네 人人扶醉柳邊家
다리 앞에 말 세워놓고 슬퍼하는데 橋頭立馬偏怊悵
파남의 한 곡 노랫소리 듣지 못해라 不聽巴南一曲歌

116. 성환[194] 도중에서 우연히 읊조리다 (成歡途中偶吟)

가을 못 쓸쓸하고 붉은 잎 옷에 떨어지니 秋塘寂莫落紅衣
작은 누각 찬 기운 엉켜 손님도 드물게 찾아오네 小閣寒凝客到稀
서럽구나! 장사[195]는 천리가 떨어져 있는데 惆悵長沙一千里
떠난 후로 못가 집의 잠자리 꿈이 흐릿하구나! 別來池舘夢依依

117. 무제 (無題)

이별할 땐 붉은 눈물이 비단 옷 적시었는데 別時紅淚濕羅衣
이별한 뒤엔 가을바람 불어 기러기 올 때까지 소식조차 드무네 別後秋風鴈字稀
거문고 줄 이미 끊어졌다고 말하지 말라 莫道瑤琴絃已斷
잠 못 들어 꿈에 남으로 날아가지 못했다네 夢因無寐不南飛

---

194) 성환(成歡) : 지금의 충청남도 천안시 성환읍.
195) 장사(長沙) : 주 58) 참조

118. 진사 김사원 아내 만사 (挽金進士士元內子) 2수(二首)

첫째 (其一)

계수나무 집의 신선 꿈 아득하여 따르기 어려운데 桂宮仙夢渺難追
삼십에 반랑[196]은 귀밑털이 이미 세었네 三十潘郎鬢已衰
난극(欒棘)이 또 몸에 붙어 있는 듯함이 슬픈데 欒棘又悲身似寄
뜰 앞에서 어린애 재롱 못 보겠구나! 庭前不見小兒嬉

둘째 (其二)

고개 위 가을 구름도 슬퍼 뜨지 않았는데 嶺上秋雲慘不開
붉은 깃발은 어느 곳에서 고향으로 돌아왔는가! 丹旌何處故園回
행인은 돌아갈 길 묻지 말라 行人莫問歸途遠
혼령은 옛 집에 있어 아직 오지 않았다네 魂在舊家應未來

119. 소포정사를 쓰다 (次題小浦亭舍)

높고 높은 정자는 흰 구름의 이마에 있는데 高高亭子白雲巓
비 온 뒤 가을 모습은 일만 나무가 불타는 것이네 雨後秋容萬樹烟
난간에 기대어 구경하다가 도리어 돌아갈 길 잃어버리니
憑檻却忘歸去路
잠시나마 맑은 감상에 젖음도 아름다운 인연이네 片時淸賞亦佳緣

---

196) 반랑(潘郎) : 중국 진(晉)나라 때의 문인인 반악(潘岳). 그는 근심이 많아 머리털이 일찍 세었는데, 이를 반악의 머리털 즉 반랑빈(潘郎鬢)이라고 함 . 그는 서른 두 살에 머리가 센 데 느낀 바 있어 추흥부(秋興賦)를 지었음.

120. 연산 이신원의 아내 정씨 만사 (挽李連山信源內子鄭氏)

괴로운 달빛 비춰고 슬픈 서리 내리는 십오야 가을밤 인데
苦月悲霜十五秋
인간의 인연 다하니 검도 또한 던져버리네 人間緣盡劍還投
흰 눈썹 세 개가 빼어나고 재주도 갖춰 뛰어나니 白眉三秀才俱俊
또한 다른 해까지 경사가 멀리 흘러감을 알리라 也識它年慶遠流

121. 이른 봄에 남으로 여행하는 신재를 전송하는 편에 허차산에게 부치다 (早春送愼哉南遊寄許次山) 2수(二首)

첫째 (其一)

구랑문 밖 물은 이끼 낀 듯 한데 九娘門外水如苔
소소[197]댁 가에 꽃은 활짝 피었네 蘇小宅邊花正開
강남의 허도사께 말 부치니 寄語江南許道士
봄 술에 이끌려 돌아올 마음 잊지 마시게 莫牽春酒却忘回

둘째 (其二)

매화꽃 다 떨어지자 꽃다운 풀 새로운데 落盡梅花芳草新
돌아가는 그대 전송하려니 눈물이 손수건 적시려 하네 送君歸去欲沾巾
옥인(玉人)이 남국에서 물어 본다면 玉人南國如相問
서로 그리워하는 동안에 또 봄이 되었다고 말해주게 報道相思又一春

197) 소소(蘇小) : 중국 제(齊)나라 전당(錢塘)의 이름난 기생의 이름.

122. 달밤에 배 위에서 비파 뜯는 자에게 주다 (月夜船上戲贈琵琶者)

북쪽 돛대와 남쪽 배 모래톱에 모였는데　北檣南舶簇汀沙
어디 사는 아름다운 사람이 노래 한 곡 부르는가?　何處佳人一曲歌
나의 신세는 강주의 백사마[198] 같은데　我似江州白司馬
밝은 달이 배에 가득 비추는 밤에 비파 울고 있구나!　滿船明月泣琵琶

123. 첨지 신훤의 만사 (挽申僉知萱)

팔순에다 다섯 살 더 보탬은 진실로 어려운 것인데　八秩誠難況五加
한번 위로하며 귀히 여김은 여섯이나 많음이라네　一麾猶貴六何多
다만 가련함은 아직 맑은 눈동자의 아이가 없다는 것이니　只憐未晬孤兒在
구천에서도 아버지라 부르는 소리 듣지 못 하겠네　九地無因聽喚爺

124. 관청에 있을 때 멋대로 읊조리다 (官居漫詠)

아침마다 기러기와 따오기는 똑바로 줄 이뤄 나는데　朝朝鴈鶩儼成行
술 냄새 훈훈한 향기 콧등에 감도네　酒臭香薰擁鼻梁
관청 일 파하고 한가히 조는데도 부족하여　衙罷閑眠猶不足
거짓 신병을 핑계 삼아 망중한[199]을 즐기네　僞呈身病給由忙

198) 백사마(白司馬) : 중국 당(唐)나라 시인 백거이(白居易), 주 152) 참조
199) 망중한(給由) : 관(官)에서 준 휴가. 수유(受由), 또는 급가(給假).

과시 (科詩)

125. 공신상을 찬양함 (追頌功臣像) 천계 갑자[200] 8월 28일 회시[201]에서 2하(二下)로 써 1등을 차지했다. 차례로는 세 번째이다. (天啓 甲子 八月二十八日 會試 以二下居一等 第三人)

붉은 달무리에 칼날 번쩍이니 매가 나는데　赤暈揮鋒蒼鳥飛
변방엔 비린내와 티끌로 덮여 아득하고 어둡네　玉塞腥塵昏坱莽
금부(金符)는 다시 늙은 신에게 명하지 않고　金符無復命老臣
한 밤중에 북소리 들으니 밝은 생각 괴롭히네　聽鼓中宵勞睿想
황문(黃門)의 아름다운 문장은 기이한 공로 칭송하고　黃門鴻藻頌奇功
단청(丹青)엔 환연히 장려함이 빛나네　丹青煥然輝恩奬
호걸스러움은 일찍이 여섯 고을에서 뛰어난 자이고　雄豪早超六郡子
하늘에 빛나는 은하수와 북두칠성의 형상이라네　天文上耀河魁象
주선(周宣)이 성을 남중(南仲)에 소속시키니　周宣分閫屬南仲
만 리 되는 금성을 그대 가서 지키네　萬里金城承汝往
진치고 막아 편의 얻으니　分屯控禦得便宜
서쪽 오랑캐와 동쪽오랑캐 다투어 이마를 조아리네　白蠻青羌爭稽顙
장성(長城)엔 한결같이 남겨진 성가퀴 청소했으니　長城一自掃遺堞
옥 장막[202]엔 어느 장수가 삼군(三軍)의 으뜸이 되겠는가?　玉帳誰作三軍長
큰 공로 있는 자 사사로이 들게 함은 그림 그리는 이치[203]이고

---

200) 천계 갑자(天啓 甲子) : 천계는 중국 명(明)나라 희종(熹宗, 1620~1627)의 연호. 조선 인조 2년인 1624년.

201) 회시(會試) : 각성(各省)의 향시(鄕試)에 급제한 사람이 경사(京師)에 모여서 다시 보는 시험. 이 시험에 급제하면 진사가 됨.

202) 옥 장막(玉帳) : 장수가 거처하는 장막을 말함.

203) 그림 그리는 이치(繪事) : 회사후소(繪事後素). 그림을 그릴 때 백색을 제일 나중에 칠하여 딴 빛을 한층 선명하게 함. 곧 지식을 닦기보다도 우선 덕을 닦음을 말함.

崇功別入繪事中

궁전 위 고상한 자태는 씩씩하고 성품이 좋아 보이는구나!

殿上英姿猶颯爽

서문(西門)은 굳게 잠겨 오랫동안 사람이 없고 西門鎖鑰久無人

만리장성[204]에 가을 바람부니 조두[205]의 음향이네 紫塞秋風刁斗響

안변에서 이미 잃어버림은 오랑캐 위엄으로부터 보호함이고

安邊已失護羌威

궁중에선 넓적다리 치며 한갓 옛날 그리워하네 九重拊髀徒懷曩

임금님 마음은 절실하여 서쪽 돌아보며 걱정하는데 宸心方切西顧憂

열두 가지 방책을 누가 도모하겠는가? 十二方略誰圖上

문서함에서 자니봉[206] 들어내니 琅函擎出紫泥封

천자의 명령 받은 사신(詞臣)은 유상[207]을 칭송하네 詔令詞臣頌遺像

말 근원이 빼어남은 현묘한 솜씨로 초안 잡은 것인데 詞源抽出草玄手

옥(玉)바다 금(金)연못엔 물결 널리 넘실되는구나! 玉海金淵波浩蕩

아름다운 편지와 동관[208]은 특수한 공적 기록하고 雲牋彤管記殊績

시대를 달리하여 영화로운 은혜는 저승에도 빛나리라 異代榮渥光泉壤

말 속에 뚜렷한 건 옛 공적인데 辭中歷歷舊勳業

여덟 자 되는 도상은 감탄과 칭찬 더하는구나! 八尺圖上增嗟賞

단청(단청)에 공덕 찬송함은 세상사람 감격시킴인데 丹青歌頌激世人

모두 평생 동안 충의(忠義)다운 호위이다. 摠爲平生忠義仗

훌륭한 이름은 역사책에 빛나고 英名已炳竹帛中

---

204) 만리장성(紫塞) : 붉은 성이란 뜻으로 '만리장성(萬里長城)'의 다른 이름. 흙이 자줏빛이므로 이름.

205) 조두(刁斗) : 구리로 만든 솥 같은 기구. 군중에서 낮에는 음식을 만들고, 밤에는 이것을 두드려 경계하는 데 썼음.

206) 자니봉(紫泥封) : 자니서(紫泥書). 즉 조서(詔書)를 말함.

207) 유상(遺像) : 죽은 뒤에 남은 그림을 말함.

208) 동관(彤管) : 붉은 빛의 붓대. 또는 그 붓. 후궁에서 기록을 맡은 궁녀가 썼기 때문에 부인이 쓴 서화(書畵)의 뜻으로 쓰임.

다시 뛰어난 말로 지으니 만 길이나 빛나네　　　　更帶雄詞輝萬丈
당시에 만약 훌륭한 장수를 얻었더라면　　　　當時若得浚將軍
기괴한 기운 깨끗이 청소함이 손바닥 뒤짚듯이 쉬웠으리라
淨掃妖氛似反掌
아!　　　　噫吁戱
서쪽 변방에 변란이 아직도 이어지니　　　　西塞風塵今澒洞
초상화 어루만지며 사람을 생각하니 노래가 강개하네　　　　撫圖懷人歌慨慷

사천집초고
沙川集草藁

권지이

〈양승이 역주〉

5언율시(五言律詩)

126. 참봉 엄가성의 만사 (挽嚴參奉 可誠)

파남댁 방문한 것 생각하니	憶過巴南宅
술자리에서 처음 얼굴 알았네	樽前識面初
한 고을 사람들이 훌륭한 선비라 칭찬하고	一鄕稱善士
비로소 벼슬살이 할 땐 꽃다운 명예 넘쳤네	始仕溢芳譽
잎 떨어진 나무는 가을 빛 슬프고	落木悲秋色
고요한 강엔 옛 고기 있구나!	空江有舊魚
언덕진 동산엔 해가 쓸쓸히 비취는데	丘園日蕭瑟
머리 돌리니 옷깃만 적시는구나!	回首但沾裾

127. 면전에서 빨리 써서, 평안막부로 나아가는 자유 신휘[209]를 전송하다 (走寫便面送申子猷 徽 赴平安幕府)

칼을 지팡이 삼아 가을바람에 잎 떨어지는 때 섰으니	杖劍秋風落
말 채찍질하며 언제나 돌아올까?	鳴鞭幾日回
어렵고 위태로운 데 나가는 사람과 이별하고	艱危此離別
교의(交誼)는 어렸을 때부터 두터웠네	交誼自童孩
붉은 잎은 맑은 강가 길에 떨어지고	赤葉淸江路
찬 구름은 을밀대 위에 떠 있네	寒雲乙密臺
원유(元瑜)는 늘 한가히 지내니	元瑜每多暇

209) 신휘(申徽) : 1595년 출생, 자는 자헌(子獻), 호는 오우당(五友堂), 본관은 평산(平山)으로 은풍(殷豐) 출신. 1631년에 문과 급제.

찾아보고 군막 속에서 술 한 잔 하시게　　應索幕中杯

128. 기지 윤여징[210]의 아버지 만사 (挽尹起之大人汝徵)

그대와 교유한 지 오래 되었는데　　令子從遊久
늘 흠모함은 덕의가 높음이라네　　常欽德義尊
글 가르쳐 옛 사업 존속하고　　教經存舊業
사마는 높은 문에서 기다리네　　容駟待高門
묘지는 소가 누워 조는 형국에 터 잡았고　　地卜眠牛臥
여막은 학이 날아 조상함 보겠네　　廬看弔鶴翩
영구히 어김은 술 드리는 것인데　　永違綿酒薦
남쪽 바라보니 홀로 마음 상하네　　南望獨傷魂

129. 김유경의 어머니 심씨의 만사 (挽金有慶母氏沈氏)

이로부터 우리 가문이 빼어났는데　　自是吾宗秀
시집와 효도하고 절의 지켜 표창하였네　　于歸孝誼彰
장수하여 여든 살까지 사셨고　　遐齡垂八秩
번성한 성씨로 삼강[211]을 실천하였네　　大姓錄三綱
객은 앞마을 문에서 공경을 표하고　　客有前閭式
자손은 뒷날 사업이 번창하리라　　孫應後業昌

210) 윤여징(尹汝徵) : 1596년 출생, 자는 기지(起之) 본관은 덕풍(德豊), 양지(陽智) 출신, 윤집(尹鏶)의 아들. 1627년(인조 5년) 식년시(式年試)에 급제

211) 삼강(三綱) : 유교의 도덕에 있어서 기본이 되는 세 가지 요강(要綱)으로써 임금과 신하, 어버이와 자식, 남편과 아내 사이에 마땅히 지켜야 할 도리. 곧 군위신강(君爲臣綱)·부위자강(父爲子綱)·부위부강(夫爲婦綱).

영원히 떠나는 이 무덤에 임해 곡하니 永違臨穴哭
만사 쓴 이 마음 홀로 슬퍼지네 題挽獨心傷

130. 정읍 김자회 모부인 구씨의 만사 (挽金井邑自晦母夫人具氏)

명망가 집안으로서 구슬 꿴 듯이 귀한데 望族連珠貴
높고 영화로움은 태후(太后)의 형이라네 尊榮太后兄
자식 많이 두어 남은 경사가 있고 多男有餘慶
솥걸고 음식 마련하니 오로지 성안에서 흠향하네 列鼎享專城
일생동안 꽃다운 규방의 모범되고 一代芳閨範
천추에 동관(彤管)은 유명하네 千秋彤管名
뛰어난 풍채로 세상의 절의 돈독히 하니 鳳毛敦世誼
만사를 보매 다시 갓끈 적시네 相挽更沾纓

131. 추성[212]에서 과거보러 서울로 들어가는 족질 김척과 이별하며 (秋城別金族姪倜赴擧入洛)

대나무에 내리는 비는 창 밖에서 울고 竹雨鳴窓外
괴화 꽃은 길가에 두루 비춰네 槐花暎道周
함께 옴은 천리의 땅이고 共來千里地
서로 이별함은 한 해의 가을이라네 相別一年秋
장대한 뜻은 남지(南池)로 옮기고 壯志南池徙
새 글은 북궐(北闕)에 보내네 新書北闕投
멀리서 앎은 객이 밤에 꿈꾸는 것인데 遙知客夜夢

212) 추성(秋城) : 지금의 전라남도 담양군(潭陽郡)

오래 옛 담주[213]에 있네　　長在古潭州

132. 다시 묵회촌 절을 방문하다 (重過默會村寺)

초가집은 작은 숲에 의지해 있으니　　草屋依林小
사립문엔 깊은 대나무 감싸고 있네　　柴門擁竹幽
물 소리는 밤비 내려 더 보태고　　水聲添雨夜
산 기운은 서리 내려 가을을 물들였네　　山氣染霜秋
자세히 생각남은 일찍이 방문했던 날이고　　細憶曾過日
또한 생기는 건 멀리 떠나온 수심이라네　　還生遠別愁
마을 아이들 날 보고 웃는데　　村童應笑我
갈림길에서 흰머리로 서성이네　　岐路白渾頭

133. 좌랑 나무춘[214]의 아내 만사 (挽羅佐郞茂春內子) 즉 전적 위문[215]의 모부인이다. 다 적지 못했다.(卽典籍緯文母夫人 未盡記)

계축년[216]에 인륜이 밝지 못했는데　　癸丑彝倫晦

---

213) 담주(潭州) : 지금의 전라남도 담양군(潭陽郡)

214) 나무춘(羅茂春) : 1580(선조 13)~1619(광해군 11). 조선 중기의 문신. 본관은 나주. 자는 대년(大年), 호는 구봉(九峯)·구화(九華)·기지(耆之). 1606년(선조 39)에 사마시에 급제, 1612년(광해군 4)에 식년문과에 병과로 급제. 성균관의 학유(學諭)·학록(學錄)·학정(學正) 등 역임. 이이첨(李爾瞻)이 유생 이위경을 시켜 인목대비(仁穆大妃)의 폐출소(廢黜疏)를 올리자, 이를 탄핵한 일로 벼슬을 삭탈당함. 죽은 뒤에 이조참의에 증직, 담양의 구산사(龜山祠)에 제향됨.

215) 전적 위문(典籍 緯文) : 나위문(羅緯文). 1602(선조 35)~1653(효종 4), 자는 성휘(聖輝), 호는 반석(盤石). 나무춘의 아들. 1642년(인조 20년) 식년시(式年試)에 급제.

216) 계축년(癸丑年) : 1613년(광해군 5), 영창대군(永昌大君)을 강화도에 유배 보낸 계축옥사가 일어난 해임.

훌륭한 임금께서 바로 정의를 펼치네　　賢侯正議張
새로운 은혜는 준 편지에 빛나고　　新恩輝贈牒
옛 덕은 규방에 있구나!　　舊德在閨房

134. 신운을 곡하다 (哭申澐) 순창으로부터 이장하여 추성[217]을 지나갔다. 이해 봄에 동복공의 만사를 지었으니, 즉 그의 돌아가신 아버지다. (自淳昌移葬 過秋城 是歲春 挽同福公 卽厥考也)

궂은 비 내려 산 나무 울리는데　　苦雨鳴山木
완악한 구름은 옛 성 누르네　　頑雲壓古城
다만 견디면서 아름다운 현상 보며 슬퍼하고　　正堪悲景象
더욱이 차마 명정(銘旌)을 보낼 수 있을까?　　況忍送銘旌
아버지와 아들이 같은 무덤에 들어갔고　　父子還同兆
저승의 언덕에서 엄연히 태어날 듯하네　　泉原儼若生
누가 알았겠는가? 한 해 동안에　　誰知一歲內
슬픈 만사를 두 번 써야 되는 심정을　　哀挽再題情

135. 여청 이탁에게 준 시에 차운하다 (次李汝淸濯示韻)

헤어진 솜 옷 입고 깊은 눈 속 향하는데　　弊褐衝深雪
파리한 말은 북풍을 등졌네　　羸驂背朔風
마중하여 접대함은 천리 밖이고　　逢迎千里外
떨어짐과 합침은 반년이나 되었다네　　離合半年中
마주 앉아 같이 늙어감 가련히 여기고　　對坐憐俱老

217) 추성(秋城) : 212) 참조

교유하며 아이적 일 생각하네 從遊憶在童
언제나 고향 땅으로 돌아가 何當歸去地
좋은 곳 점쳐 동쪽 서쪽으로 나눠 살 수 있을까? 分占華西東

136. 갈담역[218]에서 쓰다 (題葛覃驛)

옛날 역이 긴 길가에 임했는데 古驛臨長道
난간에 기대니 마음이 더욱 혼미하구나! 憑軒意轉迷
숲 향기는 손님 소매에 스미고 林香襲客袂
새 발자국은 뜰 진흙에 찍혔네 鳥跡印庭泥
늦을까 두려워 산 해 쳐다보고 畏晩看山日
깊은 수심에 잠겨 들 시내에서 묻네 愁深問野溪
다람쥐는 본래 살고 있었던 듯한데 栗留如有素
나무 잎 사이에서 두세 번 우는구나! 隔葉兩三啼

137. 조운을 애도하다 (悼朝雲月課) 월과(月課)

배우지 못한 채 버들 꽃처럼 떠나니 不學楊花去
같이 날아감은 장기 낀 바다의 구름이라네 同飛瘴海雲
붉은 부엌 불꽃 연기는 차갑고 烟寒丹竈火
푸른 비단 치마엔 눈물 떨어지네 淚落碧羅裙
큰 덕화의 인연은 따라서 다하고 大化緣隨盡
속세의 길 스스로 나뉘었네 凡塵路自分
사마상여[219]가 도리어 부러울 만하지만 相如還可羨

---

218) 갈담역(葛覃驛) : 지금의 전라남도 영광군(靈光郡)에 있었음.

흰 머리 되어 탁문군[220]을 보내네	頭白送文君

138. 강천사에서 신군택[221]의 운에 차운하다 (剛泉寺次申君澤韻)

절이 순창에 있는데 아름답다. 옛날에 푸른 학 한 쌍이 날아와서 깃들었는데, 고을 사람들이 장난으로 나무와 돌을 던져 학의 새끼가 상했다. 마침내 날아가 돌아오지 않는다고 한다. (寺在淳昌有佳 致舊有靑鶴一雙來棲 邑人 戱投木石 傷其雛 遂去不返云)

대로 엮은 가마가 산 밑 성에 둘러싸인 마을로 나아가니	籃輿出山郭
해질녘에 신선이 사는 집 찾네	落日訪禪扉
삼인대(三印臺)는 텅 비어있고	三印臺空在
외딴 바위에 학은 날아오지 않네	孤巖鶴不歸
다니는 길 깊으니 가을 낙엽 쌓였고	逕深秋葉積
누각 멀리에 구름이 둥둥 떠가네	樓逈宿雲飛
문득 영천자(靈川子)보고 기뻐하니	忽喜靈川子
맑은 시 검은 빛의 스님 옷에 있네	淸詩在衲衣

옛날에 눌재 박상이 담양 태수가 되고 충암 김정은 순창 태수가 되었다. 또한 이웃 고을의 태수가 이 절에서 두 태수와 같이 놀다가 함께 어떤 바위에 올라갔다. 이로 인해서 절에 사는 스님이 서로 전하여 삼인대라고 부르게 되었다.(昔朴訥齋祥 爲潭陽 金冲庵淨 爲淳昌 又與隣邑一太守 同遊此寺 並登一巖 故居僧相傳 爲三印臺云)

---

219) 사마상여(相如) : 중국 전한(前漢) 시대의 문인 자는 장(長)경(卿), 한무제(漢武帝) 때 외교적 수완을 발휘했고, 한위육조(漢魏六朝)) 문인들의 모범이 됨.

220) 탁문군(文君) : 중국 전한(前漢) 시대 촉군(蜀郡) 탁왕손(卓王孫)의 딸. 과부가 되었을 때, 잔치에 왔던 사마상여의 거문고 소리에 반해 사마상여를 찾아가 그의 아내가 되었음.

221) 신군택(申君澤) : 신유(申濡). 1610(광해군 2)~1665(현종 6), 군택(君澤)은 그의 자(字), 호는 죽당(竹堂), 본관은 고령(高靈). 1636년(인조 14) 별시(別試) 갑과에 급제.

139. 계호 스님에게 주다 (贈戒皓上人) 호는 즉 강천사 스님인데, 누기를 구하러 왔다. (皓 卽剛泉寺僧 來乞樓記)

그대가 새로 지은 누각의 기문을 구하는데　爾索新樓記
이 누각은 내가 놀던 곳이라네　茲樓我所遊
물소린 저녁 베개 머리에 아름답게 들리고　水聲欹枕夕
산 빛깔은 발 걷으면 가을 빛깔 들어오네　山色捲簾秋
예쁜 과일은 쟁반의 맛 채워주고　細果充盤味
향기로운 차는 객의 수심 위로하네　香茶慰客愁
만약에 죽당 늙은이[222] 만나면　如逢竹堂老
아름다운 시구 다시 청해야 할 걸세　佳句更宜求

140. 백씨[223]와 전별하고 (贐別伯氏)

이 땅은 호남과 영남으로 나뉘었는데　此地分湖嶺
오늘 아침에 형과 아우 이별하네　今朝別弟兄
외로운 신하는 도성 떠나며 눈물 흘리고　孤臣去國淚
지는 태양은 임금님 그리워하는 마음이라네　落日戀君情
들 객사엔 꽃 처음 피어 사례하고　野舘花初謝
어찌지 강가에 비 이미 개었네　何江雨已晴
뱃사공은 느리게 건너지 말라　篙師莫緩渡
어찌 감히 이 길을 지체하겠는가?　安敢滯茲行

222) 죽당 늙은이(竹堂老) : 신유(申濡). 주 221) 참조
223) 백씨(伯氏) : 글쓴이의 형인 심노(沈魯). 주 124) 참조

141. 외로운 소나무 어루만지며 (撫孤松) 월과(月課)

문 앞 버드나무 사랑하지 않으니	不愛門前柳
도리어 뜰 가 소나무 사랑하네	還憐庭畔松
외로운 뿌리는 얼음과 눈 먹어 배부르고	孤根飽氷雪
굳은 절개는 봄 겨울에 뻗쳤네	苦節亘春冬
큰 집에 서 있으니 높은 사다리 맴이 마땅하고	扶厦宜高架
그늘은 나뉘어 사방 터를 덮었네	分陰庇四封
은근히 손수 어루만지는데	慇懃手自撫
용종[224]을 보호해야 한다네	要與保龍鍾

142. 통례 성시헌[225] 아내의 만사(挽成通禮時憲內子)

그대와 교유한 지 오래 되었는데	令子從遊久
늘 예교(禮敎)의 아름다움 공경했네	常欽禮敎徽
바야흐로 편안히 복록 누림을 기약했고	方期綏福履
문득 울며 아름다운 봄날 보고 있네	遽見泣春暉
효도하고 화목하여 가정에 틈이 없었고	孝睦家無間
잘 주선(周旋)하여 마을 사람들 따랐다네	周旋里所歸
천추 동안 광릉(廣陵)에 있으리니	千秋廣陵上
소나무와 잣나무 띠 둘러 빛나는구나!	松柏帶餘輝

---

224) 용종(龍鍾) : 노쇠한 모양. 늙어서 앓는 모양.

225) 성시헌(成時憲) : 1567년 출생. 자 군칙(君則), 본관은 창녕(昌寧). 1603년(선조 36) 정시(庭試) 병과에 급제.

143. 유성산 어른 만사 (挽柳星山丈)

돌아가신 아버님 친구분들 거의 돌아가셨는데 先執皆淪沒
지금에 또 공을 곡하네 如今又哭公
신명(神明)함은 한(漢)의 훌륭한 관리이고 神明漢循吏
독실한 행위는 유하동[226]이네 篤行柳河東
작고 작은 건 꽃밭에서 술 드는 것이고 細細花間酌
따뜻하고 따뜻한 건 자리에 부는 바람이라네 溫溫座上風
공연히 남은 건 두 집 자식들인데 空餘兩家子
교의(交誼)는 영구히 서로 아름답게 끝나리라! 交誼永相終

144. 홍대이[227] 시에 차운하여 송자첨[228]에게 보여주다 (和洪大而韻示宋子瞻) 대이는 즉 명하이다.(大而卽命夏)

북해에서 맑은 술 마시는데 北海清樽酒
원룡(元龍)은 백 척의 누각이 있네 元龍百尺樓
누가 오늘 저녁에 모일 줄 알았는가? 誰知今夕會
옛 사람 놀이와 못하지 않네 不減古人遊
관청의 나무는 새로운 비 맞았고 官樹新經雨
서늘한 매미는 이미 가을을 깨닫았네 涼蟬已覺秋

226) 유하동(柳河東) : 중국 당(唐)나라의 문호(文豪) 유종원(柳宗元). 당송팔대가(唐宋八大家)의 한 사람.

227) 홍대이(洪大而) : 홍명하(洪命夏). 1607(선조 40)~1667(현종 8). 조선 중기의 문신. 본관은 남양(南陽). 대이(大而)는 그의 자(字), 호는 기천(沂川). 1630년(인조 8) 생원이 되고, 1644년에는 별시문과에 급제, 1646년 문과중시에 병과로 급제. 규장각대교, 정언·교리·부수찬·헌납 동부승지 등을 거쳐 한성부우윤, 예조와 병조의 판서, 우의정이 되고, 1665년 좌의정을 거쳐 영의정이 되었음.

228) 송자첨(宋子瞻) : 송두문(宋斗文). 1601년 출생. 자첨(子瞻)은 그의 자(字). 본관 신평(新平). 1624년(인조 2) 식년시(式年試) 을과에 급제.

옥으로 장식한 거문고 소리에 사물을 깨치는데　瑤琴强解事
거문고 소리 끝나면 이별해야 하니 걱정되네　彈盡別離愁

145. 윤순창의 만사 (挽尹淳昌)

사람이 세상에 태어나 누가 죽지 않겠는가만　人世誰無死
우리 형 죽은 것이 가장 슬프네　吾兄最可悲
당상(堂上)엔 일흔 된 노인 계시고　堂留七十老
방안엔 두서너 명 아이가 있다네　室有兩三兒
종사(宗祀)를 누구한테 부탁하랴　宗祀將奚託
공명도 이미 기이(奇異)하구나!　功名亦已奇
평생 동안 사귐이 두터웠으니　平生交契厚
상여줄 잡으며 눈물이 턱에 차 흐르네　執紼淚盈頤

146. 영창대군[229]의 만사 (永昌大君挽詞) 남 대신 짓다.(代人作)

옛 사람이 남긴 훈계 끝내 힘입지 못했으니　遺教終無賴

229) 영창대군(永昌大君) : 1606(선조 39)~1614(광해군 6) 선조(宣祖)의 아들. 이름은 의(의), 인목왕후(仁穆王后) 소생. 선조의 아들 13명 중 유일한 정궁(正宮)의 소생. 선조는 이미 세자로 책봉한 광해군을 싫어하여 영의정 유영경(柳永慶) 이하 몇몇 신하들과 영창대군을 세자로 책봉할 것을 몰래 의논하였다. 이 눈치를 챈 이이첨(李爾瞻)·정인홍(鄭仁弘) 등은 세자를 바꿔서는 안 된다고 논의를 일으키자 선조는 이들이 근거 없는 소리를 퍼뜨린다는 죄목으로 귀양을 가게 하였다. 이들이 귀양길을 떠나는 것을 차일피일 하던 차에 갑자기 선조가 세상을 떠나니 광해군은 당일로 왕위에 올라 이들을 도로 불러 등용하였다. 광해군은 이이첨·정인홍 등의 농간으로 형 임해군(臨海君)을 죽이고, 인목왕후를 서궁(西宮)에 잡아 가두고 인목왕후의 아버지 김제남(金悌男)을 반역죄로 몰아 서소문(西小門) 밖에서 사형에 처하는 한편 영창대군도 같은 죄목으로 관작을 빼앗아 서인(庶人)을 만들어 강화에 끌어다가 가두어 두었다.(계축옥사) 이어서 영창대군은 강화부사 정항(鄭沆)의 손에 참혹한 죽음을 당하였으니 그때 나이 14세였다.

매우 원통하여 누가 슬퍼하지 않겠는가? 深寃孰不哀
인생이 여섯 살에 끝났고 人生六歲盡
천도(天道)는 십년 만에 돌아왔네 天道十年回
흰 태양은 황천에 비치고 白日重泉照
푸른 산은 길이 음택(陰宅)[230]을 열어주었네 青山永宅開
천추(千秋) 동안의 장경전(長敬殿)인데 千秋長敬殿
오히려 망사대(望思臺)를 짓는구나! 猶作望思臺

147. 주서 김신행[231]의 개장에 대한 만사 (挽金注書信行改葬)

은대[232]에서 숙직하던 밤 생각하니 憶直銀臺夜
그대는 향안[233]의 신선되었네 君爲香案仙
당시엔 아름다운 선비 애석히 여기고 當時惜佳士
이 날 새로 무덤 길 고쳤네 此日改新阡
곡소리 그치니 푸른 산 새벽 되고 阻哭青山曉
만시 쓰니 푸른 바다와 하늘이라네 題詩碧海天
두 난초는 응당 멈추지 않으리니 雙蘭應不窒
남은 경사는 반드시 면면히 이어지리라 餘慶定綿綿

230) 음택(陰宅) : 죽어서 묻히는 곳. 무덤을 말함.

231) 김신행(金信行) : 1579(선조 12)~?, 자는 사립(士立), 호는 송파(松坡). 1612년 문과 급제.

232) 은대(銀臺) : 주 19) 참조

233) 향안(香案) : 향로를 받치는 상을 말함.

148. 참의 남여앙[234] 아내 김씨[235]의 만사 (挽南參議汝昻內子金氏)

학사(學士)가 바삐 약을 가져가니　學士忙齎藥
부인(夫人)[236]께서 이미 자리에 누워 계시네　夫人已臥茵
어찌 상처[237]할 줄 꿈엔들 알았겠는가　那知炊臼夢
문득 아들 낳아[238] 보답하였네　忽報弄珠辰
못난 자식은 어미 젖을 찾고　索乳諸癡子
두 노친 가슴 두드리며 통곡하네　搥胸二老親
다시 황천이 끝없이 한스러운데　重泉無限恨
천고의 광릉[239]엔 봄이 왔네　千古廣陵春

149. 삭령[240] 이명달[241] 아내의 만사 (挽李朔寧命達內子)

착한 부덕(婦德)은 마을 사람들이 감탄하는데　淑德鄕隣歎
다남(多男)에다 복록도 많구나!　多男福履宜
삼주[242]에서 같이 부귀 누렸고　三州同享貴

234) 남여앙(南汝昻) : 남두첨(南斗瞻). 1590(선조 23)~1656(효종 7). 조선 중기의 문신. 본관은 의령. 여앙(汝昻)은 그의 자(字), 호는 성와(醒窩). 1612년(광해군 4) 사마시에 급제, 1616년 증광문과에 급제, 전적을 거쳐 형조정랑·한성부서윤 배천현감·남원부사·충주목사 등을 거쳐 호조참의 역임.

235) 아내 김씨(內子金氏) : 남두첨의 두 번째 부인인 광산 김씨(光山金氏)

236) 부인(夫人) : 남의 어머니의 일컬음.

237) 상처(炊臼) : 상처(喪妻)함을 이름.

238) 아들 낳아(弄珠) : 농장지희(弄璋之喜)로, 사내아이를 낳은 기쁨을 말함. 옛날 아들을 낳으면 장난감으로 장(璋)이란 옥(玉)을 준 고사에 의함.

239) 광릉(廣陵) : 한성부(漢城府)의 다른 이름.

240) 삭령(朔寧) : 지금의 경기도 연천군과 강원도 철원군 일부 지역에 해당.

241) 이명달(李命達) : 1576(선조 9)~1654(효종 5). 조선 중기의 문신. 본관은 덕수(德水). 자는 여현(汝顯). 1606년(선조 39) 진사시에 급제, 1613년(광해군 5) 폐모론이 일어났을 때, 많은 선비들을 이끌고 상소하고 받아들여지지 않자 집안 식구들을 데리고 태백산에 우거. 인조반정 후에 경기전참봉(慶基殿參奉), 인천부사 등을 역임.

이수[243]는 문득 치료할 수 없네 二竪忽無醫
옛 집에선 붉은 명정과 하직하고 舊館辭丹旐
외로운 배엔 흰 장막 실었네 孤舟載素帷
사또께서는 지금 흰 머리 되었는데 使君今白首
차마 도망시[244]를 짓게 하는가? 忍賦悼亡詩

150. 권숙평을 전송하며 (贈送權叔平)

오래 사귄 손님과 이별이라 마음 아픈데 久客偏傷別
갈림길에 임한 건 더욱이 만년이네 臨歧況暮年
두 눈에 흐르는 눈물 금할 수 없구나! 不禁雙淚迸
어찌 전송하는 마당에 한 잔 술 아끼랴 寧惜一杯傳
역의 길은 찬 안개 자욱이 낀 밖이고 驛路寒烟外
성의 그늘은 눈 쌓인 가에 쳐져있네 城陰積雪邊
만일 청총마 탄 사신 만나거든 如逢驄馬史
내 머리 백발 되었다고 말해주게나! 道我白渾顚

151. 허차산의 시에 차운하다 (次許次山寄示韻)

작은 성곽은 바다와 이웃 하였는데 小郭隣滄海

---

242) 삼주(三洲) : 봉래(蓬萊) · 방장(方丈) · 영주(瀛洲) 등 세 곳의 신선이 산다는 산을 말함. 明高啓 此韻酬張院長見貽太湖中秋玩月之作』: "若上洞庭看玉鏡, 兩山應是勝三洲."

243) 이수(二豎) : 병, 질병. 또 병마(病魔)가 아이 둘로 화신(化身)하여 왔다는 고사에서 나온 말.

244) 도망시(悼亡詩) : 죽은 아내를 애도하는 시를 말함. 중국 진(晉)나라 반악(潘岳)의 도망시에서 비롯됨.

푸른 산은 푸른 호수를 베고 있네　　青山枕碧湖
시절은 도적의 난리[245] 만났고　　時當逢寇亂
이 땅은 흉노 피하기에 알맞네　　地合避匈奴
풍경은 어쩌면 이리도 이상한가?　　風景何曾異
친한 벗 한명도 없음이 한스럽네!　　親朋恨獨無
그대가 와서 깊고도 조용히 위로하니　　君來慰幽寂
술 들며 길이 탄식하지 말아야지!　　把酒莫長吁

152. 2월에 법성포를 가서 (二月往法聖)

먼 산봉우리는 푸른 나계[246]처럼 생겼고　　遠岫青螺髻
푸른 강은 백로(白鷺)의 파도이네　　滄江白鷺波
백 년 동안의 몽상(夢想)은 수고롭고　　百年勞夢想
천리나 되는 길 지나가네　　千里此經過
바다 해는 마을의 나무에 밝게 비치고　　海日明村樹
성의 그늘은 해안의 모래톱 덮는구나!　　城陰羃岸沙
이 땅에서 한가로움 도적질 하니　　偸閑今有地
온통 화려함 사양하려 한다네　　渾欲謝紛華

153. 관청에서 읊조리다 (官居吟)

바다에서 수자리 사는 군사 새벽에 호각 부니　　海戍吹晨角
강가에 있는 성에선 일찍이 조수물 소리 듣는다네　　江城聽早潮

---

245) 도적의 난리(寇亂) : 1636년에 발발한 병자호란(丙子胡亂).
246) 나계(螺髻) : 어린아이의 머리 땋는 방법의 한 가지.

작은 일에도 백성들 이익 위해 극진해야 되고 錐刀民利盡
동산에 있는 사슴은 부세하기에 넉넉하구나! 園鹿賦稅饒
관리된 자 관청 생활에 어려운 날 많아 作吏多艱日
사람 만나면 조정에 대해 물어본다네 逢人問聖朝
옛날 놀던 곳 전혀 알지 못하지만 舊遊渾不識
곰곰이 생각해 보아 노 저어 돌아가야 한다네 準擬理歸橈

154. 박철원 아내 이씨의 만사 (挽朴鐵原內子李氏)

아름답고 현숙한 부인이여 有美賢哉婦
아이 낳지 못한 것도 운명이라네 無兒命矣夫
인생이 마침내 이와 같으니 人生竟如此
천도(天道)도 탄식할만 하다네 天道足堪吁
조서[247]의 특별한 두터운 은혜 받들었고 紫誥承殊渥
붉은 명정은 묵은 풀밭으로 나가네 丹旌就宿蕪
소주는 이제 늙어 흰머리 되었으니 蘇州今白首
어느 곳에서 봉분 어루만지며 울부짖을고 何處撫墳呼

155. 봉사 정광전의 만사 (挽鄭奉事光前)

봉혈[248]에서 일찍이 같이 과거에 합격했는데 鳳穴曾同榜
용문[249]에선 마지막 올라가는 곳에서 막혔다네 龍門阻一登

247) 조서(紫誥) : 조서(詔書). 자줏빛의 종이에 쓰므로 이름.
248) 봉혈(鳳穴) : 문채가 모이는 곳. 곧 훌륭한 사람들이 모이는 곳의 뜻.
249) 용문(龍門) : 중국 황하의 상류에 있는 산 이름. 또 그 곳을 통과하는 여울목의 이름. 잉어가 이 곳을 거슬러 오르면 용이 된다 함.

학문은 넉넉했지만 벼슬길 영달치 못했고　學優官未達
어진 자가 오래 산다는 건[250] 이치로 증험한 바와 같다네　仁壽理猶徵
물가 돌은 바람과 연기에 닳아 골동품 되었고　水石風煙古
소나무와 가래나무엔 원망의 눈물이 엉켜있네　松楸怨淚凝
흰 술로도 영혼께 조상하기 어려운데　難將綿酒弔
한강엔 층층으로 얼음이 얼어 막혔구나!　江漢隔層氷

250) 어진 자가 오래 산다는 건(仁壽) : 〈논어(論語)〉 「옹야(雍也)」. "子曰 : '知者, 樂水, 仁者, 樂山, 知者, 動, 仁者, 靜, 知者, 樂, 仁者, 壽.' "로 되어 있다.

5언배율(五言排律)

156. 연안 안창[251]의 아내 유씨[252] 만사 (挽安延安昶內子兪氏)

남극성[253]의 별빛은 반짝임 사라지는데 南極星沈彩
반도[254]의 잎은 봄을 고마워하네 蟠桃葉謝春
놀래어 해상(海上)에 부고 전하니 驚傳海上訃
서울의 친지들 대단히 슬퍼하네 悲甚洛中親
생각하니 옛날엔 높으신 시어머니 계셔서 憶昔尊姑在
가문을 돈독히 하는 옛 뜻 따랐네 惇宗舊義遵
생각 깊고 성실하며 큰 복을 품었고 塞淵膺介祉
진휼(賑恤)하는 깊은 인(仁) 보이셨다네 賙恤見深仁
두 그루 계수나무 그림자 들쑥날쑥 비춰고 雙桂參差影
아름다운 난초향기 더욱 새롭구나! 猗蘭馥郁新
성스런 조정에선 늙은이께 은전 넉넉히 내려 聖朝優老典
은혜로운 조칙 숙부인께도 내렸다네 恩誥淑夫人
집에는 재상이 타고 온 총마(驄馬)가 귀한데 宅相乘驄貴
아이와 손자들 말부리는 신하 바라보네 兒孫御馬臣
백 살에서 두 살이 모자라니 百齡欠二歲
천고에 누가 이분 같이 살 수 있으랴 千古孰同倫
아름다운 말이 끊어졌을 뿐이니 可但徽言絶

---

251) 안창(安昶) : 1549(명종 4)~? 조선 중기의 문신. 자는 경용(景容), 호는 석천(石泉), 본관은 죽산(竹山). 1594년 문과 급제. 연안부사(延安府使), 사간(司諫), 승지(承旨) 역임

252) 유씨(兪氏) : 유순(兪洵)의 딸

253) 남극성(南極星) : 하늘의 남극 가까이에 있는 별. 사람의 수명을 맡은 별이라 함. 남십자성(南十字星).

254) 반도(蟠桃) : 선경(仙境)에 있다는 큰 복숭아라는 뜻으로, 장수(長壽)를 비는 데 쓰는 말.

세상 사람이 지켜야 할 덕 의지해 펼 수 없구나!	無憑世德陳
후생들은 눈물만 나오니	後生唯有淚
저물녘 강가에 눈물 뿌리며 보내네	寄洒暮江濱

157. 동복 신기한[255]의 만사 (挽申同福起漢)

꽃다운 홀(笏)들고 뜰로 달려 나가던 날	花笏超庭日
재계 알림은 즐거운 일 펼치기 때문이라네	鈴齋樂事張
하례하는 서신은 겨우 멀리에서 부쳤는데	賀書纔遠寄
부고는 어느 곳으로부터 왔는가?	凶問自何方
젊은 나이에 맹모 삼천의 교육[256] 받았고	早歲遷三敎
뛰어난 재주는 육장(六場)을 통과하였네	高才貫六場

공께서 일찍이 증광식년(增廣式年) 시험에 합격하고, 반 년 안에 여섯 과장 시험을 통과했다.
(公嘗增廣式年半年內貫六場)

청운의 길은 비록 고요하고 쓸쓸 했지만	青雲縱寥闊
검은 인수[257]는 또한 아름답다네	墨綬亦芬芳
바른 시절에도 책략 나 펴지 못했고	不展匡時略
늘 질투로 마음고생 많았다네	恒懷嫉惡腸
누가 주나라 길사(吉士)를 알겠는가?	誰知周吉士
마침내 한(漢)나라 순량[258]이 되었다네!	終作漢循良
장지는 귀래공의 무덤에 가깝고	葬近歸公兆

255) 신기한(申起漢) : 장현광(張顯光)의 문인으로, 죽당(竹堂) 신유(申濡)와 초암(初庵) 신혼(申混)의 아버지. 신유는 주 221) 참조.

256) 맹모 삼천의 교육(遷三敎) : 삼천지교(三遷之敎). 맹자의 어머니가 맹자를 가르치기 위하여 집을 세 번 옮긴 일. 좋은 환경을 택하기 위하여 처음에 묘지 옆에서 살다가 저자 거리로, 저자 거리에서 또 학교 옆으로 옮겨감.

257) 인수(印綬) : 인(印)과 수(綬)로, 벼슬아치로 임명되어 임금으로부터 받는 표장(標章).

258) 순량(循良) : 법을 잘 지키며 선량함. 또 그 사람.

공의 선조 호는 귀래로 신말주(신말주(申末舟)이다. (公先祖號歸來)

산은 자식이 바라보이는 언덕에 이어져 있네 山連望子岡
세상에는 두 옥벽(玉璧)이 있고 世間雙玉璧
슬하에는 두 문장가 있다네 膝下兩文章
옛 집엔 봄빛이 비단처럼 아름답고 古宅春如錦
빈 뜰엔 풀이 이미 우거졌네 空庭草已荒
지나가며 이미 간 자취 추모하는데 經過追往跡
계절에 생산되는 사물은 매우 마음만 상심되네 節物秖深傷
베개 맡엔 영혼이 꿈에 놀라고 枕上驚魂夢
대들보 사이엔 달빛 비취네 樑間落月光
주체할 수 없을 정도로 눈물이 흐르니 無從新涕淚
쓸쓸히 상의하상(上衣下裳)에 눈물 뿌리네 寂莫洒衣裳

158. 정자 오첨경259)의 만사 (挽吳正字添慶)

금방260)에 이름이 쓰여 걸리던 날인데 金榜題名日
경루261)에서 기(記)를 지은 때라네 瓊樓作記辰
슬픔과 영화 갑자기 생김 이와 같아 哀榮遽如許
축하해 주고 조상함이 문득 서로 까닭이 있네 賀弔忽相因
이 논리는 물으면 증거 댈 수 없으나 此理無憑問
하늘이 늙었다고 어찌 어질지 아니할까 老天胡不仁
재명(才名)을 날린 지 40년인데 才名四十載

---

259) 오첨경(吳添慶) : 1603년 출생, 자는 선징(善徵), 본관은 함양(咸陽)으로 해남(海南) 출신. 1645년(인조 23) 문과 급제, 승문원(承文院) 권지(權知) 정자(正字) 역임.

260) 금방(金榜) : 과거에 급제한 사람의 이름을 게시하는 방.

261) 경루(瓊樓) : 경루옥우(瓊樓玉宇). 옥으로 장식한 화려한 궁전. 달 속에 있다는 궁전의 형용.

여러 사람들 중에 뛰어났다네　迥拔百千人
옛날 삼청(三淸)에서 만났을 적에　伊昔三淸會
좋은 자리 하나를 서로 다투었지　爭推一席珍
공연히 이 화국[262]의 솜씨 품었고　空懷華國手
헛되이 장기 낀 강가에서 늙었네　虛老瘴江濱
언제나 오랫동안 불운하여 애석하고　每惜蹉跎久
골몰하게 뜻 펼치려 했단 말 듣고 놀랐네　驚聞汩沒伸
윗사람 말을 아래에 전함은 옥 계단이 밝을 때이고　臚傳玉陛曉
꽃이 금성에 비취니 봄이라네　花暎錦城春
기마는 먼 길 잘 달리고　騏馬長途足
신룡(神龍)은 아홉층으로 된 비늘이라네　神龍九級鱗
바람과 구름이 갑자기 변화 일으키니　風雲俄變化
별의 광채 문득 가려 사라지네　星彩忽沈淪
일찍이 문장 성대한 것은 알았는데　早識文章盛
그 이후로 조화로움도 대단했다네　由來造化嗔
끝내 효자 동네에서 슬퍼하니　終悲孝子里
북당[263]에 모친 남겨두었기 때문이네　遺却北堂親
때때옷 입고 춤추는 건 정말 꿈만 같고　彩舞眞如夢
구슬이 불타는 건 겨우 열흘이라네　珠焚僅浹旬
처량함은 푸른 계수나무 집이고　凄凉綠槐院
쓸쓸함은 흰 버드나무 이웃이라네　蕭瑟白楊隣
사와 부[264]는 길이 세상에 남고　詞賦長留世

262) 화국(華國) : 국가를 아름답게 빛냄을 말함. 『周禮·春官·典路』“凡會同軍旅, 弔于四方, 以路從” 漢鄭玄注: “王出於事無常, 王乘一路, 典路以其餘路從行, 亦以華國.” 晉陸云 『張二侯頌』: “文敏足以華國, 威略足以振衆.” 宋蘇軾 『賀鄰帥及監司正旦啓』: “恭惟某官厚德鎭浮, 高名華國.”

263) 북당(北堂) : 옛날의 사대부 집안의 동쪽 집채의 북반부. 주부(主婦)가 이곳에 거처하였음. 따라서 주부(主婦), 어머니, 훤당을 말함. 훤당(萱堂)은 주 62) 참조

264) 사와 부(詞賦) : 사(詞)와 부(賦). 운자를 달아 평측을 구별하여 지은 한시의 총칭.

산천으로 이미 혼령이 돌아갔다네　山川已返神
벗과 친지들은 각각 간담이 녹는 듯하니　朋知各消膽
상여 따라 가며 또한 눈물 흘려 수건 적시네　行路亦沾巾
시골마을을 차마 지나가지 못하고　不忍經莊里
슬픔을 삼키며 옛날에 살던 백성들이 물어보네　含悲問舊民
마을엔 사람의 자취 끊어졌고　村閭人絶跡
집 앞엔 풀이 돋아나 자리삼아 앉을 만 하네　門舘草如茵
옛 집에선 당시에 통곡하고　古宅當時慟
애사를 이 날 짓는다네　哀辭此日陳
언제나 운포(雲浦) 위에서　何當雲浦上
한번 곡하고 향기로운 제수(祭需) 갖춰 전(奠)을 드릴까　一哭奠椒蘋

159. 망운도 (望雲圖)265) 월과(月課)

나그네 몸은 천리 밖에 있는데　遊子身千里
고향 산천은 땅 한 모퉁이에 있는데　家山地一隅
부질없이 세월만 보내며　星霜空荏苒
왕사에 임의대로 달렸다네　王事任馳驅
아직 배우는 중이라 수레 돌려 효도하러 가지 못하니　未學回車孝
도리어 말에 올라 길에서 마부만 꾸짖네　還登叱馭途
멀고도 머니 큰 길 위에 있고　遙遙太行上
아득하고 아득하니 조각구름처럼 외롭다네　渺渺片雲孤
슬하의 자식은 마음이 절실하니　膝下寸心切
하늘가에서 두 눈의 눈물이 마르네　天邊雙眼枯
바람 따라 높이 떴다가 다시 내려앉고　因風高復下

265) 망운도(望雲圖) : 객지에서 고향에 있는 부모를 생각하여 구름을 봄을 말함.

산봉우리에서 나왔다가 또 사라지네　　出岫有還無
길에서 이별할 적엔 멀리까지 배웅 나와 함께 했으니　　別路同綿邈
돌아갈 때는 걱정되어 같이 마음이 울적했다네　　歸愁共鬱紆
다만 멈춰 있는 뭉게구름 어여삐 여기노니　　只憐停靉靆
잠깐 동안의 변화한다고 말하지 말라　　休道變須臾
저 가파름 언덕에서 당시의 일 생각하니　　陡彼當時思
머물러 좋은 일 만들어 냈다네　　留爲好事模
머리 돌려 바라봐도 미치지 못하니　　回頭瞻莫及
눈물을 닦고 이 그림을 바라본다네　　掩淚看斯圖

160. 산꼭대기에 올라 (登絶頂)

위태로운 바위 꼭대기에 집 지으니　　結構危岩頂
금선[266]은 이 곳이 편안하단 말인가?　　金仙是處安
시험 삼아 올라보면 너무 흔들리는 듯하고　　試登猶太躁
멀리서 바라보면 긴 탄식만 나올 뿐이네　　遠望但長嘆
평생의 꿈 곰곰이 생각해 보니　　細憶平生夢
바야흐로 세계가 넓음을 알겠네　　方知世界寬
푸른 하늘을 두 손으로 받들고　　碧天雙手捧
창해(滄海)는 한 잔 술로 보이네　　滄海一杯看
정말로 신선이 있는지는 믿지 못하겠지만　　未信眞仙在
이로부터 이 이론은 굳어졌다네　　從玆此理團
영황(嬴皇)의 회계산[267] 작아 보이고　　嬴皇會稽小

266) 금선(金仙) : 석가여래를 아름답게 표현한 것.

267) 회계산(會稽) : 회계산(會稽山)은 월왕(越王) 구천(句踐)이 오왕(吳王) 부차(夫差)와 싸우다가 잡혀 굴욕을 받은 곳. 구천은 이를 잊지 않기 위해 와신상담(臥薪嘗膽) 끝에 마침내 부차와 싸워 이겨서 원한을 풀었음. 회계지치(會稽之恥).

주목왕(周穆王)의 구슬 대(臺)는 쇠잔하네　周穆璧臺残
하루 종일 홍진세상 잊어버리고　竟日忘塵土
바람 쐬며 편지를 정리하네　因風整羽翰
인간 세상에 누구한테 의탁할 수 있을까?　人間誰可托
벼슬[268]은 영원히 버렸다네　簪紱永相拌

161. 다시 절을 방문하여 화주승 권축[269]에 쓰다 (重過山寺 題化主僧卷軸)

이 절은 원래 성종 대덕 11년[270]에 창건하였는데, 우리 태조 조에서 중수하여 기(記)를 지었다. (此寺元成宗大德十一年創建 我太祖朝 重修有記)

옛날에 편안히 참선하던 곳　伊昔安禪地
지금은 노숙[271]한 스님 계시네　如今老宿傳
골이 깊어 푸른 회나무 우거졌고　洞深蒼檜菀
우물은 오래되어 푸른 이끼 꽉 찼네　井古綠苔塡
중수·창건은 광릉(光陵)의 날이고　修創光陵日
경영함은 대덕(大德)의 해라네　經營大德年
절 역사는 오히려 증거할 만한데　寺乘猶可證
비지(碑誌)에는 다만 엮은 것이 없네　碑誌獨無編
속된 선비는 현교[272]를 물리치고　俗士排玄教
공문(公門)에서 돈을 구하네　公門索度錢
매를 불러 승려를 몰고　呼鷹驅法侶
그물을 던져 신천(神泉)을 끊네　提網截神泉

---

268) 벼슬(簪紱) : 관(冠)에 꽂는 비녀와 인끈. 벼슬을 뜻함.
269) 권축(卷軸) : 표장(表裝)하여 말아 놓은 서화. 또는 그 축(軸).
270) 성종 대덕(成宗大德) 11년 : 1307년 고려 충렬왕 33.
271) 노숙(老宿) : 불도의 수행을 마친 승려를 말함.
272) 현교(玄敎) : 현묘한 가르침. 노자(老子)의 교(敎)인 도교(道敎)를 말함.

들에서 밭갈이 하는 일은 골고루 하고　役使均耕野

주구[273]는 자리 잡고 하는 전포에 심하네　誅求劇坐廛

성하고 쇠함은 원래 운수에 달려 있으니　盛衰元有數

번복되는 걸 어찌 물어 보는가　飜覆問胡然

밥 짓는 건 반드시 부엌데기가 제공해 주고　爨須廚吏供

차 끓이는 건 예쁘고 어린 스님이 한다네　茶倩小僧煎

병에 좋은 건 모두 아뢰어야 하오　利病宜俱訴

법령은 새 밭에서 미납된 것을 탕감해 준다네　科條爲畬蠲

뜻을 숨기고 살지 않음이 없으니　非無栖遯志

어찌 이 세상에 구속되겠는가　奈此世拘牽

검은 주발엔 서리 맞은 귤 담고　鐵椀霜前橘

대 죽롱엔 눈 빛깔의 흰 솜 담네　筠籠雪色綿

용이 서린[274]자리에 옛 자취 남아있고　龍蟠留舊跡

사람 떠나가니 새로 길이 나네　人去有新阡

부처 얼굴은 감실을 열면 크게 보이고　佛面開龕大

신선 지팡이는 둥근 돌다리에 착 달라붙네　仙笻着磴圓

한 길 되는 숲엔 사향노루 향기 스며있고　脩林麝氣襲

위태로운 언덕엔 메추리 둥지 달려있네　危岸鶡巢懸

푸른 계수나무는 찬 가을을 맞이하고　綠桂迎秋冷

큰 치자나무에 고운 비 내렸네　般梔得雨姸

다리가 평평하니 돌을 옮겨 여러 겹으로 만들어 놓았고　橋平移石疊

대(臺)곁에는 등나무 넝쿨 엉켜있네　臺側信籐纏

홍하고 패함은 진정으로 나의 일인데　興廢眞吾事

교묘하게 갚아서 누가 오로지 할 수 있을까　讐工孰可專

기쁘게 기부함은 권화[275]를 따르게 함이니　喜捐隨勸化

---

273) 주구(誅求) : 엄하게 책망하여 백성의 재물을 강제로 빼앗음.

274) 용이 서린(龍蟠) : 용이 서림은 곧 호걸이 민간에 숨어 있음을 비유한 것임.

다투어 버림도 인연이라네　競捨亦因緣
남몰래 쌓은 공덕 잘 알리고　報道陰功日
내 통발 잃어버린다[276]고 의심치 말라　休疑失我筌

275) 권화(勸化) : 불도를 권하여 선으로 나가게 함.

276) 내 통발 잃어버린다(失我筌) : 득어이망전(得魚而忘筌), 즉 고기를 잡고 나면 이미 통발이 필요 없게 된다는 뜻으로, 학문이 성취되면 책이 무용하게 됨을 이름. 따라서 근본을 확립하면 지엽적인 것은 문제가 되지 않는다는 뜻.

5언고시(五言古詩)

162. 양근 윤응지의 만사 (挽尹楊根應之)

흐르는 눈물 어찌 차마 닦을 수 있으며　　有淚那忍灑
소리 내어 어찌 차마 통곡할 수 있으며　　有聲那忍哭
술로 어찌 차마 전(奠) 드릴 수 있으며　　有酒那忍奠
만사를 어찌 차마 읽을 수 있으리까?　　有辭那忍讀
이 네 가지는 차마 할 수 없는 것이니　　有此四不忍
또한 무심코 노래 부르는 듯이 하네　　還似無心曲
나는 성 서쪽으로부터 왔고　　自我城西來
아름다운 이웃이 사는 곳 점쳐 사니 기쁘네　　喜得芳隣卜
지금 삼십년이 되었는데　　于今三十年
사귄 정은 오랠수록 더욱 돈독해지네　　交情久逾篤
헌헌[277]한 장자의 풍도이고　　軒軒長者風
온온[278]한 군자의 덕이라네　　溫溫君子德
일찍이 시와 예의 가르침 받아　　早聞詩禮訓
아버지 말씀이 날마다 쌓였다네　　父詞日富畜
천리마 새끼는 바야흐로 멀리 달리니　　驥子方遠展
어찌 큰 길에서 뛰는 것에 만족하겠는가?　　奈蹶長途足
평소에 행실은 효도하고 우애하여　　平生孝友行
경박한 풍습을 일깨워 주었다네　　猶可警薄俗
어떤 사람의 한 가지 선한 행실 들으면　　聞人有一善
그를 사랑하기를 골육처럼 했다네　　愛之踰骨肉

---

277) 헌헌(軒軒) : 높이 무리에 뛰어난 모양. 출중한 모양.
278) 온온(溫溫) : 온화한 모양. 온순한 모양.

근심과 즐거움은 늘 천진스러움에 맡기니 憂樂長任眞
영화와 욕됨에 구애받지 않는다네 不嬰榮與辱
술병 차고 날마다 나아가 携酒日相就
시구 떠오르면 바삐 대구를 지었다네 得句忙對屬
애쓰고 애써도 시어가 끝까지 떠오르지 않으면 亹亹說不盡
고요한 밤에 호롱불 심지를 자주 자르며 공부했다네 静夜頻剪燭
내 혼자 병 근심함을 불쌍히 여겨 憐我煢煢疚
언제나 찾아와 고독한 마음 위로해 주었다네 每過慰幽獨
누가 알았겠는가. 하루아침에 병들어 誰知一朝疾
한 밤중에 세 번 고복[279]을 부를 줄을, 半夜三呼復
형이 비록 아이 없다고 하지만 伯道縱無兒
종사(宗祀)를 다행히 부탁할 수 있다네 宗祀幸有托
육십을 산지라 요사한 건 아닌데도 六十未云夭
공을 생각하니 어쩌면 이리도 애석한가! 在公一何惜
서로 헤어진 지 열흘쯤 된 듯한데 睽乖若浹日
서찰이 계속해서 날아오네 書札來相續
어찌한단 말인가! 한번 이별한 뒤에는 如何此別後
아득하고 아득하게 유명을 달리하는 것을 渺渺幽明隔
갑자기 이 세상을 훌쩍 떠나 가버리니 倏忽歲云徂
옛 집은 오래도록 쓸쓸하겠구나! 舊舘長寂莫
꿈속에서 하던 말이 반짝반짝 떠오르는데 耿耿夢中語
지는 달은 집 대들보 비춰주네 落月照樑屋
가끔 책장 서랍 속 묵적을 열람하다 보면 時閱篋中墨

279) 세 번 고복(三呼復) : 죽은 자의 도포나 단주의(單周衣) 또는 적삼(赤衫)을 가지고 지붕 위로 올라가서 세 번 고복(皐復)하는 것. 죽은 사람이 입었던 웃옷을 가지고 지붕에 올라가 왼손으로는 그 옷의 목을 잡고 오른손으로는 허리를 잡아 북쪽을 바라보며 죽은 자의 생전의 벼슬명이나 칭호로 모복(某復:아무개 복, 예컨대 고길동 복!)을 세 번 외친 뒤에 복의(復衣)을 가지고 내려와 시신 위에 덮고 남녀가 곡한다. 이것을 속칭 초혼이라 부르는데, 죽은 사람의 흩어진 혼을 불러 돌아오게 하여 소생하라는 뜻임.

대신에 그대의 진면목을 볼 수 있겠지. 替見眞面目

163. 연못의 기러기 (澤鴻)

훨훨 날아서 양지쪽으로 따라가는 기러기 翩翩隨陽鳥
먼 하늘에서 서쪽과 동쪽으로 갈라졌네 冥冥落西東
같은 무리 잃어버려 전(篆)자 모양 만들지 못하고 失群不成篆
갈대 물고서 하늘을 비껴 나네 含蘆斜翳空
몇 년 만의 한 기러기 때 그림자던가? 幾年一陣影
서로 만 리 길에 바람불어 짝 잃어버렸네 相失萬里風
빙빙 돌아 날아오름은 얼음이 녹을 때이니 回翔迨氷泮
날개 접고 갈대숲에 의지 했구나! 接翅依蘆叢
어느 곳에서 기러기들이 보금자리 얻을까? 何處得其所
동정호[280]와 소상[281]의 가운데라네 洞庭瀟湘中
수국[282]엔 파도 조용하고 水國波浪靜
모래톱엔 줄 풀의 쌀이 붉구나! 沙渚菰米紅
스스로 왕 노릇하느라 우는 기러기의 고운 소리 嗈嗈神自王
수컷이 그 암컷 지킬 줄 아네 守雌知其雄
어찌 주살에 화살 메겨 당김을 수심하랴 寧愁弋者矢
이미 멀리와 있으니 활로 쏠 수 없다네 已遠莫繇弓
어째서 그런가. 오늘날 사람이 보기에 奈何今之人

280) 동정호(洞庭湖) : 호남성 북부에 있는, 중국 제2의 담수호(淡水湖). 상수(湘水) 등 주위의 하천을 수용하고, 장강(長江)에 이어져 있음. 호수 속에는 섬이 많고, 악양루(岳陽樓)와 소상팔경(瀟湘八景) 등의 명승이 있음.

281) 소상(瀟湘) : 소수(瀟水)와 상수(湘水). 호남성 동정호 남쪽에 있는데, 그 부근에 경치가 좋아 팔경(八景)이 있음.

282) 수국(水國) : 지소(池沼)·하천(河川) 등이 많은 땅.

서식하는 동물이 서로 같지 않기 때문이라네 棲息物不同
나는 떠돌아다니는 것보다 모여 삶기를 원하니 我願集流庸
연못 가운데 있는 기러기가 부럽지 않다네 不羡中澤鴻

164. 뜻을 품고 (寓懷)

옛 도리 결국 행하지 못하니 古道竟不行
인생이란 또한 한계가 있음이네 人生亦有涯
어찌하여 명예와 이익 추구하여 奈何名利子
분주하게 화려함만 다투었던가? 紛繽競奢華
원하는 바 날로 부족하여 所欲日不足
밤에 베개 맡에서 꿈꾸지 못한다네 夜枕不成寐
가슴 치며 아주 원통함 하소연 하지만 搥心訴深寃
혀 놀릴 적엔 성대하고 아름다움을 말한다네 嘖舌道盛美
기뻐함과 성냄은 분수로 말미암는 것인데 喜慍所由分
다만 수(銖)와 양(兩)[283]의 저울눈에 있다네 只在銖兩裏
맑은 시냇가에 있는 운와옹[284]은 青溪雲臥翁
머리 풀어 헤치고 대낮에 졸고 있네 散髮眠白日
아침동안에 사람이 보이지 않는데 終朝不見人
무슨 이유로 득과 실 비교한단 말인가? 何由較得失

---

283) 수(銖)와 양(兩) : 수(銖)와 양(兩)은 작은 무게의 단위로, 무게가 얼마 안 나가는 저울눈을 말함.

284) 운와옹(雲臥翁) : 구름에서 누워 자는 늙은이란 뜻으로, 곧 세상을 피하여 산중에 사는 늙은이란 뜻.

5언절구(五言絶句)

165. 감사 윤명은[285]의 만사 (挽尹監司 鳴殷)

나는 본래 친구가 없었으니 我本無朋友
평생에 그대 하나뿐이었네 平生君一人
그대가 먼저 날 버리고 갔으니 君先棄我去
황천에서 누구와 친하게 지낼까 泉下與誰親

166. 추성[286]에서 족질인 김척이 과거보러 서울로 들어감을 전송하며 (秋城 送金族姪倜赴擧入洛) 이별할 때에 써 주다. (臨別 書贈便面)

저녁 비가 오동잎에 떨어지니 夕雨滴梧葉
찬 바람 대나무 가지에 부네 凄風生竹枝
떠나는 그대한테 할 말이 한이 없으니 別君無限意
두어 줄 시로 다 표현하기 어렵구나! 難盡數行詩

167. 인편으로 좋은 차 보내준 것에 감사하며 (謝人來見惠茶)

장길[287]의 높은 난간 방문하니 長吉高軒過

---

285) 윤명은(尹鳴殷) : 1601(선조 34)~1646(인조 24). 조선 후기의 문신. 본관은 파평(坡平). 자는 이원(而遠), 호는 사정(思亭). 1624년(인조 2) 사마시에 급제, 1628년에는 별시문과에 병과로 급제, 검열·정언·지평·병조좌랑·교리가 됨. 어려서부터 효성이 지극하여 부모 공양이 남달랐고, 1636년 병자호란이 일어나자 남양에서 의병을 모집. 동부승지, 전라도관찰사 역임.

286) 추성(秋城) : 전라남도 담양군. 주 212) 참조.

노동(盧仝)의 간의대부 차 마시네　　盧仝諫議茶
오늘 아침에 이 두 가지 겸했으니　　今朝兼二者
느낀 뜻 과연 어떠한가?　　感意果如何

168. 남해 노량진 누각에서 자유 황호[288]의 '판상'시에 차운하다 (南海露梁津樓, 次黃子由板上韻 戽)

땅은 남해 바다가 한계 지었는데　　地限南溟水
사람은 누각에 올라 북쪽 바라보네　　人登北望樓
계절 따라 떠나는 기러기 보며 슬퍼하지 말라!　　莫嗟分鴈序
그대 총애하여 이 놀이를 빌려 주었다네　　君寵借玆遊

169. 역 누각에서 귀양 가는 형을 기다리며 (驛樓待伯兄謫行) 이때 백씨가 남해로 귀양 갔고, 또 조정의 명을 받고 부령[289]으로 옮겼다. (時伯氏謫南海 又以朝命遷富寧)

비 괴로운데 비 그치지 않고　　苦雨雨不止
기다려도 사람 오지 않네　　待人人不來
가을바람은 역 누각에 부는데　　秋風驛樓上

287) 장길(長吉) : 중국 중당(中唐)시기의 시인(詩人) 이하(李賀)의 자(字). 이하는 복창(福昌) 사람으로, 그의 시는 기굴(奇崛)·유초(幽峭)하고 농려(穠麗)·처청(凄淸)한 낭만주의 풍격을 갖추었다. 대표작에는 「안문태수행(雁門太守行)」·「금동선인사한가(金銅仙人辭漢歌」·「몽천(夢天)」·「소소소묘(蘇小小墓)」·「노부변옥가(老夫釆玉歌)」 등이 있다.

288) 황호(黃戽) : 1608(선조 41)~1658(효종 9). 조선 후기의 문신·학자. 본관은 창원(昌原). 자는 자유(子由), 호는 만랑(漫浪). 1624년 문과 급제로 주서, 장령이 되었고 부수찬, 교리, 대사성 대사간을 역임. 당대의 신진 중에서 문재가 뛰어 났음.

289) 부령(富寧) : 함경북도 경성군(鏡城郡) 석막성(石幕城)

공연히 자형(紫荊)문을 마주보고 열리기 고대하네 空對紫荊開

【 잡저(雜著) 】

부(賦) · 계(啓) · 잠(箴) · 판(判) · 불윤비답(不允批答) · 교유서(敎諭書)

170. 읍배화상부 (泣拜畵像賦) 무진년 과거 시험인 별시(別試)[290]에서 모든 시편 중에, 3상(三上)[291]으로 장원을 차지했다. (科製戊辰別試 具篇居魁三上)

나를 낳은 자는 어머니이고 어머니는 하늘같은데
다만 처음에 먹었던 마음으로서 보답하지 못하고
가지 많은 나무에 바람 그칠 줄 모르네
은혜는 하늘의 다함이 없도다!
유(幽)와 명(明)[292]으로 길이 막힘이 애통하니
초상화 그려 달아 놓고 우러러 보며 절하네
하염없이 흘러내리는 눈물을 닦으니
효도는 진실로 천자의 마음에 느끼네
진실로 생사(生死)와 관계없이
뛰어났다고 하겠네
금천[293]의 서쪽 종이고
수삭(戍削)의 풍골(風骨)이네

---

290) 무진년 과거 시험인 별시(別試) : 무진년(戊辰年) 별시는 1628년 9월 중국 명(明)나라의 의종(毅宗) 황제를 축하하기 위해 치룸. 별시는 조선시대 나라에 경사가 있으면 임시로 보이던 과거. 이 시험은 곧장 전시(殿試)까지 보는 것으로 서울에서만 시행했음.

291) 3상(三上) : 세 차례에 걸친 평가에서 모두 가장 높은 점수를 받음.

292) 유(幽)와 명(明) : 유(幽)는 저승, 명(明)은 이승을 말함.

293) 금천(金天) : 가을 하늘. 오행설에서 금은 가을에 해당함.

괴위[294)]한 이상한 형체 있고
천자의 위광(威光) 멀리 미치며
막남[295)]엔 왕정(王庭)이 없는데
한(漢)나라 사신 따라 벼슬자리 내놓았고
오랑캐를 중국의 문화로 변화 시켰으며
돈독한 효도는 어머니에 대한 그리움 이고
천자의 특수한 은혜 명심하고
주관(周官)의 경사(卿士)로써 실천하고
화려한 비단의 삼천 필 마련하고
시중 벼슬아치 담비 털로 의관 장식했고
구금(九級)으로 화려하게 이었으며
어찌 하늘의 훌륭함 만났는가
봄빛이 문득 짐이 슬프네
해와 달에 호소해도 미치지 못하는구나
늘 오장(五臟)이 칼로 베인 듯 하네
이에 천자께서 조서를 내려 말했다.
나라 밖에 있는 한 신하는
짐(朕)의 마음과 등뼈이고 팔다리 이며
이에 충직하고 선량한 한 신하로
아마도 삶에 욕됨이 없는데
지금에 그런 신하가 없으니
짐이 매우 슬픈 생각에 잠기네
효도를 생각해도 다 할 수 없으니
누구를 믿고 누구를 의지 하겠는가
어찌 흰 종이에 얼굴 모양 그리며

---

294) 괴위(瑰瑋) : 뛰어나고 기이함.
295) 막남(漠南) : 고비 사막 남쪽의 땅. 곧 내몽고(內蒙古).

국그릇과 담 벽[296]에서 얼굴모습 떠올리지 않겠는가
이에 장인에게 명하여 묘사해 내어
깊숙한 대궐 속에다 걸어 놓아야 하겠네
신하가 머리를 조아리고 우러러 보며 절하는데
완연히 평생의 면복이네
지하에 계시는 돌아가신 어버이를
당산에다 한 폭으로 그려놓고
지금 그 밑에서 절하니
눈물 흘리며 운들 어찌 미치겠는가
의용(儀容)의 뭇 사람 속에 있는 듯 한데
지극한 정의 적은 것도
황은이 평범한 것으로 나옴이네
대체로 돈독한 효도로서 규칙으로 삼는 바 적은데
충효로 가는 향기로운 마음이 어찌 여기에 이르겠는가
중국에 태어나 유학자의 장보관[297]을 쓴 자
더군다나 금수도 선택하지 않는데
어찌 황복(荒服)의 이종(異種)이겠는가
순박함을 갖춘 행실이 돈독함이 있다.
아! 당일의 탁고(托孤)의 화도(畵圖)는
곽(霍)에 있지 않고 김(金)에 있으니
어찌 불학(不學), 무술(無術)한 육(陸)과
같은 날 말할 수 있겠는가

296) 국그릇과 담 벽(羹牆) : 남을 경모(敬慕) 추념(追念)하는 일.
297) 장보관(章甫冠) : 은나라 때의 관의 이름. 공자가 이 관을 썼으므로 유학자의 관으로 씀.

171. 차 구양공298)병서 부 (次歐陽公病暑賦)

여름철의 구름이 그 높은 산에 성하여
만 겹이나 되는 기이한 봉우리에 많이 떠 있네
더운 독기를 온 우주에 뿜어대니
수석(水石)도 그 영롱함을 잃어버리네
내 부상(扶桑)으로 힘껏 날아올라
냉냉한 긴 바람을 몰고 오려 함이여
풍백(風伯)이 나를 넉넉하게 아니해 줌이여
다만 바다가 봉래산299)으로 들어갔네
곤륜산300)은 서장 끝에 대치해 있고
약수301)가 깊음이여
하늘 밖의 길 멀고멀어 건널 수 없네
구름과 안개 자욱하여 앞을 가리고
저 남으로 얽히고 북은 거칠며
산은 일만 겹이고 물은 일천갈래이네
용과 뱀 모여서 섞여 살고
까마귀와 솔개 날아 지나다 내리려 하네
땅 축소시킬 수 없는 기술이고
참마와 난새를 궁핍 시키는 도골(道骨)이네
아직 듣지 못했구나!
창해에서 일어나 신선의 세계로 오른다는 걸

---

298) 구양공 병서부(歐陽公病暑賦): 육일거사(六一居士) 구양수(歐陽修)의 1059년 추성부(秋聲賦)와 같은 해에 쓴 부(賦) 작품

299) 봉래산(蓬萊山) : 주 15) 참조.

300) 곤륜산(崑崙山) : 서장(西藏)에 있는 산. 아름다운 옥의 산출지로 유명함.

301) 약수(弱水) : 강 이름. 지금의 중국 감숙성의 장액하(張掖河). 선경(仙境)에 있다는, 홍모(鴻毛)도 가라앉는다고 하는 강.

흰 날에 사방과 위아래 바라봐도
갈 곳이 없구나!
모기와 등애, 파리가 모이는 곳엔
머리와 뿔 척박고 들지 않으니
마음이 깊이 빠져들어 도망해 숨은 듯 하네
암놈과 수컷이 서로 사양하며
그 때문에 한 해를 보낸다.
한 때 운한(雲漢)의 시를 읊조리며
더위에 부채를 애써 부치는데
성현도 이 고통 면치 못하니
아랫사람의 고초를 위로할 수 있을까
더군다나 더러운 골짜기의 낮고 좁은 곳
기운이 어찌나 두루 얽혔는지
신성한 거문고 소리도 말라 끊겨졌으며
이런 것은 큰 강뿐만이 아니라
괴로움이 이미 집의 빛 가리는 것조차 싫증나니
누가 나를 시원한 옥정의 우물로 적셔줄까
누가 나를 위해 대나무 부채를 만들어 줄까
푸른 숲에 무리하게 잠김이여
이걸(李乞)의 무리 수옥(水玉)을 더듬거리며 애써 말하네
내가 무성한 말 엮음이여
육일거사[302]의 남긴 자취 우러르네
어찌 가을바람이 시원스럽게 불어와서
잔혹한 더위 죽이고 혹독한 번뇌 없앨 수 있을까

302) 육일거사(六一居士) : 송(宋)나라 구양수(歐陽修)의 별호(別號).

172. 신감사 유황[303]께서 경계에 오신 것을 축하하는 계 (賀新監司兪榥到界啓)

구중궁궐에서는 천자가 정사에 부지런하여[304] 바야흐로 붉은 주살로 잠자는 새를 잡을까 걱정하듯이[305] 백성을 생각하고, 천리나 되는 호수와 산은 백성들의 희망이 되어 크게 위로해 주며 봄에 세워 둔 아기[306]는 더욱 빛납니다.

공손히 생각해 보건대, 합하[307], 진가(陳家)에는 난형난제[308]가 있고, 송조(宋朝)에는 소식(蘇軾)과 소철(蘇轍)을 얻었습니다. 상서로운 기린과 위엄스런 봉황이 같은 때에 아름다운 이름을 빛내고, 옥절(玉節)과 금장(金章)이 양 길가에 거듭 붙어있으며, 복성(福星)이 남북으로 비춰주고 있으니, 온 고을의 맑은 분위기로 보입니다.

엎드려 생각하건대, 아무개는 탐하는 마음이 많아 한번 부임하여 자리에 앉아 음풍농월한지 삼 년이 되었습니다. 그러므로 사람들이 술 마시며 홀로 특별한 은혜[309]를 기뻐하는데, 작은 고을에서 생선 삶는 것을 멸시하니, 매우 오고(五袴)에 부끄럽습니다.

---

303) 유황(兪榥) : 1599(선조 32)~1655(효종6). 조선 후기의 문신. 본관은 기계(杞溪). 자는 숙전(叔典), 호는 봉주(鳳洲). 이정구(李廷龜)의 문인으로, 1624년(인조 2) 사마시에 급제, 성균관에 입학. 반청주전론(反淸主戰論)을 주장. 병자호란이 일어나자 비·빈과 봉림대군을 강화에 호종. 예조정랑과 병조참의를 거쳐 전라도관찰사·승지 역임. 시호는 충간(忠簡)이다.

304) 천자가 정사에 부지런하여(宵旰) : 소의간식(宵衣旰食). 날이 새기 전에 일어나 옷을 입고, 해가 진 후에 늦게 저녁을 먹는다는 뜻으로, 천자가 정사에 부지런함을 이름.

305) 주살로 ~ 걱정하듯이 : 〈논어(論語)〉「술이(述而)」편. "주살로 잠자는 새를 쏘지 않는다. (弋不射宿)"

306) 아기(牙旗) : 대장군(大將軍)의 기. 또는 천자(天子)의 기. 상아(象牙)로 장식하였으므로 아기(牙旗)라 함.

307) 합하(閤下) : 각하와 같음. 옛날에 삼공 대신(三公大臣)은 모두 대문에 합(閤)을 설비해 놓은 데서 이름.

308) 난형난제(難兄難弟) : 난위형난위제(難爲兄難爲弟). 누가 형이고 아우인지를 구별하기 어려움. 우열이 없음을 말함.

309) 홀로 특별한 은혜(二天) : 남의 특별한 은혜를 하늘에 비겨 이르는 말.

173. 지이도영잠 (志以道寧箴)

한 조각의 영대[310]에
모든 이치가 다 갖춰 있네
사람의 이 마음이 있으면
문득 이 뜻이 있다네
마음이 가는 것이니
이것이 기(氣)의 장수이다.
밖의 사물과 사귀면 마음이 가려지니
그것을 완상하면 마음이 상한다.
도(道)로써 다스려야 편안하니
이치에 타당하게 해야만 하고
마음이 어떤 때는 편안하고 어떤 때는 상심하니
그것은 낌새를 잘 살펴 삼가는 데 달려 있다네
도리로써 하면 올바르고
욕심으로써 하면 위태로우며
예로부터 지금까지
사람마다 그렇지 않음이 없었다네
뜻을 도에 존속시키면
이치를 따르게 되어 넉넉해지고
뜻은 도에 어긋나게 하면
사물에 유혹되지 않음이 적다네
내 뜻이 이미 편안하니
안연(晏然)히 마음 편안해지고
뜻이 진실로 편안치 않으면

310) 영대(靈臺) : 마음이나 정신을 말함.

대응함에 위태로움이 따른다네
그 유래의 나뉨 궁구해 보니
도를 지킴과 도를 지키지 않음의 차이라네
그러므로 주나라에서
태보311)에게 고계(誥戒)한 바이며
서융(西戎)에서 여오(旅獒)라는 개를 바치니
이것이 바로 밖의 물건이라네
혹은 이 마음이
저 물건을 완상하다 뜻을 잃을까 두렵네
한 편의 훈계의 말씀은
백왕(百王)의 큰 귀감이 되네
성스러운 주나라 임금은
오히려 경계의 규칙으로 삼았네
뒷날 임금 된 자들이
어찌 두려워하지 않겠는가?
신은 절하며 머리 조아리노니
성스러운 임금께선 힘쓰소서.

174. 전세감관 김충 정문도면회판 (田稅監官金流呈文圖免回判) 주필제답(走筆題答)

조운선으로 바다에서 물건을 옮기게 되어 다행스러우니, 감독 하에 많은 사람이 혜택을 볼 수 있는 것이다. 편지에다 마음의 고충을 써내려고 하니, 어찌 애로사항의 말이 여기까지 이르렀는가. 형편으로 볼 때 마음을 말로 다 표현할 수 없는 것이 있다. 어진 이가 있어야 한

311) 태보(太保) : 삼공(三公)의 하나. 천자의 덕을 보안한다는 뜻으로 이름 지었음.

마을이 선량하여, 열 집이 사는 마을에서도 충신이 나온다. 검은 장막 안에서 경서를 담론하는데, 몸가짐을 잘못하여 머리에 쓴 의관이 부끄럽고 명부에 학생의 이름이 적혀 있으니, 결국 궁상맞은 손님이 아니다.

황릉묘(黃陵廟)에 새긴 비문을 모두 읽고 그대를 집으로 가게 하였는데, 흰 눈 내린 변산(邊山)에는 종군(從軍)의 역사하는 것이 보이지 않는다. 누가 고기어(魚)자와 노나라 노(魯)자를 분별하기 어렵다고[312] 하였는가. 올빼미와 수리의 희롱은 면할 만 한 것이다. 서쪽 땅에는 어려움이 많지만 남쪽 지방에는 조화로운 운이 있다. 관청에 일이 없고 마을에도 일이 없으니 어찌 감히 그것을 바라겠는가. 여기에서 태어나 여기에서 죽어야 하니 갈 수가 없는 것이다.

김공락(金公樂)은 임씨(林氏)의 자식이 배 타고 빨리 달려오기를 기다린다. 자신은 수령 벼슬을 하고 있으니 원통하고 고통스러운 정황을 차마 볼 수 없다. 어찌 액면 외의 많은 것을 알 수 있겠는가. 또한 족하(足下)의 이름으로, 종이에 가득히 장황하게 쓰여 있어, 줄마다 글자마다 참담하고 측은한 심정이 배여 있다. 정원으로 들어와 호소하는 말마다 사건마다 슬프고 가련하다. 자기가 원하지 않는 것은 남에게 베풀지 말아야 한다. 충(忠)과 서(恕)는 멀리 있는 것이 아니라, 백성들의 실정에서 널리 볼 수 있는 것이다.

위엄 부리는 감독은 무슨 마음에서 그러한가. 생각하고 행동함은 먼저 해야 될 것과 나중에 해야 될 것이 있고 길은 평탄한 길과 험한 길로 나뉜다. 장산(長山)과 발해(渤澥)는 이미 지나간 것이니 말할 필요 없고, 한강은 나루에 통해 있으니 지금 비로소 건너간다고 한들 무슨 고통이 있겠는가. 오직 원하는 것은 곧바로 나갈 수 있는 것으로, 모든 사람이 피하는 것이지만 이로운 점은 건너기만 하면 빨리 돌아온다는 것이다. 정미함과 거친 것을 변별해 내는 것과 곡식을 되는 되와

312) 고기어(魚)자 ~ 분별하기 어렵다고(魚魯難辨) : 어(魚)자와 노(魯) 자를 분별하지 못한다는 뜻으로, 곧 무식함을 이름.

말의 양이 올라가고 내려감은 반드시 타당한 계산법이 있다. 어찌 계산하는 사람을 기다리겠는가.

더군다나 올해 삼월의 저문 봄에는 천리가 비단 물결이니, 사사로운 아녀자의 마음에 이끌려서 한 모퉁이를 지키지 못했다. 장부의 씩씩한 광경은 바로 오늘날에 있으니 비와 바람이 걱정되어도 긴 우산을 수고롭게 생각지 말라. 무엇을 염려하고 무엇을 걱정하는가. 큰 모임의 일을 생각할 뿐이다.

175. 교 통제사 유림[313] 문 (教統制使柳琳文)

왕께서 이와 같이 말씀하셨다. "아! 나의 두 마음 품지 않는 신하여, 너에게 삼도(三道)수군통제사를 겸하여 맡기니, 만 리나 되는 먼 바다를 매우 훌륭히 다스릴 수 있기 때문이다. 이에 다시 보내니 그곳에 가서 공경히 받들라. 저 아(牙) 깃발 세운 군영은 호수와 산봉우리 사이의 깊숙한 곳에 위치해 있다." 임진왜란이 일어난 이후로부터 전적으로 바다의 방비에 마음을 쓰는데, 청작(靑雀 : 배)의 힘을 가장 많이 이용한다. 이것이 감독하는 장수로서 어려운 점이다. 마치 이순신과 같이 왜적을 쳐서 소탕해야 근심을 잊을 수 있다. 이런 훌륭한 장수는 오십년 동안에 두 사람을 꼽을 수 있을 뿐이다.

대체로 새벽에 장수가 임지로 떠나 변방에서 군무를 보는 데, 봄 여름으로 세금을 가혹하게 걷어 들이면 법도 밖의 일을 묻는 것이고, 군정(軍政)을 허술히 하면 더욱이 안팎으로 어지러움이 일어날 것이니, 동남쪽의 근심보다 배나 더 절실하게 된다.

오직 경(卿)은 집에 있지만 집에서 편히 있기도 어려우니, 나라를

313) 유림(柳琳) : ?~1643(인조 21). 1603년 무과 급제, 1639년에 삼도수군통제사(三道水軍統制使) 역임

위하는 순수한 신하가 되어 백리 길을 부절을 받고 떠나 영특하고 위대한 군정을 펼쳐야 한다. 사방에서 부절(符節)을 세우니 간성(干城)의 명예가 대단하다. 온화하고 진실한 마음으로 왕을 위해 부지런히 움직여야 한다.

모든 장수들이 관망하는 것이 부끄럽다. 어릴 때 배운 사도(師道)의 날카로움이 당일 바야흐로 펼칠 때 꺾일 수 있겠는가. 군사들이 홀로 하수 북쪽에 있지만 악야(岳爺)도 교란시키기 어려우며, 위엄스러운 명성이 멀리까지 미쳐, 술자리에도 사상(四廂)에 대해 들으면, 공연히 놀랜다. 하지만 기상[314]의 기록이 없으니, 공훈을 누가 알겠는가. 저것과 같이 공훈이 성대한 데 자급(資級)을 박하게 베풀고, 일에 대한 수고의 대가를 적게 준다.

겨우 압수(鴨水)로 걸음을 돌리니, 용양[315]의 감독이 소홀하게 되었다. 군사를 정예병으로 뽑아 항상 다른 진지보다 튼튼하게 해야 하는데, 몸소 실천할 장수 없음을 탄식한다. 문지방을 제어해도 늙은 신하는 넘어갈 수 없으니 말이다. 앞에 있는 참된 장수를 얻었으니 이에 경에게 장수의 인을 준다고 말했다.

경은 나를 받들어 맡은 바에 최선을 다하고 진심으로 따라야 한다. 그래서 초탁[316]의 특별한 은혜를 그대에게 하사했다. 아침저녁으로 풍향(風向)을 잘 살피되, 날마다 진지를 대하 듯 하라. 큰 비 내리기 전에 집수리를 마쳐야 하기 때문이다. 이는 더욱 변방을 굳게 지키는 도모이다. 병장기와 성 망루의 수리는 번거로움이 없어야 하니, 새로 잘 만들어야 하고, 군 장교들은 같이 힘을 모아 도와줘야 한다.

반드시 조그마한 이익의 규칙으로도 문서가 바다로 가게 되니, 영원히 물품을 교환하는 장사의 폐단을 없애야 한다. 이런 폐단이

---

314) 기상(旂常) : 기(旗)의 종류. 상(常)은 해와 달을 그린 기.

315) 용양(龍驤) : 용처럼 올라간다는 뜻으로, 위세가 대단함을 이름.

316) 초탁(超擢) : 동료를 뛰어넘어 발탁됨. 초승(超升).

여러 해 되었으니, 세금을 박하게 걷어 들여, 미납세의 원통함을 씻어주어야 한다. 베풀어 주고 어루만져 주어 효과가 나타나는 것은 그 도모가 경이 경계하는 바에 달려 있다. 곽분양[317]처럼 너그럽게 민중을 다스리는 것이 바로 나의 바램이다. 이것은 모두 선비를 기르고 백성의 마음을 얻는 방법이니, 어찌 윗사람을 가까이하고 어른을 위해 죽는 도리가 아니겠는가.

한 때의 편리한 방책이니 잘 도모할 만한 것이다. 온갖 이익과 해악의 낌새를 아는 것은 많이 알려준다고 해서 되는 것이 아니다.

아! 세후(細侯)가 다시 임하니, 응당 죽마(竹馬)의 맞이함이 있고, 엄무(嚴武)가 다시 오니, 반드시 설산(雪山)의 중(重)함을 이루며, 왕가(王家)의 판탕[318]을 만난다. 훌륭하다고 말할 만 하니 충성과 지혜를 다해 주선해야 된다. 모든 것에 힘써야 되지만, 우선 이것을 운운한다.

176. 좌의정 승평부원군 김류[319]가 세 번 사직했으나 윤허하지 않는다는 비답 (左議政昇平府院君金瑬三辭不允批答)

왕께서 이와 같이 말했다. 몸이 장수와 재상이 되어 주의해야 함은 안위의 문제에 대해 절실해야 되기 때문이다. 사양하는 상소가 두세 번 올라오니, 과인에게서 멀어져가는 마음이 어찌 잠깐 동안에 결정한 것이겠는가. 벌써 벼슬을 사양하면 과인은 장차 누구를 의지해서 다스리겠는가.

---

317) 곽분양(郭汾陽) : 분양왕(汾陽王)에 봉(封)해진 곽자의(郭子儀)를 일컬음.

318) 판탕(板蕩) : 정치를 잘못하여 나라가 어지러워짐.

319) 김류(金瑬) : 1571(선조 4)~1648(인조 26). 조선 중기의 문신. 본관은 순천. 자는 관옥(冠玉), 호는 북저(北渚). 1596년(선조 29) 정시문과에 급제. 형조좌랑 충청도도사 전주판관을 역임, 1623년 거의대장(擧義大將)에 추대되어 이귀 신경진이괄(李适) 등과 인조반정을 성공시킴. 반정의 공로로 병조참판에 제수되고 병조판서로 승진, 대제학을 겸하는 동시에 승평부원군(昇平府院君)에 봉해짐.

오직 경의 재주는 훌륭하니, 하늘같은 높은 공 세웠고, 태양을 받들고 하늘과 땅이 다시 개벽된 것이니, 과연 누구의 공이 이와 같을까. 경륜을 처음에 펼쳐 다스릴 때에 경이 도와주어 인재를 뽑음에 조감해 볼 수 있었고 세상에서 태산과 파도와 같은 공명정대함이라 일컬었다. 쇠퇴한 문형(文衡)을 일으켜 세워 사람들이 자산[320]의 사명(辭命)으로 추대하니 창생들의 우러러 바라봄이 이미 오래되었다. 김구(金甌)의 다시 이름 빛냄이 어찌 더딘가. 하(夏) 나라 사람이 변방에서 잔치 여는 것은 경계할 줄 알며, 사마(司馬)가 자의(子儀)를 볼 줄 안다. 연회가 파해지니 손님들이 양관(楊綰)이 조정에 마땅히 있어야 한다고 치하한다.

그러므로 절실하게 정성을 다해 도와야 되며 더욱이 힘써 널리 인재를 구하니, 어찌 한번 병든 것이 망령됨이 없다고 할까 만은. 이에 삼장[321]으로 한가히 살기를 빌 수 있겠는가. 국사의 어려움을 생각하면 어찌해야 좋을지 모르는 형편인데, 대신이 진퇴를 어찌 가볍게 할 수 있겠는가. 더군다나 능(陵)을 옮기는 일이 이미 임박하고 그 기간에 모든 것을 잘 보호해야 되므로 실로 중대한 것이니, 그 맡은 바 일에 최선을 다하고 반드시 다투는 것은 삼가야 한다.

공이 작은 겸손을 고집하여 굳이 사양하니 어찌 이런 이치가 있겠는가. 그대는 같이 협력하여 반드시 우러러 본받게 하며, 위아래가 서로 믿게 하라. 이미 경의 뜻을 환히 알았으니 앞의 내린 교지를 받들고 겸양하지 말라.

아! 기쁨과 슬픔 일에 같이 유익할 것이니, 충절의 절개에 힘쓰고 거취를 의로움으로써 하며 체구(締構)[322]의 처음을 잊지 말라. 경의

---

320) 자산(子産) : 춘추(春秋) 때 정(鄭)나라 대부(大夫). 이름은 공손교(公孫僑). 자산(子産)은 그의 자(字). 간공(簡公)・정공(定公)・헌공(獻公)의 3조(朝)에 걸쳐 국정에 참여하기 40여 년, 그 동안 진(晉)・초(楚) 양국(兩國)으로 하여금 침략을 못하게 하였음. 정사를 봄에 은위(恩威)를 병행하며, 정도를 밟으므로 공자는 그를 가리켜 혜인(惠人)이라 하였음.

321) 삼장(三章) : 한고조가 제창한 세 조목의 법률.

사직을 윤허하지 못하기 때문에 이에 운운한다.

177. 납전삼백송 (臘前三白頌)[323]

아아! 상제께서는
아름다움도 내려주고 재앙도 내려주니
덕 있는 이한테 기울고
왕 노릇할 만한 사람한테 떨치게 하네
하늘에 이마를 조아리고
힘써 큰 덕을 밝히며
육기[324]의 차례대로
하늘이 약을 조제하였네
이로써 이 세상을 도와
한 해의 기년(紀年)을 다하였고
자편[325]으로 장차 다스리니
그 날은 임계(壬癸)일 이라네
오직 시절은 상서로워
음(陰)이 양(陽)을 헤치지 않네
오직 눈이 펄펄 내려
쏟아져 그치지 않아

---

322) 체구(締構) : 얽어 만듦. 형성함.

323) 납전삼백송(臘前三白頌) : 납일(臘日)은 납향(臘享)하는 날로 동짓날 뒤의 셋째 술일(戌日). 태조(太祖) 이후에는 셋째 미일(未日)로 하였음. 납전삼백(臘前三白)은 납일 전에 눈이 세 번 내림을 말한 것으로 농가에서는 이것을 그 이듬해에 풍년이 들 징조로 삼음.

324) 육기(六氣) : 하늘과 땅 사이의 여섯 가지 기운. 곧 음(陰)·양(陽)·풍(風)·우(雨)·회(晦)·명(明). 또는 음양의 여섯 가지 기운. 곧 한(寒)·서(暑)·조(燥)·습(濕)·풍(風)·우(雨) 등을 말함.

325) 자편(赭鞭) : 붉은 회초리. 신농씨(神農氏)가 붉은 회초리로 풀을 쳐서 그 성질을 알았다는 고사에서 본초학자(本草學者)를 자편가(赭鞭家)라 함.

작은 것이 누적되어 쌓이니
땅이 한 자나 찼네
가지에 쌓이지 않았으니
비껴보고 털지 않네
세 조성에 천거되어 아뢰니
세 번 아뢴 것이네
선달 납일(臘日)에 먼저 제사지내니
그 점이 보리와 밀이 잘 되겠네
한 때 소금으로
곧 큰 요기의 침노 면했네
더군다나 밭이 삼년 묵었으니
백성들이 아! 하고 감탄하네
때를 잘 헤아려 왔으니
굶주리지 않았네
앞에 아름다움 펼쳐지니
내 점은 그해 풍년이구나!
너의 밭은 삼년 묵은 밭이여
이에 상서로운 내린 것이네
아! 누구의 공인가
우리 임금께서 내려 주셨다네
하늘을 정성으로 받들어
하늘의 복을 받았네
우리 임금께서 밝으시니
임금의 백성이라 이르겠네
동포처럼 백성을 아껴주니
하늘과 같은 지극한 인(仁)이라네
인(仁)이 온 땅에 덮였으니

너희들은 후한 삶을 살겠네
풍부하지 않은 것이 아니기 때문에
내가 이에 시를 지어
바른길로 인도하는 노래하노니
청규(靑規)에 통하길 바란다네

사천집초고
沙川集草藁

권지삼

〈양규석 역주〉

【 잡저(雜著) 】

소차(疏箚) 제문(祭文) 축문(祝文)

178. 보덕[326)]을 사직하는 소 (辭輔德疏)

공손히 생각하건대, 신하(臣下)와 인군은 아들과 아비 같으니 아들이 병들어 아프면 반드시 부모(父母)를 부릅니다. 신(臣)의 사정과 형세가 진실로 민망하고 급박함이 있으면 어찌 침범하여 욕되게 하는 죽음을 피하여 아랫사람을 도탑게 사랑하는 하늘을 부르지 않겠습니까? 더구나 미신[327)]이 앞으로 닥쳐올 일을 근심하는 것은 다만 한 몸의 사사로운 염려를 위함이 아니옵고, 머리를 우러러 소리 높여 심하게 울부짖어도 용납하여 마지못할 바가 있습니다.

신이 지난번에 도청[328)]을 대접하는데 갑자기 지금까지 없었던 변괴를 당하여 그것이 국가의 치욕(恥辱)이 되었음은 이미 낱낱이 들어 말할 수가 없습니다. 그 때의 접대당상(接待堂上)은 간략하게 들어 대강만을 아뢰어 체직하였을 따름입니다. 그 사이의 처음부터 끝까지 눈앞에 드러난 현상은 성상께서 반드시 온통 밝혀서 살피실 수 없으셨습니다.

신이 지난 달 16일에 윤숙 일차(輪宿日次)로써 바야흐로 관소(館所)에 있는데, 날이 겨우 어두워 방기(房妓)를 시켜 갈아내고 다시 장만하게 하였습니다.

그런데 갑자기 거칠게 성을 낸 해색낭청[329)] 임규(林葵)가 곤장을

---

326) 보덕(輔德) : 조선 때 세자시강원(世子侍講院)의 종삼품(從三品) 벼슬. 뒤에 정삼품(正三品)으로 올림.

327) 미신(微臣) : 신하(臣下)가 임금에게 자기를 낮추어 일컫는 말.

328) 도청(都廳) : 도감(都監)의 한 벼슬. 도감은 국장(國葬), 국혼(國婚). 그 밖의 큰 국사(國事)가 있을 때에 임시로 베풀던 관청.

들고 들어오고, 이어서 도청(都廳)의 말과 명을 전하는 사람을 잡아 들어오는 자가 있기에 신이 들어가서 마주 바라보고 앉아 겨우 두어 마디 말을 꺼냈더니, 성내어 고함지르며 크게 부르짖고는 가운데뜰에 잡아 내리고 관모(冠帽)를 벗기고 머리채를 꺼둘러 엎어놓고는 발로 차고 밟으며, 쇠방망이와 나무방망이로 어지럽게 때리고 더럽고 잡된 욕지거리가 한이 없었습니다.

그리고 이르기를,

"너는 이 계(烓)를 죽인 사람이다. 너는 정뇌경[330]의 형이냐? 아우냐? 뇌경(雷卿)이 나를 죽이려고 모의하였으니, 너도 또한 나를 죽일 놈이다" 고 하였습니다.

이 같은 말로써 한 말을 자꾸 되풀이하며, 꾸짖음이 입에서 끊이지 않는 소리가 안팎을 진동하였습니다. 큰 곤장을 재촉하여 들고는 볼기를 치고 무릎을 친 일은 장차 헤아리지 못합니다. 통역하는 무리들이 뜰에 가득 모여 슬프게 빌었지만 몰아 쫓아내기를 여러 번 당하였으며, 오히려 또 신의 몸을 덮어 숨기고는 언어와 태도가 더욱 악독하게 이르기를,

"마땅히 한정된 시간 안에 만약 거행(擧行)하지 않으면 마땅히 네 무릎을 꺾어 아픔을 더하고 머리채를 끌어서 내치겠다"

고 하였습니다.

신이 땅에 엎드려 정신이 혼혼하여 까무러친 지 한참 있다가 깨어나서 겨우 관문(館門)을 나와 다시 도청(都廳)을 찾았는데, 군뢰[331]들이 사방으로 출동하여 재촉하여 조사함이 매우 급박하였습니다. 신이

---

329) 해색낭청(該色郞廳) : 그 직무를 맡은 벼슬이 낮은 낭관(郞官). '색(色)'은 옛 관청의 '과(課)'나 '계(係)'에 해당함.

330) 정뇌경(鄭雷卿) : 1608(선조 41)~1639(인조 17). 조선 후기의 문신 · 지사. 본관은 온양(溫陽). 자는 진백(震伯) 호는 운천(雲川). 1630년(인조 8) 별시문과에 장원 급제, 정축년(丁丑年) 심양(瀋陽)에 소현세자(昭顯世子)를 배종(陪從)하였음.

331) 군뢰(軍牢) : 군대에서 죄인을 다루던 별정. 곧 지금의 헌병(憲兵)이니 뇌자(牢子)라고도 함.

하는 수 없이 민간인의 집에 도망하여 숨었더니, 도청(都廳)에 잡아들이라는 소리가 밤새도록 그치지 않았으며, 함부로 마구 때린 색리[332]는 거의 다 죽을 지경에 이르렀으니, 신은 도망하여 피한 사람에 불과합니다.

신이 저 사람에게 미움을 당함이 단번에 여기에 이르렀으니, 이는 바로 대소의 통역하는 이졸들이 함께 그 자리에서 실제로 본 바입니다. 신이 비록 지위가 낮은 벼슬이라고는 하나 접빈(接賓)하는 관부의 반렬(班列)에 이르러 도청(都廳)으로써 일컫는데, 오히려 감히 거리낌 없이 함부로 꾸짖음이 이르지 않은 곳이 없으니, 날카롭고 명확한 판단력이 이르는 곳이라면 차라리 땅을 뚫고서 들어가려고 합니다.

신이 이 일을 겪은 뒤로부터는 정신(精神)이 어둡고 희미한데 빼앗기고 놀라고 두려워서 마음이 몹시 두근거림이 병이 되어, 자리에 누워 괴롭고 아픔이 꾸물꾸물하여 헛되이 세월을 보내고 있습니다. 그런데 뜻하지 않게도 궁관[333]의 명이 도리어 이 즈음에 나왔습니다.

신이 천한 병이 바야흐로 극심하여 이미 즉시 성상(聖上)의 은명(恩命)에 대하여 감사의 뜻을 올릴 수 없었으며, 오래도록 병이 나지 않고 그 다음 달을 넘기었습니다. 또 감히 글을 상주하여 스스로 반렬을 버리고 옮기는 이유를 붙이지 못하였으니, 지금의 죄는 만 번 죽어 합당합니다.

신의 형상이 없는 무례함으로써 외람하게도 새로이 임명하심은 마땅히 다해야 할 본분 안의 일이옵기에, 몸이 문드러져 가루가 되기를 기약하였습니다.

또 듣건대 저들이 돌아가는 길에 늘 신의 이름을 들어 노하고 꾸짖어 마지 않았다고 합니다. 장차 이 미워하는 몸을 가지고 저 그치지 않는 노여움을 당하면 응접(應接)하고 응대(應對)하는 사이에 정세가 편리하

332) 색리(色吏) : 감영(監營)이나 군아(郡衙)의 아전.

333) 궁관(宮官) : 동궁(東宮)에 딸렸던 관리.

지 않고 반드시 지난날에 욕된 일을 당한 것보다 심함이 있을 것입니다. 신의 살고 죽음은 비록 돌아보기에 넉넉하지 못하더라도 양자(兩者)간에 생기 불화로 말미암은 근심은 헤아릴 수 없는 게 있습니다. 신이 생각이 여기에 이르니, 계책을 생각할 바를 알지 못하겠습니다.

설령 신이 안색을 좋게 하고 말 주변을 착하게 하여 저들의 마음을 얻는데 힘을 쓰더라도 제가 어찌 원망을 풀고서 노여움을 잊겠습니까? 더구나 능멸하고 포악하며 깔보아 욕되게 하고, 남은 마음을 겁내는 것뿐만이 아니옵니다. 범이 사람을 상하는 것과 같이하면 비록 마음을 써서 하려고 하더라도 말미암을 길이 없습니다. 지난해에 황호[334]와 신익전(申翊全) 등이 저 사람에게 비록 혐의한 바가 있으나, 신에게 비유하면 경중(輕重)이 뚜렷이 드러납니다.

당시(當時)는 성상(聖上)께서 오히려 사람을 갈아들임을 명하였거늘 더구나 신이 미움을 받음이 두 신하보다 심함이 있습니까? 일이 되어가는 형편으로써 미루어 보아도 결단코 그 무사(無事)함을 보장할 수 없습니다.

신이 공손히 생각하건대 성명(聖明)께서는 헤아려 살피시옵소서. 신이 비록 형상이 없더라도 또한 지식(知識)이 있으니, 어찌 평탄하고 험함을 알지 못하며, 신자(臣子)의 직분(職分)을 위하여 피하지 않겠습니까. 더구나 이 세자(世子)를 모시고 따라감은 이 직책이 어떠한 것인데 감히 조금이라도 싫어하고 괴롭게 생각하는 마음을 내겠습니까? 또 차례로 돌아가며 서로 바꾸어서 대신함은 이미 이루어진 요즈음의 규준이며, 이제 이 직위를 제수하심은 바로 신이 응당(應當)한 차례입니다.

신이 제수(除授)한 궁료[335]의 섭렵한 자취와 책임을 맡은 일을 벗으려고 꾀하는 사람을 볼 때 마다 일찍이 몹시 분개하여 미워하지

---

334) 황호(黃戶) : 주 288) 참조.

335) 궁료(宮僚) : 세자에게 속한 관리.

않을 수 없고, 마음의 속이 그르다고 하는 정성은 신자(臣子)의 정당한 도리로써 감히 하지 못하는 바가 있는 까닭입니다. 이제 성상의 은혜로운 명을 욕되게 하였으니, 아주 짧은 일각(一刻)이라도 선뜻 결단을 내리지 못하고, 머뭇거리어 몸소 스스로 밟아서 아래로는 신의 마음을 속이고, 위로는 임금을 기망하였습니다. 신의 사정과 형세가 지난번에 진수한 바와 같으며, 일을 망치고 욕을 끼친 형세가 반드시 이르는 바이니, 법을 지키지 않고 선천적으로 타고난 운명의 죄도 또한 도망하기 어려움을 알고 있습니다.

엎드려 원하옵건대 성은(聖恩)으로 굽어 살피시어 우매함을 고치어 새기기를 특별히 허락하시기를 간곡히 바라옵고, 속히 죄를 더하여 죽이어서 나라의 법전을 바르게 하시면 하늘이 임하여 보시고, 신은 원망하고 후회하지 않으며, 신은 성은을 감당하지 못하겠습니다.

179. 요망한 박지영을 논고한 소 (論妖人朴之英疏) 다른 사람을 대신하여 지었다.(代人作)

운운(云云)합니다. 신이 지난번에 임금의 자리 앞에서 그 일의 전말(顚末)을 능히 깊이 알지 못하고 또 타고난 성질이 노둔하고 말을 더듬음으로 연유하여 능히 사람을 따라서 응대(應對)하지 못하고, 아주 명백(明白)하게 결정하지 못하고 우물쭈물하여 입을 다물고 조용하게 있기를 면하지 못하고서 물러나 돌아와서 내 방에 엎드리고 있으니 어리석은 마음이 편안하지 못한 날이 이미 오래되었습니다. 스스로 말수가 없어 문득 쓸데없는 너저분한 귀머거리와 소경의 말로 성상의 들으심을 우러러 흐리오니, 신의 죄가 만 번 죽어 마땅합니다.

신이 가만히 생각하건대 물이 괴어있는 못이라는 말은 괴이하고 헛된 소리이며, 흐리멍텅하고 둔하여 일의 처음과 끝을 끌어 잡을 수 없으며, 한갓 하나의 요망한 사람의 꿈속의 말을 빙자하여 위엄스럽고 훌륭한 나라를 기울이어 믿어서 고혹함을 일으키고, 지극히 근면하신 성성께서 하문(下問)하시어 이 조정의 공의를 취합함이 있으니, 신은 그윽이 통탄스럽습니다.

가령 무덤의 있는 곳이 명백하여 의심이 없어도 하루아침에 뭇 백성이 침노하여 빼앗아 차지하는 근심을 입게 됩니다. 국가에 상세하게 삼가하는 도리가 있으니 오히려 또 진실과 허위를 썩 자세하게 살피어 실제의 장소를 반드시 얻은 연후에 처리 하시옵소서. 생각하건대, 이 좁은 땅[336]은 예로부터 비록 목조대왕[337]께 집을 옮겨서 사신 땅을 일컬음이며, 진실로 모구(某丘)가 궁실(宮室)의 장소가 되고, 모원(某原)이 묘소의 구역이 됨을 알지 못하면 제사에 올리는 예전의 장소도 등재되지 않았으며, 수호한 장소도 미치지 않았으니, 논의할 수 없음이 있습니다.

광연산동(曠然山洞)의 풀과 나무가 우거져 가리어 비록 수십년(數十年)안에 지나고 돌아가는 사람으로 하여금 가고 지나가는 그 사이에도 또한 또 미혹하여 동서를 알지 못하거늘, 더구나 이 3~4백년을 겪어 지나도록 사람이 없이 텅 비었던 땅에 분묘가 모처(某處)에 있는 것을 어찌 똑똑하게 알 수 있습니까? 더구나 그 글 가운데에 등재되어 있는 말은 절반 이상이 태조대왕의 전교(傳敎)로써 일컬어서 말을 하였다고 이르니, 이는 더욱 절대로 이치에 아주 가깝지 않으며, 괴상하고 기이하여 헤아릴 수가 없습니다. 그 이른바 옥규(玉圭)와 그 이른바 부신(符信)에 이른 자는 더욱 절대로 근사(近似)하지 않습니다.

만약 그 사람으로 하여금 다만 말로써 거짓을 일으키게 하면 혹시도 한 때에 고혹된 사람이 듣는 이가 있을지 모르지만 어찌 옥규(玉圭)와 부신(符信)을 꿈속에 절하여 주어서 이미 꿈을 깬 뒤에 그대로 그

---

336) 좁은 땅(潢池) : 물이 괴어있는 못. 좁은 토지의 비유.

337) 목조대왕(穆祖大王) : 태조(太祖)의 고조(高祖)

손에 있을 이치가 있겠습니까?

이는 천지와 인물이 있은 이후로부터 있지 않았던 괴이한 일로, 그 없는 일을 있는 것처럼 말하여 남을 속여 넘기게 됨을 총명한 지혜를 기대되지 않고서도 변명하여 바로 잡을 수 있습니다.

지난번 십수 년전에 있었던 여주(驪州)에 신성(辛姓)이란 요망한 자가 있어 스스로 우리 태조의 신령이 자기에게 내렸다고 이르고, 그 때에도 허망한 말이 이르지 않는 곳이 없어 마을에 이리저리 퍼졌다가 오랜만에 스스로 그쳤습니다. 이제 이 박성(朴姓)이라는 자의 하는 일도 정히 이와 같으니, 상도에서 어그러진 말과 괴이하고 헛된 일은 매우 심합니다.

신이 가만히 듣건대 길에 떠도는 말에, 지금 여기 박성이라는 자는 그 자녀(子女)를 상실하고 바람에 병이 들어 본성을 잃어버리게 되어 요괴로운 무당을 가까이 두고 괴이한 말을 전수하여 익힌다는 요망한 남자무당이라고 합니다. 그 시골 사람들은 처음부터 믿고 들으려고 하지 않으며, 모든 이치에 맞지 않게 함부로 지껄여 말을 다만 한 바탕의 웃음거리와 한산함을 깨는 밑천으로 만든 지 이제 이미 10년이라고 합니다.

아! 시골 사람은 믿지 않는데, 나라에서는 믿고, 시골 사람들은 웃음거리를 삼는데, 나라에서는 고혹하니 이는 성상께 괴이한 신에 고혹되지 않으심이 도리어 한 시골 사람만 같지 못하다고 후세(後世)에 전한다면 성상을 어떻게 이르겠습니까?

가령 한결같이 그 말한 바에 의하여 베풀어 설비한 바가 있으면 신은 어느 곳을 징거하여 믿으며, 어느 곳을 똑똑하게 가리키며 끝판에 어느 곳에 돌아가 끝을 맺을지 알지 못하겠으니, 이는 신이 더욱 풀 수가 없습니다. 이를 막지 않으면 근거가 없는 거짓말과 언행이 상하고 망칙한 무리들이 사방에서 계속하여 일어나서 끊어지지 않아서 장차에는 그 폐해를 이기지 못하리니 진실로 작은 염려가 아닙니다. 신의 어리석은 의견으로는 마땅히 유사(有司)로 하여금 그 책을 불사르고 그 사람을 죽이게 하여 허황하고 망령된 말을 막고 장래의 폐단을 막으며, 한 나라가 듣고 현혹함을 풀어서 사람마다로 하여금 성상께서 요망한 사람에게 속이어 현혹하지 않으심을 분명히 알게 하시면 다행함을 이기지 못하겠습니다.

180. 무장[338] 임소로부터 왕지를 받고 상경하다가 진위에서 수찬[339]을 사직하는 상소 (自茂長任所承旨上京) 무인 8월(在振威辭修撰疏 戊寅八月)

공손히 생각하건대, 신의 천성이 본디 용렬하고 우매한데다 또 무식함에도 요행히 과거에 급제하여 벼슬길에 늦게 올라 삼사[340]를 여러 번 욕되게 하여 이미 성군의 조정에 호리(毫釐)의 보좌도 없었으니, 그 때는 나라가 위태하고 혼란함을 당하여 외딴 지방에서는 힘을 다할 수가 없어 스스로 못난 불초라고 생각하여 벼슬과 지위가 높아지는 소망을 그친 지가 오래되었습니다.

지난 7월 초2일에 신이 무장현(茂長縣)의 임소(任所)에 있을 때, 신으로써 홍문관 수찬(弘文館修撰)이 되었으니 속히 올라오라는 전지가 있음을 공손히 받자왔습니다. 신이 왕명을 듣고는 놀라고 두려워서 몸을 둘 곳이 없었습니다.

신이 가만히 생각하건대, 옥당[341]은 청관(淸官)의 반열이니, 바로 정정의 지극한 선임입니다. 이전과 이후에 이 직위에 있던 사람은

338) 무장(茂長) : 지금의 전라북도 고창(高敞)

339) 수찬(修撰) : 조선시대 홍문관(弘文館)의 정육품(正六品) 벼슬.

340) 삼사(三司) : 홍문관(弘文館), 사헌부(司憲府), 사간원(司諫院)

341) 옥당(玉堂) : 홍문관(弘文館)의 다른 이름

반드시 경술[342]과 학업(學業)으로써 성상을 보좌하여 좋은 길로 인도할 만하고 혹 문장과 시문(詩文)으로써 임금의 말씀을 윤택하게 색칠을 할만한 사람들이었습니다. 그렇지 않으면 반드시 한 시대에 추앙을 받음으로써 정당한 명예가 있는데 돌아간 사람이 된 연후에야 위로는 도의(道義)와 사리를 슬며시 돌려서 간함으로써 임금의 덕을 도와서 부족함을 채울 수 있으며, 아래로는 뭇 사람들의 촉망을 알맞게 채움으로써, 직책을 다하지 못하고 자리만 차지하여 녹만 받아먹는 좋지 않은 일과 재앙을 피하여 면할 수 있게 해야 할 것입니다.

신과 같은 사람은 스스로 돌라보아도 보잘 것 없이 아주 작아서 백가지중에 하나도 취할게 없는데다 꿈에도 생각지 않았던 분에 넘치고 외람되게 성상의 큰 은혜가 이미 극진하였으니, 황송하고 놀랐습니다. 더구나 관리가 되어 지방에 내려왔다가 성상께서 남달리 사랑하여 내리는 은명을 받자오니 더욱 천한 신하가 임무를 감당할만한 사람이 아니며, 몸이 먼 지방에 있어 이미 하소하는 장계를 진달하지 못하였음은 어찌 힘써 길을 떠나 빨리 달려가 성상의 은명(恩命)을 사례하는 한마디 말이 없이 스스로 궁궐의 아래에 늘어서고 말 수 있겠습니까?

신의 늙은 어미가 본시 오래된 병이 있어 봄을 지나고 여름이 가도 아파서 신음하는 소리가 끊이지 않습니다. 신의 외아들이 음부의 종기가 바야흐로 헤지고 찢어져 천리의 먼 타향에서 의지할만한 사람이 도무지 없어서 어미의 병과 자식의 병을 저 혼자 도와서 보호하여 더운 기운을 알맞게 조절하며 물을 건너고 먼 길을 가기가 매우 어려워서, 하는 수 없이 중도(中途)에서 오랫동안 머무르는 그 15일 동안에 겨우 조금 나음을 얻어, 신이 문득 바로 먼저 떠나서 밤과 낮을 분별하지 않고 빨리 달려서 올라오며, 병을 구완하던 끝에 갑자기 빨리 몰아 달리다가 예전에 앓았던 병의 습기로 인한 학질(瘧疾)이 뜻하지 않게 갑자기 다시 일어난데다, 감기에 한기와 열기의 증세를 첨가하여 얻어 공주(公

342) 경술(經術) : 유교(儒敎)의 경의(經義)를 토대로 한 통치방법.

州)의 길 위에 이르러서는 아픈 증세가 지극히 중하여, 조금씩 앞으로 나아가서 진위[343] 땅에 이르러서는 점점 병이 깊고 중해져 길가에 엎어져 넘어졌습니다.

인사(人事)를 살피지 못하고 부축을 받아 여관에 들어가 밤을 새우고 새벽까지 미치광이와 같이 헛소리를 하고 뜨거운 열이 치밀어 올라서 눈으로 물건을 볼 수가 없으며, 옆에 있는 사람들이 부르짖어 불러도 거의 들을 수가 없었습니다. 아침이 되어 잠간 회생하여 억지로 말 위에 걸터앉으려고 하였지만 두 다리가 연약하고 조삽하여 일어섰다가는 도로 쓰러지며 정신이 황홀하고 전혀 먹고 마실 수조차 없었습니다.

얼마 안 되는 날 안에는 결단코 병이 다 나아지는 것은 어려우니, 정세(情勢)가 당황하여 변변하지 못하고 걱정이 아주 절박한 마음을 스스로 진달할 길이 없습니다. 또 신에게 제수(除授)한 3개월의 공인한 기한이 이미 지났습니다. 이 날을 당하여 경연[344]에 납시는 때에 직위의 이름만을 헛되이 띠고 성상께 정숙하게 사례할 기약이 없으니, 법을 지키지 않은 죄는 진실로 만 번 죽어 합당합니다.

공손히 원하건대, 성상께서는 천지와 같은 부모이시니 가엾게 여겨 동정하시기를 지극히 간절히 바라오며 신의 직분을 면제하도록 허락하여 주시옵소서.

181. 다시 소를 올립니다 (再疏)

공손히 생각하건대, 불초한 소신이 성상의 특별히 사랑하는 넓고 두터운 은혜를 외람되이 받자옵고 사직서를 제출하지 않고서 격식을 깨뜨리고 벼슬을 제수하심을 장계(狀啓)를 올리어 면직을 빌었음에도

343) 진위(振威) : 경기도 평택시 진위면 소재지.

344) 경연(經筵) : 임금 앞에서 경서(經書)를 강론(講論)하는 자리.

은전을 입지 못하였으니, 신은 진실로 감격(感激)하여 몸 둘 자리가 없습니다.

무릇 힘을 다하여 직무를 맡으면 몸이 으스러져 가루가 되도록 할 것을 기약함이 옳거늘 감히 질병의 사고(事故)로써 성상의 위엄을 삼가 모독할 수 없습니다. 지금 신이 절박(切迫)한 병환이 있어 하는 수 없이 만 번 죽음을 무릅쓰고 호소하여 부르짖습니다. 신의 죄는 만 번 죽어 마땅합니다. 신은 본디 풍습(風濕)의 병이 많아 추위와 더움이 교체하면 갑자기 종기가 되어 해마다 그러합니다.

금년은 이 달의 처음부터 허리와 갈비에 처음 발생하여 점점 팔 다리와 몸에 미치어 위로는 두부(頭部)로부터 아래는 발 무릎까지 똑 같은 모양으로 꽉 차서 걸음이 절름거리고 앉고 눕기가 모두 어려우며 오그리고 엎드리며 숙직하는 곳에서 밤낮으로 괴로움을 호소합니다. 혹 뭉치어서 엉기어 씨가 되어 곳곳마다 종기가 되고 일어나 곪아 터질 즈음에는 더욱 그 괴로움을 감내하지 못합니다. 이는 참으로 숙직방에 있는 동료(同僚)와 홍문관 안의 서리들이 같은 곳에서 직접 본 일입니다.

처음에는 대수롭지 않게 생각하였는데, 날이 갈수록 더욱 심하고 조금도 덜함이 없습니다. 가만히 생각하건대 직분은 친근하고 지위는 깊으니 처음부터 병을 잘 조리하여 낫도록 하는 방도가 아니었습니다. 더구나 자주 경연(經筵)에 납시는 때를 당하면 결코 병을 띠고 들어가 숙직할 수가 없습니다.

신의 사정과 정세(情勢)가 지극히 민망하고 핍박하오니 엎드려 원하건대 성상께서는 천지와 같은 부모이십니다. 특별히 명하여 사람을 갈아들이어 오로지 몸에 맞게 음식과 거처를 조절하여 치료하게 함으로써 살아나는 방책을 이루게 하시면 다행함을 이기지 못하겠습니다.

182. 교리[345]를 사직하는 소 (辭校理疏)

공손히 생각하건대, 신의 천한 병이 매우 중하여 직분을 맡을 수 없어 몽매함을 무릅쓰고 사람을 갈아들이는 은전을 입기를 바랐거늘 일을 사리에 좇아 잘 처리함을 감찰하는 직책의 임명은 꿈에서도 생각하지 못한 뜻밖의 명이 내려왔습니다. 스스로 불초하다고 생각하는데 외람되게도 이는 분수가 아닌 왕명을 받자오니 놀랍고 황공하여 감격(感激)함을 깨닫지 못하였으며, 이어서 눈물을 흘리며 울었습니다.

병든 몸을 가지고 그대로 숙직한 지가 날이 이미 오래되었습니다. 개와 말의 병도 끝나면 조금 쉴만하거늘 병든 것이 가볍지 않고 더함은 있어도 감소함이 없습니다. 대개 신의 이 병은 근본이 매우 깊어 오래도록 낳지 않고 고치기 어려운 병입니다. 애초에 습진으로 인한 학질의 아픔이 정작 창종(瘡腫)으로 번지게 되어 위는 머리의 부분으로부터 사지와 몸에 꽉 차서 머리는 건을 쓰지 못하고 몸은 띠를 띠지 못하며, 일어설 때는 반드시 바람벽을 휘어잡고 앉을 때는 반드시 베개를 의지하며 습기와 열기로써 더하여 위로 입을 불과 같이 처서 낮과 밤으로 가슴이 답답하고 목이 마르며 잠을 잘 수가 없으니, 본관(本館)의 문안도 또한 나갈 수 없고, 경연(經筵)의 입시(入侍)는 결단코 따라서 참예하기가 어렵습니다.

쇠약하여 직방[346]은 감히 바로 나가지 못하고 직책의 이름만을 헛되이 가지고 괴로움을 부르짖으며, 시일만을 보내니 이는 물러가 집에서 조리한다고 함이 탐탁하지 않아서 데면데면 하게 면직을 구걸하는데 비유함이 아니옵니다. 궁궐 안의 대소의 인원이 알지 못한 이가 없으니, 신이 비록 아픔을 참고 숙직하는데 있으려고 하여도 병세가

345) 교리(校理) : 홍문관(弘文館)의 정5품 벼슬. 교서관(校書館) 승문원(承文院)의 종5품 벼슬.

346) 직방(直房) : 조방(朝房). 신하들이 모여서 조회(朝會)를 기다리던 방. 대궐 문밖에 있었음.

날로 심하여 직분을 살필 기약이 없으니, 신은 진실로 민망하고 절박하여 계책이 나올 데가 없습니다. 하는 수 없이 만 번 죽음을 무릅쓰고 위급함을 간곡하게 다시 진주(陳奏)합니다. 이 일이 많은 날을 당하여 번거롭게 어지럽고 흐리게 한 죄는 더욱 만 번 죽어도 합당합니다.

엎드려 원하건대, 성상께서는 천지와 같은 부모이시니 특별히 불쌍히 살피기를 더하시어 사람을 갈아들임을 시원스러이 허락하시어, 치료(治療)에 전념하여 살아가는 방책을 이루도록 하시면 다행함을 이기지 못하오며, 신은 임무가 없이 말이 격렬하고 절실하게 방황함이 지극하옵니다.

183. **왕의 전지에 응하는 차자 (應 旨箚)** 기묘년 5월에 여름 가뭄 때문에, 임금이 신하에게 바른말을 구하는 '구언'전교가 있어 불초 본인은 교리로써 차자를 지었고, 이료 도장은 부수찬으로 써서 올렸다. (己卯 五月 因夏旱 求言傳教 不佞 以校理製 李僚道長 以副修撰書進)

공손히 생각하건대, 신등(臣等)이 가만히 지난번의 첩장을 보니 비록 세상이 평온하게 잘 다스려져 일이 없더라도 진실로 나라 일을 걱정하고 임금을 사랑하는 정성이 있으면 반드시 그 임금에게 의견을 여쭈어 "조석(朝夕)을 보전할 수 없다"하고 "화란(禍亂)이 장차 일어난다"고 하며, "위험하여 멸망함이 곧 이른다"고 하여야 합니다.

대저 세상이 평온하게 잘 다스려져 일이 없는 나라는 진실로 한 가지 일도 염려할 만 함이 없지만 의견을 여쭙는 사람의 말하는 것이 이와 같이 그 아주 알맞고 적절함은 화란(禍亂)의 조짐은 항상 듣지 않고 보지 못하는 가운데에 있는 까닭으로 쉬지 않고 노력하여 잘못을 바로잡고 도와주고도 오직 그 미치지 못할까 두려워하거든 더구나 큰 난리의 끝을 당하여 천지의 기운이 이미 다하고 혈맥(血脈)의 전함이 끊어져서 백성이 소생하지 못하고 풍속이 이미 그릇되어 온갖 것이 헤져 찢어져서 다시는 어찌 할 수가 없습니다.

만약 오늘의 심함이 있는데다 끝이 없는 천재(天災)가 해마다 이 참혹함으로써 더하면 세상의 형편을 걱정하고 정치를 아는 사람이라도 장차 다시 어떤 계책이 있겠습니까? 신은 입을 다물고서 말이 없으며 팔짱을 끼고 아무 일도 하지 않고 있다가 멀리 달아남을 두려워 할 뿐만이 아니라, 편작과 유부[347]가 난치의 병인 고황[348]을 보는 것과 같습니다. 말과 생각이 여기에 미치니 통곡(痛哭)할만 합니다.

옛날에 난리가 일어나지 않았을 때에 천재(天災)와 때때로 일어나는 변고가 달마다 일어나면 군신과 상하(上下)의 걱정하고 두려워하며 민망하고 염려하는 사람은 외국이나 남한데서 받는 모욕이 혹 이른 데에 지나지 않으며, 한 해의 운수가 혹 흉년 들어도 이와 같을 따름입니다. 만약 오늘의 국사가 이에 이르고 오늘의 백성이 이에 이르면 어찌 염려하고 생각함이 일찍이 미치겠습니까?

아아(嗚呼)! 정축년의 뒤에 만일 사람들이 겨우 기름불 속을 지나서 나와 앞의 일을 경계하고 뒤의 일을 두려워하여 아침과 저녁을 보전할 수 없으면 비록 비가 오고 맑음이 때를 잘 맞추어 오곡이 자주 풍년이 들더라도 이미 지나간 천재지변을 보충하기에 부족하며, 더욱 당장의 위험을 걱정합니다. 지난해의 가뭄은 근세와 가까운 지나간 시대에 없었던 바이고, 금년의 가뭄은 지난해보다 심합니다. 이미 봄 농사가 어긋났으니 어찌 가을의 풍년을 바라겠습니까? 슬프다! 우리 백성이여! 장차 멀지 않아서 닥칠 재앙에 구휼을 다하겠습니다.

신등(臣等)은 감히 알지 못하겠습니다. 하늘이 과연 우리나라의 운명을 아주 다 끊어버리고서 이를 구휼하지 않으려는 것입니까? 하늘이

---

347) 편작과 유부(扁兪) : 중국 주(周)나라 때의 명의(名醫)인 편작(扁鵲)과 황제(黃帝) 때의 명의 유부(兪跗).

348) 고황(膏肓) : 고(膏)는 가슴 아래쪽. 황(肓)은 흉부(胸部)와 복부(腹部) 사이에 있는 얇은 막(膜). 고와 황과 사이는 치료하기 어렵다고 함. 사물의 구하기 어려운 병폐.

과연 우리 전하(殿下)를 어질게 사랑하여서 끝내 바로 갈고 닦아 훌륭하게 하려는 것입니까? 깊은 근심은 성인을 낳고 어려움이 많으면 나라를 융성하게 일으킵니다.

정사가 우리 전하(殿下)의 한 몸에 있으면 이제 이 매우 급한 재앙이 어찌 좋은 운명으로 옮기는 하나의 큰 기회가 아닌지 알겠습니까?

전하(殿下)께서 즉위하신 이후로부터 17년의 사이에 재앙을 당하여 직언을 구하심이 한두 번에 그치지 않았으며, 조정의 모든 신하와 시골의 서민이 왕지에 응하여 직언을 올린 사람도 또한 수를 셈할 수 없습니다마는 전하의 전과 뒤의 대답하신 것은 반드시 "가상(嘉尙)하다" 하시고, 반드시 "체념(體念)하겠다" 하시며 반드시 "채용(採用)하겠다" 하시고, 반드시 "시행(施行)하겠다"고 하시었거늘, 아직도 "아무의 말을 채용하여서 아무 일을 행하고 아무 일을 행하였다"는 말을 듣지 못하였습니다.

더욱 아무 재앙은 오늘의 직언을 구하는 교서도 거의 종이 위의 빈 말이 되어서 끝내 사실로써 문학의 도리가 아닌데 어긋남이 있지 아니 하겠습니까? 신등(臣等)은 모두 불초함으로써 날로 경연을 모시어 성상의 착한 말씀을 친히 받들고 마음을 다하여서 꺼리지 않고 직언(直言)을 다하려고 생각하는 사람이 어찌 바람이 있겠습니까?

또 자그마한 지능이 용렬하게 낮고 학식이 텅 비고 소활하여 옛 사람이 한 말을 주워 모아 추구[349]와 같음이 많으니 조목으로 나누어 진달하는 시대의 폐해도 또한 새롭고 기이하지 않으니, 그 어찌 성상의 교지를 채워서 만분의 일이라도 보충할 수 있겠습니까? 다만 이제까지의 정치와 교육 가운데에서 모든 사람들의 마음에 싫어하지 않음으로써, 아래에 모두 나열하여서 시골 사람들의 적은 정성[350]을 본받아 올리나이

349) 추구(芻狗) : 짚으로 만든 개. 옛날 중국에서 제사 때 썼는데, 제사가 끝나면 버리던 물건. 필요한 때만 쓰고 필요하지 않을 때는 버림을 비유함. 아무 가치가 없게 되어버린 물건이란 뜻.

350) 시골 사람들의 적은 정성(芹曝) : 옛날 충성된 신하가 미나리를 임금에게 바쳤다는데서

다.

그 하나는 사헌부와 사간원을 중하게 여기어서 공평한 여론을 크게 넓히시옵소서! 국가의 잘 다스려지는 것과 혼란해지는 것은 신하로서 임금에게 직언을 올릴 수 있는 길이 통하고 막힌 데에 있으며, 사헌부와 사간원을 가볍게 여기고 중하게 여기는 데에 있습니다.

대개 훌륭한 임금과 밝고 총명한 임금이 정성을 다하여 정치에 힘씀에 백관에게 도움을 구함이 지극한 정성에서 나오는 까닭으로 기탄없이 바른 말을 과감히 간하는 선비가 아는 것은 말하지 않음이 없고, 말을 하면 다하지 않음이 없습니다. 비록 거둥하는 임금의 존전과 궁성의 깊은 곳이라도 진실로 해독이 백성에게 미치는데 있어서 후세(後世)의 법률과 규칙을 삼을 수 없으면 일을 만나서 바람이 일어나기 바로 앞에 사리의 옳고 그름을 밝히고 분별하여 반드시 어려운 시세를 만회함을 얻은 뒤에야 그쳤습니다.

삼대[351]의 이상에는 의론으로써 정사를 함이 없고, 한나라 이후로부터 기탄없는 바른 말을 받아 준 임금도 또한 어찌 한정 하겠습니까? 가는 임금의 수레를 멈추고서 받은 사람이 있고, 안색을 빌리어서 인도한 사람이 있으며, 붓과 종이를 주어서 책망한 사람이 있습니다. 이런 까닭으로 천하를 누려서 가지고 오래도록 편안하며 오래 다스리고서 전하여 주고 이제까지 마음에 그리워하여 입으로 늘 칭송함이 쇠퇴하지 않았습니다.

또 한성제[352]와 위명제[353]는 용렬하고 낮은 자질로써 또한 능히

생긴 말로써 정성된 마음을 가리키는 말.

351) 삼대(三代) : 하(夏), 은(殷), 주(周).

352) 한성제(漢成帝) : 중국 한원제(漢元帝)의 큰아들. 이름은 오(驁), 시호는 성(成), 외척 왕씨(外戚王氏)가 정치를 마음대로 하자 유향(劉向)이 봉사(封事)를 올려 극간(極諫)하였지만 받아들이지 않음. 재위(在位) 26년에 죽었음. 연호(年號)는 건시(建始), 하평(河平), 양삭(陽朔), 홍가(鴻嘉), 영시(永始), 원연(元延), 수화(綏和) 등.

353) 위명제(魏明帝) : 중국 위(魏)나라 문제(文帝)의 자(子). 이름은 조예(曹叡), 자는 원중(元中), 시호는 명(明), 왕위에 오르자 사마의(司馬懿)에게 촉(蜀)을 항거(抗拒)하게 하고 손권(孫權)이 합비(合肥)를 공략하자 명제(明帝)가 스스로 장군이 되어 격퇴(擊退)하였음.

지붕을 이지 말라고 강경하게 간하는 신하를 끌어내려는데, 그가 붙잡은 난간이 부러지고[354] 직간하는 신하를 물리치고 나가려는 임금의 옷 뒷자락을 잡아당기는 신하를 죄 주지 않은 아름다운 일이 있습니다. 오직 저 하나의 직언(直言)을 듣고, 하나의 굽히지 않는 곧은 절개를 보고 불끈 성을 내어서 노하고 마음대로 죄하는 사람은 그도 또한 한성제와 위명제의 죄인이니 어찌 통탄하지 않겠습니까?

지나간 시대에 대간을 설치함은 다만 일에 따라서 책망하고 조사하여 바로 잡아서 미치지 못하였음을 보충할 따름이었으니, 일찍이 우리나라의 위는 임금으로부터 아래는 서민에 이르기까지 조정(朝廷)의 모든 책임이 오로지 대간에게 모인 것과 같지 않습니다. 조정의 계획과 모든 관료의 나아가고 물러감을 모두 간여합니다.

이런 까닭으로 정치상의 모든 명령을 실제로 행할 즈음에 하나의 대간이 논하면 격식이 되어서 행하지 못하니 조종조(祖宗朝)에 대간에게 허물을 꾸짖으며, 그 책무 상 맡은 바 책임을 높이고 중하게 여긴 이유가 어떠하였습니까?

전하께서는 영민하고 뛰어나게 현명함이 하늘로부터 타고 나셨으며 성인의 슬기가 출중하시어 임금의 측근에서 보필의 임무를 맡은 신료를 두루 보시었음에 하나도 사람의 마음에서 차츰차츰 떨치게 하는 사람이 없습니다.

지난 즉위하신 이후로부터 조금 귀를 거스르고 뜻을 거스르는 사람이 있으면 반드시 오만한 기색으로 업신여겨 보시고 엄격한 말로 물리쳐서 끊으시며, 이따금 너그럽게 용서하여 칭찬하시고 여러 사람 가운데서 특별히 빼내어 일을 맡기어서 지위가 높고 이름이 드러난 사람은 마음먹고 있는 뜻을 향하여 가는 곳을 명령에 좇아 복종하는 이와 마음이

말이 적고 침묵(沈默)하고 몹시 부화(浮華)한 사람을 미워함. 그가 죽자 정권이 사마씨(司馬氏)에게 돌아감.

354) 난간이 부러지고(折檻) : 임금에게 강하게 간(諫)함. 중국 한성제(漢成帝)가 충성스러운 말(忠諫)을 써낸 주운(朱雲)을 끌어내려할 때 그가 붙잡았던 난간이 부러진 고사.

약하여 구차하게 그의 마음에 들도록 하는 무리들일 따름이고, 직언으로써 상을 받았다는 말을 신은 듣지 못하였습니다.

습관을 숭상하는데 물들은 바 되고 언제나 한 마디 말을 하지 않고, 좇음이 풍속을 이루어 조신의 우두머리에 조금 굳세고 바른 사람은 대각(臺閣)의 꺼리지 않고 바른 말을 하는 풍습을 겁겁하게 하니, 이는 정히 성상(聖上)은 합하여 받아들이는 덕이 없으시고 상하(上下)는 서로 교제하여 믿고 의심하지 않는 아름다움이 없는 까닭으로 그 증좌가 그러합니다.

요즈음의 일로써 시험하여 말씀을 올리겠습니다. 논난(論難)하여 고집하는 일이 오래 끌어가는 날이 많으면 전하께서는 반드시 "번거롭게 하지 말라", "이미 효유하였다"는 등의 두어 마디 말씀으로써 핍박하는 듯이 거절하시고, 혹 "죄인의 죄명이나 이름을 장계(狀啓) 속에서 지워버리기를 기다려서 시행(施行)할 바가 있다"는 교지(敎旨)가 있으며, 혹은 잠깐 논란을 정지하였다가 바로 특별히 제수하시는 명이 있으니, 인군과 신하의 인정과 의리가 서로 괴리(乖離)하고 대간의 체면(體面)이 이지러지고 무너지며 하나의 수령(首領)과 하나의 소관(小官)의 가볍게 입은 허물을 들어 탄핵에 이르면, 스스로 이르기를 "대간의 논핵이 비록 일어났으나 오래지 않아서 마땅히 정지하리라" 하고 한번 탄핵을 겪으면 도리어 그 기운을 더하여 탄핵을 이겨내어 공무를 집행하며 비웃고 꾸짖음을 근심하지 않으며, 심한 자는 근거 없는 말을 사실과 같이 조작하였다고 도리어 대간을 헐뜯습니다. 이런 까닭으로 조정(朝廷)이 존경받지 못하고 백관이 공사를 태만히 하며 대관을 낮춰보고 업신여겨 일찍이 하나의 관리만 같지 못하여 도로에서 만약 높은 소리로 부르는 소리를 들으면 반드시 얕보고 조롱하면서 헐뜯기를 "윤허하지 않는 장계와 이익이 없는 말을 하느라고 또한 수고하지 않았는가?"고 합니다.

무릇 우리나라의 기강(紀綱)과 체통(體統)이 오로지 대간에게 주어졌거늘 도리어 이 조롱하고 비웃으며 자주 업신여김을 당하는 밑천이 되었으니, 이와 같고 서야 어찌 망하지 않는 나라가 있겠습니까? 모든 것을 성상께 그 잘못을 따져 간하는 일이 성상의 뜻에 거슬림이 있으면 장계를 올리어서 비록 일찍이 비준을 내리시더라도 반드시 늦습니다. 이는 전하께서 좋아하고 미워하는 실마리를 눈치만 보이시어 사람마다로 하여금 엿보아 헤아려서 깨닫게 하시옵소서.

대개 대간이 논란하는 것은 단지 근거 없이 떠도는 말의 잘못과 사실을 잃어버린 일이 없지 않지만 이는 예로부터 여러 사람이 두루 가지고 있는 우환으로, 한 때에 깊이 다스릴 만한 것이 되지 못하오니 전하께서는 비슷하여 가려내기가 어려움이 아주 명백(明白)함을 거의 모두를 살피지 마시옵소서! 그 폐해가 조정(朝廷)이 존경받지 못하고 체통(體統)이 서지 못하는 데에 이르러서 나라가 나라가 되지 못하니 또한 애석하지 않습니까?

어떤 사람의 의분이 북받쳐 슬퍼하고 탄식하는 말은 대간을 설치(設置)하고 그 말을 따르지 않으려면 차라리 대간의 관부를 폐지하여 없애는 말이 있기에 이르렀으니, 이 말이 진실로 사리에 맞지 않음이 되지 않으며 인정(人情)의 답답하게 막혔음을 볼 수 있습니다.

엎드려 원하건대, 성상께서는 이제부터는 대간이 말하는 것을 공평무사한 마음으로 듣고 받아들이시고 전일과 같이 하시는 일이 없으면 상하가 서로 화합하여 혹 천재(天災)가 그칠 수도 있습니다.

그리고 그 하나는 백성을 후대하여 나라의 명맥을 오래 가게 하시옵소서! 무릇 백성은 나라에 의지하고 나라는 백성에 의지합니다. 근본이 견고하여야 나라가 편안하다는 말은 전하께서도 알고 계십니다. 지난 광해조에는 지세와 부역(賦役)이 번거롭고 높아서 전국의 많은 백성들이 기러기가 슬피 울고 물고기가 입을 오물거리듯이 거의 죽을 지경에 빠졌다가 다행하게도 성상(聖上)께서 물과 불 속에서 구원해 주신 은덕에 힘입어 살아났습니다.

계해년[355] 첫 해로부터 전하께서 정사에 부지런히 걱정하고 힘쓰시고, 모든 신료들이 한결같은 마음으로 왕명을 받들어 행하여 일찍이 국민에 관한 일로써 위선(爲先)하여 왔사오니, 이익과 손실의 근원을 아는 것을 보전(保全)할 수가 없고 또 침착하고 진실하게 시행하고 조치하는 마땅함이 없었습니다.

겨우 하나의 법을 세우면 바로 즉시 폐지해 버리고, 겨우 한 가지 일을 실행하면 바로 즉시 뒤좇아 정지하였으니, 대동(大同)과 선혜(宣惠)의 무리가 그 하나입니다.

백성이 정치를 바람은 목마른데 물을 마시기를 생각하는 것과 같거늘 끝내 한 가지의 정사를 일으키고, 한 가지의 명령을 행하여 백성을 후하게 대접하고 백성이 산업을 넉넉하게 할 수가 없으니, 큰 난리가 계속하여 일어나서 흙이 무너지고 기와가 깨어지듯이 사물이 산산이 흩어져서 마침내 오늘에 이르러서 극진하였습니다.

정부와 민간이 공허하고 텅 비었으며, 저축하여 둔 것이 모조리 없어져서 경상적으로 쓰는 비용과 매년 공물로 가지고 가는 폐백(幣帛)의 수요도 백성에게 징구하지 않을 수 없으면 심히 곤란하여 궁핍하고 피폐함이 지극하니, 이 어찌 곡식과 베실과 명주실을 내라는데 호응할 수 있습니까? 외롭게 의지할 곳 없이 홀로 남은 백성들이 사방으로 떠돌아 흩어져서 도로(道路)에서 죽고 구렁에 쓰러지는 사람이 장차 얼마가 될지를 알지 못합니다. 아! 백성으로 하여금 여기에 이르게 만들고서야 나라가 그 나라가 될 수 있습니다.

신등(臣等)은 성상의 밝은 슬기를 가까이 바싹 다붙어 백성을 구제하는 왕교의 말씀을 우러러 듣자오니, 친절할 뿐만이 아님에도 은택을 내리심이 미치지 못함을 분변하지 못하고 원망이 떠들썩하게 일어나니, 신은 전하의 백성을 구제하심이 옛 성왕만 같지 못함이 명백함을 압니다. 무엇으로써 말씀을 올리오리까?

옛적의 성주께서는 백성으로써 백성을 보지 않으시고 내 아들로써

355) 계해년(癸亥年) : 1623년 인조 1.

백성을 보았습니다. 아들의 곤궁함을 은혜로써 보살피기를 갓난아이를 보호하는 것과 같이 한다고 이른 것은 모두 진실한 이치이며 거짓말이 아닙니다. 무릇 사랑이 깊은 아버지가 그 아들을 돌보는데 어찌 이르지 않은 데가 있겠습니까? 도탑게 사랑하는 마음이 있으며 불쌍하고 가엾게 여기는 마음이 있음이 거짓이 없고 참됨이며 거짓이 없고 꾸밈이 없으며 친하여 서로 막힘이 없으며 괴롭고 아픔과 가려움병과 깊은 병과 기쁜 일과 슬픈 일이 꼭 이 같으니 성왕(聖王)의 백성에게도 또한 이와 같습니다.

깊은 은혜와 두터운 은혜가 살찐 몸의 골수에 깊이 스며들은 까닭으로 백성이 임금을 보는 것도 또한 아들이 아비를 보는 것과 같이하여 평시에는 사랑으로 받들어서 저버리지 않으며 난리를 당하면 죽은 어른의 뒤를 염려하니, 이는 임금이 백성을 사랑한 명백한 보람입니다.

이제 전하가 백성을 사랑하심은 그렇지가 못합니다. 처음에 있어서는 임금의 훈유를 백성에게 널리 포고하여 내어 보내어 아직 바치지 않은 세금을 깨끗이 씻어 주었거늘 일이 거죽만 장식한 문방구로 돌아가서 끝내 실제의 효과를 거두지 못하였으며 난리를 겪으면 제향(祭享)을 탕감하고 공물을 기록한 문서를 절약하여 줄이었지만 실제의 은혜는 펴시 못하여 백성이 은혜를 알지 못하고, 백성의 기쁜 일과 슬픈 일에 이르러서는 백성을 애무하는 지방관에게 매이었음에도 어질고 어리석음을 묻지 않고 노고를 갚는 사람만을 오로지 임용하며 관리의 성적을 상고하는 일이 공정하지 못하고, 오는 사람을 맞아 수고를 위로하여 권장함이 없으며 뇌물이나 도둑질의 부정한 행위로 얻은 재물에 관한 법률이 엄중하지 못하여 남의 물건을 차츰차츰 침범하는 일이 아직도 혹심하니 무릇 이와 같은 사람들이 과연 옛 성왕(聖王)이 자식을 은혜로 보호하는 도리와 같은 데에 합당 하겠습니까? 그렇지 않으면 오늘의 백성이 상한 사람을 돌보는 것과 같은 혜택을 입을 수 없는 것은 진실로 넉넉히 괴이 할 게 없습니다.

엎드려 원하건대, 전하께서는 뒤를 이어서 이제부터는 백성이 살아감을 보시기를 참으로 전하의 갓난 아들과 같이 하시어 하나의 정치상의 모든 명령과 한 가지를 시행하는 사이에도 매우 지극한 정성과 가엾게 여기어 슬퍼하시기를 한결같이 옛 성왕(聖王)의 행하신 바와 같이 하시면 백성은 보전할 수 있으며 하늘의 뜻을 돌이킬 수 있습니다.

그 하나는 학식과 능력이 뛰어난 사람을 양성하여 천지(天地)의 기운을 배양 하시옵소서! 인재를 양성함은 나라에 가장 절실한 일입니다. 시경에 이르기를 "문왕(文王)이 오래 사시며, 어찌 인재(人材)를 양성하지 않았는가?"고 하였으니, 이는 문왕(文王)의 인재를 양성함은 늙을 때까지 그치지 않은 까닭으로 떨치고 일어난 사람을 많이 본 아름다움을 말함입니다. 오늘의 인재(人材)가 아득한 모양으로써 전하께서 인재를 양성하는 도리를 아는 것도 또한 문왕(文王)과는 다릅니다.

즉위하신 처음에는 성균관의 관리를 오래 맡기어서 좋은 결과를 책임지우고 힘써 전강[356]을 시험한 유생은 경학(經學)을 권장하여 그 인재를 양성하는 도리에 오로지 마음을 두었다고 이를 수 없으며 해를 지남이 이미 오래 되었지만 실제의 효과가 있음을 듣지 못하였고 실을 잣듯이 문장을 만들어 여러 가지 학문을 많이 쌓아 두고 많이 내 보내며 과거(科擧)에 이름을 점거한 사람도 또한 많이 얻을 수가 없거늘, 더구나 그 경학에 밝고 행실이 착한 선비를 무성하게 세상에 쓰임이 되기를 바라겠습니까?

재지와 덕행이 뭇 사람 속에서 뛰어나서 문왕과 같은 재주와 슬기가 뛰어난 사람을 기다리지 않아도 진실로 얻어서 볼 수가 없습니다. 마을과 마을의 거리에는 글을 외어서 읽는 소리가 전혀 없고 도성으로 통하는 거리에는 책을 낀 어린이를 보지 못하였습니다.

아아(嗚呼)! 어린이를 바르게 교양함이 인재를 양성하는 근본이며

356) 전강(殿講) : 성균관(成均館)의 유생(儒生)중에서 학식(學識)이 많은 사람을 대궐 안에 모으고 임금이 친히 행하던 시험. 삼경(三經)이나 오경(五經)에서 찌를 뽑아서 외게 하였음.

후진을 가르쳐 인도하고 도와줌이 인재를 교육하는 법도입니다. 인재를 교양함이 이미 올바름을 잃어버리고 교육이 또 술책이 없으면 인재가 없음은 이치가 진실로 그러합니다. 전하께서 비록 법 받을 만한 현철한 명감 있으시더라도 벼슬아치에게 시킬만한 일이 없으니 더욱 애석할 만 합니다.

다른 날에 경전을 강론하고 사책을 주워 얻어 임금의 덕을 도와서 잘 인도함을 누구에게 책임지우며 임금의 계모를 도와서 나라를 빛나고 아름답게 꾸밈을 누구에게 책임지우고 나라의 원기를 조절하고 임금의 교화를 도와서 도리를 강론하여 밝히고 나라를 다스림을 누구에게 책임을 지우시겠습니까? 신등(臣等)이 재주를 시험하는 일을 친히 임하여 행하심을 요즈음에 보오니 심히 성대한 거사입니다.

깍지와 팔찌[357]의 속이 적은 사람은 자못 효과를 이룸이 있는 까닭으로 다투어 서로 효과를 사모하면 다달이 더 자랄 것입니다. 인재를 성취시키는데 문과 무가 어찌 다르겠습니까?

인재를 양성하는 방도는 조금도 늦추기를 용납하지 않습니다. 엎드려 원하옵건대, 전하께서는 장자를 교육하는 직분을 책임지고 이루게 하여 가르치고 타이르는 관리를 널리 설치하여 어린 소아를 교양함으로부터 나이가 많은 모든 학생까지 경서(經書)와 제사서와 사서의 이외에 소학(小學)과 근사록(近思錄)과 심경(心經)의 모든 책으로써 주어 성질과 심정을 교화하고 훈육하여 기질(氣質)을 변화시키고 가볍고 화려함을 통렬히 개혁하여 의롭고 겸양하는데 부지런히 힘쓰면 엄숙하고 장한 아름다움과 외면과 내면이 서로 알맞게 갖추어져 있는 성함을 오늘에 다시 볼 수 있으며, 나라의 명맥이 신령하게 자라서 끝내 반드시 이에 의뢰할 것입니다.

---

357) 깍지와 팔찌(決拾) : 활을 쏠 때는 사용하는 기구. 깍지(決)는 코끼리뼈(象骨)로 만들어 오른쪽 장지(丈指)에 끼어 시위를 당기는 기구이며 팔찌(拾)는 가죽으로 만들어 왼쪽 팔뚝에 붙이어 시위가 맞는 것을 방지하는 기구.

그 하나는 염치(廉恥)를 장려하고 절조와 도의를 숭상하여서 선비의 기운을 착하게 하소서! 절의(節義)와 염치는 나라의 사람이 지켜야 할 큰 도리이며 사람의 큰 빗장이니 진실로 하루라도 없을 수 없습니다.

우리나라는 조종조(祖宗朝)로부터 그 절의와 염치의 도리에 널리 장려하여 북돋아 심어서 이르지 않은 곳이 없으며 사부의 자식은 어려서부터 장성할 때까지 반드시 예법으로써 스스로 가지고 깊이 삼가고 엄숙하게 스스로 지키어 집에 있으면 마음이 바르고 정성스러운 행실로써 서로 힘쓰고 벼슬에 오르면 먼저 그 갈고 닦은 조행과 선배가 가르친 바를 후배가 들은 바를 보았습니다.

반드시 이 네 가지를 먼저 하는 까닭으로 사람마다 점점 선비의 습속이 무너져서 깨끗하고 올바르며 시대가 태평하면 청렴결백하게 벼슬살이를 하고 있으며 바른 도리로서 임금을 섬기고 변란을 당하면 급작스럽게 일어난 병으로 오랑캐에게 사양하고 의리를 위하여 몸을 버리고서 나라를 위하여 충성을 다하였으니 사대부의 명예와 절조를 귀중하게 여기는 바가 또한 중하지 않습니까?

인심이 물에 떠내려가고 세상의 도리가 날로 비천하여 오늘에 이르러서는 선비들이 옛사람을 스승으로 삼지 않아 절의와 염치를 아는 사람이 드물게 되었습니다. 겨우 어린아이를 면하였거늘 먼저 붕당(朋黨)의 폐해와 이를 알고 구두[358]를 받았거늘 먼저 이익과 작록(爵祿)의 지름길을 찾으니, 관리가 된 사람은 욕심이 많고 마음이 더러움을 서로 본받아서 형벌에 빠지고서도 부끄럽게 생각하지 않고, 실제의 일을 당하여서는 남을 속이는 일이 풍속을 이루어 마음대로 속이고서 스스로 잘하였다고 생각하며, 임무를 사사롭게 처리하여 법을 업신여기는 사람은 여기에 직분하고, 같은 의견의 사람끼리는 돕고 다른 의견의 사람은 배척하는 사람은 여기에 직분하고, 언어 풍속이 낮고 거칠며 용렬하고 둔하여,

358) 구두(句讀) : 구두법(句讀法). 글을 읽기 편하게 하기 위하여 단어, 귀절에 점, 또는 부호 등으로 표시하는 방법.

어리석은 무리들은 특별히 귀엽게 여겨 사랑을 받으며, 서로 다투어 앞으로 나가고 거칠고 분수에 넘치고 염치를 모르는 사람은 이익을 위하여 목숨을 버리면서 법을 범하니, 이와 같이 하고 말지 않으면 반드시 전하의 나라가 멸망한 뒤에야 멈추게 될 것이니, 두렵지 않을 수가 있습니까?

절의와 염치가 다 쓸려나가 아주 없어짐이 오늘과 같은 때가 없었으며, 신이 사사로이 걱정함은 가만히 뒷날을 생각하면 또 오늘보다 더 심함이 있으니, 어느 것을 널리 권장할 길인가를 위에서 명백히 밝힌 연후에야 실지로 행하는 사람이 아래에서 일어납니다.

지난번의 변란이 일어난 날에 절개를 지켜서 목숨을 버리고 죽은 사람이 그 의리와 같으며, 그 절개와 같거늘 포상하고 증직하며 위문하고 구제하는 거사는 오래되었지만 실행하였다는 말은 들은 적이 없습니다. 이 어찌 전하의 널리 권장하는 길입니까?

아(噫)! 뛰는 개구리의 울음소리와 편안한 말의 뼈는 천리 밖에 있는 사람을 초치하는데 넉넉합니다. 전하께서는 진실로 능히 지조가 곧고 바르며 마음이 청렴하고 검소하며 성품이 높고 깨끗한 선비를 찾아 구하여 만일 공적이 현저하게 있는 사람은 높은 관작의 차례를 따지지 말고, 한(漢)나라 광무가 탁무[359]를 등용하여 제수한 것과 같이 하고, 목숨을 바쳐 절개를 지킨 사람을 두텁게 은혜를 베풀어 구제하여서 미행(美行)을 칭찬하여 표창하기를 당종(唐宗)이 수실(秀實)에게 증직(贈職)하는 것과 같이 하시면 사람들이 모두 눈으로 보고 느끼어 떨치고 일어나서 선비의 습속이 혹 바른 데에 달려가게 될 것입니다.

그 하나는 형사와 민사소송을 명백하고 신중하게 판결하여서 천재(天災)를 소멸시키시옵소서! 옥송(獄訟)은 온 세상의 큰 일입니다. 비록

359) 탁무(卓武) : 중국 후한(後漢)의 완인(宛人), 자는 자강(子康), 원제(元帝) 때 장안(長安)에서 배우고 박사(博士)인 강생(江生)을 섬기어 법례와 역산(曆算)을 익히고 시랑(侍郎)에 등용됨.

순임금과 우임금의 성명으로써도 송옥(訟獄)을 모두 돌려보낸 연후에야 바로 천자(天子)의 지위를 행하였거늘 더구나 그 아랫 사람이겠습니까?

전하께서 즉위하신 뒤로부터 나라가 불행하여 역적을 다스리는 옥사가 자주 일어나서 해마다 죄인의 심문이 끝나서 그칠 때가 없습니다. 때로 죄인이 실정을 다 말하여 형벌에 복종하여 죽임을 받은 사람 이외에 고문하는 아래에서 죽임을 당한 사람도 또한 있습니다. 그 가운데에 진실로 사정을 숨기고 드러내지 않고 흉악하고 잔인한 사람도 있지만 또한 어찌 희미하여 선명하지 못하여 사실대로 말하지 못하고 원한을 머금고 굴욕을 받은 사람이 없겠습니까? 원한을 머금고 굴욕을 받은 사람이 없으면 모르거니와 만일 한 사람의 죽음이라도 있을 것 같으면 화목한 기운이 마음을 슬프게 함으로써 오히려 천재(天灾)를 부르기에 넉넉하거늘, 더구나 죽은 사람이 하나만이 아니겠습니까?

전하께서는 죄수를 구하여 살리기 위해 두루 자상하게 염려하며 명확하게 관찰하고 또 신중하게 처리하는 덕은 많은 왕보다 높게 뛰어나서 전후의 옥사(獄事)에 반드시 널리 물음을 더하여 처리하시고, 신중하게 심의하는 은전을 내리셔서, 마땅히 잘못 죽은 사람이 없으며 또 옥송의 체통과 매우 중요하여 옥송의 사정을 알기 어려운 까닭으로 국문에 참여하는 신하가 비록 경수와 위수[360]의 청탁을 본적이 있더라도 감히 한 마디 말을 꺼내지 못하고 우물쭈물하는 즈음에 죽은 사람은 양양합니다.

이는 이 나라의 죄를 다스리는 옛 법규이니 전하의 어진 마음이 있어 살상을 싫어하는 어짐에 있어서는 흠이 되는 해로움이 있지 않겠습니까?

아(噫)! 역적을 다스리는 옥사가 이 어떠한 중대한 일이 관대 변변하지 못한 지나친 염려가 오히려 구슬과 돌이 서로 섞이면 해부(該府)와

---

360) 경수와 위수(涇渭) : 모두 섬서성(陝西省)에 있는 강 이름. 경수는 흐린 물, 위수는 맑은 물인데서 사물의 구별이 확실하다는 뜻.

해관(該官)이 스스로 판단하는 옥사에 아무 죄가 없이 죽음에 이르는 사람이 몇 사람에 이를지 두렵습니다.

더구나 나라의 법이 밝지 못하고 인심이 날로 그릇되어 이치에 맞지 아니하는 송사를 잘 일으켜 남의 재산을 탈취하는 사람들의 무리가 많이 있습니다. 그 송사를 시작함에 혹 위엄 있는 기세의 힘을 의시하고 혹 그 직무를 맡은 관리에게 의뢰를 청탁하고 혹 이처럼 붙어 나라를 좀먹고 민폐를 일삼는 간사한 관리의 무리들이 처음에는 그럴싸하게 좋은 문법으로써 책임을 가진 사람을 현혹하게 하고 끝에는 민첩하고 능숙한 말솜씨로써 방자한 마음으로 남의 것을 빼앗아 차지함은 유사(有司)가 된 사람이 혹 소견(所見)이 사리에 어리석고 어두운데 말미암고 혹 먼저 들어옴으로써 주장을 삼으며, 혹은 위엄 있는 기세에 겁을 먹고 혹 사사로운 인정에 끌리어 그러합니다. 무릇 결단(決斷)하는 것이 이 두어 가지에서 나오지 않습니다. 그렇지 않으면 시일을 자꾸 밀어가서 해를 거쳐 지나가는 일이 흔히 있습니다.

내수사[361]와 각 관사의 노비를 정원 밖의 사람을 더 넣는 일에 이르러서는 오늘에 이미 고질의 폐단이 되었습니다. 판주(判主)의 하인과 불량한 백성을 거듭하여 명백하게 밝히라는 교지가 있지 않았습니다마는 간사한 관리와 부합하여 뒤를 이어서 편찬하는 장부에 부치어서 도망할 자리를 생각하여 도모하였습니다.

그 동안에 비록 말씀을 올려 왕의 뜻을 얻은 사람이 있더라도 서울의 사이에 타인으로 말미암아 맺은 인연이며 약간은 대적할만한 형세가 있는 사람에 지나지 않으니 아득히 멀리 있는 잔약한 백성이 원한을 품고 말하지 못하는 사람을 어찌 수효를 셈할 수 있겠습니까? 다만 이것만이 아닙니다. 내노비(內奴婢)가 사망하면 그 노비와 재산은 본사(本司)로부터 추심하여 징수하는 즈음에 액정[362]의 하인이 별좌[363]로

361) 내수사(內需司) : 대궐에서 쓰는 쌀, 베, 곡물과 노비 등에 관한 사무를 맡아보던 관청
362) 액정(掖庭) : 궁중 정전(正殿) 옆에 있는 궁전. 비빈(妃嬪) 궁녀(宮女)들이 거처하는

핑계하고 이웃한 겨레붙이를 뒤쫓아 잡아다가 조금도 남기지 않고 어지럽게 매질을 하여 서로 같이 전하며 죄를 무릅쓰고 고발하여 소득이 매우 작은데도 원한을 받음은 값을 매길 수 없습니다.

이것은 백성이 감히 송사를 하지 못하며 관가에서도 알 수 없습니다. 이로써 통분을 머금고 원한을 품은 사람이 부르짖어 호소할 데가 없어 가슴을 두드리며 괴로움을 호소함을 길을 가면서 서로 듣습니다. 신등(臣等)이 가만히 생각하건대, 해마다 한재(旱災)를 겪음이 반드시 이들의 일에 말미암지 않았는가? 두렵습니다.

엎드려 원하건대, 전하께서는 계속하여 이제부터는 유사(攸司)를 거듭 명확하게 밝히어 오래된 폐해를 통렬히 혁파하여, 송사를 듣고 재판하고 죄의 판결을 한결같이 법률을 준수하고, 만일 사사 정분을 좇아서 법을 굽히는 사람이 있으며 혹 사정을 알고 잘못 처결하는 사람이 있으면, 큰 벼슬에 오른 사람으로써 용서하는 바가 없게 하여, 반드시 무거운 법률로써 다스려 모든 옥사로 하여금 치우치지 않고 공평하게 하여, 화목한 기운이 부드럽고 온화하면 재앙을 그치게 하는 길이 진실로 여기에 있습니다.

아아! 오늘에 말할 만한 일은 진실로 털끝만한 작은 일도 일일이 들출 수 없으며 아주 가까운 걱정은 이 다섯 가지만 같은 게 없는 까닭으로 간략하게 이미 조목을 위에 나열하였습니다.

신등(臣等)이 날을 나누어 앞자리에서 모시어 주시(周詩)를 강하여 올리었으니 어찌 또한 운한의 글[364]을 보지 않았겠습니까? 그 시에 이르기를 "어찌 지금의 사람을 허물하겠는가? 차라리 내가 궁핍을

궁전. 후정(後庭) 또는 영항(永巷).

363) 별좌(別坐) : 조선시대 정 · 종5품에 속한 벼슬. 교서관(校書館), 상의원(尙衣院), 군기시(軍器寺), 예빈시(禮賓寺), 수금화사(修禁火司), 전설사(典設司), 내수사, 전함사(典艦司), 전연사(典涓司), 빙고(氷庫) 등에 두었음.

364) 운한의 글(雲漢之章) : 〈시경(詩經)〉의 대아탕지십(大雅蕩之什)의 편명(篇名), 주선왕(周宣王)때 가뭄이 있어 왕의 몸을 벌하여 수행하게 하여 달라고 하늘에 기도한 까닭으로 세상이 기뻐하여 읊은 시.

당하리라"고 하였습니다. 선조(先祖)에게 꺾인 사람은 모두 지극한 정성과 가엾게 여기어 슬퍼하는 데에서 나와 하늘을 감동시키기에 넉넉함이 있는 까닭으로 시를 설명하는 사람이 이르기를 "선왕(先王)이 여왕(厲王)의 공업을 이어받아 안으로는 어지러운 세상을 다스려 평안하게 하는 뜻이 있어 재앙을 만나서 두려워하고 소멸하여 제거하려고 하니 온 세상이 임금의 덕화가 다시 행하여짐을 기뻐하고 백성의 걱정함을 본 까닭으로 이 시를 지어서 아름답게 하였다"고 하였습니다.

그렇다면 전하께서 오늘에 재앙을 당하신 바가 어찌 주선왕(周宣王)이 옛날에 걸어간 바가 아니겠습니까? 전하께서 주선왕의 마음을 본받아 주선왕의 정사를 행하시는 까닭은 다만 한결같은 마음으로 두려워하심이 꼭 필요함이 아니고 크게 떨쳐 일어남입니다. 그 떨쳐 일어나는 방도가 되는 것은 또 전하의 큰 뜻을 세우고, 전하의 실제로 효과가 있는 은덕을 힘쓰는 데에 있으니 엎드려 원하건대 마음에 두시옵소서 공자(孔子)께서 이르시기를 "삼군을 거느린 장수는 탈취할 수 있지만 한 사람의 남자의 뜻은 탈취할 수 없다"고 하였습니다.

무릇 삼군을 거느린 장수는 필부(匹夫)보다 월등하다고 이를 수 있지만 진실로 뜻이 있으면 저를 쉽게 탈취할 만 하며 이 탈취할 수 없는 필부의 뜻은 오히려 더욱 이와 같거늘 더구나 군주의 뜻이겠습니까? 예로부터 어지러운 세상을 다스려 평안하게 하는데 귀를 기울이고 안하는 인군은 반드시 확실하게 뽑아낼 수 없는 뜻이 있으니 위험함을 밟고 괴로움을 참고 견디며 여러 해를 지낸 뒤에야 바야흐로 그 뜻을 이룰 수 있습니다.

신등(臣等)은 가만히 생각하건대, 전하의 오늘의 뜻을 알지 못하겠습니다. 장군색하고 구구하게 재래의 습관과 예절을 고치지 않고, 그대로 좇아서 새의 날개가 찢기고 바람에 쓰러지며 무너지고 타락하여 오늘에 그칠 따름이라고 생각하십니까? 장차 마음을 단단히 먹고 기운을 내어 일어나며 떨쳐 일으켜 격려하고 초목이 바람에 쓰러지듯이 쏠려 좇아서 옛날의 법 받을 만함을 기약한 뒤에야 그만두겠다고 생각하십니까?

아아! 오랜 포위가 겨우 풀리어 나라 운명의 처치가 오히려 마음이 편하지 못하거늘 임금과 신하의 위와 아래가 이미 거주에서 수모를 당하고 있던 마음이 없어지고 1~2년만에 거의 서로 잊어버리는데 이르러 다시 조금도 아픔을 참고 원한을 먹음은 일이 매우 급박하여 어찌할 수가 없던 마음이 있지 않고 수치를 감추고 말하지 않으며 나라에 대한 충성된 의리의 기운이 이미 저상되고 눈앞의 안락을 탐하여 스스로 계획하여 시들고 느른하여 활기가 없는 습관이 이미 고질이 되었습니다.

우리 전하께서는 슬기롭고 도리에 밝으며, 뛰어난 무덕이 좀처럼 세상에 나타나지 않을 만큼 드물고 훌륭한 성군이온데, 오늘에서 그치시고 끝내 장래에 크게 있을 완수할 수가 없습니까? 우리 조종[365]이 250년을 전하여 내려오는 나라이옵거늘 오늘에 이르러서 끝내 빛나는 아름다움을 보지 않으시겠습니까? 그 기회는 오로지 전하의 뜻이 서고 서지 않음에 달렸습니다. 전하의 뜻이 결정된 연후에야 대부(大夫)와 사서인(士庶人)의 뜻이 결정되고, 전하의 뜻이 결정되지 않으면 많은 국민이 성상의 뜻이 있는 곳을 알지 못하여, 격려하여도 권장할 것이 없고 화려하고 사치스러움만을 탐하는 사람이 날로 더욱 심하여, 끝내는 반드시 멸망 하는 데에 이른 뒤에 그치게 됩니다. 그러므로 오늘의 전하의 뜻이 특별히 만사(萬事)의 근본이 아니고 진실로 국가 만세(萬世)의 근본이라고 이릅니다.

전하께서는 진실로 능히 먼저 큰 뜻을 세우시어 고생을 무릅쓰고 힘들여서 열심히 하고 근고(勤苦)하시기를 항상 남한산성에 계시던 날과 같이 하시어 반드시 이르시기를 “백성이 넉넉한 연후에야 생산하여 자재를 모아 저축함을 볼 수 있고, 충간(忠諫)이 들어온 연후에야 허물을 들을 수 있으며, 인재를 양성한 연후에야 선비를 얻어 쓸 수 있고, 형옥(刑獄)이 잘 다스려진 연후에야 사람이 원한이 없어질 수 있다”고

---

365) 조종(祖宗) : 임금의 시조(始祖)와 중흥(中興)의 조상

하소서! 아주 작은 잘못과 조그마한 재주를 이목(耳目)에서 끊어버리시고 이르시기를 "나의 뜻을 해롭게 할까 두렵다"고 하소서!

큰 뜻을 이미 세우심이 견고하게 정하여서 흔들리지 않음을 미루어서 정사(政事)를 하면, 크게 떨쳐서 일어나서 나아가 향하여 움직일 바가 있음은 오직 뜻을 기다립니다. 실제의 효과가 있는 은덕을 베푸는데 힘쓰라고 이른 바도 또한 전하의 힘써 행하시는데 달렸습니다.

전하께서 즉위하신 처음에는 유신(儒臣)들이 모두 정성스럽고 참되어 거짓이 없는데 이르지 못함으로써, 성상의 덕이 모자라고 비게 되었다 하였습니다. 대개 전하께서 말씀을 꺼내시는 바가 혹 성상의 마음에 아직 남아 있는게 아니며, 실제로 행하는 일에도 또 말씀한 것과 같이 다할 수 없어 겉과 속이 서로 어긋나고 앞과 뒤가 같지 않으면 진실하고 거짓이 없는 도리가 하늘로 더불어 그 덕이 합치할 수 없습니다.

그러므로 비록 하늘을 공경하려고 하더라도 하늘이 믿고 위에 있는 이를 돕지 않으며, 비록 백성을 부지런히 일하게 하려고 하여도 백성이 믿고 아랫사람을 돕지 않거든 더구나 재앙을 만나 수양하고 반성하는 도리는 더욱 보람 없는 헛된 일에 실속 없는 글이 될만하지 않습니까?

무릇 정전[366]을 피하고 평상의 식사를 줄이며, 직언을 구하는 교서와 기도하는 일은 이 모두 이미 지나간 이전의 문구(文具)를 거의 같은 양식에 따라서 베끼어 기록하였으니, 하늘과 사람이 사귀는데 비록 아득히 멀더라도 나타나고 미세함은 한 가지 이치입니다. 처음에 저것과 이것이 없었으니 아래에 있으면서 윗사람에게 응수함이 이미 성실하지 못한 문구(文具)로써 대하였으면 드러나지 않고 으슥하게 위에 있는 사람이 홀로 진실함으로써 응수할 수 있습니까?

일어서고 앉으며 응답하는 사이에, 하나라도 성실하지 못함이 있으면 모든 일이 성실함이 없거든, 더구나 하늘의 도리는 진실로 한가지의

366) 정전(正殿) : 임금이 거처, 시무(視務)하는 방.

거짓이 없으니 진실로 순박하고 인정이 두터우며, 진실하고 거짓이 없는 덕이 아니면 그 하늘에 응하는 진실을 다할 수 있습니다.

전하의 병은 아주 가늘고 작은 일을 치우치게 밝히고 긴요하지 않은 일을 깊이 살피시는 데에 있습니다. 문자를 출납(出納)하는 사이에 글자의 모양과 가의 획이 잘못되면 문득 작은 표를 부쳐 총명하심을 보이고, 사용하는 기구를 제조(製造)하는 일에도 매양 부지런히 하라고 단단히 타일러 경계하는 교서를 내리며, 민간에 전하는 풍설을 반드시 다 믿지 않으십니다.

이 한 가지 일로써 넉넉히 전하의 뜻이 아주 가늘고 작은데 전념하시고 큰 줄거리를 잃으심을 알 수 있으니 그 실덕(實德)에 누가 됨이 거의 크지 않습니까?

공손히 원하건대, 전하께서는 이미 지나간 일을 깊이 징계하시고, 더욱 실덕에 힘써 외면치레만 하고 진실성 없는 가벼운 문장을 힘써 버리시고, 일마다 생각마다 하나도 정성스럽고 참되어, 거짓이 없는 데에 근본을 둔다면 국가가 다행하겠습니다.

아아! 지금이 어떠한 때입니까? 세자(世子)가 돌아오실 날이 아직도 그 기약이 없으니, 앞으로 닥쳐올 사변(事變)을 생각하면 숨쉬기가 온갖 모양으로 일정하지 않으며, 마음을 놀라게 하는 거사와 처치하기 어려운 일을 더욱 채찍질하여 셈하며 계고하지 않을 수 없습니다. 긴요하지 않고 세정에서 어둡고 먼 간단한 서식의 장계를 전하께서 보기를 싫어하고 듣기를 싫어하심을 알면서 올리옵니다.

비록 그러나 신의 변변하지 못한 임금을 사랑하는 마음을 어찌 전하의 보심이 심상(尋常)하다고 미리 헤아리고서 끝내 스스로 숨기고 말하지 않을 수 있겠습니까? 이 밖에 군국의 계책이 비록 한두 가지의 망령된 소견이 있더라도 스스로 주장하는 사람이 있어 감히 다 말하지 못하오니, 임무가 없이 황송하오며 두렵고 놀라운데 지극함을 취하여 올리옵니다.

비답에 이르기를 차자를 살피니 모두 다 깊이 가상하며 나라에 충성하고 사랑함을 진달한 일은 좋은 말이 아님이 없고 사리에 맞는 의론은 마땅히 모두 매우 깊이 생각하여서 채용하여 시행하겠노라.

제문 (祭文)

을유년[367] 6월 초8일 왕명에 응하여 지었다.(乙酉六月初八日 應製)

184. 소현세자 빈궁(昭顯世子嬪宮)[368]에 충훈부(忠勳府)에서 진향한 제문

아들을 구하는 제사[369]를 지내니 넉넉하게 주시고, 진동하여 찾으시니 상서로움을 본받았고, 성군으로써 성인을 낳으시니 어려서부터 재능이 뛰어나고 총명(聰明)하며, 효와 우애는 하늘로부터 타고 났도다. 이로 말미암아 임무가 품행을 방정히 하여 태아에 좋은 감화를 미치게 하니 앉아서는 오직 예를 실천하였고 움직여서는 반드시 바른 도리를 좇았도다. 정히 세자의 지위에 오르니 인후하고 자비스럽다는 소문이 성대하고 충만하였도다. 하루에 세 번 문안을 올리니 효도를 생각함이 더욱 밝게 나타났도다.

시강원(侍講院)의 넓은 자리에서는 빈사[370]에게 예가 융숭하였고, 부지런히 힘써 사물의 이치를 생각하여 궁구하고 학문을 힘쓰니 덕화의 빛이 빛났으며, 타일러 경계함을 마음에 남겨 잘 지키니 성인의 말씀을 이 경경하도다. 사람이 감동하여 기뻐하고 동물과 식물이 마음을 기울이도다. 운수가 재앙[371]을 당하여 온갖 고생을 골고루 맛보았도다.

조정의 지극한 계책을 따라 위험을 무릅쓰고 먼저 가시어 일어나기 바로 앞의 지극히 위험한 조짐이 거의 매어 있도다. 서릿발 같이 차고

---

367) 을유년(乙酉年) : 1645년 인조 23.

368) 소현세자 빈궁(昭顯世子嬪宮) : 인조(仁祖)의 큰아들인 소현세자(昭顯世子)의 빈(嬪)인 금천강씨(衿川姜氏), 민회빈(愍懷嬪). 우정승(右議政)인 강석기(姜碩期의 딸이다.

369) 아들을 구하는 제사(高禖) : 천자(天子)가 아들을 얻기 위해 지내는 제사.

370) 빈사(賓師) : 제후(諸侯)로부터 손님의 대우를 받는 사람.

371) 재앙(陽九) : 재앙(灾殃), 음양가(陰陽家)가 수리(數理)에서 풀어내 놓은 말. 양의 재앙 다섯과 음의 재앙 넷을 합하여 아홉으로 함.

엄한 멀리 떨어진 땅에서 세월을 보내며 고향을 바라보니 어버이를 생각함이 지극하도다. 어느 달에나 돌아갈고? 안장을 얹은 말이 마음을 괴롭히고 먼지와 모래가 옷에 가득하니 마음에 가지는 생기가 화기를 어그러짐이 쌓이어 이 병을 만들었도다. 말은 뿔이 나오지 않으니 줘이 어찌 생일이 있겠는가? 이미 하늘이 재화를 뉘우치고 바로 보내어 우리나라에 돌아오니 9년을 헤어져 서로 떨어져 있었도다.

빈궁[372]에서 다시 기뻐하고 즐거우니 화평하게 즐기심이 그 얼마만의 시간이었던가? 지난 요일에 광채를 잃으니 하늘은 반드시 노인으로 하여금 아름답게 할 수 있다고 이릅니다. 무슨 덕이 아름답고 뛰어나며 수의 인색함을 부르짖어 아뢸 곳이 없고 심오한 도리는 넓고 아득합니다. 계인[373]은 새벽을 알리거늘 학가[374]는 오히려 편안하여 근심하는 안색이 풀리지 않으니 문안하여 뵙는 것도 이미 끊어지고 사랑하는 성상의 진념은 옥쇄가 깨지어 부서지게 몹시 마음 아파하십니다.

인덕을 칭송하며 희망을 잃으니 만인의 곡성이 천둥이 울리듯이 시끄럽습니다. 더구나 신등(臣等)은 맹부[375]의 반열을 욕되게 하였으니 의리는 기쁘고 슬픔이 균일하고 깊은 은혜는 비와 이슬과 같이 넓고 큽니다.

예전에 청국에 계실 때는 마음과 창자가 통탄하여 뭉치었습니다. 다행히도 죽지 않고 다시 거듭 빛남을 만났는데, 이 참혹함에 이르니 휘어잡고 부르짖어도 미치지 못합니다. 먼 길을 떠나기가 임박하였으니 이승에서 어느 날에나 다시 말씀을 받들겠습니까? 공손히 변변하지

372) 빈궁(西宮) : 세자(世子)를 동궁(東宮)이라고 하는데 비해, 빈궁(嬪宮)을 서궁이라고 함.

373) 계인(鷄人) : 중국 주(周)나라의 벼슬 이름. 춘관(春官)에 소속되어 중궁(宮中)을 호위하고 제사지내는 밤에 새벽을 알리는 일을 맡음.

374) 학가(鶴駕) : 황태자(皇太子)가 타는 수레. 중국 주(周)나라의 영왕(靈王)의 태자인 진(晋)이 백학(白鶴)을 타고 날았다고 함.

375) 맹부(盟府) : 국가나 왕실에 공을 세운 사람을 공신으로 책록(策祿)하기 위하여 그 업적 등을 조사하던 충훈부(忠勳府)의 다른 이름.

못한 제수를 올리오니 밝게 임하시기를 바랍니다. 엎드려 생각하건대, 많이 흠향하시기를 바라옵니다.

185. 장령 임득열 제문 (祭林掌令得悅文)

유 세차(維歲次) 을유년[376] 7월 모삭(某朔) 22일 모갑(某甲)에 모관 모(某官某)는 감히 그 철의 음식의 제수로써 요즈음에 고인이 된 사헌부 장령 임군의 혼령 앞에 올립니다.

아아! 기개와 도량이 높이 날아오르고 마음속 깊이 품은 생각은 평평하고 넓었도다. 젊고 꽃다운 나이에 우등으로 과거에 급제하여 청명한 조정의 모범이 되었도다. 일찍이 사간원을 욕되게 하여 서로 마음이 거슬리지 않고 뜻이 상합하여 서로 알게 되었더니 농사를 지음으로부터 저승과 이승이 이미 막히는데 이르렀도다. 명정이 근처를 지나가니 가는 길에 임하여 한번 조곡하도다. 죽기 전에 서로 만나 나의 스승과 술을 흠뻑 마tu야 했는데 어찌하여 이 날에는 술잔 엎음을 보지 못하는가? 어둡지 아니 있으면 이 술을 흠향하기 바라노라.

아아! 슬프도다.

186. 대사헌 박황[377] 제문 (祭朴大憲潢文)

유 세차 무자[378] 7월 갑자 삭(甲子朔) 12일 을해(乙亥)에 통정대부

---

376) 을유년(乙酉年) : 1645년 인조 23.

377) 박황(朴潢) : 1597(선조 30)~1648(인조 26). 조선 중기의 문신. 본관은 반남(潘南). 자는 덕우(德雨), 호는 나옹(懦翁)·나헌(懦軒). 1621년 정시에 급제, 대사간·이조참의 지냄. 소현세자를 따라 심양(瀋陽)에 갔다가 돌아옴. 병조판서·대사헌·전주부윤 등 역임.

수 전주부윤 심모(通政大夫守全州府尹沈某)는 삼가 시절의 음식으로 제수를 마련하여 전만호(前萬戶) 양이립(梁以立)으로 하여금 요즈음에 고인이 된 대사헌(大司憲) 박공(朴公)의 영령께 올리게 하였습니다.

아아! 슬플 진저! 지위는 덕을 채우지 못하고 임금의 은혜를 보답하려는 마음을 어기었으며 자기 몸을 봉양함은 죽을 때까지 하지 못하고 어디로 돌아가셨습니까? 한 평생의 충성과 효도를 어찌 참으시고 여기에 이르렀습니까?

사림(士林)은 길이 통곡하여도 아득히 멀고도 넓은 한이 남으며 나라에는 동량(棟樑)이 없어지고 백성은 의지할 데를 잃어버렸습니다. 어찌 바람이 이처럼 융성하며, 어찌 명이 이처럼 쇠약해지셨습니까? 심오한 도리는 넓고 아득하니 누구에게 물어 보려고 하여도 재주가 없어 대신 쪼개게 하고 일을 좇으니 슬픔만 더합니다.

병이 심하여 누워 있어서 조곡하여 이별하는 데 가지 못하고 변변하지 못한 천수도 또한 보좌관으로 대신하오니, 어둡지 않으시면 이 술을 흠향하시기 바랍니다.

아아! 슬프옵니다.

187. 창원 유신로 제문 (祭柳昌原莘老文)

유 세차 무자 8월 계사 삭 초2일 갑오에 통정대부 수 전주부윤 심모(通政大夫守全州府尹沈某)는 삼가 철음식의 제수로써 요즈음에 고인이 된 창원대도호부사 유공(近故昌原大都護府使柳公)의 영전에 공경스럽게 올립니다.

아아! 슬플 진저! 예전에 공이 남쪽으로 내려가면서 성 서쪽에 있는 나의 집을 찾아주었기에, 그곳이 좋은 땅이 아니기에 벼슬하는 사람들은

378) 무자(戊子) : 1648년 인조 26년

진실로 조심하여 피한다고 일렀더니 그대는 이제 길을 떠나는 처음에 혹 깨닫지 못하였습니까? 공은 바로 분연히 말하기를 "오래도록 임금의 은혜를 저버렸으니 죽음과 삶은 먼저 가는 것뿐이니, 깨우침을 원하였다"고 하고는 어부를 꾸짖으니, 존경과 역경은 변하지 않았습니다. 예전에 듣고 이제 보니 정의는 즉시 복종하기에 합당하여 이별이 임박하여 다시 손을 잡았습니다. 3년 동안의 장독이 있는 시골생활에 과연 고치기 어려운 못된 병에 걸렸습니다.

외람되이 옛 서울[379]을 다스리다가 이미 저승과 이승이 막히었습니다. 뒤쫓아 지난 일을 생각하니 눈물이 쏟아내듯이 흐릅니다. 어둡지 않음이 있으면, 마치 온화하게 접하여 조곡하며, 변변하지 못한 음식을 몹시 슬프게 올렸으니, 이에 흠향하시기를 바랍니다.

아! 슬프도다.

---

379) 옛 서울 : 전주(全州). 글쓴이가 전주부윤(全州府尹)이었을 때 썼음.

축문(祝文)

188. 백씨[380]를 대신하여 가묘에 제사를 지낸 축문 (代伯氏祭家廟祝文) 무자 사월 초팔일.(戊子四月初八日)

운운(云云) 불초(不肖)가 형상이 없어 선조의 가르치심을 무너뜨리고 행실은 저승과 이승을 저버렸습니다. 태평한 시대에 죄를 얻어 남해(南海)에서 3년을 있었으며, 이제 또 북쪽으로 옮기게 되어 수천리나 되는 엄중한 길에 어찌 생명을 온전히 보존하여 여러 고을을 차례로 지나가기를 바라겠습니까?

신위를 모신 자리를 하직할 때마다 아버님의 슬하를 떠나는 것과 같으며, 애정이 깊은 어머님을 이별하는 것과 같습니다. 한이 없이 눈물을 흘리며 우니 마음이 꺾이고 타기를 더합니다.

삼가 술과 포와 젓갈로써 펴 올리어 공경하고 삼가 아뢰옵니다.

189. 추후하여 증직한 아버님과 어머님께 제사를 올린 축문 (追贈祭先考妣祝文)

운운 모(某)가 선고의 교훈을 받아 다시 과거의 급제를 욕보이고 녹봉이 봉양에 미치지 못하여 항상 감동하여 통한함 간절하였습니다. 백형(伯兄)이 멀리 유배하여 불초(不肖)가 제사에 관한 일을 법칙에 따라 받들고 있습니다.

이제 임금이 내리는 은전을 입어 2품의 직위를 제수(除授)하시고, 은전을 이루어 아버님은 가선대부 사헌부 대사헌(贈嘉善大夫司憲府大

---

380) 백씨(伯氏) : 글쓴이의 형인 심노(沈魯). 주 124) 참조.

司憲)을 내리시고, 어머님은 아울러 정부인(贈貞夫人)을 내리시어, 신주(神主)를 고쳐 쓰니 끝이 없는 하늘과 같이 부모님의 은혜가 크옵니다.

삼가 주과(酒果)로써 마음을 펴서 공경하여 아뢰고 감히 아뢰옵니다.

사천집초고
沙川集草藁

권지사

〈양규석 역주〉

【 잡저(雜著) 】

서발 · 책 · 론 · 조 · 책제 · 표 · 전문 (序跋策論詔策題表箋文)

190. 취산당 서(就散堂序) 담양관청을 개건하였을 때 썼다.(潭陽官廳改建時)

모아 거두기만을 알고서 흩어주기를 알지 못하면 병이며, 흩어주기만을 알고서 모아 거두기를 알지 못하는 것도 병이다.

모으는 데에 한결 같으면서 흩어주고, 모아 거두지 않는 것도 또한 흩음이며, 한결같이 흩어주면 모아 거두고 흩어주지 않음은 또 흩음이다. 모아 거두는 것도 또한 흩어줌이며, 흩어줌으로 더불어 또 흩어줌은 모두 사람을 생각하고 살피어서 바른 길로 향하게 하는 도덕상의 규칙의 본뜻이 아니니 두 가지를 어찌하여야 하는가?

여기에 앉을만한 사람은 힘쓰고 힘쓸 진저! 새로 지어서 이름을 걸었으니, 이름으로 인연하여서 스스로 경계할지어다.

191. 일아성 서(日哦亭序) 담양에 있는 별당이다.(潭陽別堂)

담양의 읍치가 펀펀하고 넓으며 평탄한 허허벌판이고, 사방에 높고 낮은 언덕이 없어 더운 여름을 당할 때마다 불 때는 시루에 앉은 것과 같으니 이 땅에 부임하는 사람이 모두 이로써 병 되게 여겼다.

천계 병인[381]에 윤부사 천구(尹府使天衢)가 관아의 북쪽 작은 언덕에 나가서 한 정자를 지어 띠로 덮고 대나무로 파서 일아(日哦)로써 명명하여서 스스로 전자를 써서 그 현판을 걸었으니, 대개 남전승(藍田

381) 천계 병인(天啓丙寅) : 천계는 중국 명(明0나라 희종(熹宗)의 연호(年號). 병인(丙寅)은 1626년(인조 4)

丞)이 그 사이에서 날마다 읊은 뜻을 취함이다. 지난 30년 동안에 바람으로 말미암아서 무너졌다.

내가 없어졌다는 말을 듣고는 그 예전에 있었다가 지금은 없어진 것을 아깝게 여겨 공인을 불러 일을 시작한 지 반달이 되지 않아서 일을 마치었다. 흙을 수레에 끌어서 그 터를 넓히고 돌을 쌓아서 그 형세를 높였으며, 띠를 기와로써 바꾸어 영구히 보전하게 하였고, 대를 버리고 판자를 깔아서 지기를 멀리하게 하였다. 두 기둥을 더 보태어서 그 궤도를 작게 하였음은 지형(地形) 때문에 그러한 것이고, 대나무 난간으로써 둘러 그 북쪽을 텅 비게 함은 덕을 보기 위함이다.

이미 낙성함에 새로운 이름으로 현판(懸板)을 걸으려하매 가만히 이 정자의 경치를 보니, 남쪽 담장은 큰 대나무가 천 그루만이 빼어날 뿐이 아니고, 정원의 묵은 느티나무는 특별히 네 줄만이 아니며, 북쪽 내(川)를 내려다보니 날로 흐르는 물의 울음소리를 듣고 책상에 앉고, 기러기와 따오기가 줄을 지어 날아감을 오래 마주하여 흘겨보면 귀와 눈이 듣고 보는 것이 모의하는 사이로 더불어 모두 남전(藍田)과 같으며, 직분을 낮춰보고 업신여김도 또 남전 승(丞)과 같도다.

학문을 쌓고 시를 짓듯이 문장을 지음이 비록 박릉(博陵)이 심하게 씻고 쓸고서 날마다 읊은 데에 홀로 부끄러워하더라도 옛 사람에게 많이 사양할 수 없으면 날로 읊는다는 이름은 진실로 나보다 먼저 얻었다. 이에 바꾸지 않고 옛 이름 그대로 하였다. 만약 구름같이 피는 연기와 모래밭에 깃든 물새의 경치에 이른다면 높은데서 멀리 바라보는 시원하고 유쾌한 좋은 경치는 여기에 올라서 사방을 바라본 사람만이 스스로 얻을 수 있으니, 내 말을 쓸데없는 너저분한 말로 삼으려하지 않으리라. 때는 정해년[382] 가을이다.

---

382) 정해년(丁亥年) : 1647년 인조 25.

192. 봄밤에 술에 취하여 진사 임경흥 한백[383]이 호남절도사영에 감을 이별한 시의 서 (春夜辭別任進士慶興翰伯之湖南節度使營詩序)

밤에 술을 마심이 편안하고 고요하며 북을 치는 소리가 감감[384]하고, 삼상이 하늘에 가로 비끼고 달이 지니, 밤은 이미 깊어서 고요하고 쓸쓸하며, 다시 희미한 촛불이 밝으니 나그네는 흩어지려고 하면서 몸을 가눌 수 없도록 몹시 취하였도다.

장사태수[385]가 동각[386]을 열고 재주와 예능을 갖춘 젊은 사람을 초청한 자리에는 직방랑중[387]이 있으며 남주(南州)는 아우의 별장에 가 있으니 강 밖[388]의 재능이 뛰어난 사람은 북두성 이북에 한 사람이었네.

이때에 지고 남은 붉은 꽃이 있는 궁전의 봄은 새로 싹트는 푸른 풀이 여름을 맞이하고, 꾀꼬리의 울음소리를 전하는 푸른 장막에는 이별의 한을 호소하는 소리가 끝이 없으며, 여행을 떠나는 말은 꽃이 만발한 교외에서 울부짖으니, 가는 길을 머무르지 않을까 두려워하네.

임공이 넓고 큰 바다에서 큰 낚시질을 하고 잠시 봉래산을 떠나, 사화의 각과의 학문이 뛰어나게 우수하고 시문을 짓는 문단의 뛰어난 명예를 멋대로 결정하여서, 전생 · 이승 · 저승의 티끌과 흙이 바닥이 편선한 땅의 신선을 만들었네. 일과 행동을 똑똑 끊어 맺는 법도와

383) 임경흥 한백(任慶興 翰伯) : 임한백(任翰伯, 1605(선조 38)~1664(현종 5). 주 126) 참조.

384) 감감(坎坎) : 북치는 소리. 〈시경(詩經)〉 벌목(伐木), "坎坎鼓我"

385) 장사 태수(長沙太守) : 장사태수를 지낸 글쓴이 자신. 주 69) 참조

386) 동각(東閣) : 동쪽의 작은 문, 중국 전한(前漢)의 공손홍(公孫弘)이 동각을 열고 빈객(賓客)을 초대한데서 현인(賢人)의 초대를 이름.

387) 직방랑중(職方郎中) : 중국의 주례(周禮)에서는 직방(職方)이 하관(夏官)에 속하며 천하구주(天下九州)의 지도를 관장하여 사방의 공물(貢物)을 취합(取合)하는 임무를 지녔으나, 당(唐)나라 때에는 병부(兵部)에 직방랑중(職方郎中)을 두었음.

388) 강 밖(江外) : 강의 밖, 여기서는 한강의 이남(以南)

속된 일을 떠나서 풍치가 있고 멋지게 노니는 운허관(雲虛館)의 나그네와 같네.

진사(進士)의 행장은 이 날의 새신랑[389]이 되었네. 광대한 허허벌판은 푸르고 넓으니 닭의 한번 울음소리에 새벽빛이 밝아오고 나그네의 마음이 괴롭고 슬프니 두어 가락의 노래를 부르자 새벽을 알리는 소리가 울리네. 여러분들이 서로 떠나보내기를 애석하게 여기며 다 길에서 작별하고 시에 이르기를,

도성의 안개가 빛이 흐릿하니　　새벽 까마귀가 일어나고
나그네[390]가 길을 떠나려고 하니　　경쾌한 수레를 멍에 메네
실올 같은 많은 줄기가 늘어진　　관헌 뜰 버드나무가 처음 비를 맞으니
한 그루의 팥배나무만이　　꽃이 지지 않았네

바다 위에서 이별한 이후에는　　먼 곳을 보기에 수고롭고
강남(江南)으로 돌아가서는　　누구의 집을 생각하겠는가
그대를 의지하여　　봄소식을 묻지 말게나
맑은 술을 혼자 마주하여　　수염이 희도록 마시려네

193. 기축년[391] 5월 기미 삭 초3일 신유일에 (己丑五月己未朔初三日辛酉)

국왕(國王)은 신 예조정랑 이후선(臣禮曹正郞李厚先)을 보내어 죽은 전주부윤 심제(卒全州府尹沈膌)의 혼령에 제사하게 유시하노라.

---

389) 새신랑(東床之郞) : 남의 새 사위를 높여 일컫는 말.
390) 나그네(旅人) : 선비의 신분으로 직책을 가지지 않은 채 관청에서 먹고 있는 사람.
391) 기축년(己丑年) : 1649년 인조 27.

생각하건대, 혼령은 남달리 특히 뛰어난 자질이 점잖고 침착한 성질을 하여, 수수하고 아름다움을 안으로 갖추고 깨끗하고 순일함은 밖으로 성하였네. 집안에 대대로 전하는 충효의 성품은 진실로 하늘로부터 타고났으며, 남은 힘은 문학에 공을 들였고 이미 학문이 넓고 또 통달하여서는 일찌이 문단을 천단하였도다.

물음이 있으면 크게 밖으로 드러내어 점점 큰 길에 미쳤고, 벼슬길이 막힘이 없으니 사헌부와 사간원과 한림원, 홍문관을 두루 거쳤네. 식견과 명성을 스스로 지키어 격렬하지 않고 남으 허물을 들추지 않았으며 낭관을 선임하고 직사를 전형함에 큰일과 작은 일을 스스로 분별하였네.

중시[392]에 계속하여 급제하니 명성이 제일과 제이보다 떨치었고 수령을 역임하여 여러 번 지방의 지휘봉을 차지하였으며, 용모와 기상이 화락하고 단아함을 먼저 하니, 피폐한 백성이 의지하여 살아났고, 안과 밖이 모두 마땅하여 소망하는 진실을 저버리지 않았도다. 오직 오래된 나라를 풍부하게 하려고 남쪽지방의 열쇠가 되었으니 담양으로부터 두루 제수하였음도 또한 가려 뽑음으로 말미암았네.

좋은 기회를 이용하여 심하게 단함은 녹아서 풀림이 둑이 무너져 가득 찬 물이 넘쳐흐르는 것과 같았네. 비상한 재능의 분별은 이 번잡하여 해결하기 이려운 일을 보면 바아흐로 공직을 갚기를 기약하였네. 뜻밖의 은혜가 갑자기 있으니 어찌 죽었다고 이르겠는가!

빌미가 하나의 병이 되어서 궁구하여 밝히는데 미치지 못하고 갑자기 중도에서 꺾이었으니 나이는 믿을 수 없고 이치도 힐책하기 어렵도다. 재능을 쓰게 하려고 생각하였으니 나의 애석하고 탄식함을 더하도다.

애오라지 옛 상례를 따라서 깊은 술잔을 베푸니, 영혼이 어둡지 않으시면 나와서 흠향하시기 바라노라.

지제교 신익전[393]이 지어 올림(知製敎 申翊全 製進)

---

392) 중시(重科) : 이미 과거에 급제한 사람에게 다시 보이는 시험. 이 시험에 급제한 사람은 당상(堂上) 정3품(正三品)의 품계(品階)로 올려주었음.

인조조(仁廟朝)께서 우리 고조 전주공(高祖全州公)에게 제사를 지내셨음을 소첩의 끝에 기록하여 두었는데, 유실(遺失)하기 쉬운 까닭으로 을묘년에 문집(文集)의 끝에 옮기어 썼노라.

현손 경보는 삼가 씀. (玄孫景普謹書)

194. 임피[394] 애련헌기의 발 (臨陂愛蓮軒記跋)

예전에 태사(太史)[395] 소양곡(蘇陽谷)[396]이 임피의 애련헌(愛蓮軒)에 대해기록하기를, "애련헌을 일으키고 폐지함으로써 아름다움을 안부사(安府使)에게 돌려보내고 연꽃이 물들지 않음으로써 덕을 안부사에게 비교하니, 애련헌의 좋은 경치가 덕의 아름다움과 같다"고 하였으니, 이 하나의 기록으로 다하였다.

그 애련헌이 비록 폐지된다 하더라도 기록은 홀로 남을 것이니, 세월이 비록 오래더라도 애련헌의 이름만은 썩지 않고 영구히 전하지 않겠는가? 안부사가 떠난 백년 뒤를 이은 태수(太守)가 정공달[397]이라고 하니, 군자 같은 사람이다.

서헌(西軒)의 서쪽 두 못의 사이에 하나의 집을 창건하니 집을 세우기 시작한 부지런함과 건물이 장대하고 아름다운 것을 보니, 공은

---

393) 신익전(申翊全) : 1605(선조 38)~1660(현종 1). 조선 중기의 문신. 본관은 평산(平山). 자는 여만(汝萬), 호는 동강(東江). 1636년 별시문과에 병과 급제, 광주목사(光州牧使) 호조·예조·병조의 참판 등을 지내고, 한성부 우윤과 좌윤을 거쳐 도승지를 역임.

394) 임피(臨陂) : 주 74) 참조.

395) 태사(太史) : 역사 기록을 맡은 관리.

396) 소양곡(蘇陽谷) : 소세양(蘇世讓). 1486(성종 17)~1562(명종 17). 조선 전기의 문신. 본관은 진주(晋州). 자는 언겸(彦謙), 양곡은 그의 호, 퇴재(退齋)·퇴휴당(退休堂). 1504년(연산군 10) 진사시와 1509년(중종 4) 식년문과에 급제. 정언·수찬·전라도관찰사·형조판서 등을 거쳐 우찬성 좌찬성 역임., 송설체(松雪體)를 잘 썼고 익산 화암서원(華巖書院)에 제향됨. 시호는 문정(文靖).

397) 정공달(鄭公達) : 정유(鄭攸). 1606년 출생, 공달은 그의 자, 본관은 동래(東萊). 1639년(인조 17) 별시(別試)에 급제.

안부사의 옛 관습을 그대로 보는 것보다 더욱 광채가 있다.

그 편편하고 넓게 깊이 파내고 그 황폐한 땅에 나무를 재배하며 물에 가깝게 붉은 난간을 만들어 붉은 비단을 땅에 가득히 깔은 것같이 상하가 서로 비치도록 하여 문득 한 고을의 매우 기묘한 절경이 되었으니 이는 안부사가 불능한 바였으며 옛 애련헌이 미치지 못한 바이다.

또 이 집의 앞의 형세는 임시의 시장의 땅을 임하였으니 허시에 있는 백성들이 서로 모여서 둘러보며 이르기를 "이 집을 짓는 것을 내가 알지 못하였으며, 재목도 내가 내지 않았으며 기와도 내가 운반하지 않았고, 단청하는 기구와 가래질을 하여 흙을 파내는 힘도 내가 취하지 않았는데, 하루아침에 이 집이 높게 솟고 환히 빛났으니 어찌 귀신이 일하고 신이 만들음인가!

우리 태수(太守)가 우리 백성을 사랑하는 까닭으로 우리를 일하게 하지 않았으며, 우리를 일하게 하지 않은 까닭으로 우리가 알지 못하였다"고 하였다. 무릇 태수가 우리 백성을 사랑함이 이와 같으니 백성이 어찌 태수가 우리 백성을 사랑함으로써 태수를 사랑하지 않을 수 있겠는가? 이에 백성이 태수를 사랑할 뿐만 아니라 어린 아들이 애정이 깊은 어머니를 사랑하는 것과 같이 하였다.

아! 연꽃은 모든 사람들이 똑같이 사랑하는 바이며, 태수의 사랑은 사람들이 사랑과 다르니 이도 또한 군자(君子)가 군자를 사랑하는 사람이 그러하다. 비록 그러나 태수가 그 백성을 사랑함이 그 연꽃을 사랑함보다 심함이 있으니 그 백성이 태수를 사랑함이 또 태수가 그 백성을 사랑함보다 심함이 있다.

옛날에 안부사도 그 또한 능히 이와 같은 마음이 있고 없는지를 알지 못하니 소태사(蘇太史)로 하여금 보고서를 기록하게 하지 않았는지 안타깝도다.

태수는 동래인(東萊人)이며, 이름은 유(攸)이고, 공달(公達)은 그의 자(字)다. 젊어서 급제하여 사헌부를 역임하다가 부모님 봉양을 위하여 수령에 임명되어 부임한 지 이제 3년이 되었다. 정치를 잘하여 백성이 화목하고 없어졌던 모든 일들이 모두 다시 일어났으며 우아한 마음이 겸손하여 사람의 도리의 그 착함을 좋아하지 않는 까닭으로 집을 완성함에 단지 옛 기록의 끝에 글을 써서 걸었노라.

이는 숭정(崇陽)[398] 계미(昭陽協洽)[399] 7월이다.

195. 청천당[400]선생 문집 발 (聽天堂先生文集跋)

증조부께서 평소의 시문(詩文)이 대개 십수 권(十數卷)이 되었지만, 임진(壬辰)의 병화(兵火)에 흩어져 잃어버려 보존하지 못하였음은 자손이 추후에 기록하였다.

온갖 난리를 앞장서서 겪으신 뒤에 저술하신 것도 또한 여러 백편이었고, 만년(晩年)의 음영(吟詠)도 간혹 있으셨지만, 심하게 마음을 써서 처리하지 않으셨고, 아울러 상자에 간직하여 둔 것을 드러내지 못하였다.

지난해에 태학사인 이식(李太學士植)[401]이 보기를 구하여 모아서 뽑은 것이 280여 수(首)와 비명(碑銘)과 잡저(雜著)가 모두 약간 편(若干

---

398) 숭정(崇陽) : 중국 명(明)나라의 의종(毅宗)의 연호. 숭정 원년은 1628년(인조 6)에 해당.

399) 소양협협(昭陽協洽) : 계미(癸未)의 다른 이름, 1643년(인조 21)

400) 청천당(聽天堂) : 글쓴이의 증조부인 심수경(沈守慶). 1516(중종 11)~1599(선조 32). 조선 전기의 문신. 자는 희안(希安), 청천당은 그의 호. 1546년(명종 1) 식년문과에 장원급제, 경기도관찰사·대사헌·8도관찰사 등 역임, 청백리에 뽑힘. 임진왜란 시에 삼도체찰사가 되어 의병 모집하. 문장과 서예에도 능하였음.

401) 태학사인 이식(李太學士植) : 태학사는 홍문관 대제학(弘文館大提學)의 다른 이름. 이식(李植)은 1584(선조 17)~1647(인조 25). 조선 중기의 문신. 본관은 덕수(德水). 자는 여고(汝固), 호는 택당(澤堂)·남궁외사(南宮外史)·택구거사(澤癯居士).
1610년(광해군 2) 별시문과에 급제, 1623 년 인조반정 후에 이조좌랑에 등용 예조참의·동부승지·우참찬 등을 역임하고, 이듬해에 대사간·대사성·좌부승지 대사간 대사헌과 형조·이조·예조의 판서를 역임하였다. 문장이 뛰어나 신흠(申欽)·이정구(李廷龜)·장유(張維)와 함께 한문사대가로 꼽혔다. 1686년 영의정에 추증되고, 시호는 문정(文靖).

篇)이 되니 이는 특별히 태산(泰山)에서 한 가닥의 가는 털을 뽑아냄이니, 애석함을 이길 수 없을진저!

증조부께서 만력 기해[402]에 돌아가셨으니, 이미 이제 50년이 되었다. 불초(不肖)가 은혜를 입음이 창고만큼이나 많아 담양(潭陽)에서 공인(工人)을 모아 교정하고 인쇄를 시작하려다가 미치지 못하여 중지하였다.

전주(全州)에 직장을 옮기게 되어 마침내 판각을 가지고 와서 뜻한 그대로 인쇄한 전말(顚末)을 적노라.

때는 무자년[403] 7월 하순에 증손 남(曾孫男) 통정대부 수전주부윤 심제 (通政大夫守全州府尹沈廣)는 삼가 발하노라.

402) 만력 기해(萬曆己亥) : 만력은 중국 명(明)나라 신종(神宗)의 연호. 1599년(선조 32)에 해당.

403) 무자년(戊子年) : 1648년(인조 26).

책(策)

196. 종묘의 예에 소목의 차례를 물음(問宗廟之禮序昭穆) 무진년[404)]

봄의 별시에서 장원함. 이 책과 논, 부, 표가 모두 과주를 받아 네 과장에 장원하였다.(戊辰春別魁此策 及 論 賦 表 貫 四場魁)

대답하옵니다. 어리석고 어리석은 소신이 고로(故老)[405)]에게 듣자오니, 퇴계 이선생[406)]이 선조대왕(宣祖大王)의 즉위(卽位)하신 처음에 부름을 받고 오니 장차 크게 쓸모가 있다고 하였습니다. 그러나 얼마 되지 않아서 종묘(宗廟)의 소목(昭穆)의 일로써 의론함이 뜻에 맞지 않아서 돌아갔습니다. 그 날에 옛 상태로 돌아가는 뜻으로 하여금 능히 세상에 펴서 조치하지 못하게 하니, 사림(士林)이 깊이 애석하게 여겼습니다.

이제 우리 집사(執事)와 선생들이 성상께서 쇠망하여 가던 나라를 다시 일으키신 날을 당하여 특별히 종묘의 제도와 나라에서 정한 제사를 들어서 하문하셨습니다.

아! 집사의 뜻은 내가 압니다마는 종묘(宗廟)의 일은 잘 알지 못하오니 배우기를 원합니다. 하고는 가만히 말하기를 신주를 방에 간직하여 두고서 종묘를 세우고 제작(製作)함은 기운이 위에서 사귀며 제사의 예전을 처음으로 정하여 보답합니다.

대개 종묘가 아니면 조상을 존중하며 종손을 공경함이 없으며, 제사가 아니면 생겨나오게 된 근본을 잊지 않고 보답하며 먼 조상의

---

404) 무진년(戊辰年) : 1628년(인조 6).

405) 고로(故老) : 많은 경험을 쌓아 옛일을 두루 아는 늙은이.

406) 퇴계 이선생(退溪李先生) : 조선 중기의 대학자인 이황(李滉). 1501년(연산군 7) ~ 1570년(선조 4). 본관은 진보(眞寶), 자는 경호(景浩), 퇴계(退溪) 퇴도(退陶) 도수 (陶수(叟)는 그의 호이며, 시호는 문순(文純)임.

덕화를 그리워하는 마음이 없습니다.

오른쪽 줄은 목이라 하고 왼쪽 줄을 소라고 함은 밝게 임하는 깊고 먼 뜻을 취하고, 성긴 이를 나누며 친한 이를 합하여 멀고 가까움과 높고 내리는 도리를 나타내는 도리입니다. 이로써 옛적의 제왕께서는 다 이 종묘를 중하게 여기고서 제를 올리어서 그 은덕을 융숭하게 보답하는 마음을 펴고 때로써 새로 나온 곡식과 과일을 올리고, 그 정결히 올리는 제사를 밝게 하여 이 백성으로 하여금 그 옛 일을 돌이키어 보고 그 시초를 회복하게 함은 진실로 이것밖에는 없습니다.

비록 그러나 종묘제향의 베풂음은 진실로 은덕을 융숭하게 보답하는 데에 말미암았으니, 예가 아니면 은덕을 융숭하게 보답하는 도리를 다하지 못하며, 제사를 올리는 뜻은 진실로 먼 조상의 은덕을 사모하는 데에 근본 하였으니, 정성이 아니면 먼 조상의 은덕을 사모하는 뜻을 다하지 못합니다. 진실로 혹 한갓 종묘대로 두고서 예로써 하지 않고, 한갓 제사만 올리고서 정성으로써 하지 않으면 어찌 제왕의 공경하고 존중하는 도리가 되겠습니까?

만일 선조를 섬기는 도리를 돈독히 하여 착한 자손을 내려주는 아름다움을 이루고, 삼가고 정성을 다하는 제사의 뜻을 다하여 양양(洋洋)한 신령을 흠향하려고 하면, 어찌 그 근본을 돌이키지 않으십니까? 청컨대 밝게 하문하심으로 말미암아 우러러 억측으로써 대답을 올리겠습니다. 아! 예에 이르지 않았습니까?

천자는 7묘(廟)이며, 단과 선(壇墠)[407]은 각각 하나이고, 체(禘)[408]도 조상에서 나온 바이며 짝하여서 다섯이 되었습니다.

아! 종묘의 신위와 체사가 다섯과 일곱으로 같지 않으며, 위광(韋匡)을 깊이 파고 들어가서 혹 하나로 합치지 못하면, 그 상세함을 궁구하려고

---

407) 단과 선(壇墠) : 제단(祭壇). 단(壇)은 흙을 쌓아서 높이하고 선(墠)은 땅을 소제(掃除)하여 청결하게 한 제사 터.

408) 체(禘) : 종묘대제(宗廟大祭)의 이름. 제왕의 시조(始祖)를 하늘에 배향(配享)하는 큰 제사.

하여도 큰 번거로움이 없습니다. 내려와 당나라에 미치어 헌의(獻懿)를 체천하지 않았으면 일곱을 더하여 아홉이 되었음을 이제 상고할 수 있지만 일이 다릅니다. 은(殷)나라와 주(周)나라의 유생들이 의론을 올리어서 한 때는 끌어다 근거하였지만 과연 예에서 나왔습니까? 환구[409]같은데 이르러서는 일이 있으면 할아버지로써 상제를 짝하여 총장[410]을 하고 예를 이루면서, 아버지로써 하늘을 짝합니다.

아! 삼대의 성왕은 예에 사이가 없는 연후에 아! 세상이 예가 아니면 속이지 않았으며 날고기를 데치고 익혀서 베풂은 순임금[411]의 제사인데, 그것을 아직도 쓰는 뜻은 오랜 일입니다.

은씨(殷氏)와 주씨(周氏)를 징험하지 않고 소리를 숭상하고 냄새를 숭상함은 음악을 연주하고 희생을 맞이하여 슬픈 음악을 삼고 좋은 술[412]을 땅에 따름은 그 냄새를 위함입니다. 체상[413]에 음악을 사용함이 한 번은 있고 한 번은 없으며, 큰 뜰에 음악 춤[414]을 사시(四時)에 모두 연주하면 예가 같지 않음을 대개 알 수 있습니다.

우임금[415]의 교제[416]는 곤[417]에게서 나온 게 되고, 탕왕[418]의 교제

---

409) 환구(圜丘) : 임금이 하늘에 제사를 지내던 곳.

410) 총장(總章) : 묘(廟)의 방향. 정침(正寢)과 서당(西堂)의 남쪽.

411) 순임금(有虞) : 중국 고대의 임금인 순(舜). 요(堯)임금의 선양(禪讓)을 받아 천자가 됨. 먼저 우(虞, 지금의 산서성 평륙현(山西省 平陸縣))에 나라를 세웠으므로 유우씨라고 함.

412) 좋은 술(鬱鬯) : 제례(祭禮)때 쓰는 술. 울금향(鬱金香)을 넣어 빚은 술로 향기가 매우 좋아, 제사의 강신(降神)에 사용함.

413) 체상(禘嘗) : 임금이 종묘에 햇곡식을 올리는 제사, 여름제사를 체, 가을제사를 상이라고 함.

414) 음악 춤(雍佾) : 음악과 춤. 옹(雍)은 연회(宴會)가 끝났음을 연주하는 음악, 일(佾)은 춤으로 팔일무(八佾舞), 육일무(六佾舞), 사일무(四佾舞), 이일무(二佾舞) 등이 있음.

415) 우임금(姒后) : 중국 고대의 하(夏)나라를 개국한 우왕(禹王). 사(姒)는 그의 성(姓)임.

416) 교제(郊) : 하늘과 땅에 지내는 제사. 옛날 임금이 동지(冬至) 때는 남쪽 교외에 나가 하늘에 제사 지내고, 하지(夏至) 때에는 북쪽 교외에 나가 땅에 제사를 올렸음.

417) 곤(鯀) : 우임금의 아버지 이름.

418) 탕왕(子姓) : 성탕(成湯). 중국의 고대 왕국인 은(殷)나라를 개국한 임금. 성(姓)은 자(子), 이름은 리(履), 계(契)의 후예. 처음에 박(亳)에 살며, 무도(無道)한 하(夏)나라 주왕(桀王)

는 명(冥)이 존중하는 조상이 됩니다. 왕호(王號)를 부르지 않고 종묘는 진실로 폐지하기 어려우며, 아버지에게 작위(爵位)를 내리는 것도 예가 아님을 어리석은 소신은 또한 이대[419]를 살피면서 주나라 제도에 이를 갖추었음을 들었습니다. 고공(古公)을 대왕(大王), 공계(公季)를 왕계(王季)라고 하였으니, 어찌 문무(文武)의 뜻을 미루어서 왕의 자취를 일으키기에 미침이 아니겠습니까?

아! 하나라와 은나라와 주나라는 같은 삼대(三代)이며, 우임금과 탕왕과 무왕은 같은 성왕(聖王)이면서 어버이를 존중하는 효도와 선조를 제사하는 예가 전과 뒤가 규범을 같이 하였으면 혹 서로 같지 않음을 어찌 넉넉히 많이 분별하겠습니까? 고요한 신을 제사하는 깊숙한 신궁에서 노래 부르고 시를 읊으며, 원묘[420]에 제사를 올림을 후세에서 기록하면 노(魯)나라 제도와 한(漢)나라 예절의 득실(得失)을 알 수 있습니다. 시동[421]을 세워서 혈기(血氣)가 흘러 통함을 취하고, 신주를 나무로 만들어 모가 나고 둥글음을 위와 아래에 본뜨며, 각각 하나의 사당을 세움은 대개 옛 제도입니다. 세대는 다르고 집을 같이함은 근세(近世)에 비롯되었습니다.

아! 빼고 더하는 것은 삼대가 같지 않았으나, 예를 다하고 도리를 다함은 삼대(三代)가 같았으며, 고조(高祖)·증조(曾祖)·조(祖)·고(考) 등의 차례를 바꾸지 못함은 예의 일정한 법규이며 숙부와 조카, 할아버지와 손자가 혹 대를 잇고 혹 계승함은 예의 변함이니, 삼대 이후로 어찌 변례(變禮)가 많습니까?

아! 성조(聖朝)는 작은 문화로 나라를 삼아 덕을 보는 제도가 옛

을 내치고 나라 이름을 상(商)이라고 함.

419) 이대(二代) : 중국 주(周)나라 문왕(文王)의 할아버지인 고공단문(古公亶文)과 아버지인 왕계(王季).

420) 원묘(原廟) : 정묘(正廟)가 있는 위에 다시 중건(重建)한 묘.

421) 시동(尸童) : 옛날에 제사지낼 때에 신위(神位) 대신으로 그 자리에 앉히던 어린 아이. 후대에는 화상(畫像)을 썼음.

성인에 합치하고, 큰일의 제사는 지나간 세대보다 뛰어나니, 문장의 수식과 내용이 알맞게 구비하고 엄숙하고 장함은 진실로 의론할만함이 없거늘, 홀로 어찌하여 도궁(都宮)만이 서로 같지 않음을 그대로 따르고서 고치지 않으며, 좌우(左右)에 문무(文武)를 뒤섞었음에도 분별하지 않고, 문소전과 연은전에 이르러서는 진실로 옛 현철에서 나왔으며, 왕의 효도를 생각하심이 독실함에도 예가 아니고 경법이 아님을 예를 아는 사람들이 서로 다투어 어려워지는데 돌아가게 됨을 면하지 못하면, 이 어찌 예의(禮義)를 본시 일컬으면서 이 예의와 법도가 서로 얽히었습니까?

다행하게도 우리 성상께서는 신령한 태일궁[422]과 연경궁[423]과 주원(珠源)궁과 주나라[424]의 성대한 사업을 계승하시고 문왕[425]에게 전수한 뜻과 한나라[426]를 중흥(中興)하여서는 진실한 증손(曾孫)의 몸에 부탁하였음을 일찍이 받으시고, 세상의 어지러움을 다스려 평화로 돌아가게 하여 악정을 깨끗하게 물리치시고 왕위에 오르셨으니, 광면한 천하를 이룩하신 업적과 옛 현철보다 뛰어나신 행실은 백왕(百王)보다 탁월하시며, 십륜[427]보다 뛰어나십니다.

몸소 규장[428]을 받드시고 엄숙한 종묘를 밝히시니, 엄숙한 의표는 이른 아침부터 깊은 밤까지 공경하시어, 성인(聖人)의 공경하고 삼가는 정성을 다하시고, 마음과 예가 둘 다 지극하고 정성과 공경하는 마음을 지극히 갖추셨으니 효도의 교화는 이에 더할 나위가 없습니다.

---

422) 태일궁(太一宮) : 태일은 천신(天神)의 이름으로 천제(天帝), 천황대제(天皇大帝). 태일궁은 그 신을 제사하는 궁전.

423) 연경궁(衍慶宮) : 중국 금(金)나라 때의 궁전 이름.

424) 주나라(岐周) : 중국 주(周)나라의 다른 이름. 문왕이 나라를 기산(岐山) 아래에 세웠음.

425) 문왕(昌) : 창(昌)은 중국 주나라 문왕의 이름.

426) 한나라(炎漢) : 漢의 別稱. 漢은 火德을 가지고 王이 되었다고 함.

427) 십륜(十倫) : 제사에 의하여 나타나 보이지 않는 10가지 윤리(倫理). 인도(人道), 귀신(鬼神), 군신부자(君臣父子), 귀천(貴賤), 친소(親疏), 작상(爵賞), 부부(夫婦), 정사(政事), 장유(長幼), 상하(上下).

428) 규장(珪璋) : 옥으로 만들어 예식 때 쓰는 그릇.

뜻밖에도 지난해에 초나라의 난리를 겪고 한나라의 저축이 남음이 없어, 백성은 벼 짜기에 수고롭고 재력은 다 없어지는 치욕을 당하여, 일곱 개의 사당에 사시의 제수를 올리는 제사와 전국에 공급하는 그 땅의 산물이 때때로 재량하여 덜고 일마다 면제하심은 진실로 나라를 걱정하는 지극한 뜻에서 나왔으며, 또한 하는 수 없는 데에 말미암으심입니다.

한저(漢箸)를 다투어 빌리고 두루 의론하여 계책이 심히 많으니, 백성의 노력과 재력이 비록 다 하였더라도 선조의 덕업을 받들어 모심이 중요합니다. 진나라의 조정이 사시(四時)의 난리를 겪은 뒤에 분주하고 걱정함을 마땅히 고치었고 장안(長安)의 아홉 집이 태평하여 위엄 있고 질서가 정연하여 점점 회복하였음은 의론하는 사람이 보았습니다. 뜻을 봉양함이 효도가 되고 백성을 구휼함이 급선무가 됩니다.

백성에게 손해를 끼치고 윗사람을 유익하게 하면 두렵거니와 혈족의 재물을 빼앗아서 배를 채우고 번거로운 예법과 풍족한 친근을 거치고 혹은 백성을 매우 가혹하게 다스리어 신을 욕되게 하는 사람에 가깝다고 어떤 사람이 말하였으니 이 두 가지에서 누구 하나를 정하시겠습니까? 끝을 잡고 중간을 씀은 어느 계책이 상책이 됩니까? 어리석은 소신이 들은 바는 이것과 다릅니다.

신은 유명무실한 제사를 하지 않고, 오직 예절 있는 제사를 하고, 예는 한갓 행하지 않고 오직 정성에 있는 까닭으로, 종묘는 예가 아닌 제사는 있지 않으며, 제사는 정성스럽지 못한 향사는 있지 않으니 진실로 지극합니다. 예를 진실로 다하면 종묘제도의 뒤섞이어 착잡함을 염려할 것이 아니며, 제사의 부족함을 걱정할게 아닙니다.

오늘의 종묘제도가 이와 같고 오늘의 제사가 이와 같음을 어리석은 소신은 감히 알지 못하였습니다. 선조를 제사하는 예를 다하지 못함이 있으면 먼 조상의 덕화를 사모하는 정성도 또한 지극하지 못함이 있습니까?

아! 기장과 피의 향기는 저절로 나는 것이 아니고, 향기가 나는 것은 사람에게 있으며, 제사에 쓰는 희생의 살찐 돼지는 저절로 살찐 돼지가 되는 게 아니고, 살찐 돼지가 되는 것은 사람에게 있으니, 집사가 이른바 "진실로 밝고 거짓이 없는 진실한 마음만 있으면 물이 흐르는 계곡과 못가의 털도 천지의 신령에게 올릴 수 있다"고 하였지만 어리석은 소신은 감히 "그렇지 않다"고 이르겠습니다.

지금의 계책을 위하여서는 진실로 성상께서 몸의 보양을 검소하고 절약하여, 예를 실천하고 마음은 능히 정성을 다하는데 두시고, 몸과 마음이 편안하고 한가한데 생각을 응집하시고 다시는 간사하고 부정한 생각을 두지 마시며, 닭이 울면 두려워하고 삼가하여 뜻하지 않은 가운데 갑자기 일어나는 구역에 광대하고 충만하며 삼가고 엄숙하게 충실히 실천하시는 데 있습니다.

만약 예에 숙련하고 정성을 다하여서 제사의 근본을 생각하며 삼가고 공손하며 공경한다면, 제사를 올리는 의절을 생각하심이 월등하십니다. 생각이 여기에 있으니, 감히 혹 태만하지 못하고 정성스러운 마음으로 하여금 위와 아래에 서로 믿으며, 예법의 규정이 한 시대에 새롭게 환히 빛나서 제사를 올리면, 오르고 내리는 영령이 흠향하고, 종묘의 제도를 의론하여 높이고 내리는 마땅함을 얻어, 문의 소(文昭)와 무의 목의 좌우(左右)가 다 질서가 바르고, 제사를 올림이 향기로우며 제사가 조용하고 아름다우면, 장차 조고(祖考)께서 왕림하여 모든 영령이 모두 화합하고 다른 징조를 빨리 돌아보아서, 복이 아울러 이름을 보시고 제사의 의절이 바르게 되고 종묘의 예절이 마땅함을 얻는 데에 이르러서는 특별히 그 딴 일이옵니다.

일편(一篇)을 마치려 하오며, 남은 뜻을 다 올리지 못하오니 집사에게 하문하시기를 청하옵니다.

아! 오늘에는 들을만한 일이 많습니다. 서쪽 변경의 염려가 매우 급하고 남은 재난이 매우 모질면, 변방의 일을 물을 수 있고 완고하며 조정의 명령과 덕화를 순종하지 않는 백성을 거느리지 않으며, 역적의 변란이 계속하여 일어나면 민심(民心)을 물을 수 있고, 하늘이 경계를 보이고 우뢰와 비가 기일을 어기면 천변(天變)을 물을 수 있습니다.

무릇 이 세 가지는 몹시 당일(當日)의 간절한 걱정이거늘 세상의 형편을 걱정함을 집사에게 하문하지 않으심은 어찌하심입니까? 묘제(廟制)와 사의(祀儀)가 나라에서 마땅히 먼저 할 일이니, 예의 큰 근본은 진실로 어찌 여기에 있지 않겠습니까?

엎드려 원하건대, 집사는 정갈한 연회를 보살피고 흉금을 털어놓고 생각하는 바를 임금에게 발하여 교도하는 즈음에 예로서 말하고 정성으로써 아뢰면 나라가 다행하며 조정이 다행하옵니다. 삼가 대답하여 올립니다.

197. 농가의 수리를 물음(問農家水利) 무진년[429] 8월의 증광시에서 장원하였다.(戊辰八月增廣魁)

대답하여 올립니다.

범촉공(范蜀公)이 판국자감(判國子監)이 되는 날에 호학법[430]을 취하여 수리재(水利齋)를 세워 학자로 하여금 그 이름을 따라서 그 실지를 구하게 하였습니다. 이에 많은 선비를 배출하였습니다. 의론하는 사람들은 "이것이 원우[431]의 인재가 성하게 된 까닭이 되었다"고 말합니다.

아! 수리(水利)는 옛 제도입니다. 이미 그 백성을 이롭게 하고 또

429) 무진년(戊辰年) : 1628년(인조 6).

430) 호학법(湖學法) : 중국 송(宋)의 호원(胡瑗)의 학파. 호원이 호주(湖州)에 있으면서 교수(敎授)가 되었는데 그의 제자가 1천명을 넘었음. 사부(辭賦)가 유행하는 당시에 호학은 경의(經義)와 치학(治學)의 2재(二齋)를 세워 많은 수재를 배출함.

431) 원우(元祐) : 중국 송(宋)나라 철종(哲宗)의 연호. 1086년~1093년.

그 선비를 얻었으니 촉공(蜀公)과 같은 사람은 그 뿌리에 물을 대하고 그 열매를 먹게 한 사람이라고 이를 만합니다.

이제 집사가 임하여 둘러서 수리(水利)로 물으니 그도 또한 범촉공(范蜀公)의 뜻이옵니까? 몸소 농사지어 식량이 부족한 선비가 감동하여 말하기를, 선왕(先王)이 백성을 염려하심이 깊은 까닭으로 농정(農政)으로 백성을 기르는 근본을 삼고, 선왕(先王)께서 걱정을 염려하심이 원대한 까닭으로 수리(水利)로 농정(農政)의 선무를 삼았으니, 대개 백성은 농사를 기다려야 살고 농사는 반드시 물을 얻어야 자라니, 항상 볕이 쏘이는 재앙도 이것이 아니면 예비하지 못하고, 마르는 싹도 이것이 아니면 깨어나지 못하니, 이로써 하늘이 가물지 않고 자리를 보기에 편리하고 마땅한데 미치어 산을 파고 흙을 쌓아 방을 막아 물을 끌어들일 곳을 넓게 설치하고 도를 깊이 파서 물을 이끌어 물을 댈 때 쓸 물을 미리 저장하고, 동쪽을 트고 서쪽을 터서 단비의 혜택을 대신함으로써, 왕성하고 성대하게 데어서 부풀어 오르는 참혹하게 되기를 면하면, 진실로 수리(水利)가 백성에게 가장 이롭게 됨은 하늘과 같습니다.

비록 그러나 재앙을 당하여 혜택을 베풀음은 바로 물의 이로움이며, 미리 저축하였다가 기다려서 쓰는 것은 바로 사람의 공입니다. 물이 스스로 이로움을 줄 수 없으니 그것은 사람에게 있고, 이로움이 스스로 베풀 수 없으니 그것은 사람에게 말미암아서 베푸는 것입니다.

이런 까닭으로 닦고 다스리는 그 도리를 깨달으면, 걱정이 없는 데에 예비하여서 가뭄이 혹독할 수 없고, 닦고 다스림이 그 도리를 잃으면 마르는 것을 보전하지 못하며 수확도 이룰게 없습니다. 그러면 물은 농사를 기르는 근본이 되고, 사람은 물을 다스리는 근본이 됩니다. 만일 파고 열어서 통하여 공을 다하여서 장래의 걱정을 예비하려고 하면, 어찌 그 근본을 돌이켜보지 않으십니까?

청컨대 밝게 하문하신 데에 인연하여, 억칙으로써 우러러 대답하여 올리겠습니다. 하늘을 뒤덮는 재해는 바로 사람이 사는 땅을 버리는 공이 자라며, 개천과 도랑을 파는데 힘을 다하여 밭에 물고랑을 파고 곡식을 먹은 우임금은 나하고는 사이가 없습니다.

그러나 7년의 가뭄은 덕이 성하게 힘쓰는 성탕[432]을 크게 경계하여 탁피지장(卓彼之章)을 지어 임금을 가까이에서 모시는 신하의 선왕(宣王)에게 읊게 하였으며, 상림[433]에서의 자기의 잘못을 스스로 꾸짖어 단비가 감동하여 내렸고, 규벽[434]이 이미 다함에 한해(旱害)가 바로 그치었으니 물[435]의 공이 비록 전기(傳記)에 누락되었더라도 재난을 구제하는 도리를 성왕(聖王)에게 볼 수 있습니다.

진나라가 촉(蜀)땅의 이퇴[436]를 다스리고 지켰던 것은 바로 땅을 파는 방법이었고, 위나라의 신하가 업[437]을 지켜 청장[438]의 물을 대었으며, 표주박의 구멍으로 물을 끌어대어 밭마다 수확하고 심은 것은 정국(鄭國)이 잘하였으며, 위거[439]를 깊이 파고 열어, 벼슬을 하지 않고 시골에 있으며 칭송을 높이 떨친 것은 백공(白公)이 잘한 일입니다. 바로 영수[440]가 한번 흐리자 무리를 다 동원하여 술을 빚는 사나이를 상주시켜 물꼬를 트게 하여 갑자기 밥과 국의 원한을 부른 것과 같은

---

432) 성탕(成湯) : 중국 은(殷)나라를 개국한 임금. 주 417) 참조.

433) 상림(桑林) : 중국 은나라의 탕왕이 큰 가뭄에 기우(祈雨)한 곳.

434) 규벽(圭璧) : 규와 벽은 구슬의 종류로, 제후(諸候)가 천자를 뵙거나 제사를 올릴 때 잡음.

435) 물(潤下) : 물의 다른 이름. 물건을 적시며 낮은 데로 흐른다는 뜻. 〈서경(書經)〉, "水曰潤下"

436) 이퇴(離堆) : 중국 사천성(四川省) 관현(灌縣)의 서남쪽에 있는 땅 이름. 장강(長江)에 이어짐. 진(秦)나라의 이빙(李氷)이 이퇴를 파서 강을 갈라, 동북으로 흐르게 하여 수해를 피한 석거수구(石渠水口)를 말함.

437) 업(鄴) : 중국 위(魏)나라의 땅 이름.

438) 청장(淸漳) : 중국 장하(漳河)의 상류에 있는 강 이름. 산서성(山西省) 평정현(平定縣)의 남대민곡(南大黽谷)에서 근원하여 탁장하(濁漳河)와 합해짐.

439) 위거(渭渠) : 중국 한무제(漢武帝)가 판 운하. 조거(漕渠)라고도 함.

440) 영수(潁水) : 중국 하남성(河南省) 등봉현(登封縣)의 영곡(潁谷)에서 발원하는 강 이름. 회수(淮水)와 합해짐.

것은 이익과 손해가 사람에게 말미암이니 어찌 물에 책임을 묻겠습니까?

아! 주나라의 우물을 한번 폐지하면 진나라의 밭이 서로 법을 다투고, 메벼의 이익이 점점 한나라와 당나라에 열리면, 거름을 주었던 제일 좋은 논밭이 도리어 티끌을 날려버린[441] 하등 가운데에서의 아랫질과 같게 되니, 오직 공정하고 진실한 부세가 혹 기주(冀州)의 잘못된 최상의 세금보다 많으면 이게 과연 백성을 위하여 이익을 늘리는 도리에 합당할 만하며, 오랜 옛날의 선왕(先王)보다 더함이 있겠습니까?

아! 삼대는 세대가 멀어지고 세상은 말세로 들어가, 걸왕[442]은 많고 고요함은 적어, 앞과 뒤가 모두 시대의 조류에 따라가면 본받을 만하다고 말할 수 있는 이를 어리석은 소신은 보지 못하였습니다. 소신은 선량한 농민은 곡식을 많이 수확함을 귀중히 여기고 힘쓸 수 있으며, 군자(君子)는 아는데 힘씀을 귀중하게 여긴다고 들었습니다.

청컨대 아직은 이를 버리고 일찍이 말을 시험하시옵소서! 지금 우리나라[443]의 지역은 사방을 바다가 둘러싸서 나라가 되었습니다. 천리나 되는 위나라도 곳곳마다 흐르는 샘이며, 초주(楚州) 사방의 국경은 바라보는 곳마다 내와 못입니다. 더구나 우리 열성(列聖)께서는 백성을 중하게 여기는 정치를 하셔서 육전[444]과 나라를 다스리는 책에 하씨[445]가 못을 관장한 법규를 등재하고, 한 권의 농법을 가르치는 책에는 주나라 예절(周禮)의 중매인[446]의 직분을 갖추어, 국내의 산천(山川)을 점거하여, 지형의 유리함이 높고 깊은데 나가서 토지의 형세가

---

441) 티끌을 날려버린(揚去) : 티끌(塵埃)을 깨끗이 날려 버려 아무것도 남지 않음.

442) 걸왕(桀王) : 중국 하(夏)나라 말의 폭군. 이름 계(癸). 은나라 탕왕에 멸망함.

443) 우리나라(靑丘) : 중국에서 우리나라를 일컫는 말.

444) 육전(六典) : 중국 주(周)나라 때 나라를 다스리기 위한 여섯 가지의 법. 즉 치전(治典, 天官冢宰) 교전(敎典, 地官司徒) 예전(禮典, 春官宗伯) 정전(政典, 夏官司馬) 형전(刑典, 秋官司寇) 사전(事典, 冬官司空). 전(典)은 경(經), 또는 법임.

445) 하씨(夏氏) : 하나라의 조정(朝廷).

446) 중매인(冰人) : 중매하는 사람. 중국 진(晋0나라의 영호책(令狐策)이 꿈에 얼음 위에 서서, 얼음 아래의 사람과 말을 하였다는 고사.

나쁜데 나가면, 물이 잘 소통하게 파서 샘물을 도랑에 흐르게 하는 근원을 삼고, 좋은데 있으면 구덩이를 메워서 방죽을 설치하여, 멀고 가까움이 없이 다 지관[447]에게 빙자하고 모아, 쌓음이 많고 적음을 지리서에 구비하여 기술하면, 의정부(議政府)의 원로(元老)는 작은 일에는 직접 관장하지 않으며, 검은색의 인수[448]를 지닌 작은 관리는 그 부지런하고 게으름을 상고하여, 벼슬을 올리고 내리면 그 나라의 근본의 살아가는 원리를 진정하여 아직 오지 않은 재앙과 우환을 예방하는 원인이 될 것입니다.

또 매우 먼 옛날의 세밀한 데까지 두루 미치어 빠뜨림이 없으니, 홍농[449]에 곡식이 잘 여물며 가뭄이 재앙이 되지 않는 것은 태호[450]와 큰 방죽 때문인데, 일년에 생산되는 수량을 천만 석으로 계교하고, 띠풀로 집을 이은 서민도 생기 있게 살아가는 즐거움이 있으며, 백성들은 곡식이 잘 여물어 풍족하게 성대함을 송축(頌祝)합니다.

홀로 어찌하여 일년 동안 혹 자주 풍등한 곡식을 아끼다가도, 큰 가뭄을 면하지 못함이 극에 달하면, 공전[451]의 비가 이 살구꽃이 필 때를 잃고, 물을 대는 장소의 혜택은 창포의 잎이 피는 철을 의뢰하지 못하게 되어, 안으로는 기전[452]과 밖으로는 경상도, 황해도(嶺海)의 길가는 사람들이 계곡에 굴러 죽은 사람이 서로 연하여 있음을 바라보고

---

447) 지관(地官) : 중국 주나라의 여섯 벼슬 중 하나. 교육과 토지 인사에 관한 일을 맡아보던 벼슬. 사도(司徒).

448) 검은색의 인수(墨綬) : 중국 한나라의 제도. 길이는 1척(尺) 2촌(寸), 너비는 3촌, 인수는 옛날에 관리가 몸에 지니고 있던 인장과 그 끈.

449) 홍농(弘農) : 중국 한나라가 설치했던 지역 이름. 지금의 하남성(河南省) 낙양(洛陽), 숭내향현(嵩內鄕縣)의 서쪽과 섬서생(陝西省) 상현(商縣) 동쪽 사이의 땅.

450) 태호(太湖) : 중국 강소성(江蘇省)과 절강성(浙江省)에 걸쳐 있는 호수 이름. 진택(震澤), 구구(具區), 입택(笠澤), 오호(五湖)라고도 함. 호수에는 작은 산들이 많으며, 경치가 뛰어나 세상에서 동천복지(洞天福地)라고 이름.

451) 공전(公田) : 고대 중국의 정전법(井田法)에서 사방 10리 9백무(畝)의 밭을 9로 나눈 것 중 가운데의 논밭. 주위 8전(田)은 여덟 사람이 나눠 경작하고, 공전은 여덟 사람이 공동으로 경작하여 그 수입을 세금으로 함.

452) 기전(畿服) : 왕성(王城)을 중심으로 사방 5백리 이내의 임금이 직접 관할하는 땅.

됩니다.

위나라의 흉년이 홀로 하내[453]에만 미치는 것이 아니고, 노나라의 곡식을 널리 흩어주지 못해 그 참혹함이 천하에 미치게 되어, 외롭게 남은 주나라의 백성까지 똑같이 굶주려, 거의 다 죽는 데에 이르렀으니, 이런 것이 끝나지 않을 것 같으면 나라가 어찌 되겠습니까?

아! 성명하신 임금께서 위에 계시고 어진 지위가 높은 과거는 아래에 있는데, 법이 일찍이 밝지 못하고 제도를 일찍이 닦지 못하였으며 수리가 백성에게 이익됨이 없음이 이와 같이 심하니 어찌하겠습니까? 이는 과연 한나라의 법이 이미 오래되어 진나라의 폐해가 생기는 것입니까? 문득 또한 제나라의 관리가 다 태만하여 위나라의 강기를 거행하지 못함입니까?

예전의 수리는 백성을 이롭게 하였을 따름이며 지금의 수리는 문구(文具)에 지나지 않을 따름입니다. 예전의 관리는 법을 봉행하였을 뿐이며 지금의 관리는 폐지하고 타락할 뿐입니다.

아! 물을 적시고 대는 논밭이 수천에 지나지 않더라도, 곡식의 수확량이 많아서 오히려 백만을 넘는다면, 이 어찌 수리의 이익을 예보다 독차지하였다고 하겠으며, 대지[454]는 3백호(戶)식 만수(萬數)를 넘는데 세금으로 받아들이는 수량이 예전보다 많이 미치지 못하다면, 이 어찌 수리의 이익이 지금보다 없겠습니까?

아! 뱁새를 경계하지 않으면 끝내 방죽이 무너지는 데에 이르고, 작은 낙숫물을 끊지 않으면 끝내 돌을 뚫는 데에 이릅니다. 이제 수리의 폐해를 위하여 민에 쌓아 번지는 근원이 없겠습니까? 옛날에 수리를 다스리는 데는 반드시 도수[455]하는 관리를 선택하여 오로지 맡겨 효과를

453) 하내(河內) : 중국 하남성(河南省) 황하(黃河) 이북의 땅을 두루 가리킴.

454) 대지(地維) : 지유(地維)는 대지(大地)를 얽어서 받들고 있다는 밧줄. 곧 자연의 힘. 대지의 다른 이름.

455) 도수(都水) : 중국의 벼슬 이름. 진·한(秦漢)에서 도수장(都水長), 도수승(都水丞)을 두어 피지관개(陂池灌漑)의 일을 관장하고 하천의 깊이를 보수(補修)하게 하였음.

책임지운 까닭으로 백무(畝)의 농부(田夫)를 때로써 바꾸었습니다. 지금은 그렇지 않습니다. 그 벼슬을 물으면 권농(勸農)하는 관리라고 하고, 그 관장하는 일을 물으면 방죽을 맡았다고 합니다.

기름진 땅, 비옥한 토지는 다 귀인이 사는 마을의 둔전에 들어가고, 얼마 되지 않는 물도 부귀한 사람의 논밭에 먼저 대니, 아! 민둥산의 끝이 그렇게 하도록 시켰음인가! 관리의 임무는 한갓 그 이름만 있을 뿐입니다.

아! 법과 제도를 거행하지 못함이 이미 저와 같으며, 관리가 이를 폐지하고 타락함이 또 이와 같으면, 농사를 지을 수 없는 땅의 먼지가 날리고 검은 거북의 등이 터지는 것이 해마다 계속되어 괴이할 게 없으며, 이 유리한 수리가 끝내 유익함이 없는 문구(文具)에 돌아감도 또한 괴이할 게 없습니다.

아! 요임금의 물과 탕왕의 가뭄은 성세(聖世)에도 면하지 못하여, 마음을 놀래게 하고 눈을 참혹하게 하였으니 지금이 더욱 심합니다. 금년의 걱정은 바로 지금의 걱정이고, 내년의 걱정이 지금보다 더 심하다면, 먼 훗날 계책의 실마리는 지금에 있습니다.

어리석은 소신이 듣건대, 구혁지(溝洫誌)에 이르기를 "이제 물이 흐르는 쪽으로 인도하면 흐르고, 거슬러서 인도하면 막힌다."고 합니다. 그 순하고 거스르는 까닭이 사람에 있지 않겠습니까? 진실로 궁중을 크게 표용하면 슬기로우며, 관리의 전형을 밝게 하고 정밀하게 가려 뽑는 도리를 살핌이 간략하게 하여, 성품이 온화하고 순량하며 자애하고 용서하는 선비에게 지방 장관의 직책을 맡긴다면, 대단히 위태롭게 된 옛 방죽을 이발[456]이 여항[457]의 새로운 방중을 다스리는 것과 같게 되고, 소로[458]가 그 농사짓는 철을 확실히 하여 그 물이 넘치는 물결을

456) 이발(李渤) : 중국 당나라 낙양(洛陽) 사람, 자는 준지(濬之), 처음에 소실산(少室山)에 은거하여 소실산인(少室山人)이라고 이름 함. 목종(穆宗)때 간의대부(諫議大夫), 뒤에 태자빈객(太子賓客)을 역임. 근심을 돌보지 않는 성격이었음.

457) 여항(餘杭) : 중국 수(隋)나라가 설치한 지역 이름. 절강성(浙江省) 항현(杭縣)의 서쪽임.

참작한 것과 같게 될 것입니다. 이렇게 되어 비의 혜택이 비록 흡족하더라도 항상 큰 가뭄 때와 같이 여긴다면, 백성이 이미 소생하고 항상 소생하지 않은 때와 같이하며, 그 잘하고 못한 공적을 따져 공이 없으면 내치고 공이 있으면 올려 쓰는 범전에 따라서 한결같이 조종조(祖宗朝)의 옛일과 같이 하시면, 거의 재앙이 되지 않을 것입니다.

농사가 시기를 잃지 않아 남쪽의 밭에서는 노래하고 많은 분량의 물을 대는 노래를 읊으며, 동쪽의 들에서는 농사지은 것을 보면 눈에 보이는 한까지 구름과 같이 무성하여, 여강[459] 업하(鄴下)의 고을에 비교하며 아름다운 일을 칭찬하고, 한나라의 관리가 진나라를 지킨 것을 사람마다 알고 이름을 높이 날리어, 비록 죄를 지을 만한 양세(梁歲)를 당하더라도 보전하여 노나라의 흉년에 걸리지 않을 것입니다. 편(篇)을 그치지 못하고 다시 남아있는 말을 다하겠습니다.

예전에 진나라가 흉년이 들으니, 문공[460]이 기정(箕鄭)에게 묻기를 "흉년을 구제하려면 어찌해야 하는가?"라고 하니, 대답하기를 "믿음(信)이 흉년을 구제하는 계책입니다마는, 진실로 한결같은 도리가 아니면 믿음의 한 글자가 먼 것 같다."고 하였습니다. 지금으로써 믿을 신자를 보면 도리에 밝은 말입니다.

금년의 가뭄과 흉년이 진나라 때보다 참혹하며, 조정이 신임을 잃음이 진나라 때보다 심하면 흉년을 구제하는 정치가 믿음을 버리고 어찌 하겠습니까? 이제 이 백성들이 위에 있는 사람들을 믿지 않는 것이 이미 오래되었습니다.

---

458) 소로(蘇老) : 중국 송(宋)나라 소순(蘇洵). 자는 명구(明久), 호는 로천(老泉), 27세에 처음 학문을 시작하여, 육경백가(六經百家)에 통달함. 두 아들인 소식(蘇軾), 소철(蘇轍)과 함께 서울에 올라와서 한림학사(翰林學士) 구양수(歐陽脩)에게 22개의 책(策)을 올림. 비서성 교서(祕書省校書)가 되고 태상인혁례(太常因革禮, 1백권)을 지음.

459) 여강(廬江) : 중국 안휘성(安徽省) 무원현(婺源縣)의 西北에 있는 하천 이름. 여원수(廬源水)라고도 함.

460) 문공(文公) : 이름은 중이(重耳). 중국 춘추시대(春秋時代) 진(晋)나라의 제후(諸侯)로 헌공(獻公)의 둘째 아들이며, 태자인 신생(申生)의 아우.

계해년[461] 반정(反正)한 처음으로부터 선유[462]하고 포고[463]한 교지가 있었지만, 처음부터 지금까지 말만 하고 실제로 행하지 않고, 옛 습관을 지키고 버리지 않는 습속이 아직도 남아있어, 고쳐 새롭게 하는 거사를 듣지 못하였습니다. 그 명백하고 뚜렷이 나타난 것을 말하면, 외척의 김세와 벼슬이 높고 권세 있는 이의 소세부역의 면제를 파하겠다고 하고서 파하지 않아, 백성이 신임하지 않게 된 것이 이것이고, 주현(州縣)의 묵은 미납세금과 가혹한 세금을 부과하여 백성을 괴롭히며 거둬들였던 것을 면제하여 준다고 고하게 하고서, 면제하지 않아 백성이 믿지 않게 된 것이 이것이며, 내수사의 농민을 가려서 고르기를 의론하고서 바로 정지하고, 왕족이 사는 궁전의 어살[464]을 제거하기를 의론하고서 제거하지 않아, 백성이 신임하지 않게 된 것이 이것이고, 장리의 이마에 글자 새기는 형벌을 처음에는 중하게 한다고 하다가 나중에는 용서하고, 논밭을 척량하는 법을 겨우 거행하고서 중지하여, 백성이 신임하지 않게 된 것이 이것입니다.

이와 같이 하면 오늘 조정이 비록 백을 이롭게 하는 정치가 있더라도 백성이 믿고 따르는 마음이 없게 될 것입니다. 오늘의 계책을 위함이 어찌 믿음을 힘쓰는 밖에 있겠습니까? 아! 무릇 이 계책을 아름답게 윤이 나게 하는 것은 집사에게 있으니, 아마도 성성을 거쳐서 들을 수 있게 하옵소서. 삼가 대답하여 올립니다.

461) 계해년(癸亥年) : 1623년 인조 1.

462) 선유(宣諭) : 임금의 훈유(訓諭)를 백성에게 널리 알림.

463) 포고(布告) : 국가의 결정적 의사를 공식적으로 일반에게 알리는 것.

464) 어살(漁箭) : 물고기를 잡기 위해 물속에 나무를 세워 고기를 들게 하는 나무 울.

198. 군사를 부리는데 기병과 정병에 대하여 물음(問用兵奇正) 신미년[465]

가을의 한성시에서 장원하였다.(辛未秋漢城試魁)

대답합니다. 예전에 송나라 사람이 영질(榮疾)에 걸려 위독한 사람이 진나라와 월나라 사람(秦越人)에게 의술을 배우는 이가 있었는데, 진월인이 묻기를 "자네의 병이 몇 해나 되었는가?" 하니, 이르기를 "20년이 되었다."고 하였습니다. 진월인이 웃으면서 사절하기를 "자네의 병이 위독한 지가 20년이 되어 비로소 의술을 배우니 그도 또한 말지어다."라고 하였습니다.

병이 위독하여 20년이 된 연후에 비로소 의술을 배우는 사람을 진월인도 오히려 비웃었거든, 하물며 이제 조정이 병사를 부린 지 40년 만에 비로소 기병과 정병의 도리에 대해 군대를 배우지 않는 사람에게 들으려고 하니 이상하도다, 집사의 물음이여! 아! 이 정히 어떠한 때입니까? 위험하고 위대할진저! 기병과 정병의 학설을 지금 강구하지 않고 잃어버리면 3년 묵은 쑥을 7년 동안에 얻지 못합니다.

진월인의 웃음처럼 집사에게 웃지 않고, 통곡하여 눈물을 흘리고 길게 한숨지으며 말하겠습니다. 군대는 일정한 형상이 없고, 전쟁은 일정한 법칙이 없습니다. 일정한 형상이 없기 때문에 군대는 강약(强弱)의 서로 같지 않음이 있고, 일정한 법칙이 없기 때문에 전쟁은 기병과 정병의 각각 다름이 있으니, 대개 질서가 정연한 깃발과 위엄스럽고 훌륭한 진용(陣容)으로 시기를 보아서 움직이고, 굳게 기한을 정하여 싸우는 것은 군대의 바름이며, 형체를 감추고 그림자를 숨겨 잠깐 나타났다 잠깐 숨고 왼쪽을 공격하다 오른쪽을 응수하며 동쪽을 쳤다가 서쪽을 뒤집는 사람은 군대의 기이함입니다.

이로써 병기가 이미 합하여 두 진영의 가운데에서 최후의 승리를 정하는 것은 정병에 달려있는데, 이 경우에는 기병이 정병만 같지

---

465) 신미년(辛未年) : 1631년 인조 9.

못합니다. 적병의 준비가 없음을 이용하여서 공을 한번 일으킨 사이에 거두는 것은 그 공이 기병에 있으니 정병은 기병만 같지 못합니다. 싸우기 위해 벌여놓은 진영의 용도는 이 두 가지보다 큰 것이 없으며, 이 두 가지를 버리면 승리하여 포악함을 막을 수 없습니다. 비록 그렇더라도 병학의 전문가가 항상 승리하는 것은 진실로 기병과 정병에 있으니 기병과 정병은 각각 그 쓰임이 있습니다.

어떤 경우에는 기병인데 기병을 버리고 정병을 쓰면 그 정병은 마침 패배시킨 데에 만족하고, 어떤 경우에는 정병인데 정병을 버리고 기병을 쓰면 그 기병도 또한 공이 없이 만족하여야 합니다. 진실로 저와 나의 형세를 잘 헤아리고 기병과 정병의 기회를 살펴야 합니다. 정병도 또한 그 때를 보아 활용하고, 기병도 또한 그 때를 보아 활용하여, 정병으로써 승리를 취하는 마땅함을 거스르지 않으며, 기병으로써 스스로 쓰러지는 재화(災禍)에 이르지 않으려면, 그 기병과 그 정병이 반드시 승리하고 반드시 취하게 하는 제도가 있고, 나라로서도 적과 더불어 걱정이 없어야 합니다.

정병은 스스로 정병이 될 수 없기 때문에, 정병으로써 승리를 취할 수 있는 사람은 장수이며, 기병이 스스로 기병이 될 수 없기 때문에, 기병으로써 전승을 획득할 수 있는 사람은 장수입니다. 기병과 정병을 쓰려고 하면서 어찌 훌륭한 장수를 쓰지 않으십니까? 청컨대 이 때문에 아뢰옵니다.

군사의 일은 성인도 배우지 않아, 유(由)[466]의 삼군(三軍)에는 공자도 참여하지 않았으니, 두려워하는 자의 일과 성공하는 사람의 지모는 그 신중(愼重)한 것을 더욱 알 만합니다.

아! 삶과 죽음의 큰 일이 병사에 있어 그 움직임이 때가 있고, 그 행함이 법도가 있으니, 윗사람을 존경하는 마음으로 우러러 보고

---

466) 유(由) : 공자(孔子)의 제자인 자로(子路). 성(姓)은 중(仲), 유는 그의 이름. 공문십철(孔門十哲)의 한 사람.

아랫사람의 형편을 두루 굽어 살피며, 복사와 사관이 점을 치어 바람을 일으키고 비를 떠남[467]에 각각 머리를 쓰며, 혹독한 추위[468]와 몹시 심한 더위[469]에 병사를 일으켜 움직이는 사람은 불리(不利)하다는 병가의 말은 바꿀 수 없는 옳은 말입니다.

생각하건대, 저 적벽(赤壁)의 싸움에 적을 무찌른 군병은 바람 때문에 이로웠고, 채성(蔡城)의 싸움에서 적병을 생포한 것은 눈으로 말미암아 승리한 것이며, 타수(沱水)의 얼음이 견고하였기 때문에 광무(光武)가 군사를 구제하였으며, 전당호에 조수(潮水)가 없어 원나라 사람들이 온전하였으니 이 어찌 천시(天時)에 바르며, 바람과 눈이 아니고 하늘도 또한 그 기이함을 보였으니 지리(地利)에 바른 것입니까? 얼음과 조수가 아니고 하늘도 또한 그 기이함을 보인 것입니다.

어리석은 제가 일찍이 생각하건대, 솥발과 같이 서로 나란히 서서 승패를 겨룸이 이 한번의 거사에 달려 있거늘 제사를 지내 바람을 불러일으켰음은 제갈량의 신기한 술법이었지만, 만약 성한 불길이 없었다면 큰일은 가 버렸을 것입니다. 이는 이른바 동쪽에서 불어오는 바람이 주유[470]의 편에 서주지 않았으며, 외구가 둘러싸고 진영을 벌려 쳐서 먼저 공격하여 들어감이 이로움이 없거늘, 눈을 무릅쓰고 빨리 달려감은 이소[471]의 충성과 용맹이지만 만약 이 밤을 잃었으면 공을 고할 기약이 없었으니, 이는 이른바 관군(官軍)이 성 안으로 들어옴을 사람들이 알지 못했기 때문입니다.

---

467) 바람을 일으키고 비를 떠남(揚箕離畢) : 기성(箕星)은 바람을 좋아하여 달을 만나면 바람을 일으키고, 필성(畢星)은 비를 좋아하여 달을 만나면 비를 내린다는 고사.

468) 혹독한 추위(折綿) : 매우 추운 날씨. 〈황정견시(黃庭堅詩)〉, "霜威能折綿, 風力欲氷酒."

469) 몹시 심한 더위(流金) : 매우 더운 날씨. 쇠를 녹이고 돌을 녹일 정도의 혹서(酷暑) 〈초사(楚辭)〉 초혼(招魂), "十日代出. 流金鑠石些."

470) 주유(周瑜) : 중국 삼국시대 오(吳)나라의 장군. 24세에 건위중낭장(建威中郎將)이 되었으며, 모두 주랑(周郎)이라고 불렀음.

471) 이소(李愬) : 중국 당(唐)나라 사람. 자는 원직(元直), 시(謚)는 무(武), 오원제(吳元濟)를 토벌하고 산남동절도사(山南東節度使)가 태자소보(太子少保)에 이름.

백수[472]를 중흥(中興)하는 데 이르러서 8~9할은 이미 이루었는데, 점치는 사람이 세상이 되어가는 형세가 매우 급박하다고 거짓을 부르짖으면, 제후의 우두머리의 알림은 한 때의 거짓말이 되지만, 선대의 유학자는 이르기를 "또한 권도에 능하다고 이를 만하다고 하였습니다. 산돼지에 소속되어 운수가 다하고 하늘의 뜻이 이미 떠나가서 적의 오랑캐가 들에서 잠을 자도 조수(鳥獸)가 이르지 않아, 말을 타고 멀리 달려가는 형세는 하늘이 강한 오랑캐의 힘을 빌리었으면 사관은 하늘이 송나라를 돕지 않았다."고 일렀습니다.

오호라! 사람이 어길 수 없음은 천시(天時)이며, 군대가 가장 꺼릴만 함은 바람과 눈이거늘 사람은 그 기이한데만 달려갑니다.

하늘은 어길 수 없으니 지혜가 속일 수 없음은 사물을 정하는 조화이며, 믿을 수 있는 것은 조수(潮水)이며, 많은 도움이 이르렀음은 땅이 그 바름을 잃음이니, 이는 그 바르고 그 기이함은 과연 사람에게 있으며 천시(天時)와 지리(地利)는 과연 사람만 같지 못함을 알게 하는 것입니다. 하늘 동쪽의 한 구역은 군사를 쓰는 나라입니다.

남으로는 해적(海賊)을 이웃하고 북으로는 산융[473]을 접하여, 정벌하고 방어(防禦)함이 없는 시대가 없었습니다. 지난 임진란으로부터 일심으로 군정에 힘을 쓰니 그 까닭은 행군(行軍)하는 도리와 진영을 치는 법을 옛적과 지금의 마땅함을 참작하여 덜고 더는 법규를 짐작하여 치고 찌르며 나가고 물러감이 6보(步)와 7보에 어기지 않고 서로 사물을 평정하는 권한을 가지고 마음대로 하기를 바라며, 선세와 후세에 어긋나지 않게 훈련하고 열병함이 40년이나 오래 되었으면 군사를 일으켜 움직이고 기병과 정병이 마땅히 합당하게 달려 있을 것 같은데, 어찌하여 병사는 싸움을 익히지 않고 싸움은 그 법규를 잃었습니까?

---

472) 백수(白水) : 중국 한(漢)나라가 설치한 현(縣)의 이름. 사천성(四川省) 소화현(昭化縣)의 서북에 있음.

473) 산융(山戎) : 고대의 종족 이름. 춘추시대(春秋時代)에 지금의 하북성(河北省) 북방 천안현(遷安縣) 산간에 반거(蟠居)하던 번족(蕃族).

북소리만이 전연(塡然)히 나서 양졸(梁卒)이 병사를 끌고 칼날이 서로 접촉도 하지 않았거늘, 조인(趙人)이 기와가 깨어지듯이 산산히 깨어져 흩어지고 보루를 마주하여 군사를 크게 일으켜, 탐욕을 부리는 칼날과 깃발을 빼앗은 승첩은 보이지 않으며, 샛길에서 전후 상응하여 대적함이 기치를 제거하는 공적은 있지 않고, 백보(步)와 십보마다 흩어지고 바람에 따라 풀이 쓰러지듯이 쏠려 갑니다. 한 번 싸워서 이와 같으며 두 번 싸워서 이와 같으니, 오왕(吳王)이 세 번 싸워 세 번 패배하고, 위후(魏侯)가 동에서 패하고 서에서 죽은 지 천년 만에 우리나라의 오늘에 다시 보았습니다.

오호라! 손무와 오기[474]의 기병과 정병의 법은 지금도 또한 그 책이 있습니다. 항오(行伍)가 단련된 썩 날래고 용맹스러운 군대는 지금도 또한 그 무리가 있습니다. 법은 옛것을 개정하지 않았으며 군대는 불러 모으는 것을 고치지 않았으니, 용병하는데 능히 그 도리를 다하면 지금의 전쟁이 예전과 같으며, 그 정병과 그 기병이 어찌 예전에는 마땅하며 지금에는 마땅하지 못함이 있을 것인가! 그러나 예전에 마땅한 사람은 예전의 사람이 용병을 잘했기 때문이며, 지금에 마땅하지 못한 사람은 지금의 사람이 용병을 잘하지 못하기 때문입니다. 그 지금에 용병하면서 예전에 합당한 사람은 다른데 구하여 볼 수 없는 까닭이옵니다.

무릇 범위공(范魏公)이 말하기를, "변경 위의 장수는 항상 인재가 부족함을 근심하는데, 어찌 천지(天地)는 예전에 후하였으며 지금에 박하게 하는가?" 하였으니 진실할진저! 말함이여! 진실로 능히 정성으로써 구하고 정성으로써 대우하며, 북소리를 듣고서 생각하고 무릎을 치면서 생각하여, 누추한데 돌려 잊은 것과 같이 버리지 않으며, 하나하나 두루 시험하여서 작위로써 높이지 않고 마음을 미루어서 위임(委任)하고, 위임한 다음에는 성적을 책임 지워 나쁘면 질책합니다.

---

474) 손무와 오기(孫吳) : 옛 병법가(兵法家)인 손무(孫武)와 오기(吳起).

군사를 일으켜 움직이고 기병과 정병이 각각 그 마땅한 바를 좇으니, 병사의 기병은 한신[475]이 진여[476]를 참수하는 것과 같으며, 병사의 정병은 악비[477]가 주선[478]을 공격하여 깨뜨리는 것과 같습니다. 지혜로 그 가슴 속에 품은 기능을 펴고, 재주로 그 능력을 다하여 무사(無事)한 날에 날카롭고 굳센 군사를 기르고, 경계함이 있을 때에 용맹을 구하여, 싸우고 지킴을 한결같이 옛 사람이 이른바 기병과 정병과 같이 한다면, 장차 쓸모없는 견양과 같은 역적을 모두 섬멸하여서 근심과 걱정이 꺼져 없어질 것입니다.

어리석은 저는 기병과 정병의 도리는 여기에 이르러서 다하였다고 이릅니다. 한 편(篇)이 끝남에 말이 새로울 수 있습니까?

아! 기병과 정병은 진실로 장수를 얻는 데에 있으며, 장수를 얻는 근본은 또 정승을 얻는 데에 있으며, 정승은 그 일을 맡기에 알맞은 사람을 얻어야 함은 장수도 또한 사람을 얻음이니, 이는 옛 사람이 이른바 안과 밖이 서로 서로 기다려서 함께 행하여 어긋나지 않는다는 것입니다.

이런 까닭으로 길보(吉甫)는 밖에 있으며 산보(山甫)는 안에 있고, 소하[479]가 정승이 되어 한신을 천거하고, 방현령과 두여회[480]가 모의하

475) 한신(淮陰) : 중국 한(漢)나라 장군인 한신(韓信)의 봉호(封號). 회음은 군(郡)이었으나, 한신이 회음후(淮陰侯)로 봉한 뒤에 현이 됨.

476) 진여(陳餘) : 중국 진(秦)나라 대량(大梁) 사람. 유술(儒術)을 좋아하여 장이(張耳)와 문경(刎頸)의 벗이 됨. 진나라가 위(魏)나라를 멸망시키니 이름을 바꾸고 함께 진(陳)에 가서 감문(監門)이 됨. 진섭(陳涉)이 군사를 일으키니 장이와 함께 진사람 무신(武臣)을 세워 조왕(趙王)을 삼았음. 뒤에 장이는 한나라에 항복하고 한신과 같이 조(趙)를 공격하여 정형(井陘)을 함락하고 진여의 목을 베었음.

477) 악비(岳飛) : 중국 송(宋)나라 때의 탕음(湯陰) 사람. 자는 붕거(鵬擧), 지극한 효자로, 좌씨춘추(左氏春秋) 손오병법(孫吳兵法)에 정통한 장군.

478) 주선(朱仙) : 중국 하남성(河南省) 개봉현(開封縣) 서남쪽 45리에 있는 지명.

479) 소하(蕭何) : 중국 한고조(漢高祖)의 공신(功臣), 시호는 문종(文終). 강소패현(江蘇沛縣) 사람으로 고조를 도와 천하를 통일함. 장량(張良) 한신(韓信)과 더불어 한나라의 3걸(傑).

480) 방현령과 두여회(房杜) : 방현령(房玄齡)은 당(唐)나라 때의 정치가로 자는 교(喬), 시(諡)는 문소(文昭), 당태종을 도운 공신임. 두여회(杜如晦)는 당나라 창업 공신, 자는 극명(克明).

여 결단하니, 영명한 호위가 효력(效力)을 드러냈습니다. 예로부터 안에 어진 정승이 없으면서, 밖에 어진 장수를 얻은 사람이 있지 않습니다.

바로 지금 옥현[481]의 도리를 논하여 밝히고, 이윤과 주공[482]의 종종 걸음을 하며 의장을 갖추어 정벌을 오로지 하여, 방소[483]를 펴서 벌리면 안과 밖의 정치가 마땅히 다하지 못함이 없다고 하더라도, 군사를 일으켜 움직이고 병사를 부리는데 기병과 정병의 도리로써 하지 않는다면 이는 진정 장수가 된 사람이 아닙니다. 장수가 된 사람이 아니면 상신(相臣)이 장수를 부리는 효험이 없습니다.

그렇다면 기병과 정병의 도리는 장수에게 꾸짖고, 장수의 사람을 얻은 것은 상신에게 꾸짖은 연후에야 안팎이 함께 베풀고, 근본과 말단이 모두 겸하여 가질 것입니다. 이치에 맞지 않는 어리석은 말을 집사는 용서하여 받으들여 주십시오. 삼가 대답하여 올립니다.

481) 옥현(玉鉉) : 옥(玉)과 같은 솥의 귀, 강함과 부드러움을 잘 조화하여 높은 지위에 있음을 비유함.

482) 이윤과 주공(伊周) : 중국 은나라 탕왕의 재상인 이윤(伊尹)과 주나라 무왕(武王)과 성왕(成王)의 재상 주공 단(周公旦). 이윤의 이름은 지(摯), 처음에 신야(莘野)에서 농사를 짓다가 탕왕이 세차례 초빙하여 재상이 된 후, 걸(桀)을 치는데 중요한 역할을 함. 주공 단은 주 문왕(周文王)의 아들로, 무왕의 아우. 시(諡)는 원(元) 또는 문(文). 무왕을 도와 주(紂)를 토벌하고 무왕이 죽자 성왕(成王)의 섭정(攝政)을 하며 제도예악(制度禮樂)을 정하고 관혼상제(冠婚喪祭)의 의례(儀禮)를 지음.

483) 방소(方召) : 중국 명나라의 선성(宣城) 사람. 자는 호린(虎鄰), 당왕(唐王) 때에 벼슬이 지강산 현사(知江山縣事)가 됨. 청(淸)나라 군사가 쳐들어오자, 우물에 투신하여 죽음.

논(論)

199. 촉나라의 정치가 엄격하고 용맹함을 숭상함(治蜀尙嚴猛) 무진년[484]

별시에 장원함. 이 논과 책 표를 갖춘 편과 부는 모두 장원의 자리를 차지하고 아울리 사장의 장원을 관철하였다.(戊辰別試魁 此論及策 表具篇賦 皆魁 並貫四場)

논(論)에 이르기를, 달고 쓰며 맛있는 쌀과 고기의 음식은 사람의 원기(元氣)를 돕는데 충분하지만 거의 죽게 된 목숨을 구제할 수 없으며, 생강과 육계와 돌로 만든 침의 기구는 장차 죽게 된 사람을 일으키기에 넉넉하지만 마음을 편안하게 지니고 몸을 쉬게 하는 때를 도울 수 없습니다. 때로 맛있는 쌀과 고기를 먹으며 위급하면 침석(鍼石)으로써 다스리면 이는 한갓 해로울 뿐이며 유익함은 없습니다. 때로 침석을 쓰며 맛있는 쌀과 고기로써 늦추면 이는 죽음을 구원하며 죽음을 재촉합니다.

사람이 여기에 있어 사람의 한 몸의 원기가 쌓인 것이 줄어들고 큰 종기가 이미 터져 한 손가락은 한 다리만큼 커지고 한 다리가 허리만큼 커져 헐떡임이 아직도 있어 목숨이 다 하려고 하면 유부와 편작[485]의 뛰어난 솜씨라도 무슨 기술로서 구제하겠습니까? 그 맛있는 쌀과 고기를 가지고서 늦추겠습니까? 문득 침석을 가지고 급함을 구하겠습니까? 침석은 진실로 해로울 뿐이로되 맛있는 쌀과 고기가 때가 아니면 그 침석을 쓰지 않을 수 있습니까? 맛있는 쌀과 고기는 진실로 아름답지만 침석이 오직 때가 되면 그 침석을 쓰지 않을 수 있습니까? 예전에 염운(炎運)이 끝났음을 알리고 구주가 어지러워 한 구석의 서쪽의 땅이 주인이 없어 바로 어지러우면 서천(西川)은 바로 이미 무너진

484) 무진년(戊辰年) : 1628년(인조 6).

485) 유부와 편작(兪扁) : 중국의 전설적인 명의(名醫). 주 347) 참조.

종기입니다.

공명(孔明)이 즉시 유부와 편작으로 구제하려고 하여도 당시의 급한 일을 아는 공명이 나라를 위하는 도리에 마땅히 어찌하겠습니까? 상처로 고통받는 백성을 또 무엇으로 소생시키며, 방종하고 이완된 정치의 강령을 또 무엇으로 새롭게 하겠습니까? 이때에 누가 이르기를 "백성이 소생하지 못함은 어짐으로 어루만지고, 선비의 가까이 하지 않음은 너그럽게 어거하게 할진저!"라고 하지 않겠습니까? 그러나 공명이 정사를 너그럽게 하지 않고 엄격하게 하고, 공명이 은혜로 법을 베풀지 않으며 위엄으로써 하면 이는 어찌 종기가 이미 문드러진 뒤를 당하여 유부와 편작이 침석의 구제를 쓰는 것이 아닙니까?

오호라! 한(漢)나라의 강령(綱領)이 아직도 바르지만, 쌓이고 번진 폐단은 이미 방종하고 이완한데에 고질(痼疾)이 되었으며, 한나라의 법률이 아직도 너그럽지만 끝판의 근심은 이미 윗사람을 능가하여 윗사람의 권위가 떨어지는 데에 다하였습니다. 방종하고 이완하여 아비가 없고 임금이 없는 데에 이르렀으며, 윗사람을 능가하여 윗사람의 권위가 떨어져 황제를 참칭(僭稱)하고, 군왕을 참칭하는 데에 이르렀습니다. 공명의 뜻은 항상 한나라의 조정을 중흥하는 데에 있습니다. 한나라의 중흥은 강기(綱紀)를 바르게 하는 것보다 먼저 할 게 없습니다.

이미 무너진 강기를 엄격함을 버리고서 어찌 이미 이완된 정령으로 바로 잡으며, 이미 이완된 정령을 위엄을 버리고서 어찌 베풀 수 있습니까? 공명을 얻음은 바로 한나라를 일으키는 기초이며 공명이 촉나라를 다스림은 바로 한나라를 중흥하는 다스림입니다. 한 주의 백성은 바로 천하의 백성이고 한 주의 정치는 바로 천하의 정치입니다. 천하에 임금이 없으면 너그러움으로써 교화할 수 있습니다.

간사하고 지혜가 뛰어난 영웅이 제왕을 참칭하는 사람을 너그러움으로써 복종시킬 수 있습니다. 간웅(奸雄)이 천하의 교화를 굴복시키기를 이미 너그러움으로써 할 수 없는데, 엄격하고 맹렬한 법으로써 임하는 사람이 어찌 당일(當日)의 급히 할 일은 하지 않으며, 사물의 구하기 어려운 병폐의 악과 침석이 될 수 있을 것인가!

더구나 유장[486]은 어리석은 재주로써 어렵고 위험한 때를 즈음하여 어질고 바른 정치는 백성에게 베풀지 못하고, 범죄에 관한 행정은 나라에 엄숙하지 못하여 촉나라 전체의 사민(士民)들이 정령(政令)이 무슨 물건이 되며 형정(刑政)이 무슨 일이 되는지를 알지 못하고, 귀는 듣는 데에 습관이 되고 눈은 보는 데만 습괸이 되었으니, 민둥산이 이른바 오래되면 변하기 어려움인저!

공명의 뜻이 만약 한 모퉁이의 촉나라에 있다면, 비록 혹 진취의 기력이 없이 우물쭈물하면서 옛 습관을 따름이 옳으며, 옛 일을 그대로 따라서 존속하기를 도모함이 옳습니까? 공명의 뜻이 진실로 천하를 회복하여서 한나라의 조정을 중흥하는 데에 있으면, 위엄이 없는 법으로써 은혜를 알도록 하고 작위로써 한정하여서 영광을 알도록 할 수 있게 함인저! 공자(孔子)께서 이르시기를 "너그러우면 사나움으로써 구제하고, 사나우면 너그러움으로써 구제한다"고 하였습니다.

아! 너그럽게 다스리는 정치를 한 뒤에 오히려 사나움으로써 구제하거든, 더구나 어리석고 빙충맞은 뒤에 방종하고, 이완한 끝을 다스리고 진작하는데 임격함으로써 하지 않으며 위임으로써 하지 않으면, 말을 부리는 데에 바라지 않으며, 나그네의 채찍으로써 하지 않고 곡식이 아까워서 아울러 가라지 풀에 물을 대는 사람입니까?

어떤 사람이 이르기를, 고조[487]가 사람을 사랑하고 의로운데 나가는 선비를 사랑하여 그리워하는 사람들은 소열[488]의 본디 품은 뜻도 그러하

---

486) 유장(劉璋) : 중국 삼국시대 촉(蜀)나라 사람. 후한(後漢) 경릉인(竟陵人)으로 유언(劉焉)의 아들로 자는 계옥(季玉). 익주자사(益州刺史)를 이어받아 조조(曹操)의 진위장군(振威將軍)이 되었으나 뒤에 선주(先主) 유비(劉備)에게 항복하여 남부에 옮겼고, 다시 손권(孫權)이 荊州(荊州)를 취하여 익주목(益州牧)이 됨.

487) 고조(高祖) : 중국 한나라를 세운 유방(劉邦). 자는 계(季), 진(秦)나라 때 시사상정장(時四上亭長)이 되고 패(沛)에서 군사를 일으켜 패공(沛公)이 됨. 소하(蕭何)를 재상, 한신(韓信)을 대장군으로 삼아 진나라를 평정하여 황제에 오름.

거늘 공명이 그 아름다운 법을 순종할 수 없으며, 고조의 삼장[489]과 서천(西川)의 백성을 위로하기를 바라는 사람은 효직[490]의 충심으로 남의 잘못을 경계함이거늘, 공명이 잘 듣고 따를 수 없으면 일찍이 임금을 보필할 수 있는 재능이 있고 유자(儒者)의 기상(氣像)이 있더라도 이 임금의 아름다움을 순종할 수 없으며, 또 사람의 충언을 잘 받아들일 수 없으면 왕도(王道)의 너그럽고 어짐을 저버리고 진법(秦法)의 엄격함을 따름이 아니겠습니까?

이 공명의 바름은 이른바 소열의 아름다움을 순종함이며 효직(孝直)의 미칠 수 없는 바를 이름이니 무엇으로써 말씀하오리까? 인자하여 죽이지 못하고 너그러움으로써 덕을 삼는 사람이 비록 이 소열의 뜻이라도 대강(大綱)을 바르게 하고 사람이 지켜야 할 도리를 밝히며 한나라 조정의 천하를 중흥함도 또한 소열의 뜻이면 공명이 계획함이 어찌 홀로 변변하지 못한 작은 인덕으로써 장차 순종하는데 힘쓰려고 하더라도 윤리와 기강을 밝히고 한실을 중흥하는 큰 뜻으로써 그 인군에게 아름답게 순종하며 정령(政令)을 베풀지 않겠습니까?

고조가 백성에게 약속한 법이 너그러움으로써 가혹한 정치를 이어받았다면, 그는 이른바 대한(大寒)에 따뜻한 봄이며 병을 앓고 난 뒤의 맛있는 쌀과 고기인데, 그는 유장의 어리석고 빙충맞음과 퇴폐하고 이완된 정령을 진작하려 사람을 봄이니 어찌 시세(時勢)가 그렇게

---

488) 소열(昭烈) : 중국 삼국시대 촉한(蜀漢)의 시조(始祖), 자는 현덕(玄德), 소열(昭烈)은 그의 묘호(廟號). 후한(後漢) 영제(靈帝) 때 황건적(黃巾賊)을 쳐서 공을 세운 뒤, 제갈량(諸葛亮)을 얻어 성도(成都)에 도읍하여 한나라의 후계자로서 위(魏)·오(吳)와 대립함. 백제성(白帝城)에서 병사.

489) 삼장(三章) : 한나라 고조가 진나라를 멸망시키고 關中(關中)에 들어가 진나라의 가혹한 법(苛法)을 없애고 약속한 세 개의 법. 살인자는 죽이고, 사람을 상해한 사람과 도둑을 죄로 다스린다는 것.

490) 효직(孝直) : 중국 삼국시대 촉(蜀)나라 사람 법정(法正)의 자(字). 시(諡)는 익(翼), 건안(建安) 초에는 유장(劉璋)에 의지하여 유장의 말에 따라 유비를 맞이함. 유비가 성도(成都)를 얻은 뒤에 법정은 촉군태수(蜀郡太守), 양무장군(揚武將軍)이 되고, 유비가 왕이 된 뒤에는 상서령(尙書令), 호군장(護軍將)이 됨.

하도록 시키지 않았거늘 너그럽고 사나움이 각각 다름은 일찍이 공명의 밝은 생각이 여기에 미치지 못하였는가라고 하였습니다. 이는 대저 백성에게 너그럽고 사납고 모질음은 사람에게 물과 불과 같습니다.

물과 불을 홀로 구제할 수 없으면 너그럽고 사납고 모질음을 한쪽만을 폐지할 수 있음을 알 수 있으니, 대개 그 형법(刑法)을 엄격히 하는 사람은 공명의 당일(當日)의 정치이며 인의(仁義)로써 점점 연마하는 사람도 또한 공명의 당일(當日)의 마음입니다. 그러므로 도시락을 가지고 군사를 맞이한다는 말은 집에 있을 때에 일에 힘쓰고 삼감이고, 충성스러운 마음으로 간하는 말을 막지 않음은 군병을 싸움터에 내보내는 때에 간절함이니, 백성에게 어질게 하는 마음이 물건에까지 미치어 사랑하는 마음이 진실로 말과 뜻의 표면에 있음을 볼 수 있습니다. 부인이 상투를 매어 곡하고 동천과 서천[491]이 흰 빛의 상복을 하면 어진 은혜의 혜택이 백성에게 깊이 스며들고 뼈 속을 살찌게 하였음을 또한 볼 수 있으니, 어찌 후세의 한갓 사나우면서 너그러움을 알지 못하고 한갓 위엄하면서 은혜를 알지 못하고, 하나의 명령을 베풀면서 백성이 두려워하지 않고 하나의 명령을 행하며 백성이 따르지 않는 사람과 같을진저!

비록 그러나 공자께서 이르시기를, "도로써 도리를 삼고 형벌로써 가지런히 한다."고 하였습니다. 무릇 성인이 나라를 다스리려함에 덕이 형벌보다 먼저 있는데, 공명은 오직 형벌로써 먼저 하지 않아, 더욱 후세에 빙자하는 사람으로 하여금 잘못되어 무고한 사람에게 미치게 하였으니, 탄식할 만할진저! 삼가 논하여 올립니다.

491) 동천과 서천(兩川) : 동천과 서천은 지금의 중국 사천성(四川省).

200. 죽기는 쉽고 혼자 외롭게 서기는 어렵다 (死易立孤難) 경오년[492]

가을의 별시(庚午秋 別試)

논에 이르기를, "오호라! 선비가 세상에 나서 살아감에 어려움이 없는 것은 죽음이며, 더욱 어려움이 없는 것은 죽을 데에 그 죽음을 얻음이라."고 하였습니다. 어려움이 없는 것이 죽음이며, 더욱 어려움이 없는 것은 죽을 데에 그 죽음을 얻음인데, 이렇게 되면 천하의 어려움이 없는 것을 할 수 있고, 천하의 더욱 어려움이 없는 것을 또 할 수 있습니다.

천하에 어려운 것이 없는데 잘 할 수 있으며, 천하에 더욱 어려움이 없는 것을 또 잘 할 수 있으면, 천하의 무슨 일이든지 다시 어려운 것이 있으며 천하의 무슨 일이든지 다시 쉽지 않은 것이 있을 것인가! 이런 까닭으로 다른 사람이 어려워하는데 자기는 어려워하지 않고, 다른 사람이 쉬워하지 않는데 자기는 홀로 쉽다고 하면, 그 이른바 지극히 어려운 것은 도리어 지극히 쉬운 일이 되며, 그 쉽게 여기는 것은 마침 천하의 지극히 어려움이 됩니다.

무릇 지극히 어려운 것은 죽음인데 도리어 쉽다고 하면 그 쉬운 것은 진실로 다른 사람의 어려운 것이며, 그 어려운 자는 다른 사람이 어려워하는 바에 심함이 있습니다. 한번 죽음을 쉽다고 생각하고 뒤에 한번 죽음하고 그 어렵다고 생각함이 있으면 전에 쉬웠던 사람은 진실로 뒤에 당한 어려움으로써 만족하고 뒤에 어려웠던 사람도 또한 적의 바로 앞의 쉬움으로써 만족하면 이는 더욱 절의를 굳게 지닌 사나이도 어려운 바를 나는 조씨의 두 나그네에게 보았습니다.

안가의 전란[493]을 당하여 조씨는 이미 조삭(趙朔)을 죽이고도 또

---

492) 경오년(庚午年) : 1630년 인조 8.

493) 안가의 전란(岸賈之亂) : 중국 춘추(春秋)시대 진(晋)나라 사람 도안가(屠岸賈)가 일으킨 난리. 도안가는 처음에 영제(靈帝)의 총애를 받았다가 경공(景公) 때에 사구(司寇)가 됨. 조무(趙武)·정영(程嬰) 때문에 그의 가족을 멸망시킴.

조씨의 씨족을 다 죽여 없앴는데, 조씨가 절멸하지 않고서 겨우 살아남은 사람은 단지 뱃속에 하나 남긴 아들을 의지하였을 뿐입니다. 형세로써 말하면 조씨의 집안은 멸망하였으니, 뱃속에 남은 부모 없는 어린이로써 안가(岸賈)의 기세를 또 재지와 능력으로써 승리를 취할 수 없으면 두 나그네도 이 때에 자기의 깊은 원수를 보복할 수가 없으며 조씨의 종묘의 제사도 혈통으로써 회복할 수 없습니다. 그러나 인사(人事)의 어렵고 쉬움으로 말하면 죽음은 인정(人情)이 미워하는 것인데, 천하(天下)에 어찌 쉽게 죽는 사람이 있을 것인가! 사람이 항상 말하기를 "마음 속 깊이 스며드는 느낌이 한이 없어 목숨을 바치기는 쉬워도 자연스럽고 태연하게 죽음을 따르기는 어렵다."고 하였습니다.

무릇 뒷날의 기회를 계교하여 이 때의 사생(死生)을 결단하는 사람은 어찌 사람이 다 같이 어려워하는 바가 아니겠습니까? 서로 함께 모의하여 말하기를 "죽음은 쉽고 외롭게 혼자 서기는 어렵다"고 하니, 사람들이 어려워하는 바를 쉽게 여긴다는 사람은 문득 나의 후일(後日)을 위하여 모의하는 사람이 도리어 오늘의 죽음보다 어찌 어려움이 있는 까닭이 아니겠습니까?

아! 외롭게 혼자 성립하기는 진실로 사람들이 어려워하는 바이며, 이자(二子)도 또한 어렵게 여겼고 죽음도 또한 사람들의 어려운 바이거늘, 이자는 홀로 쉽게 여겼음은 어찌함입니까? 이자의 혹 어려운 데에 어려워하며 혹 어려운 데에 어려워하지 않으니 이는 그 뜻을 알기 어렵지 않습니다. 어찌 사람의 지극히 어려운 것이 죽음이면 죽음이 쉽게 할 수 있는 일이 아니거늘 마땅히 죽을 데에 죽을 수 있으면 죽을 데에 그 죽음입니다.

똑같은 죽음이거늘 죽을 데에 그 죽을 수 있음은 많은 사람들은 어렵고 지사(志士)는 할 수 있으니, 대개 기러기의 날개털과 태산(泰山)의 경중(輕重)은 저절로 분별되며, 물고기와 곰의 발바닥을 취하고 버림을 분별함은 사람이 모두 한번 죽어서 이 죽음이 사람들의 죽음보다 다름이 있으며 사람들이 어려워하는 바로써 어려워하며 쉬워하지 않음으로써 쉬워하지 않음입니다.

만약 장래(將來)의 기회를 미리 기약할 수 없으며, 뒷날의 성패(成敗)를 미리 내다 볼 수 없으며, 강보(襁褓) 속의 한 어린아이를 굶은 범 움켜 먹게 됨을 면하지 못하면, 조씨(趙氏)의 혈식[494]을 하지 못함은 지혜 있는 사람을 기다리지 않아도 이미 명백함을 저 이자(二子)도 기회의 지극히 어려움을 알지 못함이 아닙니다. 외롭게 혼자 성립하는 것의 지극히 어려움과 목숨을 바침이 지극히 어렵다는 것 등에서 천하의 지극히 어려움이 하나는 쉽다고 하고 하나는 어렵다고 함은 어찌 함입니까?

진실로 자기의 진심을 잘 알아 준 은혜로 보답하지 않을 수 없으며, 존속하는 계책을 도모하여 완수하지 않을 수 없습니다. 이런 까닭으로 저구[495]가 앞에 죽은 까닭은 그 죽음이 쉬운 까닭이 아니고, 마침 후일(後日)의 지극히 어려움을 이루기에 넉넉하였으며, 정영[496]이 뒤에 죽은 까닭은 단지 그 말을 실천하였을 뿐이 아니고, 바로 저구가 쉽게 죽은 것을 보답한 까닭입니다.

무릇 저구의 죽음은 한 때 산중에 숨은 연고로써 안가가 군병을 시켜 죽이게 함을 모의하였으니, 자연스럽고 태연하게 죽었으면 급작스러움이며 정영의 죽음은 바로 조무[497]가 복수한 뒤이니 진실로 지위가

---

494) 혈식(血食) : 피 묻은 산 짐승을 제물로 바치어 제사 지냄.

495) 저구(杵臼) : 중국 춘추(春秋)시대 진(晋)나라의 공손저구(公孫杵臼). 태원(太原) 사람으로, 안가(岸賈)가 조삭(趙朔)을 죽이자 조삭의 친구 정영(程嬰)과 그 고아(孤兒)를 세우는 일을 도모하고 스스로 다른 사람의 영아(嬰兒)를 취하여 산중에 숨기고, 정영이 조삭의 유아(遺兒)를 안고 숨었다고 밀고하여 영아를 살해되게 하고 조삭의 유아를 보전함.

496) 정영(程嬰) : 춘추(春秋)시대 진(晋나라 사람, 조삭의 친구. 도안가(屠岸賈)가 조삭을 죽이자 조씨의 유아를 안고 산중으로 들어감. 뒤에 경공(景公)이 이를 세워 조씨의 뒤를 삼음.

497) 조무(趙武) : 중국 춘추(春秋)시대 진(晋)나라 사람. 조맹(趙孟)이라고도 함. 시(諡)는 문(文), 아버지인 조삭을 도안가가 죽이자 조무는 정영(程嬰), 공손저구(公孫杵臼)에 의지하여 화를 면함. 뒤에 경(卿)이 되고 도공(悼公)의 재상이 됨. 제후(諸侯)에게 폐백(幣帛)을 가볍게 하고 그 예(禮)를 무겁게 하여 진(晋)나라와 화목하게 함.

존엄하고 영화로우며 부귀한 때에 죽음을 이루게 한 이 그 모의도 또한 자연스럽고 태연하였으며, 죽음도 또한 자연스럽고 태연하였습니다.

아! 외롭게 홀로 성립함은 지극히 어려우며 자연스럽고 태연하게 죽음은 더욱 지극하게 어렵습니다. 이 두 가지 지극하세 어려움을 위하여 정영은 죽음이 비록 어려웠더라도 그 어려움은 인정의 대체로 어려운 바를 능히 하였으니, 사람들이 대체로 어려워하는 바를 저구는 두 가지 지극히 어려움으로써 하나의 대체로 어려워하는 바를 교계하여 산중에 숨어서 먼저 죽었으니 어찌 어려운 가운데의 쉬움이 아니겠습니까?

그러면 저구의 죽음은 죽음으로써 쉽다고 하지 못합니다. 그 어려운 바는 뒤에 있으며 산중에 숨어서 먼저 죽은 사람은 마침 혼자 그 몸을 죽였을 따름입니다. 그러므로 그 어려움을 계교하지 않고서 쉽게 생각하였으며 사람들은 죽음으로써 어렵다고 하는데 저구는 이미 죽음으로써 쉽게 여기고서 먼저 죽었으면 정영의 외롭게 혼자 성립하였음은 스스로 자기의 임무라고 하지 않을 수 없습니다.

지극히 어려움으로써 일이 비록 어렵고 쉬움에 다르며 죽음은 실지로 먼저와 뒤가 동일하니 하나는 먼저하고 하나는 뒤에 하였지만 죽음을 뜻하였음은 한결같습니다. 아! 죽음과 외롭게 홀로 섬이 이자(二子)에 있어서는 어렵고 쉬움의 분별이 있으며 많은 사람들에 있어서는 모두가 이 지극히 어려움입니다. 이자의 하나는 어렵고 하나는 쉬움은 진실로 서로 같지 않고 다르게 볼 수 없거늘 사람들은 혹 일한 바를 가리지 않음이 적습니다. 이자의 절의(節義)가 어찌 그러합니까? 삼가 논하여 올립니다.

201. 당나라 태종이 안시성주[498]를 장려하여 유시한 조서를 본뜸 (擬唐太宗奬諭安市城主詔) 월과(月課)

황제(皇帝)가 또 이르기를, "아! 너 고려국 안시성 주장(爾高麗國安市城主將)이여! 너의 정세하고 한결같은 충성을 짐이 매우 가상하게 여기고 너의 굳게 지켜 변함없는 절개를 짐이 매우 생각하여 잊지 않는다."고 하였다. 사람이 각각 주인을 위하여 많은 하인으로 하여금 본받게 하려고 이에 군대를 이끌고 돌아오게 하고 크게 고하여 진실한 사람을 등용하게 하였다.

짐이 예전의 수나라 말년에 진양[499]에서 처음 군대를 일으켜 동쪽을 물리쳐 평정하고, 서쪽을 토벌하는 계책을 의논하는데 잘못된 계책이 없으니 굳셈은 주의 무왕과 같으며, 저 삭야[500]에 도망쳐 달아나는 자들의 미움은 원군정[501]과 같았다. 이수[502]에서 납치하고 무기를 돌려 남쪽을 향하여 진군하였다.

소선[503]은 지휘하는 지위에서 떨어지고, 북쪽을 정벌함에 사도[504]는 항복하고, 이궤[505]는 싸우지 않고서 서하[506]를 바쳤으며, 이밀[507]은

---

498) 안시성주(安市城主) : 고구려 후기의 명장인 양만춘(楊萬春). 또는 양만춘(梁萬春). 생몰년 미상. 645년(보장왕 4)당나라 태종이 대군을 동원하여 고구려를 침공하여 요동지역에 있던 개모성(蓋牟城, 撫順 부근)과 비사성(卑沙城, 大連灣 북쪽 해안) 등이 함락되었으니, 끝까지 성을 지킴.

499) 진양(晋陽) : 중국 당(唐)나라 고조(高祖)가 군사를 일으켜 천하를 평정한 곳의 이름.

500) 삭야(朔野) : 북쪽의 들.

501) 원군정(世忠) : 세충은 중국 양(梁)나라 원군정(袁君正)의 자(字). 젊어서 총명하여 일찍이 당시의 명예를 얻음. 벼슬은 예장내사(豫章內史). 오흥태수(吳興太守)를 역임.

502) 이수(伊水) : 중국의 하천 이름. 하남성(河南省) 노씨현(盧氏縣)의 동남 민돈령(悶頓嶺)에서 발원하고 동북쪽으로 흘러 숭산(嵩山,) 이양(伊陽), 낙양(落陽) 등의 거쳐 낙수에 합해짐.

503) 소선(蕭銑) : 중국 당(唐)나라 사람, 후량(後梁) 선제(宣帝)의 증손. 수(隋)나라 양제(煬帝)의 외척이 되는 까닭으로 발탁되어 나천령(羅川令)이 되었으나 동경진(董景珍) 등이 모반(謀反)하여 소선을 양공(梁公)으로 추대하여 황제를 참칭(僭稱)함. 효공(孝恭)이 이정(李靖)에게 명령하여 공격하니 소선은 패하여 항복하고 참수당함.

504) 사도(師都) : 중국 주(周)나라 관리인 수대부(遂大夫). 재산의 많고 적음을 조사하는 직위.

멋대로 날뛰어 여양[508]을 섬멸하였으니, 이 두 서너 사람은 중국의 영웅이다. 모두 왕의 자리[509]에 앉을 왕이라 일컫고[510]는 천리의 땅을 개척하는 역사가 때를 넘기지 않았다.

짐이 능히 승리하니 힐리[511]와 같은 날래고 굳셈에도 편교[512]에서 항복하였고, 돌리[513]의 흉폭하고 포악함에도 모두 정양[514]에서 사로잡으며, 고집이 세어 남에게 굽히지 않던 설연타[515]도 끝내는 칙륵[516]을

505) 이궤(李軌) : 중국 당(唐)나라의 고장(故臧) 사람, 자는 처칙(處則). 수(隋)나라 때 스스로 대량왕(大凉王)이라고 부르고 황제를 참칭함. 안수인(安修仁) 등에게 잡혀 장안(長安)에서 참수당함.

506) 서하(西河) : 중국 당(唐)나라에서 설치한 현(縣)의 이름. 황하(黃河) 서쪽의 땅을 널리 가리킴. 섬서(陝西), 감숙(甘肅)과 몽고(蒙古)의 악이다사(鄂爾多斯), 아납선(阿拉善), 액제납(額濟納)의 땅으로 하우(河右)라고도 함.

507) 이밀(李密) : 중국 당(唐)나라의 양평(襄平) 사람, 자는 현수(玄邃) 또는 법왕(法王), 처음에 수양제(隋煬帝)의 숙위(宿衛)가 되었으나 현감(玄感)이 군사를 일으키자 그의 모주(謀主)가 됨. 현감이 이밀의 계략을 쓰고 패하자 이밀은 또 적양(翟讓)과 낙구(洛口)에 근거하여 위공(魏公)이라고 칭했으나 왕세충(王世忠)에게 패한 뒤에 성세언(盛世彦)에게 죽임을 당함.

508) 여양(黎陽) : 중국의 산 이름, 일명 여산(黎山). 또는 하남성(河南省) 준현(濬縣)의 동남쪽 대비산(大伾山)에 있는 현(縣)의 이름으로 한나라에서 설치.

509) 왕의 자리(南面) : 임금. 임금이 남쪽을 바라보고 앉던 것에서 유래.

510) 왕이라 일컫고(稱孤) : 제후(諸侯)는 스스로 고(孤)라고 부름. 고는 고독(孤獨)의 뜻으로 소제후(小諸侯)가 자기를 낮추어 부르거나 대제후(大諸侯)가 상(喪)을 당하나 위기를 만난 때에 일컬었음. 진한(秦漢) 때에 이르러서는 후왕(侯王)의 아름답게 부르는 이름으로 쓰임.

511) 힐리(頡利) : 중국 당(唐)나라의 돌궐가한(突厥可汗), 이름은 돌필(咄苾), 시(謚)는 荒(荒), 歸義王(歸義王)에 追贈(追贈)함. 고조(高祖) 날랜 군사를 이끌고 해마다 침입하여 이정(李靖)이 정벌하니 힐리가 보철산(保鐵山)으로 도주함. 장보상(張寶相)이 이를 잡아 우위대장군(右衛大將軍)에 임명함.

512) 편교(便橋) : 중국의 문 이름 또는 다리의 이름. 장안(長安) 성서문(城西門)의 편문(便門), 또는 위교(渭橋)의 다른 이름. 당나라 때 돌궐(突厥)이 침입하여 이 다리에 이르렀기 때문에 태종이 맹세하여 옮기지 못하게 함.

513) 돌리(突利) : 중국 당(唐)나라 때 돌궐(突厥)의 우두머리인 돌리가한(突利可汗), 이름은 집발필(什鉢苾), 시필가한(始畢可汗)의 적자(嫡子)임.

514) 정양(定襄) : 중국 한나라가 설치한 군(郡)의 이름. 산서성(山西省) 우옥현(右玉縣)과 수원전성(綏遠全省) 남반(南半)의 땅.

515) 설연타(薛延陀) : 중국 흉노(匈奴)의 별종(別種) 이름. 성(姓)은 일리질씨(一利咥氏). 당나라 초에 서돌궐(西突厥)에 속했다가 그 세력이 약해지자 돌궐에 붙었다가 다시 난리를 틈타 나라를 세워 진주비가가한(眞珠毘伽可汗)이라고 함. 비가가 죽자 정관(貞觀) 20년에 이르러 당에게 멸망당함.

만들었으며, 지세가 적을 막기에 편리하고 험하며 수비가 튼튼하던 국문태[517]도 편안하게 내군[518]이 되었으니 이는 외국 오랑캐의 추장들이다. 활을 쏘는 사람이 모두 백만(百萬)이고 무장한 기병이 구름처럼 많이 모여 주둔하였지만, 병사가 칼날에 피를 묻히지 않고 짐은 능히 이겨, 이 천하를 평정하여 사방의 여러 나라가 다 편안하여진 지 이제 20년이 되었다.

너의 고려(高麗)만은 공물을 바치지 않고 감히 짐의 교화를 거역하니, 짐도 또한 노하여 친히 6군[519]를 거느리고, 항상 이기는 기세로 천하의 군대를 옹위하면, 임금의 위광이 미치는 곳에 어떤 적인들 이기지 못하고서 좁고 작은 모양이 되겠느냐? 감히 임금이 거느리는 군대를 외따로 떨어져 있는 성에서 항거한 사람이 지금까지 몇 세월이 되었느냐?

사납고 날랜 장수를 가리고, 우수하고 강한 군사를 뽑아 진군하여 핍박하면, 대포를 실은 차가 천둥을 울리고 나르는 화살촉이 비가 내리듯이 퍼 붓고, 짐의 삼하[520]의 재지가 뛰어난 사람과 6군[521]의 양민의 집을 다 성 밑의 충사[522]와 비휴[523]가 되어 맹장(猛將)의 장막

516) 칙륵(勅勒) : 토이기(土耳其)를 이름. 한나라 때에는 정령(丁零)이라고 함. 위서고사전(魏書高士傳)에는 적력(狄歷), 또는 철륵(鐵勒)이라고 함. 오호16국(五胡十六國) 시대에 하북(河北) 지방으로 옮겨옴. 후연(後燕)의 모용중(慕容重), 적쇠(翟釗), 북위(北魏0 말기의 선우수례(鮮于修禮) 등이 이 종족의 대표적인 인물.

517) 국문태(麴文泰) : 중국 당(唐)나라 고창국왕(高昌國王). 여러 차례 사자를 보내어 공물(貢物)을 바쳤으나 점점 순종하지 않다가 서융(西戎) 여러 나라의 조공길을 막자, 태종이 후군집(侯君集) 등에게 명하여 정벌함.

518) 내군(內郡) : 황제의 도읍에 가까우며, 곡식이 잘 영그는 군(郡). 〈한서(漢書)〉, 왕망전(王莽傳)에 "粟米之內曰 內郡, 其外曰近郡, 有障徼者曰邊郡."

519) 6군(六師) : 중국 주(周)나라 때의 군대 편제, 임금이 통솔하는 여섯 개의 군, 곧 1군은 1만2천5백명으로 7만5천명.

520) 삼하(三河) : 하남(河南), 하동(河東), 하내(河內).

521) 6군(六郡) : 중국 한나라 때 여섯 개의 국경 지역. 농서(隴西), 천수(天水), 안정(安定), 북지(北地), 안정(安定), 서하(西河).

522) 충사(蟲沙) : 중국 주목왕(周穆王)이 남정(南征)할 때, 3군의 무리가 다변화하여 감. 군자(君子)는 원숭이 또는 학(鶴)이 되고 소인(小人)은 벌레가 되었다는 고사. 일설에는

앞의 적을 막고 임금을 호위하는 무사가 되어 모두가 물러서서, 전진하지 않아도 짐은 군대를 일으킨 이후로 일찍이 패배하지 않았다. 오늘을 걱정하지 않더니 갑자기 너를 보았노라! 짐의 문무(文武)의 대관(大官)과 계략을 잘 세우는 사람과 노련한 장군이 다 이르기를 "군대를 더 늘이고 군량을 많이 저장하여 두고 오래 끌며 오래 포위하면 꼭 이기는 계책이 됩니다." 하나 짐은 홀로 그렇지 않다고 생각한다.

짐은 "삼군의 장수는 빼앗을 수 있지만 필부의 뜻은 빼앗을 수 없다."고 들었다. 이제 네가 인군의 명을 받들고 인군의 성을 지키며, 사람들이 죽기를 무릅쓰고 힘을 얻고, 죽기를 작정하고 굳세게 저항하며 조금도 꺾이지 않고 그 충성을 다하며, 그 의리를 다하고 그 마음을 한결같이 하여 큰 어려움을 항거하니, 비록 옛날의 열장부라도 어찌 이보다 지나쳤겠느냐? 참으로 빼앗을 수 없는 뜻이라고 이를 만하며, 참으로 굽힐 수 없는 절개라고 이를 만하도다! 알지 못하겠다! 네가 어떤 모양을 하였기에 짐으로 하여금 가상히 여기어 감탄함이 여기에 이를 수 있게 하느냐?

짐의 군중(軍中)에도 죽기를 한하고 섬기는 사람이 하나만이 아닌데 짐은 사랑하지 않았으며, 짐의 사졸이 뜻과 같이 되지 않아서 산의 좌측에서 자고 있어도 짐은 한탄하지 않았다. 짐이 복종한 사람은 오직 너의 절개뿐이며, 짐이 흠모하는 사람은 오직 너의 충성뿐이다.

지난번에 중국의 모든 영웅과 외국 오랑캐의 추장들을 너에게 견준다면 참으로 어린이들의 장난이었다. 아! 짐은 높은 사다리와 땅 밑에 판 길을 교묘하게 시설한 적 없고, 호위하는 군사[524]가 천의 무리가 되도록 많지만 짐은 그 용맹을 분발시키지 않았다.

짐은 오직 네가 절개가 많고 네 뜻이 믿음직하며 네가 충성을 이루고

주소왕(周昭王)의 고사라고 함.

523) 비휴(貔貅) : 사나운 짐승 또는 군대의 이름. 범과 같다고도 하고 곰과 같다고도 함.

524) 호위하는 군사(虎旅) : 호분(虎賁)과 여분(旅賁), 모두 호위를 맡은 군사의 직책.

네가 아름다움을 완수함을 가상하게 여겨, 마침내 바로 전쟁을 그치고 성을 내려와 버리고 가서 너의 이름으로 하여금 천하에 걸게 하여 너의 충렬로 하여금 지경이 없이 널리 펴서 알리게 하니, 착한 신하가 되기를 원하노라! 합사 비단의 작은 상을 줄 수가 없으니, 어찌 짐의 마음을 일컫겠느냐? 아직은 이 가르치는 조서를 내리니 마땅히 자세히 알리라고 생각한다.

정관[525] 모년 월일(某年月日)에 조서하노라.

202. 책제(策題) 을유년[526] 가을에 전라우도의 문과 초시에 시사의 책제이다.(乙酉秋全羅右道文科初試策題)

묻노라! 날짐승의 종류는 그 종류가 매우 많아 기러기[527]와 새의 미물에 이르러서도, 시경(詩經)에 읊고 주역(周易)에서 말하며 서전(書傳)에 등재하고 예기(禮記)에 기록하여 그 뜻이 각각 다르니, 그 자세함을 얻어들을 수 있으며 제환공[528]이 날개를 일컫고 진목공[529]이 하례를 받음도 또한 우열(優劣)이 있음을 말할 수 있을 것인가! 붉다고 노래를 지은 사람은 어느 시대이며, 희다고 책을 전한 사람은 어떤 사람이고, 사냥하면 어찌 말을 얻으며 탑을 만들면 어찌 이름을 쓰며 문은 이

525) 정관(貞觀) : 중국 당(唐)나라 태종의 연호. 627년~649년.

526) 을유년(乙酉年) : 1645년 인조 23.

527) 기러기(鴻雁) : 큰기러기를 홍(鴻), 작은 기러기를 안(雁)이라고 함.

528) 제환공(齊桓公) : 중국 춘추(春秋)시대 제(齊)나라의 환공(桓公). 이름은 소백(小白), 시(諡)는 환(桓), 양공(襄公)의 아우. 양공이 무도(無道)하여 그를 죽이고 왕위(王位)에 오름. 포숙아(鮑叔牙)의 추천으로 관중(管仲)을 재상으로 任命하여, 제후들을 규 (糾合), 천하의 맹주(盟主)가 됨.

529) 진목공(秦穆公) : 중국 춘추(春秋)시대 진(秦)나라의 목공(穆公) 덕공(德公)의 셋째 아들로, 이름은 임공(任公), 시(諡)는 목(穆). 부지런히 어진 선비를 구하여 유여(由余), 백리해(百里奚), 건숙(蹇叔), 비표(丕豹), 공손지(公孫支) 등을 얻어 마침내 서융(西戎)의 패주(覇主)가 됨.

어느 땅이고 봉우리는 어느 방위에 있으며 신하는 무슨 뜻이고 노비도 또한 무슨 뜻인가? 줄지어 세워서 비유하고 사랑하여서 깨우치게 함은 문득 무엇을 가르침이며, 갈대를 머금고 막힘을 헤아려서 해를 멀리하고 풀을 제거하고 더러운 것을 청소하여 사람을 위함도 또한 같고 다름이 있는지를 말할 수 있을 것인가? 이 어찌 어두운 작은 물건이 경전(經傳)과 자사(子史)에 섞이어 나온 것이 이와 같이 많은 것인가!

시인과 서화가들의 그림 재료와 시 재료에 이르러서도 또한 여기에 있으니, 그 까닭은 무엇인가? 옛 사람이 이르기를 "능히 오는데 그 철을 어기지 않는다."고 한 것처럼, 이제 곡식이 익지 않았거늘 가을 소식이 먼저 와서 남쪽 밭의 사람으로 하여금 자기의 그림자를 돌아다보고 걱정하고 탄식하며 들에 가득 찬 소리를 듣게 하니, 이는 진실로 아무런 생각 없는 물건이 기후를 타 가고 옴에 인사(人事)와 더불어 함께 하는 것과 같음은 어찌함인가? 장차 따뜻한 철과 서늘한 철이 바뀌는 순서에도 또한 고금의 다름이 있어서 그러하며, 문득 새가 가고 오는 것도 또한 이르고 늦음의 같지 않음이 있어서 그러하도다!

만일 찾아오는 손님이 북쪽으로 가려고 함이 각각 그 때를 당하여서 어긋나 나는 근심이 없는 사람은 그 도리가 무슨 까닭인지! 여러 사람들은 궁구하여 바로 잡는 외에 반드시 이를 말할 수 있는 사람이 있으면 그 말을 듣기를 원하노라.

표(表)

203. 당나라 승상 송경[530]등이 같은 날 상관에게 명하여 도당[531]에서 연회한 일에 대해 사례한 것을 본뜸 (擬唐丞相宋璟等 同日命宴都堂) 기사년[532] 가을의 과거에서 장원하였다.(己巳秋科作魁)

한 때에 넓고 큰 은혜를 삼가 받아 이미 외람되게도 분수에 지나친 총애를 입었으니, 구천[533]이 큰 비가 오는 구름과 같은 혜택을 입은데다 다시 연락의 영광을 받사오니 기쁨의 깊음은 같은 조정의 모두가 즐거워 하도다!

오늘 엎드려 생각하오니, 신등(臣等)은 주나라의 삼택[534]이 아니고 우리나라의 사린[535]을 욕되게 하여, 많은 재능 있는 사람은 뛰어나게 밝은 데에 소속되고, 외람되이 진나라의 착한 사람이 있는 곳의 선임에 뽑히어, 천자께서 문학을 좋아하시는 곁에서 분에 넘치는 한나라 계관[536]의 부름을 입었으나, 모두 5백년 동안의 뛰어난 인물이 아니거늘 감히 두 세 사람의 호걸이 인대(麟臺)에서 사림의 우두머리를 관장하게

---

530) 송경(宋璟) : 중국 당(唐)나라의 재상. 남화(南和) 사람으로 진사(進士), 시(諡) 문정(文貞). 무후(武后) 때 어사중승(御史中丞), 예종(睿宗) 때에 초주자사(楚州刺史)를 역임, 개원(開元) 초에는 형부상서(刑部尙書)가 되었다가, 요숭(姚崇)의 천거로 재상이 되어, 마침내 개원지치(開元之治)를 이룸.

531) 도당(都堂) : 중국의 수(隋)와 당(唐)나라에서는 상서성(尙書省)을 도당이라고 함.

532) 기사년(己巳年) : 1629년 인조 7.

533) 구천(九天) : 하늘을 아홉 방위로 나눈 것. 곧 구천(鈞天, 중앙) 창천(蒼天, 동) 변천(變天, 동북) 유천(幽天, 서북) 호천(昊天, 서) 첨천(尖天, 남) 주천(朱天, 서남) 현천(玄天, 북) 양천(陽天, 동남)

534) 삼택(三宅) : 중국 주(周)나라 때의 세 직책. 상백(常伯), 상임(常任), 준인(準人). 상백은 목민(牧民)의 장관, 상임은 일을 맡은 공경(公卿), 준인은 법을 바르게 하는 옥관(獄官).

535) 사린(四隣) : 네 사람의 보좌역(輔佐役). 전의(前疑), 후승(後丞), 좌보(左輔), 우필(右弼), 사보(四輔).

536) 계관(桂館) : 중국 한(漢)나라 무제(武帝)가 장안(長安)에 지은 관(觀)의 이름. 계관(桂觀)과 같음.

된 때를 비교하니 신 경(臣璟)이 의지 할 데가 없음을 부끄러워 할만합니다.

봉각[537]에서 조서의 기초를 짓는 것은 신이 말하는 조그마한 재주의 솜씨를 어찌 일컫겠습니까? 태양과 같은 재주를 갖지 못한데 이르러서도 또한 귀인에 오르는 각별한 대우를 입었습니다. 지방관리의 어진 정사와 뛰어난 명예도 없거늘, 지방의 군을 두루 역임하고 연이어 권위 있은 높은 벼슬에 예복을 입어 파도 같은 임금의 은혜에 함께 목욕하고 넓고 큰 임금의 은택이 치우치게 깊음에도, 한갓 직책을 다하지 못하고 자리만 차지하고 녹만 받아먹는다는 기롱만을 받아 하늘을 이미 핍박하여 서로 경계하는 지나친 복의 재앙이 이 높은 지위의 빈 자리에 미쳤습니다. 정히 금으로 장식한 훌륭한 궁전(宮殿)의 뒤집힘을 당해 견군(甄君)이 새로 정승이 될 사람을 가려 뽑았으니, 과연 누구를 위하는 재주이기에 태평한 세대에 모자라지 않음을 신의 무리는 헤일 수 없습니다.

은혜는 반드시 오직 어진 이에게만 미쳐서, 보기를 가슴과 등골과 같이 하고 보기를 다리와 팔과 같이 하여, 재주와 슬기와 뛰어난 데에 머물러, 가려 뽑아서 너는 임금을 도와서 선정을 베풀게 하는 소금과 매실을 만들고, 너는 누룩을 만들라고 하여 남달리 사랑하여 내리는 명령이 도리어 평범한 무리들보다 더하여, 민저는 승(丞)을 삼고 뒤에는 좌우에서 보좌하는 의(疑)를 삼으시고 조서와 사령을 쓰는 누른 빛깔의 종이를 왼쪽에 두고 오른쪽에 두어 하루에 삼공(三公)이 곤룡포와 수를 놓아 꾸민 치마를 법도 있게 우러러 보고 천자의 어좌의 일월(日月)과 빛이 검은 옥과 붉은 신[538]이 정당[539]의 괴목과 매화나무에 서로 비칩니다.

어찌 술을 마시는 때를 도모하여 다시 이 주연을 베푸는 두터운

537) 봉각(鳳閣) : 중국 당(唐)나라 때 중서성(中書省)의 다른 이름.

538) 붉은 신(赤舃) : 임금이 예복(禮服)을 갖출 때 신던 신.

539) 정당(政堂) : 중국 당송(唐宋) 때에 문하성(門下省)에 소속되어 정사를 논의하던 곳. 뒤에 중서문하(中書門下)로 고침, 지금의 내각(內閣)에 해당함.

은혜를 주시니 중연[540]이 받들어 안내하니 이미 상관(上官)의 위엄이 있는 의용이 풍부하였습니다. 내부[541]에 반포하여 다시 도성[542]의 화려한 주연을 베푸시니 은혜는 구극[543]보다 높고 영광은 국토의 팔방의 끝닿는 곳까지 움직였습니다. 홍려[544]의 아름다운 음식을 나누어 경수의 꽃술[545]과 뒤섞어 짐승과 뇌문을 그린 술잔에 부어 진귀한 술을 마시니, 금으로 만든 술잔에 술이 넘치고 바람은 구오[546]의 소리를 전하고 태상[547]의 법곡[548]을 안험하여 별은 육변[549]을 찬란하게 비치고 향기는 상방[550]의 은혜의 꽃에 젖었습니다. 재상[551]은 같이 올랐지만 보필하는 임무를 다하여 보답하는 정성을 쏟아 보내지 못하였습니다. 넓고 큰 은혜를 골고루 내려 주시었거늘, 외람되게도 머리까지 빠지는 영광(榮光)을 입었음에도, 다만 뼈 속에 사무쳐 살찌는데 빠졌음을 알면서, 손은 춤을 추며 발은 구름을 깨닫지 못하였습니다. 꽃다운 봄철의 승지(勝地)를 가려 크게 경사로운 일을 허락하시어 바야흐로 태평한 시대를 송축하니, 재상의 총애를 받은 표시의 사치스러운 남다른

540) 중연(中涓) : 금중(禁中)을 청소하는 임무로 천자의 좌우에 가까이 모시는 사람.

541) 내부(內府) : 중국 주(周)나라 때의 벼슬 이름. 화물병기(貨物兵器) 등을 간수하는 궁중의 창고를 관장함.

542) 도성(都省) : 중국 수(隋)나라 때의 벼슬 이름. 상서(尙書)들의 일을 관장하는 상서성(尙書省)을 이름.

543) 구극(九棘) : 외조(外朝)를 이름. 우측은 고경대부(孤卿大夫), 좌측은 오작(五爵) 즉 공(公)·후(侯)·백(伯)·자(子)·남(男)이 자리함.

544) 홍려(鴻臚) : 중국 주(周)나라 때의 벼슬 이름. 오랑캐 가운데 귀의(歸義)하는 자들을 관장함. 한(漢0나라 경제(景帝) 때에는 대행령(大行令)으로, 무제(武帝) 때에는 대홍려(大鴻臚)로 바꾸었음.

545) 경수의 꽃술(瓊蘂) : 경수(瓊樹)의 꽃술. 이것을 복용하면 장수한다고 함.

546) 구오(九璈) : 관(冠)에 늘어진 아홉 개의 술.

547) 태상(太常) : 종묘제의(宗廟禮儀)를 관장하던 벼슬 이름. 주(周)나라의 춘관(春官)에 해당, 진(秦)나라의 봉상(奉常), 한(漢)나라의 태상(太常).

548) 법곡(法曲) : 악곡(樂曲)의 이름.

549) 육변(六弁) : 여섯 종류의 관(冠).

550) 상방(尙方) : 중국 한(漢)나라의 벼슬 명. 소부(少府)에 속하여, 천자의 일용에 쓰는 물품을 보관함. 상방(上方)이라고도 함.

551) 재상(鼎軸) : 재상(宰相), 천자를 보좌하여 국정의 중추에 있는 중신(重臣)을 이름.

예우를 오늘에 친히 보았습니다.

더구나 이 아름다운 글의 눈부시게 찬란(燦爛)함은 진실로 옥여[552]의 큰 은혜에서 나왔으며, 천자의 어필은 칠장(七章)의 하늘을 내리시니 하늘에 구슬을 뿌려놓은 듯이 아름다운 뛰어난 필적은 삼태성[553]의 별자리와 같이 환히 빛나고, 남풍(南風)은 순임금의 궁전에 어울리며 여해(汝諧)와 여필(汝弼)은 윤택한 임금의 은혜를 보답하는 주아[554]를 읊으니 덕을 같이 하고 마음을 같이 하였음을 전대(前代)의 임금의 신임을 받음에서 두루 보았지만 이 때의 뛰어나게 우수함과 같지 않습니다.

대개 황제폐하께서 신하를 예로써 부리시고 아랫사람을 정성으로써 임하심에 비해, 신등(臣等)이 비록 보좌하는 재능과 이 세상을 아름답게 꾸미는 수완이 없다고 하더라도, 변변하지 못하지만 임금님을 보좌할 뜻과 왕실을 독실하게 도울 마음이 있습니다. 마침내 신과 같은 사람 세 사람은 모두 세상에서 좀처럼 보기 드문 은혜를 입었습니다. 신은 감히 한결같은 마음으로 성상을 보좌하고, 두 사람도 함께 정직하여 높은 지위에 발탁하여 조정을 윤택하게 하고, 비록 정권을 잡는 도리를 업신여기더라도 새롭게 재상의 자리를 조화하여 잘 다스리는 모유를 힘쓰시기를 바랍니다.

552) 옥여(玉汝) : 중국 송(宋)나라 때 사람인 송한진(宋韓縝). 옥여는 그의 자(字). 시(謚)는 장민(莊敏). 용도각직학사(龍圖閣直學士), 상서우복사겸중서시랑(尙書右僕射兼中書侍郎), 태자태부(太子太傅) 역임. 가는 곳마다 사나움으로 일컬어짐.

553) 삼태성(三台) : 별 이름. 자미성(紫微星)을 지키는 세 개의 별. 상태성(上台星), 중태성(中台星), 하태성(下台星), 천주(天柱)라고도 함.

554) 주아(周雅) : 〈시경(詩經)〉의 대아(大雅)와 소아(小雅) 두 편을 이름.

204. 한나라 간의대부 하후승[555]이 이미 지나간 일을 징계하지 않음으로써 효유함을 사례한 것을 본뜸 (擬漢諫議大夫夏侯勝 謝喩以無懲前事) 병술년[556] 중시에 제2등을 차지하였다.(丙戌重試居第二)

지나간 일을 간하지 않고 단지 미친 듯이 망령된 죽임을 당하게 말을 다하였으나, 인도하고 특별히 은혜를 입고 효유하여 광택이 나는 백간[557]을 내리니 영광은 청포[558]에 넘쳤습니다. 엎드려 생각하건대, 신이 젊어서 무황(武皇)을 섬기며 광록[559]에서 죄인이 처벌의 명령이 있기를 기다렸습니다. 본시 경술(經術)에 우매하여 하후[560]의 상서[561]라고 잘못 일컬었으니 어찌 좋아하겠습니까? 품행이 단정하여 사람의 모범이 되는 사람은 겨울날에도 강구하고 토론함을 게을리 하지 않고, 한갓 배운 것을 저버리지 않고 거짓이 없는 정성이 있기를 원하였습니다.

창읍[562]이 그 죄의 벌함을 당하여 항상 음흉하고 거칠고 포악하게 나가서 사마귀(螳螂)가 수레를 막는 경계[563]를 하였습니다. 성황(聖皇)께서 정치체제를 새롭게 혁신하여 정치로써 국민을 교화함에 이르러

555) 하후승(夏侯勝) : 중국 한(漢)나라 사람. 자는 장공(長公). 시창(始昌)에게 나가 〈상서(尙書)〉와 〈홍범오행전(洪範五行傳)〉을 받고, 구양씨(歐陽氏)에게 학문을 배워 예설(禮說)을 좋아함. 博士(博士), 光祿大夫(光祿大夫)가 되고 太子太傅(太子太傅) 역임.

556) 병술년(丙戌年) : 1646년 인조 24.

557) 백간(白簡) : 관리를 탄핵(彈劾)하는 상주서(上奏書).

558) 청포(青蒲) : 푸른 부들로 만든 천자의 깔 방석.

559) 광록(光祿) : 벼슬 이름. 중국 진(秦)나라 때에 처음으로 낭중령(郎中令)의 벼슬을 두고, 궁전액문호(宮殿掖門戶)의 일을 관장, 한(漢)나라 무제(武帝) 때에 벼슬 이름을 광록으로 고쳐, 중대부(中大夫, 光祿大夫), 태중대부(太中大夫), 중산대부(中散大夫), 간의대부(諫議大夫) 등을 소속시킴.

560) 하후(夏侯) : 중국 초(楚)나라 양왕(襄王)에게 아첨했던 신하(佞臣)의 이름.

561) 상서(尙書) : 벼슬 이름, 중국 진(秦)나라 때 궁중의 문서를 발송(發送)하는 일을 맡음. 한(漢)나라에서는 상서령(尙書令), 상서복사(尙書僕射), 독상서조랑이사(督尙書曹郎理事)를 둠.

562) 창읍(昌邑) : 중국 진한(秦漢) 시대에 설치한 현(縣)의 이름. 산동성(山東省) 유현(濰縣)의 동북. 유하(濰河)의 서안(西岸).

563) 사마귀(螳螂)가 수레를 막는 경계 : 당랑노비당거철(螳螂怒臂當拒轍). 화가 난 사마귀가 자기 힘은 생각하지 못하고 수레를 막는다는 뜻.

제도를 정하여 귀천을 바로 잡고 천하에 예를 보이는 정치를 돕지 않았으며 지난번에 묘호(廟號)를 처음 부름에 따라 바로 많은 제후로 더불어 회의(會議)하고는 몸소 인의(仁義)를 행하고 위엄과 무력을 장려하며 엄숙하고 청정한 영전의 악장(樂章)을 합하여 거행하였습니다.

많은 군사를 잃고 국민의 재물을 모조리 없애 버리고 망령되게 성인의 도리에 거슬리고, 이치에 맞지 않는 말을 베풀었으니 제 스스로가 만든 재앙은 벗어나기 어렵습니다. 마침내 뜻하지 않은 재앙에 걸려 차꼬와 수갑을 차고 자유를 속박 받고 있으며, 여죄를 추궁하니 누구를 원망하거나 꾸짖을 것이 없습니다. 우레와 더불어 오는 비의 허물을 용서함을 만나는 것도 오직 제왕과 하늘에 달려 있습니다.

밝은 태양이 밝고 밝거늘 대부(大夫)의 간하는 말을 좇은 뒤로부터, 참된 마음에서부터 우러나는 충성은 마음이 편안하지 못하고 한갓 내가 한 말에 대한 책임으로 죽고 싶은 마음이 간절하며 스스로 어리석고 순박하며 다른 원인이 없음을 믿으니 어찌 간단하고 쉬운 기롱이 있음을 면하겠습니까? 구중(九重)의 깊은 궁정 위에서 임금을 받들어 높이는 의절을 알지 못하며 백관이 있는 조정 가운데에서 혹 자를 부르는 실언(失言)을 끼치고 고시하여 널리 일반에게 알리기를, "옛 일을 상고하는데 요임금이 밖에 나오셔서 사람들에게 말씀하신 것 같다."고 하며 감히 이르기를, "왕을 위하여서 외웠다."고 하면 모든 어리석은 신하의 전후(前後)에 범한 일이 어찌 성명(聖明)의 꾸짖어 나무라는 데에 그치겠습니까?

바야흐로 작은 도끼와 큰 도끼의 중형을 신속하게 더 하기를 기다리고, 임금의 말씀이 갑자기 이르기를 도모하지 못하고 그 지나간 일을 보존하지 않았으며 이미 제 자신의 마음을 고쳐 새롭게 함으로써 허용하도록 하였으니 만약 자난 일을 징계한다면 오직 말을 다하지 못할까 두려우며, 신이 죄가 있으면 어찌 듣기에는 거슬리나 유익한 충고를 진술하기를 사양하고 말하지 않겠습니까?

황제가 바로 이르시기를, "징계가 없으니 더욱 힘쓰라."고 하였습니다. 마음을 바르게 하고 안으로 고하고 밖으로 순종하지 않으면 어찌 음식을 먹기 전에 피가 방울져 떨어지고 간장을 가르며 다시 마음으로부터 우러나는 정성을 다하거늘 오직 지나간 일을 좇아서 한갓 썩 부끄러워 얼굴에 땀을 흘리며 부끄러움을 더하고 장래(將來)를 꾸짖는 보람이 있겠습니까?

다만 사람을 공경하여 머리가 손끝까지 닿도록 공손히 절하여 감동함을 알게 함은 진실로 사람을 포용하는 기량의 큰 도량이 아닙니다. 어찌 간하도록 인도하는 큰 법규를 보고 더욱 귀에 거슬리는 계책을 올려 다시는 배꼽을 물고 후회하는 뜻이 없게 할진저! 고종[564]이 마음으로 믿고 다만 칭찬하여 말하기를, "네 마음을 겸손하게 하라."고 하시고, 태갑[565]은 능히 이훈[566]을 생각하였습니다. 신과 같이 임금의 신임을 얻고 만남은 진실로 고금(古今)에 드물었습니다. 이는 대개 황제폐하(皇帝陛下)의 황증손(皇曾孫)으로써 마침내 천자가 되심을 엎드려 만나서 만회하여 착한 길을 따르고 고황[567]의 뒤를 좇으니, 연을 멈추시고 글을 받으셔서 법은 문덕이 있는 조상에게 가까웠습니다. 노둔한 자질로 하여금 또한 큰 사은을 입도록 하는데 이르렀으니 신은 감히 칠인의 간함을 갖추지 못하였습니다마는 한결같은 마음을 다하여 나라의 은혜에 보답하고 세상을 편안하게 다스리는 계책을 올리옵니다. 비록 길게 한숨지으며 탄식한 가생[568]에게 부끄럽지만, 나아가고 들어오면서 떨어

564) 고종(高宗) : 중국 은(殷)의 무정(武丁)을 이름.

565) 태갑(太甲) : 중국 은(殷)나라의 제2대 임금인 태종(太宗)의 이름. 성탕(成湯)의 손자인 태정(太丁)의 아들. 즉위하여 포학 방탕하여, 이윤(伊尹)의 내침을 받았다가 3년 뒤에 개과(改過)하고 다시 돌아와 선정(善政)을 베풀었음.

566) 이훈(伊訓) : 〈서경(書經)〉 상서(商書)의 편(編) 이름. 성탕이 죽은 뒤 이윤이 지었다고 전함.

567) 고황(高皇) : 중국 한나라를 세운 유방(劉邦). 주 487) 참조

568) 가생(賈生) : 중국 한의나라 가의(賈誼). 낙양(洛陽) 사람으로, 이사(李斯)의 학문을

뜨린 것을 주웠으니, 효험이 많기를 바랍니다. 어리석고 고지식한 급암[569]은 올립니다.

205. 한나라 대조[570] 가연지[571]가 주애군[572] 파하기를 청한 것에 대해 본뜸 (擬漢待詔賈捐之請罷珠崖郡) 월과(月課)

중국에도 성인이 있습니까? 덕행으로써 교화시킴이 이미 멀고 가까움이 없이 널리 전해 마음 속에 깊이 스며들었는데 남쪽 사람들이 다시 배반하였습니다. 아득히 먼 지방의 군읍(郡邑)을 폐지함이 어떠하며, 여기에 마음을 편하게 하심이 마땅하니 청컨대 아직은 이를 버리시옵소서! 공손히 생각하건대, 황제폐하께서 계신 북극성이 있는 곳은 임금이 아무 하는 일이 없고 호한[573]이 마음을 고쳐먹고 선황(先皇)의 건국의 대업을 좇아서 멸망한 진나라를 이었습니다.

한무제[574]의 공훈을 탐내어 병력을 남용하여 징계하여 나라의 사방 변두리가 장차 뜰과 거리에 동산을 만들고, 모든 야만족들이 이미

오공(吳公)에게 전하고 오공이 이것을 가의에게 전함. 젊어서 총명하여 20세에 문제(文帝)에 의해 박사가 됨. 뒤에 장사왕(長沙王)의 태부(太傅)가 되고, 다시 양회왕(梁懷王)의 태부가 되었으며, 33세에 죽음. 소안책(沼安策) 과진론(過秦論)이 가장 유명하며, 세상에서 가태부(賈太傅), 가장사(賈長沙)라고 부름. 나이 어린 수재(秀才)라 하여 가생(賈生)이라고 함.

569) 급암(汲黯) : 중국 전한(前漢) 때의 유명한 신하. 자는 장유(長孺), 한양(漢陽) 사람. 노장학(老莊學)을 즐기고, 무제(武帝) 때에 회양태수(淮陽太守) 역임.

570) 대조(待詔) : 중국 한(漢)나라 때 이후의 벼슬 이름. 경학(經學)과 문장에 능통한 사람을 뽑아서 임명함.

571) 가연지(賈捐之) : 중국 한(漢)나라 사람. 가의(賈誼)의 증손자. 자는 군방(君房). 원제(元帝) 때 자주 상소(上疏)함. 석현(石顯)에게 미움을 사 벼슬을 얻지 못하고 하옥당함.

572) 주애군(珠崖郡) : 중국 한(漢)나라의 국경 지역, 광동성(廣東省) 경산현(瓊山縣)의 동남, 주애(珠厓) 또는 주애(朱崖)로도 씀.

573) 호한(呼韓) : 호한사(呼韓邪)의 줄인 말. 주국 한(漢)나라 때 흉노(匈奴) 단우(單于)의 이름. 흉노 허여권거단우(虛閭權渠單于)의 아들로 이름은 계후산(稽候狦). 한나라에 귀화함.

574) 한무제(建元) : 중국 한(漢)나라 무제(武帝) 때의 연호. B.C 139~B.C 134.

문물(文物)을 이어 받았거늘, 돌아보건대 오직 주애(珠崖)의 멀리 떨어져 있는 지역만은 아득히 경해(瓊海)의 가운데 섬에 있어 새같은 얼굴을 하고 오랑캐의 말을 하며 스스로 옳다고 하고 교화 밖의 종자가 다른 종족이었습니다.

조개의 진주와 보물의 산지로 본시 지역의 안이 보배롭고 기이하다고 일컬었지만, 멀리 보이는 연기 같은 공중의 흐릿한 기운이 중국[575]의 공문에 통하지 않고 주나라의 들과 멀리 떨어져 있으며 백월[576]의 토지와 접경하여 노부신타[577]에게 오래 소속되어 있으며 겨우 군현(郡縣)을 한 구석 열었습니다. 대개 무황제[578]의 세대로부터 찌는 듯한 더위와 독기 있는 안개로 그 지방에 갔던 사람이 열에 하나도 돌아오지 못하였으며, 저녁에 배반하였다가 아침에 항복하여 온 지가 이에 백여 년이 미치도록 보람 없이 수고만 하며, 수비만 더욱 강화하여 군병을 첨가하였지만 교화를 받아 어진 사람이 되어 돌아오는 것을 보지 못하였습니다. 그러므로 이제 관리와 군사들이 잔혹 일을 당한 것은 포악하고 악독한 습관이 익숙한데 연유하였습니다.

조정의 계책은 서로 다른 의견으로 다투다가 이미 결정되었으니, 남쪽 땅에서 병기를 휘두름은 우리의 무력을 드날리고, 궁궐의 북문에 적괴의 머리를 달기를 머물러서 보시옵소서! 그러나 소인 무리의 이 준동함을 생각하니 어찌 대중(大衆)의 집안을 일으킬 사람을 쓰겠습니까? 이제 투구를 빼앗으면 천하가 점점 똑같은 궤도에 물들어 임금은 이미 부유해지고, 흙의 한 덩이가 대지에 나라를 세우는 데에 도움을

575) 중국(堯封) : 중국 고대부터의 판도(版圖).

576) 백월(百粤) : 중국에 살던 종족의 이름, 백월(百越)이라고도 함. 옛 강절(江浙), 민월(閩越) 지방의 월족(越族). 백(百)은 많은 작은 나라로 나뉘어 있기 때문임. 어월(於越)은 절강(浙江), 민월(閩越)은 복건(福建), 양월(揚越)은 강서(江西), 남월(南越)은 광동(廣東), 낙월(駱越)은 안남(安南)에 있었음.

577) 노부신타(老夫臣佗) : 남월왕(南粤王) 위타(尉佗)가 한나라에 조공을 오면서 스스로 일컬은 말.

578) 무황제(武皇帝) : 중국 한(漢)나라의 무제(武帝).

주어, 주왕579)은 어질어서 힘으로써 하지 않았고 해마다 군대를 증가한 진제580)는 나라를 얻어서 멸망함을 도와서 다스리지 않았으니 심려하고 다스림은 부질없이 버리는 애석함을 더불어 말하지 않습니다.

힘으로 복종시키는 것은 즐거운 마음으로 복종함이 아닙니다. 편안하게 잘 어루만지어서 제 자신의 마음을 고치어 새롭게 하도록 허락하면 머리를 조아리고 다투어 온다는 것은 이미 모든 나라의 보옥(寶玉)이 다리가 없이 저절로 오는 것을 보았습니다. 어찌 그들이 바치는 진주만을 사랑하겠습니까? 더구나 만 1년 만에 흉노의 고변을 당하였으니 다시 이는 노나라의 세금을 색출하게 되었습니다.

지난해의 싸움을 금년에도 싸워 3군(三軍)을 헛되이 몸만 늙히고 먼저 출병하고 뒤에 출병하여 비용만을 가지고 계산하도록 움직이어, 나라 안은 거의 실속 없이 텅 비우면서 바깥 일에 종사하고 전쟁하는 땅만을 경계하여 사람을 죽이지 않습니까?

신은 엎드려 바라옵건대, 석자의 임금의 말씀은 만리(萬里)의 명견(明見)을 넓고 크게 합니다. 특별히 폐지함을 알리는 명령을 선포하시어 구부리고 쫓음을 마침내 편하게 버리시면 군대가 멀리 정벌하러 가는 괴로움을 면하고, 오랑캐는 따라서 복종하고 상응하는 효험이 있어 전자를 사모하여 오는 정성은 주살을 불태워 편안함을 얻어 따뜻한 은택이 넘쳐흐를 것입니다.

신은 삼가 마땅히 빠진 것을 보충하여 왕궁에서 임금 대명을 기다리오니 궁궐의 문을 어찌 서로 보기가 늦습니까? 비록 정벌(征伐)을 간한 주부581)에게 부끄럽지만 길게 한숨지어 탄식하였음이 이것입니다. 가만히 생각하건대 치안(治安)의 계책은 죽은 신하에 추구하옵소서.

---

579) 주왕(周王) : 중국 주(周)나라의 문왕(文王) 창(昌).

580) 진제(秦帝) : 중국 진(秦)나라의 황제 진시황제(始皇帝).

581) 주부(主父) : 중국 전국(戰國) 시대 월(趙)나라의 무령왕(武靈王)이 나라를 그 아들 혜문왕(惠文王)에게 양위(讓位)하고 스스로 일컫은 이름.

206. 한나라 상국 소하[582)]가 칼을 차고 신을 신은채로 궁궐에 오르라는 왕명에 사례한 것을 본뜸 (擬漢相國蕭何 謝命劍履上殿) 월과(月課)

술을 마시고 훌륭한 공적을 기록하여 이미 토지를 나누어 주는 친절을 마음 깊이 간직하였으니, 영화로운 예우는 많은 신하들보다 특이함을 보였으며 다시 궁전에 오르라는 뛰어난 명령을 입고는 허리를 가로 비끼고 귀하게 되었음을 자랑하여 발돋움하여 바라보고 국은을 알았습니다.

엎드려 생각하건대, 신이 무슨 한 가지의 재능이 있다고 외람되이 세 영웅[583)]과 아울러 신을 주어 흙다리 밑을 밟게 하였습니까? 학문을 업신여긴 유후 장량[584)]은 칼을 찬 무리 속에 있었고, 재주가 모자라는 초왕(楚王) 한신(韓信)은 스스로 칼과 붓[585)]을 부끄러워하였습니다. 서리는 한갓 문필만을 가지고 군량을 주어 군대를 만족하게 함을 의론(議論)하여 변변하지 못하지만 나라를 위하는 근본을 압니다.

사냥개를 놓아 짐승 있는 곳을 가리켜 잡게 하듯이 방법을 가리켜 보이고 감히 이르기를, "그 공은 사람이지만 초나라 원숭이를 섬멸하는 데 이르러서는 정히 술잔을 돌리어서 상을 주시나니, 신하가 비밀히 모반을 의론함[586)]은 도리어 신등(臣等)의 위에 있거늘 어찌 천하의

---

582) 소하(蕭何) : 중국 한(漢)나라 고조(高祖)의 공신, 시(諡)는 문종(文終). 강소(江蘇) 패현(沛縣) 사람. 고조를 도와 천하를 통일하였음. 장량(張良), 한신(韓信)과 더불어 한나라의 세 영웅 중 한사람.

583) 세 영웅(三傑) : 세 사람의 영걸(英傑)한 인물, 한나라 고조의 신하인 장량, 소하, 한신을 이름.

584) 장량(張良) : 중국 한(漢)나라 고조(高祖)의 공신. 자는 자방(子房), 시호는 문성(文成). 선조는 한(韓)나라 사람. 한을 멸망시킨 시황제를 보복하려고 박랑사(博浪沙)에서 치려고 하였으나 뜻을 이루지 못하고, 성과 이름을 바꾸어 하비(下邳)에 숨었을 때 황석공(黃石公)으로부터 태공망(太公望)의 병서(兵書)를 받음. 한고조를 도와 천하를 통일함. 소하, 한신과 함께 한나라의 세 영웅으로, 만년에는 은퇴하여 신선같은 생활을 함.

585) 칼과 붓(刀筆) : 옛날 중국에서 종이가 발견되기 전에 죽간(竹簡)에 문자를 기록하던 붓과 그 틀림을 깎아내던 칼.

586) 모반을 의론함(沙中偶語) : 신하가 비밀히 모반의 의론을 하는 것. 한고조(漢高祖)가

위엄을 홀로 입게 더하십니까? 황제가 이르기를, "가상하다." 하시고 바로 또 두렵게도 제일(第一)의 위차(位次)를 내리시어 다시 이 보통이 아닌 남다른 예우를 받들어 좇아 지키며 모토[587]에 이름을 다하니 어찌 편안히 많은 식읍[588]을 받습니까?

칼을 차고 신을 신은 채[589]로 궁전에 끌어 올리는 등급이 다른 은혜를 사사롭게 입었습니다. 옥으로 꾸며 만든 띠는 오구[590]를 비치어 그대로 천자 어좌의 엄숙하고 심밀한데 가깝고 붉은 신은 큰 궁전을 올라 얼룩진 무늬가 있는 돌을 예의에 맞도록 허리를 굽히고 빨리 걸어가는데 수고롭지 않으며 허리 사이의 보배로운 칼자루의 장식은 반심[591]의 패옥을 풀음을 이루지 못하였고, 다리 밑의 신끝의 구슬 장식은 이부랑(省眼)[592]의 신의 들메끈이 오히려 남아 있습니다.

이 자질구레하고 천한 용렬한 용자를 돌아다보니 다시 외람되게 번성한 넓고 두터운 은혜를 입었음은 대개 황제폐하의 뱀을 자르고 사업을 크게 넓히시며 말을 베고 맹세하심을 엎드려 만나서 칼을 북궁매(北宮邁)에게 내려주고 초자(楚子)가 선비를 대우하여 신을 주어 동방의 땅을 주유하게 하여 뛰어난 재주를 지난 주왕(周王)의 혁혁한 공을 이루게 하였습니다. 마침내 공로가 없는 신으로 하여금 이 지금까지 없었던 총애를 얻게 하였습니다. 신은 감히 하늘을 머리 위에 이고

공신 20여명에게 큰 벼슬을 주자, 벼슬을 받지 못한 다른 장수들이 사지(砂地)에 모여 모반을 하였다는 고사.

587) 모토(茅土) : 옛날 임금으로부터 받았던 영지(領地). 중국 한(漢)나라 때에 임금이 제후(諸侯)를 봉할 때, 오행설(五行說)에 의하여 그 방면의 색(동-청색, 서-백색, 남-적색, 북-흑색)의 흙을 흰 띠풀로 싸서 준데서 유래함.

588) 식읍(食邑) : 옛날 공신(功臣)의 봉지(封地). 그 토지의 조세(租稅)로 생활한데서 온 말.

589) 칼을 차고 신을 신은 채(劍履引上) : 칼을 차고 신을 신은 채로 궁전에 올라감. 공훈(功勳)이 있는 신하에게 내리는 특별한 예우.

590) 오구(吳鉤) : 칼의 이름. 활처럼 굽은 형태의 칼.

591) 반심(班心) : 어사(御使)가 서 있는 곳을 이르는 말.

592) 이부랑(省眼) : 중국 당(唐)나라 때 이부랑(吏部郎)의 다른 이름. 상서성(尙書省) 이부(吏部)의 낭관(郎官). 선거를 맡음.

땅을 밟으며 이 세상을 살아갈 수 없습니다. 속에서 진정으로 우러나는 마음을 갈고 힘쓰다가 70세에 창상을 입어, 비록 평양[593]의 용맹하고 열렬함에는 미치지 못하더라도 6기[594]의 계책을 내어서 집안의 지혜와 계책을 다하기를 바랍니다.

593) 평양(平陽) : 한나라 고조(高祖)의 공신(功臣). 고조와 같은 고향인 패(沛, 지금의 강소성(江蘇省)) 사람. 시호는 의후(懿侯). 한 나라 세 명웅 중 한 사람인 소하(蕭何)와 더불어 고조를 보좌하여 천하를 평정하고 평양후(平陽侯)로 봉해짐.

594) 6기(六奇) : 여섯 번(또는 여섯 개)의 기묘한 계책.

전문(箋文)[595]

207. 왕세자를 책봉하는 예를 축하하는 전문 (王世子冊禮賀箋文) 을유년[596] 9월. (乙酉 九月)

전에는 빛을 가리는 흉사(凶事)로 잠시 3일의 예를 폐하는 글을 올렸는데, 세자께서 거듭 덕을 닦으시어 왕세자의 의례를 얻어 뵈오니 기쁜 기분이 하늘에 모이고 기뻐서 고함치는 소리가 땅을 둘렀습니다. 공손히 생각하건대 주상전하(主上殿下)께서는 성인으로써 성인을 낳으시고 임금이 되시어 임금의 덕화를 다하시고 복을 거두어 모으셔서 백성에게 주셨습니다.

아들을 많이 두신 축하를 크게 받으시니 자기 집과 온 나라가 다 우러러 축하하였습니다. 아들의 어짐을 아시고, 이 왕세자를 책봉하는 예를 능히 완수하기에 미쳐서는 더욱 나라의 기초와 근본을 영구히 공고하게 이루셨습니다. 엎드려 생각하건대, 신은 지방의 수령을 욕되게 하고 다행하게도 큰 아름다운 행사를 즈음하여 자취가 궁궐을 가로막아 어쩔 줄 모르게 기뻐 짐승도 춤을 추는 반열을 모시지 못하고 마음만 궁성의 문에 걸고 다만 간절히 하례하는 정성을 올립니다.

208. 역적 안익신 유탁 홍경진 등을 토평하고 임금님께 축하를 올리는 하례전문(討平逆賊 安益信 柳濯 洪景振等大殿陳賀 賀箋文)

좁은 땅[597]에 함부로 군대를 움직여, 감히 하늘을 능욕하는 계책[598]

595) 전문(箋文) : 길흉(吉凶)의 일이 있을 때에 임금에게 아뢰던 4·6체(四六體)의 글.
596) 을유년(乙酉年) : 1645년 인조 23.

을 제 멋대로 하는 것을 종묘가 말없이 잠잠히 도우시어 다 저자 거리의 형장에 나가니 삼령[599]이 평안하게 다스려지고 전국이 발을 구르고 춤을 추며 기뻐합니다. 공손히 생각하건대 주상전하(主上殿下)께서는 진실로 문무의 덕을 성대하게 갖추시어 이미 역적을 제거하고 이미 나라를 편안하게 다스리셨습니다.

가을에 죽고 봄에 낳는 때에 순응하는 운수를 어기지 않으며 노하면 형벌을 내리고 기쁘면 상을 주는 것을 누가 그 직분을 넘어서는 백성이 있겠습니까? 이 난리를 평온하게 진정시킨 때를 당하여 더욱 거듭하는 명령을 내려주심을 받았습니다.

엎드려 생각하건대, 개와 말의 깊은 정으로 매와 새매가 새와 참새를 치는 맹위같이 간사한 무리를 주벌하는 뜻을 힘쓰겠습니다. 외람되게도 남쪽 지방의 맨 뒤에 있어 기뻐서 짐승도 춤을 추는 반열을 모시지 못하고 아득히 궁궐을 우러러보며 더욱 간절히 기뻐서 자라가 손뼉을 치는 하례를 올리겠습니다.

---

597) 좁은 땅(潢池) : 주 336) 참조.

598) 하늘을 능욕하는 계책(射天) : 중국의 은(殷)나라 왕인 무을(武乙)이 가죽 주머니에 피를 담아 이를 천신(天神)이라고 쏘아 욕되게 한 고사(故事).

599) 삼령(三靈) : 천·지·인, 또는 일(日)·월(月)·성(星)이라고도 하고 천신(天神), 지기(地祇), 인귀(人鬼)라고도 하는데 여기서는 천·지·인으로 봄.

발문(跋文)

할아버지께서는 세상을 다스리는 문장으로써 평소에 저작하신 것이 적지 않거늘 단지 안과 밖에 거처를 정할 여가가 없었기 때문에 거의 다 중간에 흩어져 잃어버렸습니다.

돌아가실 때에 이르러 나의 아버님께서는 겨우 이를 가셨고 나의 숙부께서는 뱃속에 계셨었습니다. 다행히 남아 있는 것도 또 수습할 수 없었으며, 상자 속에 간직하여 있던 것은 만과 천분의 하나에도 차지 못하니 애석한 마음을 이길 수 있을 것인가?

나의 아버님이 살아계실 때는 매양 자취도 없이 없어져서 세상에 드러내지 못할까 두려워하시고, 일찍 손수 스스로 수집(蒐輯)하셔서 한 질 책을 만드시고는 진실로 장차 인쇄하여서 영원히 전하기를 도모하시더니, 을병 2년간[600]의 아주 심한 흉년으로 좀도둑이 더욱 더욱 심하였습니다.

이 책도 또한 간직한 상자의 단속을 게을리 하는 잘못을 범하여 할아버님의 글과 아버님의 뜻이 아울러 흔적도 없이 사라져 버리게 되었으니 이것은 무슨 하늘의 이치입니까?

아! 통탄스럽도다! 오늘부터 아버님께서 돌아가시는데 이르기까지가 어느덧 20년이 되었으며, 나의 숙부(叔父)께서도 또 70세의 노인이 되셨습니다.

불초의 책무를 돌아보건대 마땅히 다시 어떠하겠습니까? 다만 질병으로써 옭아매고, 과거공부에 이끌려 아버님의 뜻을 계승하는 마음은 간절하였지만 뜻을 이루지 못하였음은 변통성이 없기 때문입니다.

지난해 초여름에 우연히 집에 간직했던 할아버님께서 손수 쓰신

600) 을병(乙丙) 2년간 : 을미년(乙未年, 1715년, 숙종 41)과 병인년(丙寅年, 1716년, 숙종 42)

일기 책력 십여권을 열람하고는 바로 뒤를 이어 살피고 상고하여, 만일 그 시를 읊고 말씀하신 나머지가 그 사이에 기록하여 두신 게 나타나는 것이 있으면 마침내 바로 찾아서 따내어 기록하고 그 사이에 또 오랜 친구의 집에 흩어져 있는 것을 구하고 합하며 분류하여서 상하 두 권의 책을 만드니, 시문(詩文)과 잡체(雜體)가 모두 약간 수(首)가 되었습니다.

아! 이는 특별히 태산(泰山)의 가는 가시이며, 바다의 한 가닥이니, 어찌 이로써 그 깊은 근원을 엿보아 헤아릴 수 있을 것인가! 그러나 비록 곤륜산에서 나는 아름다운 옥의 한 조각 광채와 계수나무 숲의 반쪽 가지도 세상에 보기 드문 보배가 되는데 해롭지 않으면 많고 적음은 진실로 논할만한 것이 되지 않을 뿐입니다.

아! 불초한 소자가 가정에 늦게 태어나고, 또 더구나 일찍이 아버님이 돌아가셔서 고아가 되어, 의심되는 바가 모두 있어도 따라서 질문할 데가 없고, 단지 어릴 때에 입을 종알거리고 말을 시작할 적의 일을 외울 뿐이었습니다.

이제 장차 또 인연이 잠기고 음향이 끊어지려고 하여, 이 문집의 완성을 도모하는 데에 분주함을 돌아다보니 그윽이 더욱 오래되어 더욱 잃어버릴까 두렵습니다.

부족함을 보충하여 정서한 끝에 감히 한마디 말을 붙이어 전말(顚末)을 서술하고 겸하여 슬프고 사모하는 마음의 뜻을 부칩니다.

때는 정유년[601] 3월 상순(上澣)에 불초손 심주한(不肖孫 沈柱漢)은 삼가 발(謹跋)하노라

사천 심제(沈沙川儕) 풍산인(豊山人) 벼슬은 참판에 이름(官至參判)
죽당 신유(申竹堂濡) 고령인(高靈人) 벼슬은 이조판서에 이름(官至吏判)
창명 남선(南滄溟銑) 의령인(宜寧人) 벼슬은 감사에 이름(官至監司)

601) 정유년(丁酉年) : 1717년 숙종 43.

휴암 이휴징(李庥菴休徵) 광주인(廣州人) 벼슬은 헌납에 이름(官至獻納)
남곡 임한백(任南谷翰伯) 풍천인(豊川人) 벼슬은 교리에 이름(官至校理)
만주 정창주(鄭晩洲昌胄) 초계인(草溪人) 벼슬은 참의에 이름(官至參議)
초정 박수현(朴草亭守玄) 밀양인(密陽人) 벼슬은 사예에 이름(官至司藝)
설봉 강백년(姜雪峰栢年) 진주인(晋州人) 벼슬은 이조판서에 이르고 시호는 문정공임(官至吏判謚文貞公)
팔문장(八文章)임.

사천 심제 연보 沙川沈㫏年譜

〈김근태 정리〉

1세 - 1597년(선조 30, 丁酉)

- 4월 10일 출생, 자(字) 자미(子美), 호(號) 사천(沙川)
- 증조부는 청천당(聽天堂) 우의정(右議政) 심수경(沈守慶), 조부는 찰방(察訪) 일장(日將), 부친은 호조정랑(戶曹正郞) 심관(沈關), 모친은 우찬성(右贊成) 식암(息菴) 황섬(黃暹)의 딸.

27세 - 1623년(인조 1, 癸亥)

- 과거에 나아가지 않음

28세 - 1624년(인조 2, 甲子)

- 생원시와 진사시에 모두 급제
- 8월 28일 회시(會試)에서 2하(二下)로써 1등, 과제로 〈공신상을 찬양함(追頌功臣像)〉을 지음

29세 - 1625년(인조 3, 乙丑)

- 세마(洗馬)에 제수

32세 - 1628년(인조 6, 戊辰)

- 2월 13일 별시(別試) 문과(文科)에서 책과 논, 부, 표가 모두 과주를 받아 네 과장에 장원함. 〈읍배화상부(泣拜畫像賦)〉(사천집 170), 〈종묘의 예에 소목의 차례를 물음(問宗廟之禮序昭穆)〉(사천집 196), 〈촉나라의 정치가 엄격하고 용맹함을 숭상함(治蜀尙嚴猛)〉(사천집 199)

• 의금부도사경력(義禁府都事經歷)에 제수
• 8월의 증광시에서 장원함. 과제는 〈농가의 수리를 물음(問農家水利)〉(사천집 197)

33세 - 1629년(인조 7, 己巳)

• 9월 22일 알성문과(謁聖文科)에서 장원함. 과제는 〈당나라 승상 송경 등이 같은 날 상관에게 명하여 도당에서 연회한 일에 대해 사례한 것을 본뜸 (擬唐丞相宋璟等 同日命 宴都堂)〉(사천집 203)

34세 - 1630년(인조 8, 庚午)

• 10월 2일 별시문과(別試文科)에서 급제. 과제는 〈죽기는 쉽고 혼자 외롭게 서기는 어렵다 (死易立孤難)〉(사천집 200)
• 한성부참군(漢城府參軍)에 제수

35세 - 1631년(인조 9, 辛未)

• 전옥주부(典獄主簿), 호조좌랑(戶曹佐郎) 제수
• 9월 2일 별시문과(別試文科) 한성시(漢城試)에서 장원함. 과제 〈군사를 부리는데 기병과 정병에 대하여 물음(問用兵奇正)〉(사천집 198)

37세 - 1633년(인조 11, 癸酉)

• 참익위(參翊衛, 정5품)
• 4월 19일 증광별시(增廣別試) 문과(文科)에서 병과(丙科) 2등으로 급제
• 9월 사서(司書)에 제수
• 10월 7일 시강원(侍講院)의 직원이 공석이 많아, 하번에서 상번으로 승진함(승정원일기)
• 12월 3일 지평(持平)에 제수(조선왕조실록)

• 12월 16일 대사헌 김상헌(金尙憲), 집의 최행(崔荇) 등과 6조목의 차자(箚子)를 올림(조선왕조실록)

38세 - 1634년(인조 12, 甲戌)

• 1월 25일 정언(正言)에 제수(조선왕조실록)
• 4월 12일 지평(持平)에 제수(조선왕조실록)
• 7월 15일 지평(持平)에 제수(조선왕조실록)
• 8월 5일 지평(持平)에 제수(조선왕조실록)
• 8월 10일 대사간 유백증이 인조의 친아버지인 정원군 부(定遠君 琈)에 대한 원종(元宗) 추존 논의에 적극 찬성하자, 이에 미온적이던 정백형(鄭百亨)과 함께 사직(조선왕조실록)

39세 - 1635년(인조 13, 乙亥)

• 〈인열왕후 장릉 만사〉(사천집 74) 지음

40세 - 1636년(인조 14, 丙子)

• 병자호란 발발
• 8월 무장(茂長) 현령(縣令)에 제수
• 증대부(曾大父, 沈守慶)의 청천당난고(聽天堂亂藁)를 분실 40여년만에 소장하고 있던 창평(昌平) 현령(縣令) 조사군(趙史君)이 돌려주어 되찾음
• 12월 10일 청군(清軍)이 침입하여 병자호란(丙子胡亂) 발발

42세 - 1638년(인조 16, 戊寅)

• 삼사전랑(三司銓郎), 보덕사인(輔德舍人), 응교(應敎), 종사관(從事官)겸 선전관(宣傳官), 지제교(知製敎), 유장(儒將)에 제수
• 6월 22일 홍문관(弘文館) 수찬(修撰)에 제수(조선왕조실록)

- 8월 13일 홍문관(弘文館) 수찬(修撰)에 제수(조선왕조실록)
- 〈수찬 직위를 사직하는 상소〉(사천집 180)를 올림
- 11월 13일 헌납(獻納)에 제수(조선왕조실록)

43세 - 1639년(인조 17, 己卯)

- 〈울진(蔚珍) 이지영(李之英) 만사〉(사천집 59) 지음
- 〈장령(掌令) 홍집(洪霥) 만사〉(사천집 60) 지음
- 1월 9일 부교리(副校理)에 제수(조선왕조실록)
- 3월 19일 헌납(獻納)에 제수(조선왕조실록)
- 4월 22일 부교리(副校理)에 제수(조선왕조실록)
- 5월 16일 헌납(獻納)에 제수(조선왕조실록)
- 5월 22일 이조좌랑(吏曹佐郞)에 제수(조선왕조실록)
- 〈왕의 전지에 응하는 차자 (應 旨箚)〉(사천집 183)를 지어 올림

45세 - 1641년(인조 19, 辛巳))

- 〈승지(承旨) 최유해(崔有海) 만사〉(사천집 3) 지음
- 〈고석(孤石) 목장흠(睦長欽) 만사〉(사천집 6) 지음
- 8월 7일 이조징링(吏曹正郞)에 제수(조신왕조실록)
- 9월 9일 부교리(副校理)에 제수(조선왕조실록)
- 9월 24일 이조정랑(吏曹正郞)에 제수(조선왕조실록)

46세 - 1642년(인조 20, 壬午)

- 〈동지(同知) 강홍중(姜弘重) 만사〉(사천집 12)를 지음
- 〈병사(兵使) 김준룡(金俊龍) 만사〉(사천집 15)를 지음
- 4월 1일 병을 핑계로 궐직하여 추고를 당함(조선왕조실록)
- 6월 3일 비변사에서 장재(將才)로 천거(조선왕조실록, 6월 4일 비변사등록)

• 6월 23일 부응교(副應敎)에 제수(조선왕조실록)
• 12월 27일 보덕(輔德)에 제수(조선왕조실록)
• 〈보덕을 사직하는 소 (辭輔德疏)〉(사천집 178)를 지어 올림

47세 - 1643년(인조 21, 癸未)

• 1월 22일 탄핵을 받고 귀양(조선왕조실록)
• 체직을 청하는 상소를 올림
• 전라북도 옥구의 임피에 귀양
• 〈취성에서 소군 동헌 시에 차운하다(鷲城次蘇君東軒韻)〉(사천집 45) 지음
• 7월 〈애련헌기발(愛蓮軒記跋)〉(사천집 194)을 지음

48세 - 1644년(인조 22, 甲申)

• 〈첨지 남계하(南啓夏) 만사〉(사천집 20) 지음
• 11월, 〈유자건 대인 수장(壽章) 시에 차운하다〉(사천집 22) 지음

49세 - 1645년(인조 23, 乙酉)

• 〈천미옹(天微翁) 이필행(李必行) 만사〉(사천집 25) 지음
• 〈참판(參判) 홍영(洪霙) 만사〉(사천집 26) 지음
• 1월 소현세자 돌아옴
• 4월 소현세자 급서
• 6월 8일 왕을 대신해서 〈소현세자의 제문〉(사천집 1)을 지음
• 6월 8일 〈소현세자 빈궁(昭顯世子嬪宮)에 올리는 제문〉(사천집 184) 지음
• 6월 담양도호부사(潭陽都護府使)에 제수
• 〈장령 임득열 제문(祭林掌令得悅文)〉(사천집 185) 지음
• 9월 〈왕세자책봉례를 하례하는 전문(箋文)〉(사천집 207)을 지음

- 가을에 전라우도의 〈문과 초시 시사의 책제 (乙酉秋全羅右道文科初試策題)〉(사천집 202)를 지음

50세 - 1646년(인조 24, 丙戌)

- 〈감사(監司) 윤명은(尹鳴殷)의 만시〉(사천집 165) 지음
- 3월 14일 당시 언관이었던 백형인 심노가 소현세자빈 강씨를 두둔한 일로 남해로 유배(조선왕조실록 인조 047 24/03/14(신유))
- 9월 20일 중시(重試) 문과(文科)에 2등으로 급제. 과시 〈한나라 간의대부 하후승이 이미 지나간 일을 징계하지 않음으로써 효유함을 사례한 것을 본뜸 (擬漢諫議大夫夏侯勝 謝喩以無懲前事)〉(사천집 204) 지음
- 〈취산당 서(就散堂序)〉(사천집 190) 지음

51세 - 1647년(인조 25, 丁亥)

- 청천당의 시구, 비명, 잡저 등을 태학사 택당(澤堂) 이식(李植)에게 보이고, 이를 가려 뽑아 청천당문집 간행에 착수, 담양에서 공인(工人)을 모아 판각
- 〈일아정 서(日哦亭序)〉(사천집 191) 지음

52세 - 1648년(인조 26, 戊子)

- 〈상서(尙書) 이명(李溟)의 만사〉(사천집 48) 지음
- 〈참판(參判) 김영조(金榮祖) 만사〉(사천집 49) 지음
- 3월 17일 귀향 간 심노(沈曆)를 부령(富寧)으로 이배하라는 왕명이 내림(조선왕조실록)
- 4월 8일 귀양 간 형 심노(沈曆)를 대신하여 가묘에 제사를 지냄. 〈백씨를 대신하여 가묘에 제사를 지낸 축문(代伯氏祭家廟祝文)〉(사천집 188) 지음
- 5월 담양도호부사(潭陽都護府使)에서 교체됨

- 7월 전주부윤(全州府尹, 종2품)에 제수
- 7월 12일 〈대사헌 박황 제문(祭朴大憲潢文)〉(사천집 186) 지음
- 고유제(告由祭)－사천이 2품직을 받은 은전으로 선고(先考)에게는 가선대부사헌부대사헌, 선비(先妣)에게는 정부인(貞夫人)이 증직됨
- 7월 하순 〈청천당문집〉 목판을 전주로 옮겨 인쇄하고 발문을 씀
- 8월 2일 창원 〈유신로 제문(祭柳昌原莘老文)〉(사천집 187) 지음

53세 - 1649년(인조 27, 己丑)

- 1월 9일, 전주부윤(全州府尹) 재임 중 근무지에서 졸하다. 나이는 53세. 공은 하늘이 낳은 효성과 우애를 지니고 경세(經世)의 문장으로 이름을 날렸다.
- 5월 3일 국왕의 제문(사천집 193)을 지제교(知製敎) 신익전(申翊全)이 지어 하사함.

사후 32년 - 1681년(숙종 7, 辛酉)

- 10월, 현재의 강서구 개화동 개화산 선영의 남쪽 양지 바른 곳에 개장함.

사후 40년 - 1689년(숙종 15, 己巳)

- 4월, 부인인 권씨를 합장하다.

사후 68년 - 1717년(숙종 43, 丁酉)

- 손자인 심주한(沈柱漢)이 사천집 초고를 만들고 발문을 지음

사후 299년 - 1948년

- 대종(大宗)에서 사천공의 위토 구입을 보조하여 명선(名先) 사천(沙川)을 받들게 함.

沙川集草藁

乾

沙川集草藁卷之一

詩

七言近體

昭顯世子挽詞 應製

春來喜氣滿東方正爲前星更耀光誰識九年翹首
望便教今日扣心傷銀床尚有親嘗藥碧鏤重扃猶
講堂晋史周詩曾侍讀胄筵回憶淚盈裳

挽李持平 克仁

青蓮白玉兩家兒筆法詞章繼厥徽海[illegible]春風觀

戰澤宮寒雨闢文聞巧言貝織誠無妄孝子神扶理
亦違愧我尾仝合索淺桂江南望獨沾衣
挽崔承旨 有海
越王勾踐中興策明道先生稽古書前席進言唯在
此聖朝遺直果誰如省中持被同寒夜湖上披蓑與
卜居往事秪今歸一夢公哀私慟自沾裾
挽許樂安 晴 母夫人趙氏
九旬之母七旬兒福壽人間未有斯訓子芳徽誰作
傳宜家令範我深知湖中避地眞同夢漢上新阡忍

寄詞含索餘生猶不死白頭南望淚交頤
挽趙持平 公琳
書榻曾同許侍郎郭西秋日幾聯牀早知器度傾流
輩豈獨詞華擅一場黑髮投閑人共惜白眉傳業後
應昌秪今南紀歸舟阻綿酒何由奠一觴
挽睦孤石 長欽
威鳳祥麟瑞世姿妙齡曾受穆陵知名懸斗極誰爭
右望屬巖廊奈已遲容地纔承前席眷傾都還把
年悲齊門久作通家客泣寫哀詞寄白眉

送朴士彬 守文 赴盈德

昔聞第一東南美七十州中説此州碧澗細連蓬島
水青山直對郡城樓探奇尚訖三生債送子還着五
馬遊自咲池邊蹲已久離觴孤負驛亭秋

挽李丞旨 惟聖

温〻風味粹然姿不謂斯人遽至斯紫禁銀臺臨暮
境白眉丹桂暎當時縱聞石火催花甲忽見晨霜拂
柳池却憶去年同直夜月邊誰勸泛黃卮

挽盧咸平 后尙 母夫人

咸茂連城曾衛如兩家同歲奉潘輿自憐靜樹風難
止却羨斑衣樂有餘往事轉頭渾似夢哀詞和淚若
爲書此身未化天邊鶴何處江南孝子廬

挽柳僉正內子宋氏

肅靖名家長主孫于歸又是相公門秕着彤管通前
史每侍芳茵聽至論六載鸞奩悲隻影一朝龍劒會
同原終南古宅無因過秋雨蕭〻葉擁垣

挽僉正洪 世忠

瓜葛情親四十秋髫年已與今兒遊外家故事公能

記晩歲相逢說不休幾處兮符留惠化一時傾盖揔
名流終南舊宅常經過暮樹寒烟倍覺愁

挽同知姜 弘重

晋山軒冕冠吾東世德如今見我公越寶不曾留橐
裏明珠誰道載車中華莚勝餞逢秋日祖道銘旌送北
風同里少年成白首滿襟殘月泣無窮

挽鄭同知子修 之翔

芳香易滅秀先摧泛古同憐子最哀詞富未施華國
手跡奇誰識濟時才只今遺郄重泉恨忍見纍然穀
尺孩卧病竟孤躬執紼廣陵春草偏歸來

挽崔曾望内子李氏

一世英豪見情陵宜家淑德孺人稱早年湖海風流
盡半樹梧桐血淚凝伯道無兒還有後班姬垂戒足
能徵獨憐霜鴈聯行斷歲暮孤飛漢水氷

挽金兵使 俊龍 二首

湖南幕府謁元戎血淚垂膺膽激中光教山前朝戰
罷廣陵城上夕烽通大名不與鍾常紀來世誰知社
稷功斂郄雄畵歸窮莫一丘烟樹起悲風

白晳長髯儼若神風儀抑抑動朝紳嫖姚早屬辭家
志岳將元忘報國身王節臨邊遣清海塞舟旋歸路哭
軍民英魂地下還應喜鶴髮堂中又一春

挽李監役 久涵

孝友家聲業不負一生純行絶夷倫異時爭道無雙
士泛此如公有幾人賦我命窮空白首出群才屈奈
蒼旻廣陵江上門長掩鐵笛誰橫月下鄰

挽縣奉李 震發

珠貝縈頭紫翠裾阿咸騎竹共嬉初青春一命還如
夢白首二親空倚閭行路尚揮新淚淚小堂雖有舊
詩書賢翁翁子隨君逝恨苑泉臺倘小紓

挽韓子明女 金措大萬嶺内子

若翁之女即吾兒每記床前撫頂時得配賢郎眞不
偶可憐芳歲至於斯人間緣業餘黃口夢裡容顔對
翠眉莫化寃禽啼夜月山廬添却白頭悲

挽柳汝舟

沙齡文采暎當時晩節清操益自奇不謂德人終寂
莫奈何眉壽晝期頤華南舊宅無因訪江上新阡忍

寄詞雙壁卽今稱國士他年㡀笏有餘悲

挽南僉知 啓夏

星郎交契宿心親少日登門拜後塵東郡遺民深澤
在西樞優老聖恩新誰知彩服三牲地忍見衰麻二
棘人嵗暮層氷塞江漢愧無縣酒奠前陳

挽再從弟曺漢相

兄年三十弟初生此日誰知先此行俊秀早爲群季
最髫齡已有老成名莫言地下妻孥樂爭似人間父
母情應遣孤䰟化究烏月明花發笑三淸

次柳子健大人壽章韻 甲申十一月再逢同牢日設宴

異說曾傳綠鬓仙同牢今賀福俱全瑟琴如鼓平生
樂花燭重開六十年故事只應無此事舊緣從見在
新緣華蕋獨阻稱觴賀更待靈椿又八千

挽柳太僕正 淪內子嚴氏

中丞矯矯大夫賢舊日家聲令女傳淑德早宜君子
配紗譽曾見主家專誰知蟄蟄多男慶竟使沈沈士
竪纏祿位漸高兒亦貴耀榮無處不潛然

挽金主簿 璡

山前細路去年冬下馬班荊夕照春江上春風重有納
寢門清淚忽無從每過故里悲先執欲寫哀詞想舊
容卧病獨乖躬執紼幾時瞻拜若堂封

挽天徵翁李 必行

忠正之孫不忝生廣陵華胄振英聲胸中耿耿君臣
義頭上昭昭日月明天意仇賢終畜壽史家傳信倘
留名秪今四海同波蕩貞固何人與子爭

挽洪条判 霙

沙齡才調出羣英學士賢郎相國甥幹蠱即看都尉
貴殊恩曾擢禮曹卿門闌福履無今古人世哀榮足
死生回首終南賞花地夕陽深樹集蟬聲

戱贈老者

憶上西江江上樓紫羅横抱鈿箜篌天涯一别無青鳥
湖外相逢已白頭看面豈知前度樣道名方記舊時
遊憑渠莫怨韶光暮木落湘潭又一秋

挽李監司夫人柳氏 即恭仁倅李呈徽母夫人於吾為外從叔母也

逌來尊戚舉重泉叔母今歸倍潸然六載侍歡期百
歲一麾榮養只三年高堂不盡人間福神劒終隨地

下緣寶塔山前囬錦水定知佳氣蔚生賢

、勅賜白羽扇 月課

日午蓬萊暑氣烘團〻白羽出金宮傳呼始覺微忱
激拜舞方知聖澤洪一陣清飈生袖裡半輪明月落
懷中時平不向三軍用只合巖廊頌穆風

領軍在礪山

千仞孤城疊嶂迴城門一閉幾時開南方義旅軍聲
壯北地群胡膽氣摧萬歲神京纏沴祲百年文物逐
烟灰江山使者無消息日望天書渡水來

挽人 不記名

憶曾漂泊到長沙客裏文情一倍加每惜才名成漢
落豈知人事遽驚嗟案頭螢死餘黃卷壁上塵生暗
綠紗秋日漳江先問我只今囬憶鬢堪華

暮倚高樓對雪峯

孤城雪後倚高樓更被山光強引留對面只知佳境
逼歸心不限亂峯稠今來豈是貪增氣着去應須散
客愁落日故人消息斷若為於此採真遊

、挽洪參奉 銑

群従皆如謝恵連惟兄最是白眉賢喬山夜雪曾同
賞江寺春燈幾共眠争道相門令有後豈料仁者竟
無年娟〻一片城西月留照當時舞綵筵

挽申丈

賢郎與我許心親慣聽夫公丈者人八詠才名違宿
計一生江海任天真年齊七袠仁宜壽屋潤千箱業
不貧水石荒涼餘古宅忍看芳草又新春

挽黃汝和

識面論交二十齡中間離合等漂萍再尋南郭渾如夢
一醉中山竟不醒血淚未乾新栢樹綵衣無影舊萱
庭忍見門外千絲柳猶是春風對眼青

挽德蕆令

郊扉經過昔年春喜我相尋寂寞濱含淚為陳先
世德惇宗郄勉後來人兒孫俊秀承家訓几席清脩絶
俗塵世事忽如驚一枕石門斜日暗傷神

次友人遊楓岳韻

楓岳之山去復迴一區形勝海東隈臺天異跡傳今
古靈境仙人幾往来蘿徑月明笙鶴韻石壇秋老桂

花開何當去逐瑤池侶珠樹琳筵稱玉盃

挽沈叔丈汝始

令妌平生情莫違卜隣桑梓卅年幾野亭博塞消愁
鬪江舍杯罇盡醉歸人事忽如驚一枕想來空使涕
鋋揮重泉別有無涯慟白髮孀慈底更依

辟暑犀

講筵初設引班齊庚熱方烘賜寶犀風送奇香添玉
軸光涵瑞旭綴金閨迎涼轉覺煩襟豁當暑爭驚灝
氣淒不世殊恩慚未報感君嘉貺更攜提

贈人

情愛相同骨肉親別來無日不傷神驛程奔走勞
曾飽太學虀鹽味更辛家破以官仍佐命時危何處可
藏身明年定遂求田計君亦歸田與卜隣

華嚴寺訪覺性師二首 寺有古石寫華嚴經故名

錦石紅林畫不如夕陽橋上為停車前朝嶽寺聞名
久南國高僧識面初綠蘚漫碑經字滅白雲籠樹磬
聲疎遊人倘問題詩客報道長沙太守書
拂袖進塵幻化如洞門遺迹却使君車竹房人語鐘
殘

淺茶院僧眠月上初霜重石壇苔半老雨經祇樹葉
全跦他年倘記尋真客須寄空中尺素書

頭流山

坤輿東走此焉空西望崐崘脉絡通洞有仙京傳自
古世無良史更誰工峰巒隱顕浮雲外日月升沉積
氣中安得健如夸父步萬林千壑一時窮

挽尹淳昌

君自南還已卧床小窓猶得叙暄凉朝家正急求循
吏地部今無識務郎夜哭忍聞慈母慟露歌空遣

友朋傷駋江水闊孤舟遠落月歸雲共渺茫

往大津走次主人炢主韻

昔來楊柳正依々搜盡光陰幾日歸漢北戎衣猶未
定瀼西耕候莫相違氷横古岸逢人少雪沒長洲去
鳥微聞說孤山梅已放獨鞭羸馬訪江扉

鷺城次蘊君東軒韻 即臨陂别号 癸未在謫時

行義聞來意自傾客中勤訪荷深情小窓把酒看花
落古寺吟詩待月生工部未須思杜曲仲宣忘却在
南荊瓊琚玉屑還相遇嘆起慵眠眼忽明

挽權生 相夏
才調猶驚俗士群論詩不肯下開元虛堂夜雨含杯 居井邑赴金溝監科未出場卒播詩名
酒古國秋風見淚痕丹桂影遙遺恨在碧桃吟罷謌
聲吞楚山南望千峰矗何處騷人招斷魂

挽許礪山 穉
社稷壇前一草廬故人癡弟受知初薰天富貴頭曾
掉臨水田園手自鋤暮境幸同湖外客新秋纔見病
中書泛来聚散渾如夢哭送舟旋返舊居

挽李尚書 漢 四首
欲將興議誅文題有德兼才孰可齊一代模楷李元
禮百年交誼鄭東溪徽言在耳何能忘孤跡前塗已
覺迷却羨當時謝家客回車猶笑國門西
公於尭執絶磪磷爪葛連姻四十春撫頂常憐故人
子開懷忝許宿心親園亭花竹誰為主琴酒風流跡
已陳玉立長身無復覩不知何處返精神
不忍濡毫寫挽詞戒公今日至於斯高才偉量人誰
敵盡瘁孤忠上獨知貝錦巧言皆欲殺膏肓未療
無醫即着南國存遺澤隨墮淚湖邊八尺碑

憶曾五馬南來日強舉深危慰遠歸訣語臨分猶眷
眷風神入夢却依依睦婣高義通家慣甥舅敦情此
世稀北海城邊傳訃地淚痕應滿逐臣衣

挽金叅判 榮祖

豐山舊貫是同鄉少日天曺吏叅郎瑞世奇姿爭快
覩接人和氣耿難忘松筠寂寞園基墅花萼飄零共
被堂想得東南多士論笑公非獨惜存亡

挽韓興君李 英男

九褒康寧古亦無勳封又襲上卿組青囊秘術神仙
訣白髮幽棲水竹區爭道世間全五福更看身後有
三孤可憐來日天中節壽斝何因泛綠蒲

訪仙雲寺

危磴穿雲俯鳥飛亂松低帽石鉤衣青蘿障日隨行
沒紫錦屛風幾疊圍鍾歇上房燈影小雨殘敲砌藥
香微禪談竟夜休塵慮五馬明朝未擬歸

過流寓舊友

窮途浮世兩悠悠邂逅天涯是舊遊五馬獨尋顏子
巷一罇重上庾公樓山含夕照臨孤堞鴈拖清霜下

遠洲京洛別來容鬓改故人能記故人不

、亂後過東郊

千里王畿極目悲百年文物逐烟飛早知宵旰憂無益莫道和親事却非宮水遠連江漢去禁城空遶華山圍平沙漠漠行人少落日青門信馬歸

、西郊

亂後經過觸事驚不辰空自悶吾生哀哀寡婦崩城笑處處將軍甲第傾鴉帶夕陽歸苑樹鴈傳霜信過江城傷心最是西郊路去歲皇華此地迎

暮秋訪金舍人

黃堂官況正無聊綠鬓星郎早見招短什每緣排悶寫深觥只爲破愁澆僧回嶽寺飛秋葉客散江亭落暮潮盈案簿書頭已掉與君泛此理歸橈

、挽宋靈光 良贇

採芹攀桂兩同年浮世交情若有緣一鳳朝鳴直嚴壯雉皃暮舉惠風宣誰知祖逖傷時淚竟失淮陽卧治賢人事轉頭成夢幻含悲直欲問蒼天

挽金古阜 迪

長沙路出古瀛洲客舍相逢去歲秋勞悴只緣勤撫字吟哦猶滑償風流庭前種玉餘殘壁湖外封阡有一丘昭代若為循吏傳行者遺烈照遨頭

挽許僉知 二首

昔吾坦腹在東床及見萊衣捧壽觴繡鉞銅章三伯仲蘭芽玉樹十兒郎當時盛事渾如夢此日追思倍自傷神馬峰前迴錦水若堂千載閟佳祥

公落湖西栽海濱音書猶自往來頻久知平地神仙在不謂今朝涕淚新粉字銘旌題豈忍白茅綿酒吊無困終南故宅曾經過草樹悽然鎖一春 公之孫遠送銘旌要予書故及之

李蔚珍之矣挽

吾家兄娣自東歸嘖嘖君侯口不離避地士人叩禮數滿城民物仰仁慈繽闠皃歸還鄉邑驚見鵠原索挽詩堪慟棘欒終不起奈何天道至於斯

挽洪掌令 霙

年姿雅論耿難忘欲寫哀詞涕自滂感惜大才成晁晩豈料真宰棄還怆清風江上空餘宅春日城西龍舉觴伯仲丹旐南北去忍看青草滿池塘

成叅奉時亮母夫人挽

昔年漂泊接芳隣幾向高堂忝席珍截髮久聞行古
義對兒恒勉友端人萱花不待重茵日栢樹先枯洒
淚辰遥想大連攀擗處沔陽新草為誰春

、亂後入京即事

園陵佳氣欝葱〻西接神都萬世宮彩仗影摇雲鳳
日金魚聲動燭籠風奏京百二山河壮越甲三千膽
氣雄自笑書生徒洒淚幾時歸去五湖東

亂後入巳陵庄

鄉黨欣逢遠客來爲持村酒上高臺江邊野老初埋
骨谷口民家盡就灰争道此邦離亂極不知何日泰
運回驚呼不覺中腸熱拭淚還將勸一桮

、悔教夫婿覓封侯 月課

陌頭楊柳正嬌柔樓上佳人翠黛愁花發故枝誰共
賞燕飛深幕羨雙遊早知虛負三春樂豈願生封萬
戸侯若待金章歸莫日容華光景兩難留

奉次伯氏韻送許次山還漢水舊居

年来慣作送行詩況淺今朝别甬時異姓天倫泛少

日同來地角若前期三秋鴈去浮雲外千里人愁瘴
海湄未到灞橋腸已斷不知楊柳為誰垂

長沙送友人任進士慶翼之湖南節度營 亭在下卷

城霧曚曨起曙鴉旅人將發駕輕車千絲官柳初經
雨一樹棠梨未放花海上別來勞遠夢江南歸去憶
誰家憑君莫問春消息獨對清罇鬢欲華

挽徐永平內子

避地曾同瘴海濱卿卿元是夙心親賙施高義通家
熟手具芳珍供客頻往事轉頭渾似夢哀辭和淚若
為陳廣陵江上舟旋遠滿室咻咻泣路人

官居漫咏

浮世滄桑閱幾廻我今閑臥水雲隈寒聲繞郭海濤
立爽氣入簾山雨來舟石橫邊春桂老白沙明處野
棠開沉吟拂拭塵楣字千古詩情月一杯

暮投村舍即事口占

抵頂蓬廬卧不周松明熏壁煖烟浮翁謀客饌窺窓
語婦撥寒灰對竈愁掃葉庭中拖草屨汲泉氷底鑿
陶甒不知富亦勞心事長向傍人說窶畚

挽許太初 肇

尚書姻姪侍郎兄識面年來意自傾鄉里共推淳篤
行儕流猶惜學生名五旬知命耶稱壽一子承家亦
足榮醉舞舟中還似夢臨江回首獨傷情

挽任司評誨之

風流談笑耿難忘欲寫哀詞淚自滂有德有年徒漫
語多才多藝竟何張平生高義無三娩遲暮微官幻
一場綠艾漸長春酒熟郭南誰與更呼觴

挽柳僉知內子李氏

御史平生托弟兄升堂早識德難名同年還甲無聞
古八耋三牲孰可京忽看琵琴傳鳳柱更悲衰絰映
霜筵泉臺倘見吾先母為道如今小子情

、賀鄭菴吾蓬軒從叔壽職

莫恠遅遅送賀情一春強半在承明雖曰令甲優耆
老自是循良記姓名江外披裘先世事鬢邊懸玉此
時榮園花未落應相訪倘彿華軒待杖行

七言排律

仁烈王后長陵哀挽

沙麓休祥紀載遥頎媛天合聖明朝功高提甲芳猷
烈脤去加緣儉德昭孝薦太宮慈敬洽業隆中壺瑟
琴調長孫諍語覘唐辟明德私恩絶馬麋至行永為
垂後法徽稱端叶女中尭蘩莪忍廢重离講㮾木空
傳福嶺謠蘖館復囬治繭節鳳輴還駕報鷄宵欲知
一紀資生化匝域雷蹄徹大霄

七言古詩

走筆贈晋陽柳將軍 孝傑 道別

方丈神山麗太清秀色蒼蒼晋陽城晋陽千古蔚人
豪民瞻將軍河浩亭榔侯奄有二子成三人生膺山
河神秀精侯家嚴君勇貔虎龍驤出海誅長鯨高牙
大纛城百雉鴻業未集長城毁精忠早傳岳雲兒鷙
勇更有西平子金門虎榜擢第一月殿仙葩暎白雪
西門節度淂青氈部伍旌旗依舊色宗卿素多父執
忠暬府還逢張魏公櫪上駿馬名胡騅神俊自與將

軍敵雲鞭電掣萬馬倒寶刀赤染千人血魚鱗撒拆
白日迴快鶻當風飛鳥絶軽身轉戦一千里馬鞍山
前雷魂奪妖腰亂領纖于社錦江春日田天鞞洪鍾
神鼎勒壯功泰山長河盟始終祺獜閣上畫圖新腰
間白羽光玲瓏楊山一麾鳳樓林紫馬閧嘶桃李陰
吹毛飛譪混珪琨向来啾唧誠何人朝廷復有西北憂
尺水肯容横海鱗昔君去馬長安陌々上一見許心曲
蓬蒿誰識下帷人君侯獨憐余龍鑝一朝鶯驥隔雲
泥鵠首悵望凌風足固知徵甫人盡非濟代英豪棄

昜得今年邂逅海西頭未洽歡娛生别愁是時窮陰
變陽律官梅初綻清香浮飲我東閣雪裡酌贈我雲
牋殘雙墨竹感君高義拜君貺重之不減兼金百思君
長對此君面歲寒貞姿可相見臨歧一語君須記東
野雲龍吾亦願

次柳進士韻贈别任進士慶翼 翰伯

不願生作青雲客金章赤紱競相逐不願生作五侯
客奴顔婢膝争局促只愛佳山美水烟霞窟對酒長
歌白浪跡去年作尉古長沙正值兵塵暗南國仙山

咫尺阻仙賞盬課軍書日羈東南来何限避地人之
見知君才不俗

題白香山喜雨詩後 代人月課

元和天子聖且神天錫勇智天錫仁去年今年吳蜀
平功隆業大文物新湯年亢旱自天警三冬不雨連
三春彤雲漫天嶽翠乾慘見江海生飛塵嗷嗷南畝
輟截耟九重彩眉長含嚬帝曰天戒若面喻以吾之
故殃吾民天門金鎖鳳庭花一一散遣無留宸衷林
六責雲漢詩王音播告如絲綸惟皇惻念霆甘霖在
朝在野歡聲均蘓枯沃焦反手間氣遍垓圠和氣
白玉堂中白學士名冠當時青瑣臣揄揚紗語叶雅頌
詞源浩浩無涯津流轉千載簡冊光盛事鋪張如隔
晨箕東今日聖人作登三邁五調鴻句金年水旱卯
不穰環海蒼生多苦辛絲竺懸罷路門鎖至誠感彼
蒼蒼旻乃知天心仁愛哉哉王一德天為覩濛濛靈
雨春徂夏彼哉元和難等倫登登萬寶真上瑞雨玉
雨珠何足珍曾孫黍稌天與多漢廩紅腐應相因白
公之賀臣亦賀愧無佳句追前人有始無終是箴規

願言書此獻楓宸

次蘓東坡詠梅村字韻

我昔南過羅浮村千株玉蘂初返魂我今又作南州客暗香依舊搖黃昏也知化翁巧多意更許天葩留小園貞姿猶是未生人雪膚自在含春温天孫織停綴彩錦素娥粧罷承朝暾何必健步移自遠月下脩然来叩門不知它夜惱短夢擧酒問花〻無言明朝酒醒風雨惡忍見落蘂飄空罇

敬次峨山李尚書韻伏呈伯氏

賢者是兄愚者弟一生愧比蒹明珠我兄才思隘東溟閑口唫詩錦不如身為諫官非不達忠言耿〻緘封書朝封夕貶太蒼黃萬里南海非人居黴垣玉堂九天上回首一夢今須臾弟時分符湖水南逢旅相逢搽征裾白日茫〻哭聲苦道傍觀者皆長吁瘴海千尋波浪惡怒鯨白齒真怕吾不忍久別還相隨正是七月涼氣初喜見鬚髮勝平素且將斗酒閑歡娛同衾聯枕在家樂忘却飄零天一隅亦我别後臨海作暮年清詞傾庚徐青雲故人倘相問先寄

城西許沃余

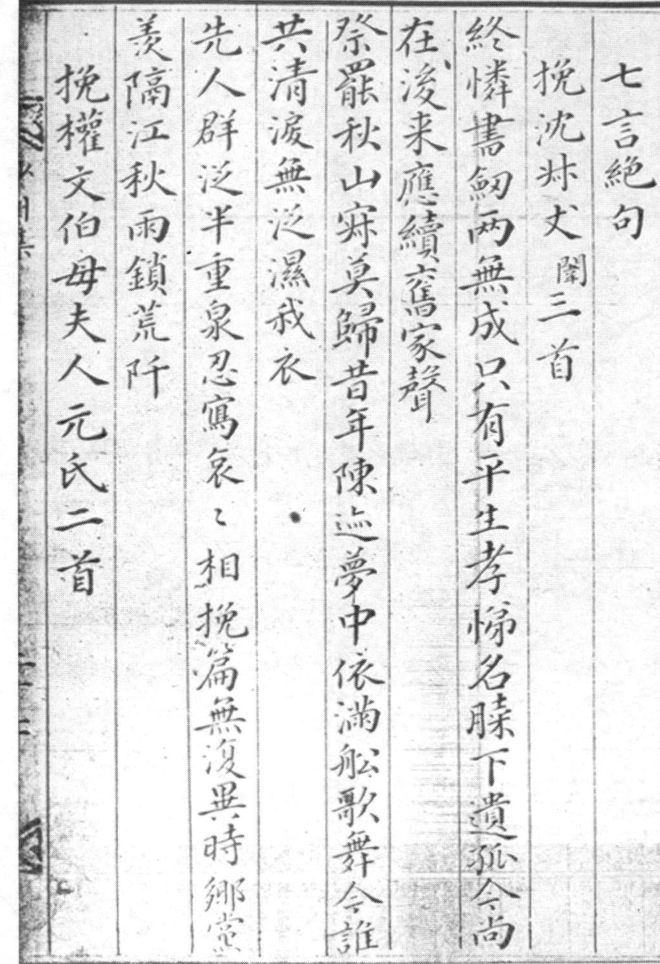

七言絶句

挽沈牀丈 闈三首

終憐書劒兩無成只有平生孝悌名膝下遺孤今尚
在後來應續舊家聲

癸罷秋山寐莫歸昔年陳迹夢中依滿船歌舞今誰
共清淚無從濕我衣

先人群從半重泉忍寫哀〻相挽篇無復異時鄉黨
羡隔江秋雨鎖荒阡

挽權文伯母夫人元氏二首

原城令族永嘉門積慶留看子若孫劒合珠藏泛吉
地百年佳氣擁丘原
孺人年甲同吾母享壽猶多五歲強却将當日無涯
慟還慰如焚孝子腸

題人壁

客路漫〻客夜遲海天無際月如眉鴒原别後長留
首北鳫聞来有所思

題鄉人壁 繡衣時作

塵冠弊褐手驅黿主叟迎来強問誰哉是玉皇香案
吏相逢不必苦相疑

走次景行 日遵

江客催歸負賞春洛城西畔首回頻佳辰勝事知難
再却恨樽前少一人

戲謝負約

逢别忽〻欲斷䰟隔江離思淚成痕青罇緑艾佳期
濶二紗書中各執言

挽金公州 孝誠 女子

卅載春光劇逝川十洲仙路杳無邊可憐膝下諸兒

在遺却人間未了緣
睌生兒女正提孩願速成人擇配佳忽見使君求此
挽以吾慈愛想君懷

木綿花歌

白〻秋雲滿畝間摘花村婦唱歌還籬邉有吏来催
織謌曲未終眉已攢

題屆峙下湫坪村人壁

一歲中間十往還却將危棧埋途看從今涉險吾差
熟莫賦平生行路難

、清明日贈湖南僧人

正是清明百五回雨晴江路燕初来逢僧更問山中
事千樹碧桃開未開

送李埸四亮同友人之龍門

龍門九月山如錦仙侶同登月峡舟竹杖菴邉兼桂
樹秋来花發幾枝頭

蓬閣漫興

積苦無功罪亦隨公移私簡日難支揮毫自犯貪贓
戎檣下從他碩鼠詩

挽金重流内子成氏二首
豈知斯疾遽云亡三十春光逝水忙遙想海濱傳訃
日白頭相對笑爺孃
滿室呱呱不忍聞孤舟渺渺載歸魂東陽去路花千
樹揔是賢郎濺淚痕
和許沃余咏冬菊示韻 啓
芳艶無論瘦與肥滿園群卉八秋衰雪霜深處金英
粲知有從前隱者期
冷蘂幽香雪裡輕韻人相對十分清憑君莫道爭梅

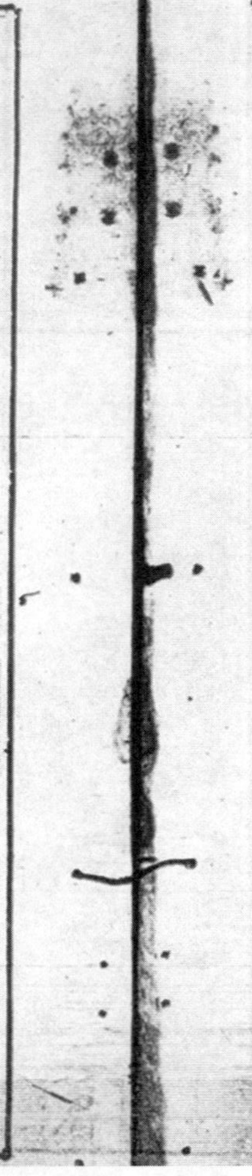

信桃李花時亦不爭
次羅滄浪韻題方生 活 蓮堂 方生卽秋城士人 滄浪卽佐郎茂松 秋城印津陽
池面清風細細吹葉間眠鷺頂毛絲危時偸得閑中
趣塵閣歸来一倍思
金山寺戱吟木通實示使相李子範
霜後秋林樹樹懸甘香宜薦使華筵奇形恐被蛾眉
妬分付傍人莫近前
披香堂次僧韻 卽頭流山僧名性悅
芙蓉香盡獨登樓邂逅山僧慰客愁待得頭流紅葉

晩與君歸去賞清秋

戱題壷瓶巖 在高敞界

壷瓶卓立大江隅狀似仙人白玉壷願釀春風千斛
酒酌来醺及萬人蘓

無題

浅色紅羅緑綺横畫堂深坐出新聲纖〻指下千般
語総是檀郎別後情

閑花

寄林渉水到山阿亂後蕭條八九家却喜松楸依舊

色逢人不復問生涯

挽李生 容

小少相知到白頭豈料人事劇悠〻閑門南郭春猶
病孤負臨江哭去舟

夜渡巴江

氷澌雪浪夜相春巫峡瞿塘孰長雄報道篙工莫惶
怖世間平地此相同

別權林平六首

去年今日忝詞臣玉署含香近一人楓菊不殊前物

色白頭無意答佳辰
秋滿空山百草腓夜深霜露濕人衣春宮萬里無消
息北望遼河老淚霏
萬死歸來客異鄉一年秋色近重陽黃花白酒渾無
興千里看雲意自傷
落葉寒聲動九秋暮天烟雨暗沙洲傷時更惹思人
恨日夕悠悠獨倚樓
寒食東風小雨晴玉溪清淺杏花明最憐澗畔松陰
晩堪笑飄風柳絮輕

乍晴還雨雨還晴世態人情此可明勝地來遊無定
客向誰珍重向誰輕
戲任進士重索酒
梨花如雪柳如絲春盡江南日正遲文園才子長呼
渴危酒何能慰所思
再次前韻
長沙老守鬢成絲歸去田園已太遲城外故人期不
至閉門春晝獨相思
次次山戲呈畫陰韻 次山即嶋許

梨花初落野棠開輕燕隨風去又來聞說海山春事
盡强擕罇酒上高臺

次次山金萬枝玉千杯韻

東閣芳筵明九枝故人邂逅傳千杯漁梁夜雨浪花
吹與子明朝歸去來

次壷陰韻

綠槐陰合竹林幽嗅客移牀盡日留庭外吏人相告
語使君還似太無愁

次壷陰贈示韻 時未聞伯氏消息故云

天涯為客日如年說到艱危自潸然鴻鴈不来春已
盡忍着江漢水連天

醉次壷陰贈示韻

吾兄誠意感皇天不死江都便是仙千里相逢萬死
後合悲無語雪渾顚

又次壷陰醉示韻

自憐悲咤足平生到老蹉跎志不成賢達古来皆若
是把杯何用獨傷情

次任進士慶翼贈韻别壷陰

剛厭天涯送客頻逢人不若不逢人今朝苦勸離筵
酒不惜離人觧惜春

寄金甑山晦卿

薪憂呼苦二年強同病相憐意自傷寄與越人經驗
藥須君日〻卧而嘗

走次景行

江客催歸負賞春洛城西畔首回頻佳辰勝事知難
再卻恨樽前少一人

走次遂安堂姊主韻

三春孤負滿園花濃綠陰〻遠近家待得終南山雨
歌一樽同醉小溪涯

秋夕日過巴南社有感嚴寬甫丈

社罷秋村日欲斜人〻扶醉椰邊家橋頭立馬偏怡
悵不聽巴南一曲歌

成歡途中偶吟

秋塘寂寞落紅衣小閣寒凝客到稀惆悵長沙一千
里別來池館夢依〻

無題

别時紅淚湿羅衣别後秋風鴈字稀莫道瑤琴絃已
断夢因無寐不南飛

挽金進士士元内子二首

桂宮仙夢渺難追三十潘郎鬢已衰欒棘又悲身似
寄庭前不見小兒嬉

嶺上秋雲慘不開丹旐何處故園回行人莫問歸途
遠魂在舊家應未來

次題小浦亭舍

高亭子白雲巔雨後秋容萬樹烟憑檻却忘歸去
路㡳時清賞亦佳縁

挽李連山信源内子鄭氏

苦月悲霜十五秋人間縁盡劒還投白眉三秀才俱
俊也識它年慶遠流

早春送慎哉南遊寄許次山二首

九娘門外水如苔蘸小宅邊花正開寄語江南許道
士莫牽春酒却忘回

落盡梅花芳草新送君歸去欲沾巾玉人南國如相
問報道相思又一春

月夜船上戲贈琵琶者

北檣南舶簇汀沙何處佳人一曲歌我似江州白司
馬滿船明月泣琵琶

挽申僉知萱

八袠誠難況五加一麾猶貴六何夕只憐未睟孤兒
在九地無因聽喚爺

官居謾詠

朝朝鴈鶩儼成行酒臭香薰攤臭梁衙罷閒眠猶不
足僞呈身病給由忙 一作受由

科詩

追頌功臣像 天啓甲子八月二十八日會試以二下居一等第三人

赤暈揮鋒蒼鳥飛玉塞腥塵昏抉斧金符無復命
老臣聽鼓中宵勞睿想黃門鴻藻頌奇功丹青煥
然輝恩奬雄豪早超六郡子天文上耀河魁象
周宣分閫屬南仲萬里金城承汝往分屯控禦淂
便宜白蠻青羌爭稽顙長城一自掃遺堞玉帳
誰作三軍長崇功別入繪事中殿上英姿猶颯爽
西門鎖鑰久無人紫塞秋風刁斗響音安邊已失

護羌威九重掛罼徒懷纍宸心方切西顧憂十二方略誰畫上琅函孳出紫泥封詔令詞臣頌遺像詞源抽出草玄手王海金淵波浩蕩雲戕彤管記殊績異代榮渥光泉壤辞中歷〻舊勳業八尺畫上增嗟賞冊青歌頌溉世人捴為平生忠義仗英名已炳竹帛中更帶雄詞輝萬丈當時若得後將軍淨掃妖氛似反掌噫吁戲西塞風塵令頌洞撫畫懷人歌慨慷

沙川集草藁卷之二

五言律詩

挽嚴叅奉 可誠

憶過巴南宅樽前識面初一鄉稱善士始仕濫芳譽
落木悲秋色空江有雋魚丘園日蕭瑟回首但沾裾

走寫便面送中子猷 徽 赴平安幕府

扶鞍秋風落鳴鞭幾日回艱危此離別交誼自童孩
赤葉清江路寒雲乙密臺元瑜每多暇應索幕中杯

挽尹起之大人 汝徵

令予泛遊久常欽德義尊教經存舊業容駟待高門
地卜眠牛卧廬着吊鶴翩永違綿酒薦南望獨傷魂

挽金有慶母氏沈氏

自是吾宗秀于歸孝誼彰遐齡垂八褒大姓錄三綱
容有前閨式孫應後業昌永違臨穴笑題挽獨心傷

挽金井邑自晦母夫人具氏

望族連珠貴尊榮太后兄多男有餘慶列鼎享專城
一代芳閨範千秋彤管名鳳毛敦世誼相挽更沾纓

秋城別金族姪 倜 赴擧入洛

竹雨鳴窓外槐花暎道周共来千里地相别一年秋
壯志南池徙新書北闕投遙知客夜夢長在古潭州

重過黙會村寺

草屋依林小柴門擁竹幽水聲添雨夜山氣染霜秋
細憶曾過日還生遠别愁村童應笑我歧路白渾頭

挽羅佐郎 茂春 内子 即典籍緯文母夫人 未盡記

癸丑彛倫晦賢侯正議張新恩輝贈牒舊德在閨房

哭申澐 自淳昌移奠過秋城是歲春挽同福公即啓考也

苦雨鳴山木頹雲壓古城正堪悲景象況忍送銘旌
父子還同兆泉原儼若生誰知一歲內哀挽再題情

次李汝清濯示韻

弊褐衝深雪羸騎背朔風逢迎千里外離合半年中
對坐憐俱老從遊憶在童何當歸去地分占華西東

題葛覃驛

古驛臨長道憑軒意轉迷林香襲客袂鳥跡印庭泥
畏晚着山日愁深問野溪栗留如有素隔葉兩三啼

悼朝雲 月課

不學楊花去同飛瘴海雲烟寒丹竈火淚落碧羅裙
大化緣隨盡凡塵路自分相如還可羨頭白送文君

江泉寺次申君澤韻 寺在淳昌有僧致旧有青鶴一雙來捿邑人戲投木石傷其雛遂去不返云

籃輿出山郭落日訪禪扉三印臺空在孤巖鶴不歸
逕深秋葉積樓迥宿雲飛忽喜靈川子清詩在衲衣
昔朴訥齋祥為潭陽全沖庵淨為淳昌又與隣邑一太守同遊此寺並登一巖故居僧相傳為三印臺云

贈戒皓上人 皓即江泉寺僧來乞樓記

爾索新樓記茲樓我所遊水聲欹枕夕山色捲簾秋
細果兗鹽味香茶慰客愁如逢竹堂老佳句更宜求

贐别伯氏

此地分湖嶺今朝别弟兄孤臣去國淚落日戀君情
野舘花初謝何江雨已晴篤師莫緩渡安敢滞茲行

撫孤松 月課

不愛門前柳還憐庭畔松孤根飽氷雪苦節亘春冬
扶厦宜高架分陰庇四封慇懃手自撫要與保龍鍾

挽成通禮 時憲內子

令子從遊久常欽禮教徽方期綏福履遽見泣春暉
孝睦家無間周旋里所歸千秋廣陵上松柏帶餘輝

挽柳星山丈

先執皆淪沒如今又笑公神明漢循吏篤行柳河東
細〻花間酌溫〻座上風空餘兩家子交誼永相終

和洪大而韻亦宋子瞻 大而即命夏

北海清樽酒元龍百尺樓誰知今夕會不減古人遊
官樹新經雨涼蟬已覺秋瑶琴強解事彈盡别離愁

挽尹淳昌

人世誰無死吾兄最可悲堂留七十老室有兩三兒
宗祀將奚託功名亦已奇平生交契厚執紼淚盈頤

永昌大君挽詞 代人作

遺教終無賴深冤孰不哀人生六歲盡天道十年回

白日重泉照青山永宅開千秋長敬殿猶作望思臺

挽金注書 信行 改葬

憶直銀臺夜君為香案仙當時惜佳士此日改新阡

阻笑青山曉題詩碧海天雙蘭應不窒餘慶定綿綿

挽南叅議汝昂内子金氏

學士北齋藥夫人已卧茵那知炊臼夢忽報異珠辰

索亂諸癡子攄胸二老親重泉無限恨千古廣陵春

挽李翊寧 命達 内子

淑德鄉隣歎多男福履宜三州同享貴二竪忽無醫

舊館辭丹旐孤舟載素帷使君今白首忍賦悼亡詩

贈送權叔平

久客偏傷別臨岐況暮年不禁雙淚迸寧惜一杯傳

驛路寒烟外城陰積雪邊如逢驄馬史道我白渾顛

次許次山寄示韻

小郭隣滄海青山桃碧湖時當逢寇亂地合避匈奴

風景猶曾異親朋恨獨無君來慰幽寂把酒莫長吁

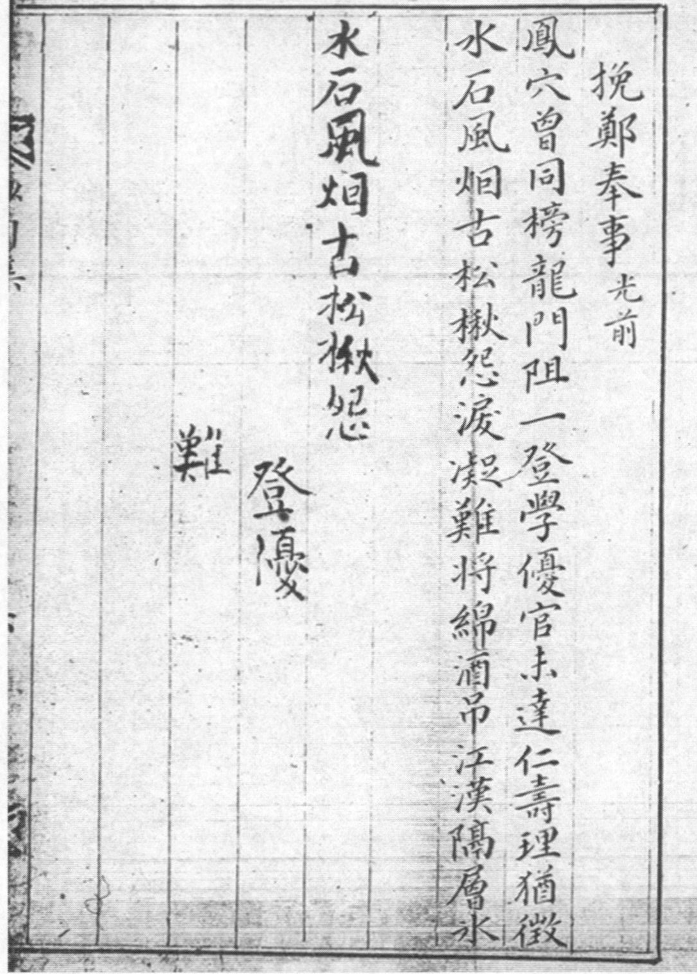

二月往法聖

遠岫青螺髻滄江白鷺波百年勞夢想千里此經過

海日明村樹城陰幕岸沙偷閑令有地渾欲謝紛華

官居吟

海戍吹晨角江城聽早潮錐刀民利盡園鹿賦稅饒

作吏多艱日逢人問聖朝舊遊渾不識準擬理歸撓

挽朴鐵原內子李氏

有美賢哉婦無兒命矣夫人生竟如此天道足堪吁

紫誥承殊渥冊旋就宿蕪蘼州令白首何處撫墳呼

挽鄭奉事 光前

鳳穴曾同榜龍門阻一登學優官未達仁壽理猶徵

水石風烟古松楸怨淚凝難將綿酒吊江漢隔層氷

水石風烟古松楸怨

登優

難

五言排律

挽安延安昶内子俞氏

南極星沉彩鐇桃葉謝春鶯傳海上訃悲甚洛中親
憶昔尊姑在惸宗舊義遵塞淵膺介祉賙恤見深仁
雙桂忝差影猗蘭馥郁新聖朝優老典恩誥淑夫人
宅相秉驄貴兒孫御馬臣百齡欠二歲千古孰同倫
可但徽言絶無憑世德陳浚生唯有淚寄洒暮江濵

挽申同福 起漢

花笏趍庭日鈴齋樂事張賀書綏遠寄出閭自何方

早歲還三教高才貫六塲（公嘗增廣式年半年內貫六塲）青雲縱蹇
濶墨綬亦芬芳不展匡時略恒懷嫉悪腸誰知周吉
士終作漢循良莫近歸（公先祖公沍号歸來）山連望子岡世
閒鑊玉壁膝下两文章故宅春如錦空庭草已荒經
過追往跡節物秪深傷桃上鶩䰟夢樑間落月光無
從新淚淚寐莫洒衣裳

挽吳正字（添慶）

金牓題名日瓊樓作記辰哀榮遽如許賀吊忽相因
此理無憑問老天胡不仁才名四十載逈拔百千人
伊昔三清會爭推一席珍空懷華國手虛老瘴江濵
每惜蹉跎久驚聞汨沒伸臚傳玉陛曉花暎錦城春
騏馬長途足神龍九級鱗風雲俄變化星彩忽沉淪
早識文章盛由來造化嗔終悲孝子里遺郄北堂親
彩舞真如夢珠焚僅浹旬凄凉綠槐院蕭瑟白楊隣
詞賦長留世山川已返神朋知各消膽行路亦沾巾
不忍經莊里含悲問舊民村閭人絶跡門舘草如茵
故宅當時慟哀辭此日陳何當雲浦上一笑真椒蘋

望雲畗（月課）

滸子身千里家山地一隅星霜空荏苒王事任馳驅
未學回車孝還登叱馭途遙遙太行上渺渺片雲孤
膝下寸心切天邊雙眼枯因風高復下出岫有還無
別路同歸邈歸愁共鬱紆只憐停驂休道變須臾
陡彼當時思留為好事模回頭瞻莫及掩淚看斯圖

登絕頂

結構危岩頂金仙是宛安試登猶太躁遠望但長嘆
細憶平生夢方知世界寬碧天雙手捧滄海一杯看
未信真仙在泛茲此理團瀛皇會稽小周禮壁臺殘
竟日忘塵土回風鬱羽翰人間誰可托簪紱永相拌

重過山寺題化主僧卷軸 此寺元成宗大德十一年刱我太祖朝重修有記

伊昔安禪地如今老宿傳洞深蒼檜苑井古綠苔填
修刱光陵日經營大德年寺乘猶可證碑誌獨無編
俗士排玄教公門索度錢呼鷹驅法侶提網截神泉
役使均耕野誅求劇坐廛盛衰元有數翻覆問胡然
爨須廚吏供茶倩小僧煎利病宜俱訴科条為甬蠲
非無棲遯志奈此世拘牽鐵椀霜前橘筠籠雪色綿
龍蟠留舊跡人去有新阡佛面開龕大仙節着殘圓

俻林麝氣巃危崖鶻巢懸綠桂迎秋冷殷梔淂雨妍
橋平移石疊基側信籐纏興廢真吾事雖工孰可專
喜揁隨勧化競捨亦因緣報道陰功日休䢜失我荃

五言古詩

挽尹楊根 應之

有淚耶忍洒有辞耶忍哭有酒耶忍真有辞耶忍讀
有此四不忍還似無心曲自我城西来喜淂芳隣〻
子今三十年交情久逾篤軒〻長者風温〻君子德
早聞詩禮訓文詞日富畜驥子方遠展奈蹶長途足
平生孝友行猶可警薄俗闇人有一善愛之踰骨肉
憂樂長任真不嬰榮與辱携酒日相就淂句忙對屬
亹〻説不盡静夜頻剪燭憐我煢〻疚每過慰幽獨

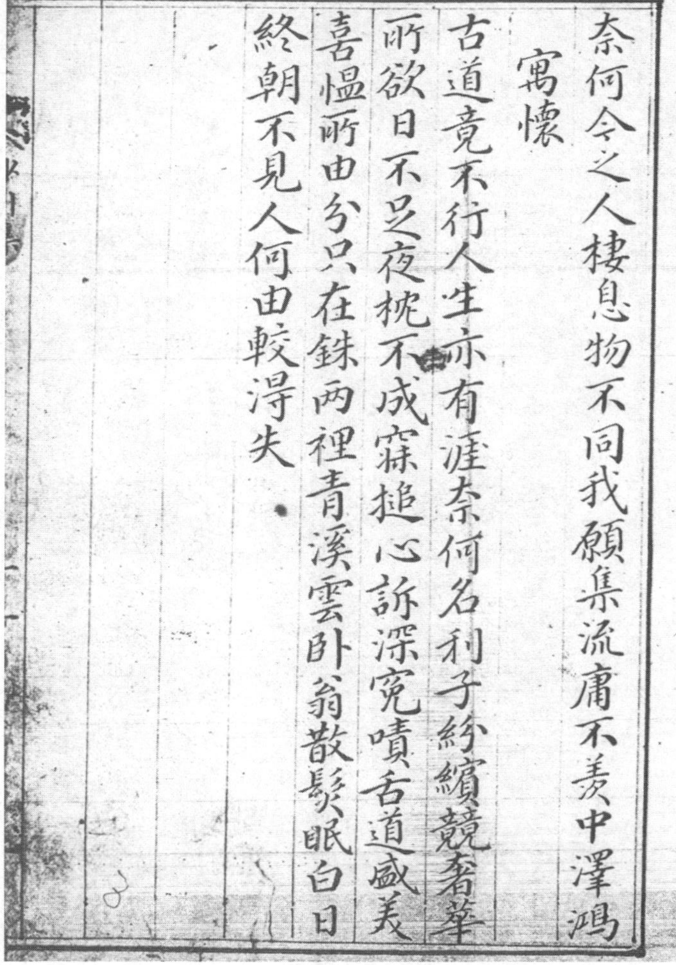

誰知一朝疾半夜三呼復伯道綖無兒宗祀韋有托
六十未云夭在公一何惜睽乖若浃日書札來相續
如何此別後渺々幽明隔倏忽歲云徂舊館長寂寞
耿々夢中語落月照樑屋時閱篋中墨習見眞面目

澤鴻

翩々隨陽鳥冥々落西東失群不成篆含蘆斜翳空
幾年一陣影相失萬里風回翔追氷泮接翅依蘆叢
何處淂其所洞庭瀟湘中水國波浪靜沙渚菰米紅
嗈々神自王守雌知其雄寧愁弋者矢已遠莫猺弓
奈何今之人棲息物不同我願集流庸不羨中澤鴻

寓懷

古道竟不行人生亦有涯奈何名利子紛繽競奢華
所欲日不足夜枕不成寐搥心訴深寃嘖舌道盛美
喜慍所由分只在銖兩裡青溪雲卧翁散髮眠白日
終朝不見人何由較淂失

五言絕句

挽尹監司 鳴殷

我本無朋友平生君一人君先棄我去泉下與誰親

秋城送金族姪 偶赴舉入洛臨別書贈便面

夕雨滴梧葉凄風生竹枝別君無限意難盡數行詩

謝人來見惠茶

長吉高軒過盧仝諫議茶今朝兼二者感意果如何

南海露梁津樓次黃子由板上韻 宋

地限南溟水人登北望樓莫嗟兮鳳亭君寵借茲遊

驛樓待伯兄謫行 時伯氏謫南海又以朝命遷富寧

苦雨〻不止待人〻不来秋風驛樓上空對紫荊開

雜著

賦 啓 箴 判 不允批答 敎諭書

泣拜畫像賦 科製戊辰別試與篇居魁三上

生我者母〻也天只草心莫報風樹不息昊天之罔極
痛幽明之永隔掛繪事而瞻拜洒無從之滂淚孝固
感於宸衷誠不間於生死曰惟夫也之挺特于級金
天之西鍾戊削之風骨有瓌瑋之異形值皇風之遠
暨無漠南之王庭隨漢使而沒官變夷秋於中國篤
孝思於將母荷天子之殊渥踐周官之卿士牧雲錦

之三千簪侍中之右貂聯九級之華聯何昊天之遘
匈恫春暉之奄落號曰月而無及恒五内之如割於
是天子下詔曰若有外國臣一介朕之心膂也股肱
也玆一介之忠諒蓋無忝於所生今也玄〻朕甚惻
念旣孝思之無匱何怙何恃盍寫貌於繪素寓羹墻
之視爰命工而乡出掛遂殿之裡臣稽首而瞻拜究
平生之面目地下亡〻親堂上一幅今拜于下滂泣何
及見儀容之若在廣至情之小抑伊皇恩之出夷蓋
篤孝之攸則倘徵夫也之忠孝詎荃心之至此生中

國而冠章甫者尚禽斂之無擇何荒服之異種有淳
備之行篤噫〻當日托孤之画畐不于霍而于金則
豈與不學無術之陸同日而語也哉

次歐陽公病暑賦

火雲鬱其崢嶸簇萬疊之奇峰釀炎毒於六合水石亦
訔其玲瓏我欲奮飛乎扶桑兮馭泠〻之長風〻伯
不我饒兮但入海之蓬〻崐崘峙於西極弱水滂兮
天之外路漫〻而不可涉雲霧泛而蒙蔽彼南蠻與
北荒山萬重兮水千派龍蛇聚而雜處烏鳶過而欲

墜無縮地之奇術之騄鸞之道骨未能閻起乎滄海
若爲昇仙於白日瞻四方上下靡所注兮乃蚊蟲蠅
蚋之攸聚顚角蚤而不擧心嘿嘿焉如藏迯頑陰陽
之相禪故一歲焉一遭詩雲漢之有詠武扇暍而勁
勞惟聖賢之不免慼下土之焦枯矧陋巷之湫隘氣
烏僉而神琵縮渴不止於大江病已倦於節屋誰沾
我以玉井氷誰寄我以靳之竹沉無賴於青李乞徒
勞於水玉搴余綴蕪詞兮仰六一之遺躅安得金風
之颯然兮鏖殘暑而去煩酷

賀新監司俞棿到界啓

九重宵旰方軫朱繳之憂千里湖山大慰蒼生之望
陽春有脚牙纛增輝恭惟閤下陳家有難弟難兄宋
朝得蘇軾蘇轍祥麒威鳳炳同時之芳名玉節金章
聯兩道之重寄照福星於南北見州邑之澄清伏念
某叨膺一麾坐嘯三載類故人之飲酒獨喜一[illegible]咸
小邑之烹鮮深媿五袴

志以道寧箴

一片靈臺萬理畢備人有此心便有此志心之所之

是氣之師外物交蔽玩之則喪以道而寧惟理之當
或寧或喪在愼其機以道則貞以欲則危古往今來
人莫不有志存乎道順理惟裕志背乎道鮮不物誘
我志旣寧晏然帖妥志苟不寧隨應而殆究厥由兮
道與非道肆在成周太保攸誥西旅厥貢是乃外物
或恐斯志玩彼而失一篇訓辭百王元龜聖如周武
尚有箴規在後人辟寧不祗惧臣拜稽首曷哉聖后

田税監官金澆呈文畓免田判 走筆題答

漕運轉滄海韋監董之潯人雲牋寫心衷何苦辭之
至此勢有不可情見于辭惟賢一鄕善良十室忠信
談經墨帳着戴誤身之冠籍名青衿終非窮相之容
黃陵廟刻讀罷使君之堂白雪邊山不見從軍之役
孰云魚魯之難辨可免鵃鷟之貽譏屬西土之多艱
有南方之調運官無事村無事何敢望焉生於斯死
於斯無可迯矣金公樂以族之林氏子以舟行身爲
守令之官忍見寃苦之狀何知額外之次又有是事
之名滿紙張皇行行字字之悽惻入庭呼訴言言事
事之悲憐已不欲勿施人忠恕非遠民之情大可見

慼背何心然念行有後先路分夷險長山渤澥彼既
往而無辞漢水通津令始向西何苦惟顧直趍衆避利涉
遄歸若精粗之辨别與升斗之低昂必有[illegible]之當
何待握筭之徒矧令三月暮春千里錦浪[illegible]之
私意無守一隅作丈夫之壯觀正在今日愁風愁水
莫念長千之勞何慮何憂惟思䟽事之會

教統制使柳琳

王若曰嗟予一介不貳心之臣畀衛三道兼統制之
任賢於萬里遠矣是庸再往欽哉念彼牙纛之營
介在湖嶺之奧自黑龍生亂以後專意海防伊青雀
滑力最多寔難董師有若舜臣之蕩寇俾也可忘迨
五十載獨數二人盖朝債帥之臨邉徒事箕斂寘
春夏訊候於度外軍政虛踈矧令內外之潰訌倍切
東南之虞慮惟卿在家難爭為國純臣百里分符蔑
有英偉之政四方建節籍甚干城之譽温太眞勤
王愧諸將之觀望种師道之舊銳挫當日之[illegible]張偏
師獨當河北稱岳爺之難撼威名遠及酒中閒四廂
而虛鶩無旒常之紀功孰知如彼其盛施資級以導

賞少荅于役之勞纔回鴨水之行適鈇龍驤之贊
師常重於他鎭歎體行之無人制閫莫踰於老臣得
前度之眞將玆授卿云云卿其承予委寄之意服
予超擢之殊恩早暮占風恒若對壘之日綢繆未雨
益壯固圉之猷罒械樓櫓之修治無煩新制之創補
裨軍吏之供億何必小利之規沿海文移永絶貿販
之弊積年租簿宜滌[illegible]久之寬張宣撫之暴而寘謀
在卿攸戒郭汾陽之寬而御衆是予之望斯皆養士
得民之方豈非親上死長之道一時便宜之策自可

善畜百爲利害之機不用多誥於戱細侯再莅應有
竹馬之迎嚴武重來必致雪山之重値王家之板蕩
肯曰獨賢竭忠智而[illegible]旋勉副僉擧姑玆云云

左議政昇平府院君金瑬三辭不允批答

王若曰身都將相注意方切於安危辭至再三遐心
寧決於造次卿旣牢讓予將疇依惟卿才大勳
高捧日乾坤再闢果誰之功經紀初陳鱉卿[illegible]持
銓藻鑑世稱山濤之公明赳裏文衡人推子産之辭
命蒼生之繫望已久金甌之覆名寧遲夏人或闕望

知司馬之作相子儀罷宴客賀揚綰之當朝肆切倚
毗之誠益賴匡救之力云胡一疾之无妄乃有三章
之丐閑念國事之艱虞無可爲者顧大臣之[illegible]庸
詎輊乎納還陵已迫其期而捴護宗重其任事
而必慎所争者公執小謙而固辭寧有是理臣隣共
愀頎仰體予心上下交孚已洞燭於卿意宜導前
旨冈守撝謙於戲休戚與同益勉忠貞之節去就以
義毋忘締構之初所辭宜不允故兹云云

臘前三白頌

於皇上帝降休降鑒惟德是眤惟王對越[illegible]天若懋昭大德六
氣之序天以分劑用相其世歲窮于紀赫韈將理其日壬癸惟
時有祥陰不我陽惟雪其雱緩緩不必累徵以著盈尺于地
惟不封條惟眤莫蔺[illegible]白三朝惟三厥白競先禧臘其占宜
麥一時推塏載[illegible]甬至三民曰於戲來度以時可以無
飢嘉乎之前我卜其年甫田甫田今茲之瑞繄誰切[illegible]惟后
賜奉天以誠受天之禎惟我后明謂君天民同胞視[illegible]
至仁仁覆下土俾甫豐孚以[illegible]不富我作斯詩歌于莊逵
賡徽青規

沙川集草藁卷之二 終

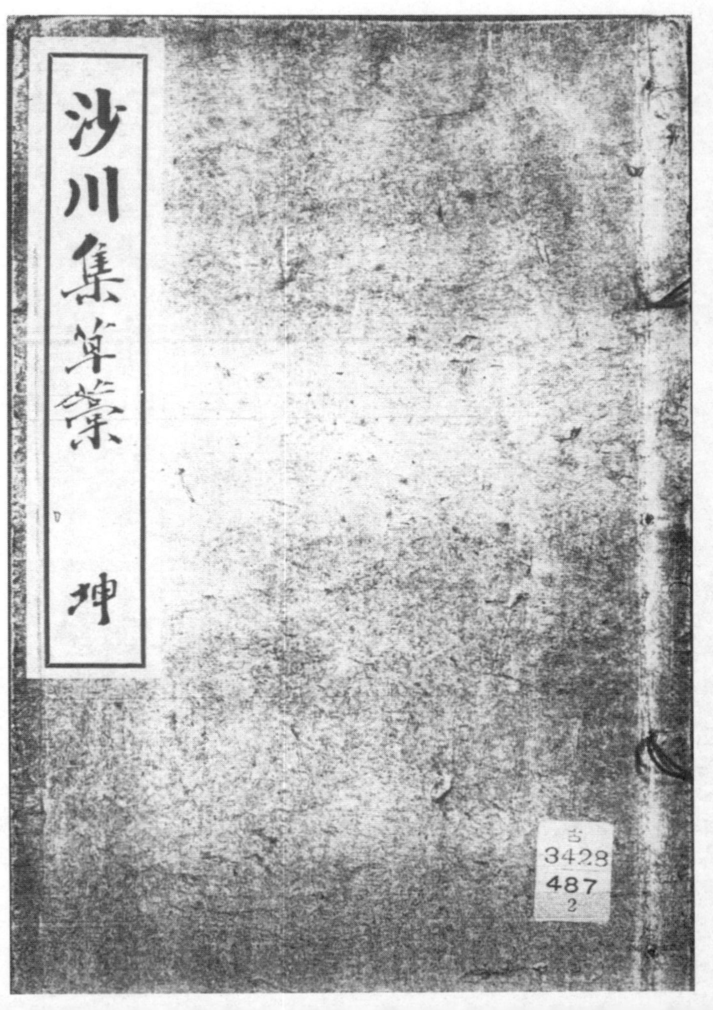

沙川集草藁卷之三

雜著 筆

疏 劄 祭文 祝文

辭輔德疏

伏以臣之於君猶子之於父子有疾痛必呼父母臣之情勢苟有悶迫則寧避冒瀆之誅而不呼慈愛之天乎况微臣之前頭所患不但爲一身之私慮則仰首疾鳴所不容已也臣前爲接待都廳猝遇無前之變其爲 國家之羞辱已不可勝言而其時接待[illegible]

上略舉梗槩啓遞而已其間終始景像聖明必不
淂以洞燭矣臣於去月十六日以輪宿日次方在館
所日纔昏黑以房妓改備遞生暴怒該色郎廳林蔡
捉入決棍繼有捉入都廳之語傳命者絡繹臣入往
對坐纔發數語咆哮大叫捉下中庭脫去冠帽捽倒
蹴踏鐵木狼藉醜辱無數曰汝是殺炷之人也汝是
鄭雷卿之兄耶弟耶雷卿謀殺我也汝亦殺我者也
以此等說重言複語罵不絕口聲震內外促舉大棍
擬臀擬膝事將不測譯舌輩滿庭哀乞累被歐逐猶

且掩蔽臣身則聲色愈怒曰當刻內若不舉行當折
汝膝痛加捽曳而黜臣仆地昏絕良久而甦纔出館
門更覓都廳軍牢四出催督甚急臣不淂已竄匿閭
家都廳捉入之聲終夜不止亂打色吏幾至殞命則
臣一逃避之人也臣之見嫉於彼人一至於此乃
大小譯舌吏卒之所共目見者也臣雖至微職列擯館
稱以都廳猶敢肆然詬罵無所不至廉劇所在寧欲
攢地而入也臣自經此後精神昏奪驚悸成病身帶
苦痛曠日彌留不意宮官之命又出此際臣賤疾

方劇旣不能卽謝 恩命況綿踰月又不敢陳章自
列遷就至今罪合萬死以臣無狀叨此新 命職分
內事糜粉是期而且聞彼之歸路每擧臣名怒叱不
已云將此憎惡之身當彼未息之怒則接應酬酢之間
形勢難便必有甚於前日之逢辱臣之生死雖不足
顧而生梗之患有不可測臣思之至此不知所以爲
計也設令臣好顏色善辭令務得彼心彼豈釋憾而
忘怒哉況淩暴侮辱之餘心之怵惕不啻若傷虎之
人則雖欲作意而爲之末由也已頃年黃床中翊全

等於彼人雖有所嫌而比之於臣輕重較然當時
聖上猶命遞改況臣之見忤有甚於兩臣者乎推以
事勢決不可保其無事伏惟 聖明垂察焉臣雖無
狀亦有知識豈不知夷險不避之爲臣子職分哉況
此 世子陪從是何等職而敢生一毫厭苦之心乎
且輪回遞代已成近規今此除拜乃臣應當之次也
臣每見除授宮僚跡涉規免者未嘗不憤嫉而心非
之誠以臣子分義有所不敢故也今忝 恩命何敢
一刻遲回而躬自蹈之下以誣臣心上以欺 君父

款臣之情勢如前所陳而僨事貽辱勢所必至逋慢
宿命之罪亦知難逭伏願 聖慈俯諒愚懇 特許
鐫改亟加罪譴以正邦典則上天鑑臨臣不怨悔臣
不勝云云

論妖人朴之英疏代人作

云云臣頃於榻前不能深知厥事之顛末且緣性鈍
口訥不能隨人應對明白依違未免含嘿而退歸伏
私室愚衷耿耿為日已多不能自已輒贅聾瞽之辭
仰瀆 天聽臣罪萬死臣竊念潢池之說怪誕茫昧
不可提捉端倪而徒憑一妖人夢中之說堂堂 國家
傾信而起惑至動 聖明之下問有此廟堂之聚議
臣竊痛焉設令墳塋所在明白無疑而一朝被凡民
侵占之患在 國家詳慎之道猶且按覈真僞必得
宗地然後處之惟此潢池自古雖稱 穆祖大王移
住之地而誠不知某丘為宮室之所某原為墳墓之
域則祀典之所不載守護之所不及有不可論也曠
然山洞草樹蓊翳雖使數十年內經返之人行過其
間亦且迷不知東西況此歷過三四百年無人空曠

之地何能的知墳塋之在某處也况其書中所載之
語太半稱以國祖傳敎而爲之辭云此尤萬〻不
近理怪〻不可測也其所謂玉圭其所謂符信云者尤
非萬〻近似若使其人但以言語興訛則容或取惑
於一時之人聽也豈有玉圭符信夢中所傳授而旣
覺之後仍在其手之理乎此則自有天地人物以来
所未有之恠事也其爲誕因不待明智而卞之哉且須
在十數年前呂州有妖人辛姓者自謂我 太祖降
靈於己其時誕妄之說無所不至轉播閭閻久而自熄

今此朴姓者所爲正類於此不經之說恠誕之事殆有
甚焉臣竊聞道路之言令此朴姓者夕喪其子女失
性病風接置妖巫傳習恠說直一男人妖巫也其鄕
人則自初不爲信聽而凡所妄說只作一塲騰咲破
閑之資者今已十年云噫鄕人不信而國家信之鄕
人咲之而國家惑焉是 聖明之不惑恠神反不如
一鄕人而傳之後世謂 聖明何如耶設令一依其
所言有所設施則臣未知何所徵信何所指的而終
歸於何所結末也此臣之尤未可解者也此而不塞

則虛誕恠妄之輩接踵於四方将不勝其弊誠非細
慮也臣之愚意宜令有司火其書誅其人杜虛妄之
説塞将来之弊觧一國聽聞之惑使人〻曉然知聖
明不為妖人所欺眩不勝幸甚

自茂長任所承 旨上京在振威辭修撰疏 戊寅八月

伏以臣性本庸愚又無學識僥倖科第晩登仕路累
忝臺省旣乏毫補於 聖朝時當危乱不能効力
於外邑自惟無似久息榮進之望矣去七月初二日
臣在茂長縣任所祗承以臣為弘文館修撰斯速上
来事有 旨臣聞命驚惶置身無地臣窃念玉堂請
列乃朝家之極選也前後居是職者必以經術學業
可為輔導 聖明或以文章詞翰可為潤色王言者
不然則必以一時之所推雅望之所歸者然后上可
以規諷道義裨補君德下可以稱塞衆望淂免尸曠
矣如臣者自顧蔑〻百無一能而梦寐之外濫叨洪
造已極惶駭況作吏下邑膺此 寵命尤非賤臣之
所可堪任者而身在遠地旣不敢陳章控辭則無奪
黽勉就道趍謝 恩命一言自列於北闕之下斯可

已矣臣之老母素有宿病經春徂夏不絶呻痛臣之
獨子陰腫方潰千里他鄉四顧無親母病子病獨自
扶護適當暑熱涉遠甚難不得已淹滯中途旬望之
間僅得少愈臣便卽先行不分宵晝疾馳上来而救
病之餘卒然驅馳爲患濕瘧不意重發添得風邪寒
熱之證在公州道上痛勢極重寸寸前行進到振威
地漸加深重顚仆路邊不省人事扶入旅舍達夜至
曉譫語如狂火熱上衝目不能視物傍人呌呼殆不
可聞朝暫回甦强欲跨馬兩脚軟澁起立還僵精神

恍惚食飮頓廢若干日內決難差歇情勢狼狽區區
憫迫之情無路自達且臣除授三朔公限已過當此
日 御經筵之時虛帶職名甫謝無期逋慢之罪實
合萬殞伏願 聖明天地父 母憐察至懇許令鐫免
臣職云云

再疏

伏以無狀小臣濫承寵渥未出觧由而砭格除官陞
章乞免而未蒙恩準臣誠感激措躬無地允可以奔
走供職之事則糜粉是期而不敢以疾病事故仰瀆

宸嚴矣今者臣有切迫病患不得不冒萬死籲呼臣
罪萬殞臣素多風濕之病寒暖之交輒發成瘡者每
歲而然矣今年則自月初始發於腰脇漸及於肢體
上自頭部下至足膝一捿遍滿行步蹣跚坐臥俱艱
縮伏直廬晝夜呼苦時或結為凝核處處成腫起發濃
潰之際尤不堪其苦此宗在直同僚及館中胥吏之
同所目見者也初以為尋常而日以益甚少無減歇
竊念職親地邃初非養病之坊況當頻 御經筵之
時決不可帶病入直臣之情勢極為悶迫伏願 聖
明天地父母特命遞改以專調治俾遂生道不勝幸
甚云云

辭校理疏 一

伏以臣賤病甚重不能供職冒昧陳章冀蒙 恩遞而
調理察職之命出於夢寐之外自惟無狀叨此匪分
驚惶感激不覺繼之以涕泣也帶病仍直為日已久
狗馬之疾訖可少歇而所患非輕有加無減蓋臣之
此病根本甚痼當初濕瘡之痛正為此瘡腫之漸也
上自頭部遍滿肢體首末着巾身未束帶並以[illegible][illegible]

坐須支枕加以濕熱上攻面門如火晝夜煩渴不能
交睫本館問安亦不得進經筵入侍決難隨参委頓
直房不敢經出虗帶職名踰旹度日此非退家調理
泛然乞免之比也　闕內大小人負無不知之臣雖
欲恐痛在直而病勢日甚察職無期臣誠悶迫計無
所出不得不冒萬死再陳危懇當此多事之日煩瀆
之罪尤合萬殞伏願　聖明天地父母特加矜察快
許遞改俾專治療以遂生道不勝幸甚臣無任激切
屛營之至云云

應　旨劄（己卯五月因夏旱求言傳教不俟以校理製李俆道長以副修撰旨進）
伏以臣等竊覩徃牒雖在治平無事之時猶有憂國
愛君之誠則必進言於其君曰朝夕莫保也曰禍亂
將作也曰危亡立至也夫治平無事之國固無一事
之可虞而進言者所言若是其深切者禍乱之兆常
在於不聞不睹之中故汲汲然匡救惟恐其不及焉
況當大亂之餘元氣已盡血脉垂絶民生未蘇風俗
已訛百爲潰裂無復可爲有若今日之甚而加之以
罔極之天災連歲斯慘則憂時識治之人將復何如

訐也臣恐結舌而無言袖手而遠走不啻若扁鵲之見膏肓也言念及此可為痛哭在昔未亂也天災時變式月斯生則君臣上下之憂惶憫慮者不過外侮之或至也歲運之或歉也如斯而已若今日之國事至此今日之民生至此則豈慮念之所曾及者乎嗚呼丁丑之後如人纔經膏火中出前警後懼莫保朝夕雖雨暘以時年穀屢登不足以補既往之喪亂而彌目前之憂慮去年之旱近古所無今年之旱甚於去年既愆東作何望西成哀我民斯將不日而盡矣

臣等不敢知天果欲殄絶我邦國之命而伊莫之恤耶天果欲仁愛我 殿下而終乃玉成之耶殷憂啓聖多難興邦政在我 殿下一身則今茲孔棘之災安知非轉移之一大機也耶 殿下自即祚以後十有七年之間遇災求言不止一再臺閣諸臣草野韋布之應而進之者亦不可計數而 殿下前後所答必曰嘉尚必曰體念必曰採用必曰施行尚不聞用其言而行其事、、、而彌其災則今日求言之 敎不幾於紙上之空言而終有乖於以實不以文之道耶臣等

俱以無似日侍、經幄親奉德音思欲竭心而盡言
者寧有然哉第才智庸下學識空踈掇拾前言多類
蒭狗條陳時弊亦不新奇其何能塞 聖教而補萬
一乎秪以向来政教中不厭於衆心者俱列于左以
效芹曝之獻焉其一曰重臺諫以恢公議國家治亂
在於言路之通塞在於臺諫之輕重盖聖君明主之
勵政圖治也求助臣工出於至誠故直言敢諫之士知
無不言、無不盡雖乘輿之尊宮禁之密苟有害及
生民而不可為後世法則遇事風生直前論辨必得

回天而後已三代以上無以議為自漢以来容納直
言之君亦何限焉有止行輦而受之者有假顔色而
導之者有給筆札而責之者是故享有天下久安長
治而傳之至今稱道之不衰且以漢成帝魏明帝庸
下之資亦能有勿葺折檻不罪牽裾之美事惟彼聞
一直言見一直郎彿然而怒之肆然而罪之者其亦
漢成魏明之罪人也寧不為痛哉前代之設臺諫但
責以隨事糾正以補不逮而已曾不若我國之上自
君父下及庶民朝廷百責專萃於臺諫者也凡千廟

堂規晝百僚進退靡不與知是故政令施爲之際一
臺諫論之則格而不行 祖宗朝所以責望於臺諫者
重其職任者爲如何哉 殿下英睿出天聖智絶倫歷
覽臣隣無一差強於意者粵自 即位以來補有近
耳忤旨之人則必傲色以蔑視之嚴辭以作絶之間
或優容而嘉尚拔擢而尊顯者不過承順旨意之所
向與軟熟苟容之輩而已以言獲賞臣未之聞也習
尚所染循默成風朝端少鯁直之人臺閣多蹇諤之
風此正由 聖上無翕受之德上下無交孚之美故厭聆

然矣試以近日事言之論執之事持久日多則 殿
下必以勿煩已喩等數語迫之然拒之或有待停啓
而有所施行之 教或有綫爲停論而旋下特除之
命君臣之情義相乖臺諫之体面虧壞至於一守令
一小官薄被論劾則自謂臺論雖發不久當停一經
彈駮反增其氣耐彈行公不恤笑罵甚者揑造飛言
反誣臺諫是故朝廷不尊百隷怠官慢蔑臺官曾不
若一庲官道路若聞呼喝之聲則必侮弄而譏之自
不久之啓無益之言不亦勞乎夫我國之紀綱体

統専畀於臺諫而反爲此嘲笑數謾之資若是而寧有不亡之國乎凡所論啓之事有拂於 聖意則入啓雖早批下必晩是 殿下徹示好悪之端使人得以窺測焉盖臺諫所論只憑風聞不無過誤宗失之事此則自古通患非一時所可深治也 殿下則不問起似與明白私皆莫之省焉其弊至於朝廷不尊体統不立而國不爲國不亦惜乎或者慷慨之言至有設置臺諫不從其言無寧革罷臺諫之官此言固不爲無理而人情之欝塞盖可見矣伏願 聖明継自今臺諫所言虚心聽納無如曩日之所爲則上下相和而天灾或可弭矣其一曰厚民生以壽國脉夫民依於國〻依於民民本固邦寧之說 殿下知之矣往在昏朝賦役煩重八路群生鴈嗷魚喁幸頼 聖上極之於水火之中自癸亥初年 殿下之宵旰憂勤諸臣之一意奉行者未嘗不以民事爲先而不能保知利病之源且無着實施措之宜纔立一法旋即廢閣纔行一事旋即追停大同宣恵之類其一也民之望治如渇思飲而終不能蔱一政行一令以厚

民生以裕民產大亂繼作土崩尾解遂至今日而極
焉公私赤立儲蓄蕩竭而經用之費歲幣之需不得
不責之於民則顚連困悴之極其何能出粟米麻絲
以應之乎使孑遺之民流散而四之死道路顚溝壑
者將不知幾何噫使民至此而能國其國乎臣等竊
通淸先仰聆王音恤民之教不啻丁寧而屯膏未下
怨讟沸騰臣知殿下之恤民不如古聖王也明矣
何以言之古昔聖主不以民視民而以己子視民所謂
子惠困窮若保赤子者皆實理而非謾語也夫慈父

之視其子何所不至有慈愛之心焉有惻隱之心焉眞宗
而無僞純一而無間疾痛痒痾休戚是同聖王之於民亦
猶是也深仁厚澤浹於肌髓故民之視君亦猶子之視父
平居則愛戴而不貳臨亂則死長之恐後此王者愛
民之明效也今殿下愛民則不然在初則發遣宣喩蕩
滌逋欠而事歸文具終歲宗效經亂則蠲減癸享
節損貢案而實惠未敷民不知恩至於民生休戚係
於字牧之官而不問賢愚專用酬勞之人考績不公
勞來無勸贓法不嚴而侵漁尚酷凡此類者果合於

古聖王若保子恵之道乎不然則今日之民生不得
蒙如傷之澤者固也無足怪也伏願 殿下継自今視
民之生真如 殿下之赤子一政令一施為之間至誠惻
怛一如古聖王之所為則民生得保而天意可回矣
其一曰作人材以培元氣人材作成最切於國家詩
曰文王壽考遐不作人材此言文王之作人至老而
未已故多見興起之人而美之也以今日人材之藐
然知 殿下作人之道亦異於文王矣即位之初久
任國子之官以責成效勤試殿講之儒以勧經學其

作成之道不可謂専不留意而歴年既久實效無聞
績文種學多積傅發占名於科第者亦不可多得則
況望其經明行修之士蔚為世用乎才德出世不待
文王之豪傑誠不可得而見矣閭閻里巷絶無誦讀
之聲道都街路不見挾書之童嗚呼蒙養以正作人
之本也提撕誘掖教人之法也養既失正教又無術
則人才之蔑蔑理固然矣 殿下雖有則哲之明無
所事於官人可勝惜哉他日之論經據史補導君德
責之於誰黼黻王猷賁餙國華責之於誰調元賛化

論道經邦責之於誰臣等近觀 親臨試才之事甚盛舉也決拾中微者頗有成效故爭相慕效逐月增長夫人才成就文武何異作人之方不容少緩伏願殿下責成教胄之職廣置教訓之官自家養小兒以至年長諸生經書子史之外授以小學近思錄心經諸書薰陶性情變化氣質痛革浮靡勉〻義讓則濟〻之美彬〻之盛可復見於今日而國脉靈長終必賴於此矣其一曰勵廉恥崇節義以淑士氣節義廉恥國之大經而人之大閑也誠不可一日無者我国

家自祖宗朝其於節義廉恥之道崇奬培植靡所不至士大夫之子自幼及長必以禮法自持謹嚴自守在家則相勉以端慤之行立朝則先觀其砥礪之操先輩之所教詔後學之所聽聞必先斯四者故人〻漸漬士習醇正時平則清白居官直道而事君遇變則急病而讓夷捐軀而報國士大夫之所貴乎名節者不亦重乎人心水下世道日卑及至今日士不師古節義廉恥知之者鮮矣纔免孩童先知朋黨之彼此未受句讀先尋利祿之蹊逕為官者貪污相師陷於刑

辟而不以爲愧事上則詐僞成風甘心欺罔而自以
爲能任私蔑法者職於此黨同伐異者職於此鄙俚
闒茸之輩幸寵而競進庬濫無恥之人殉利而犯法
若此不已則必亡 殿下之國而後已可不懼哉鄙
義廉恥之掃地莫今日若也而臣之私憂竊以爲四
後則又有甚於今日何者崇奬之道明於上然後踐
行之人興於下往者變亂之日殺身舍生之人如其
義也如其節也而褒贈存恤之擧久而未有聞焉此
豈 殿下崇奬之道哉噫越蛙之怒燕馬之骨足以

致人於千里之外 殿下誠能搜訪貞廉介潔之士
如有行績表著者不次尊官如光武之拜卓茂優恤
死節之人以彰褒美如唐宗之贈秀實則人皆觀感
興起而士習或趍於正矣其一曰明愼獄訟以消天
災獄訟天下之大事雖以舜禹之聖訟獄歸然後乃
踐天子之位焉況其下乎 殿下自即位之後國家
不幸逆獄屢起逐年推鞫了無已時輪情伏法者外
經殞拷下者亦多有之其中固有隱情叫怨之人而亦豈
無暗滄莫白含冤抱屈者哉含冤抱屈者無則已如

或若有之一夫之死足以感傷和氣尚召天灾況死
者非一乎 殿下爲因求生周詳明愼之德高出百
王前後獄事必廣加詢問而處之欽恤之下宜無枉
死之人而第獄體重大獄情難知故參鞫之臣雖有
淫濶之見不敢發一言而逡巡之際死者滔滔此是
國家按獄之舊規在 殿下好生之仁不瑕有害竟迸
獄是何等重大而區區過慮猶恐有玉石之相混則
至於該府該官自斷之獄無辜而致死者何人哉
況國法不明人心日訛非理好訟奪人財産者寔繁

有徒其始訟也或憑仗威勢之力或曲囑該掌之官
或夤附奸吏之輩初以近似之文法眩惑主司終以
捷給之口舌恣意占奪爲有司者或困所見蒙昧或
以先入爲主或㤼於威勢或牽於私情凡所決折不
出於斯數者不然則迁延日時經過歲年者比比有
之至於內需司及各司奴婢投入之事爲今日已痼之
弊判主之隸無賴之氓不有前後中朗之教符同奸
吏啚付續案以爲逋逃之地其間雖有上言得旨者
不過攀緣於京輦之間而積有可畝之勢者耳避逮

屡民抱冤募告者何可訐數哉不但此也内奴婢輩故則其田民財産自本司推徵之際掖庭下人稱以别坐追捕鄰族毫髮不遺搒楚狼藉遞相冐告所得甚瑣而取怨不貲此則民不敢訟而官不能知者也是以含痛抱冤者無所籲訴叩心呼苦相聞於道路臣等竊恐連歲旱災未必不由於此等事也伏願殿下繼自今申明攸司痛革宿弊聽訟斷獄一遵法憲如有循私枉法者或有知情誤決者勿以大官而有所容貸必繩之以重律使庶獄平〻而和氣藹然

則彌災之道寔在於此矣嗚呼今日之可言者誠不可毛擧而切近之憂莫如斯五者故略已條列於上矣臣等方日侍前席進講周詩盍亦觀於雲漢之章乎其曰何辜今之人寧丁我窮先祖于摧者皆出於至誠惻怛有是動天故說詩者謂宣王承厲王之烈内有撥亂之志遇災而懼欲消去之天下喜於王化之復行百姓之見憂故作此詩以美之然則 殿下今日所遭豈非周宣王昔日之攸行乎 殿下之所以体周宣之心行周宣之政非但一意恐懼必須大

加振作其所以振作之之方又在於立　殿下之大
志懋　殿下之宗德伏願留神焉孔子曰三軍可奪
師也匹夫不可奪志也夫三軍師之於匹夫可謂越
矣苟有志焉則彼可易奪而此不可奪匹夫之志猶
尚如此況國君之志乎自古撥亂傾否之君必有確
然不可拔之志蹈危恐若積有年載而後方可以遂
其志矣臣等竊未知　殿下今日之志也將以為因
仍苟且偷靡頹隨上於今日而已乎將以為奮發振
作激勵風動期於法古之所法者而後已乎嗚呼長

圍甫鮮國步猶頻而君臣上下已無在莒之心一年二年幾
至相忘無復有毫分忍痛含寃迫不得已之意諱忌
不言而忠義之氣已沮偷安自畫而委靡之習已痼哉
殿下聰明神武不世出之聖上於今日而終莫能大
有為於將來乎哉　祖宗二百五十年之宗社至於
今日而終不見日光輝之義乎其機專在於　殿下
之志立不立如何耳　殿下之志立然後大夫士庶
人之志立　殿下之志不立則群下莫知聖意之所
在激勵而無所勸懲靡者日益甚終至於必亡而後

己故曰今日殿下之志不特萬事之根柢也實國
家萬世之根本也殿下誠能先立大志刻勵勤若恒如
南漢之日必曰民生厚然後生聚可見矣忠諫入然
後過失可聞矣人才作然後士可以得用矣刑獄理
然後人可以無冤矣細娛小技絶之於耳目曰恐害
吾之志也大志旣立堅定而不撓則推之政事大有
振作而拔之所向動惟後志矣所謂懋實德者亦在
殿下之力行耳自　殿下即位之初儒臣皆以誠
聖德之欠闕蓋　殿下所發於言者
實之未至爲

或非聖心之所存而施之於事者又不能盡如所言
表裡相違前後不同眞實無妄之道不能與天合其
德故雖欲敬天而天不孚祐於上雖欲勤民而民不孚祐於
下況遇災修省之道尤不可徒事於虛文夫正殿之
避常膳之減求言之教祈禱之事是皆已往之文具
殆同依樣之謄錄天人交際雖若遼迥而顯微一理
初無彼此在下而應上者旣以不實之文具則冥〻
而在上者獨可以眞實應之乎起居酬應之間一有
不誠則事皆無實況上天之道誠一無僞苟非純篤

無妄之德其可謂盡應天之實乎 殿下之病又在
於偏明乎細微之事深察乎不緊之務出納文字之
間字體邊傍之誤輒付小標以示聰明晛用制造之
事每勤申飭之教外間傳說未必盡信而以此一事
足以知 殿下之意專細微而遺大体其爲宗德之累不淺大
矣乎伏願 殿下深懲既往益懋宗德務去浮文事
〻念〻無一不本於誠實則國家幸甚嗚呼此正何
如時耶世子冊禮尚無其期前頭事變呼吸萬端驚
心之舉難處之事尤不可鞭策而籌計也不緊迂遠

之章劄懸知 殿下厭見而飫聞矣雖然臣之區〻
愛君之心安可以逆料 殿下之視爲尋常而終自
隱默而已乎此外軍國之計雖有一二之妄見而自
有主者不敢盡言無任惶恐戰灼之至取進止
答曰省劄具悉深嘉忠愛所陳之事無非嘉言至
論當一〻體念而採施焉

祭文 乙酉六月初八日應製

昭顯世子嬪宮忠勳府進香祭文

高禖錫羨震索效禎以聖生聖岦嶷聰明出天孝友寔因胎教居惟踐禮動必循道正位春宮仁聞洋洋日三朝孝思彌彰明曷敬筵禮隆賓師孜孜講究學懋緝熙服膺訓式聖言是欽人灵感悅動植傾心運值陽九備嘗艱阻宗祊至計冒險前去一髮之危乜㾮攸繫風霜絶域日月其逝瞻雲望柽曷月旋歸鞍馬劳神塵沙满衣榮衛乖和

積成斯疾馬不生角曷何誣節旣天悔禍乃遽
東還九載睽違 兩宮重懽馳樂幾時前曜失彩
謂天可必俾耆而艾何德之懿而壽之嗇籲告無所
玄理漠漠鷄人報曉鶴駕猶晏 色憂未解問視
已斷止慈 聖念毁辟深痛謳歌失望萬哭雷動
矧惟臣等忝列盟府義均休戚 恩深雨露在
昔北轅痛結心腸自幸無死再覩重光云胡不
祿伊至此酷攀號莫及即遠斯迫此生何日更
奉 玉音祇薦菲薄冀 賜昭臨伏惟尚 饗

祭林掌令 浔悅 文

維歲次乙酉七月朔二十二日某甲某官某敢以時
羞之奠薦于近故司憲府掌令林君之靈嗚呼
軒騰氣宇坦蕩襟期鈔嶺科甲淸朝羽儀夙忝
聯步莫逆相知洎自南爲幽明已隔舟旋過境
臨路一哭生前相遇痛飮吾師如何此日不見倒
屣不昧者存庶歆于茲嗚呼云云

祭朴大憲 潰 文

維歲次戊子七月甲子朔十二日乙亥通政大夫

守全州府尹沈其謹具時羞之奠使前萬戶謵以
立敬薦于近故大司憲朴公之靈嗚呼哀哉位不
滿德報 主心違養不終身去親何歸一生忠孝
寧忍至斯士林長慟濱漠恨遺屋無標棟民失
賴依胡望之陰胡命之裏玄理漠漠欲問子誰
不才代劉撫事增悲病劇在褥哭未臨歧菲
薄之薦亦替褊裨不昧者廣歆于茲嗚呼云云

祭柳昌原莘老文

維歲次戊子八月癸巳朔初二日甲午通政大夫
守全州府尹沈其謹以時羞之奠敬薦于近故
昌原大都護府使柳公之靈嗚呼哀哉昔公南行訪
我西城謂不善地人固謹避子今首路或未之悟公爲
舊言久負 主恩死生前去願學叱馭夷險不變昔
聞今見誼合卽服臨別重握三年瘴鄉果嬰末疾
叨尹故京已隔幽明追惟往者有淚如瀉不昧者存
究接溫溫哭薦酸菲庶歆于斯嗚呼云云

祝文

代伯氏祭家廟祝文 戊子四月初八日

云云不肖無狀先訓是隳忝行負幽明獲罪淸時三年

南海今又北遷數千嚴程何望生全歷過邑拜辭

靈筵如離膝下若別 慈天滂泣無窮益增摧煎

謹以酒果脯醢用伸虔告謹告

追贈祭先考妣祝文

云云某奉承 先訓再忝科第祿不及養恒切感慟伯

兄遠謫不肖權奉祀事今蒙 恩命除授二品之職推

恩考贈嘉善大夫司憲府大司憲 先妣並贈貞夫人
神主改題昊天罔極謹以酒果用伸虔告敢告

沙川集草藁卷之三

沙川集草藁卷之四

雜著

序跋 策論 詔 策題 表 箋文

聚散堂序 潭陽官廳改建時

知聚而不知散病也知散而不知聚病也一於聚
而不散聚亦散也一以散而不聚散又散也聚焉
散與散又散皆非挈矩之本意於二者如何而
可坐於是者勖哉〻〻新構而揭名因名以自
箴

日哦亭序 潭陽別堂

潭之治平衍夷曠四無陵阜每當炎夏如坐炊甑莅土者咸以是病焉天啓丙寅尹府使天衢就衙北小丘而搆一亭覆以茅而籍以竹名之以日哦而自篆其扁盖取藍田丞日哦其間之義粤二十稔因風而圮不佞承之惜其舊有而今無召工從之不半月而訖事華土而廣其址甃石而高其勢易茅以瓦爲永久也去竹以板遠土氣也增爲兩楹而小其制因地形也圍以竹欄而虛其北爲覩德也旣成將以揭新名也竊覩茲亭之致南墻鉅竹不啻千挺庭之老槐非特四行俯臨北川日聽濺濺之鳴抱案睨視長對鳬鷺之行則耳目之所與謀者皆藍田也職之愕也且猶丞也種學績文雖獨愧於博陵痛灑掃而日哦者亦不能多讓於古人則日哦之名宗先獲我矣於是乎不易之而回舊名焉至若烟雲沙鳥之景臨眺奕谿之勝則登茲而四望者自可得之不欲贅吾說時歲丁亥秋

春夜醉別任進士慶翼翰伯之湖南節度營詩序

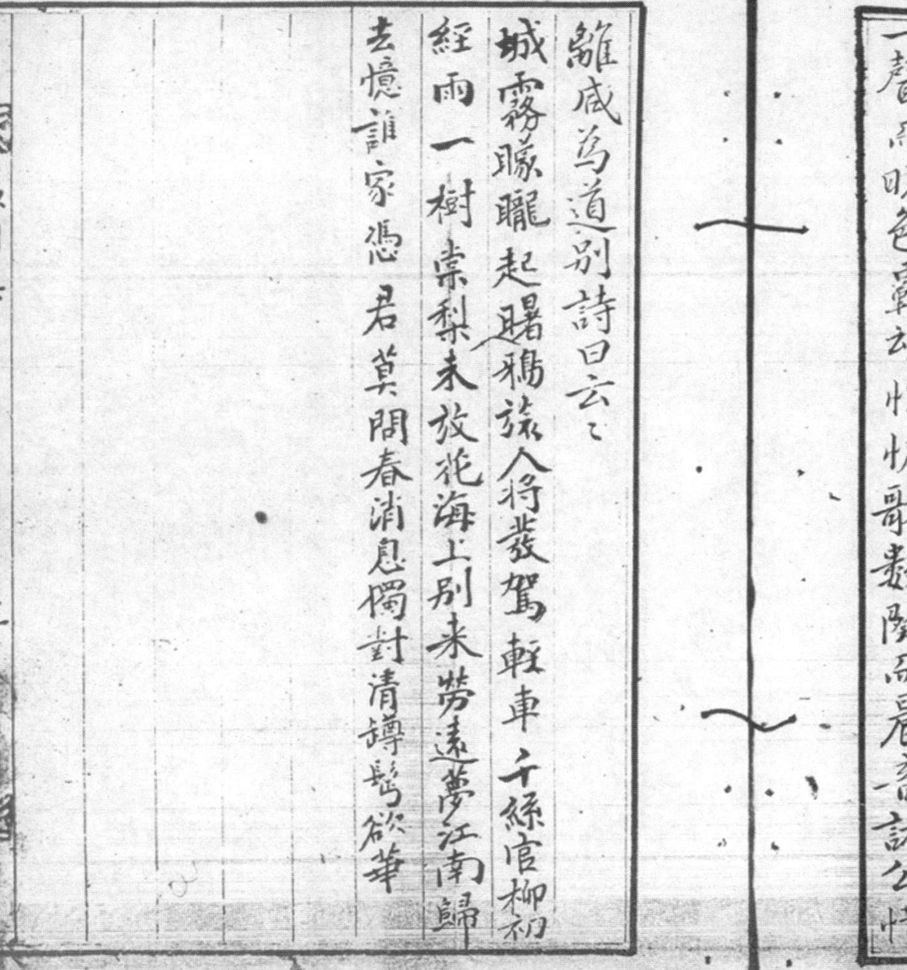

夜飲厭〻擊鼓坎〻參横月落夜已闌而寂寥更
殘燭明客欲散而酩酊長沙太守東閣散才子之一
筵職方郎中南州有舍弟之别地江外之千里才
斗北之一人于時殘紅殿春嫩綠迎夏流鶯語於
翠幕訴離恨之無窮征馬嘶於芳郊恐行邁之
莫駐任公大釣滄海少别蓬萊九流精華擅詞塲
之沙礜三生塵土作平地之神仙節度風流如雲
虛館之客進士行李此日東床之郎曠野蒼茫鷄
一聲而曉色覊魂悽愴歌數闋而晨音諸公惜

離感爲道别詩曰云〻
城霧朦朧起蹋鵝蒞人將發駕輕車千絲官柳初
經雨一樹棠梨未放花海上别來勞遠夢江南歸
去憶誰家憑君莫問春消息獨對清罇鬢欲華

己丑五月己未朔初三日辛酉
國王遣臣禮曹正郎李厚先
諭祭于卒全州府尹沈齊之靈
惟灵挺特之姿重厚爲質純懿内備精華外蔚家傳
忠孝性實天出餘力績文既博且達早擅詞場有問
大發暨漸鴻逵雲路無閡栢府薇垣金閨玉堂風裁
自持不激不訐遷郎銓司輕重自別重科繼捷名振
甲乙分憂歷試累佩州紱愷悌所先疲民賴活内外咸
宜不負望實惟豊舊邦南服扃鑰自潭轉授亦由簡

拔棘機斷劇渙若河決利器之別觀此錯節方期報績
流惠有辛云胡不淑爲祟一疾用未及究遽爾中折年
不可恃理亦難詰言念哭使 予惜慟惜聊遵故常
式陳泂酌 灵其不昧庶與歆格
知製 敎申翊全製 進
仁廟朝致祭于我高祖全州公而錄在於小帖之末易爲流失
故歲乙卯移書于文集之下云爾 玄孫景喆謹書

臨陂愛蓮軒記跋

昔太史蘇陽谷記臨之愛蓮軒以軒之起廢歸美
於安使君以蓮之不染比德於安使君軒之勝若德
之美玆一記盡之矣此其所以軒雖廢而記獨留歲
雖久而名不朽者非耶安使君後百年而太守曰鄭
公達君子人也西軒之西間兩池而葺一軒經始之勤
輪奐之功視安使君之仍舊貫蓋有光焉浚鑿其
袤衍者栽培其荒蕪者使近水朱檻滿地紅錦上下交
暎奄爲一縣之奇絶此則安使君之所不能而昔軒之

所不及也且兹軒之面勢正臨虗市之地虗市之民相聚而觀之曰兹軒之構吾不知也材吾不出也厖吾不運也毋碧之具鍬鍤之力吾不取也而一朝兹軒巋然煥然豈毘役而神工哉吾太守愛吾民故不吾役不吾役故不吾知夫太守之愛吾民也如此民安得不以太守之愛吾民者愛太守乎於是民之愛太守不啻若赤子之愛慈母吁蓮圃衆人之所同愛而太守之愛異乎人之愛是亦君子之愛君子者然也雖然太守之愛其民也有甚於愛其蓮其民之愛太守又有甚於

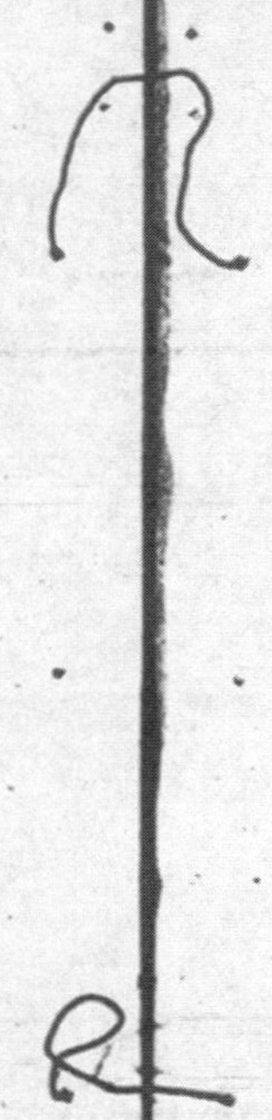

太守之愛其民也不知昔日安使君其亦能有此否乎惜不令蘊太史見而記之耳太守東萊人名攸公達其字少登第踐臺省奉檄栖枳歲今三周政通人和百廢俱興而雅志謙冲不喜人之道其善故軒之成也只跋舊記而懸之是崇禎昭陽協洽仲夏也

聽天堂先生文集跋

曾大父平昔詩文無慮十數卷壬辰兵燹散失莫保子孫追記百許首亂後所著亦且累百而晚年吟詠間有不甚致意處並巾藏未發頃年李大學士植求

見而彙選者二百八十餘首碑銘雜著總若干篇此特泰山之一毫芒可勝惜哉曾大父以萬曆己亥下世已今五十載矣不肖蒙 恩窃廩潭陽鳩工讐校始就歆歟而未及斷手移叨完山遂推乃板而來仍志顚末云爾時歲戊子七月下澣曾孫男通政大夫守全州府尹沈齊謹跋

策

問宗廟之禮序昭穆 戊辰春別魁此策及論賦表並貫四場魁

對愚也聞諸故老退溪李先生當 宣祖大王即位之初被召而來將以大有為也未幾以 宗廟昭穆事議不合而歸使當日復古之志不克展措於世士林深惜之今我執事先生當 聖上中興之日特擧廟制典祀為問嗚呼執事之意我知之矣宗廟之事非曰能之願學焉竊為之說曰藏主於室而立廟之制作氣交於上而報祀典創蓋非廟則無以尊祖而敬宗也非祭則無以報本而追

遠也右穆而左昭取明臨深遠之義也分昧而合親著
遠通隆殺之道也是以古之帝王咸此為重廟焉而饗
以申其崇報薦之以時以明其禋享而使斯民反其古
復其始者信乎不外乎是矣雖然廟饗之設實由於崇
報而非禮則無以盡崇報之道享祀之義實本於追遠
而非誠則無以盡追遠之義苟或瀆廟而不以禮瀆祀而
不以誠則豈帝王敬尊之道也如欲敦事先之道而致錫
類之休盡恐祀之義而享洋洋之神盡反其本請曰
明問仰對以臆嗚呼禮不云乎天子七廟而壇墠

各一禘祖所出而配以為五噫廟位禘祀五七不同
而韋匡穿鑿未或歸一則欲究厥詳無以太煩降及
唐家獻懿不祧則增七為九在今可考而事異殷周
儒者獻議一時援據果出於禮乎至若圜丘有事而
祖以配帝總章禮成而考以配天噫三代聖王禮無
間然後世非禮不幾鑴誣瞎肆爛瞻有虞之祭也而
尚用之義古矣無徵殷氏周氏尚聲尚臭則奏樂迎
牲為哀樂也爵鬯灌地為其臭也禘嘗用樂一有一
無大庭雍佾四時皆奏則礼之不同蓋可知矣然后

之郊鯀爲所出也子姓之郊冥爲尊祖也主髴未補
廟固難廢爵父非禮愚亦聞諸監於二代周制斯倫
古公而大王公季而王季者豈非推文武之意及王
跡之起也嗚呼夏殷周同三代也禹湯武同聖人也而
尊親之孝享先之禮前後一揆則其或同異曷足多
辨有侐閟宮歌而詠之原廟享祀後世譏之則魯制
漢禮得失可知立尸於人而取血氣之流通作主於
木而體方圓於上下各立一廟蓋古制也異世同堂
創於近代嗚呼所損所益三代不同盡禮盡道三代

同然而高曾祖禰序次不易者禮之常也叔姪祖孫
或承或繼者禮之變也則三代以還一何變禮之多也
猗歟 聖朝小華爲國觀德之制合於古聖大事之
祀軼於往代彬彬濟濟固無可議而獨奈何都宮異
同襲之而不革左右文武混之而不分至於文昭也
追恩也實出於先哲王孝思之篤而非禮也非經也
未免爲識禮者爭難之歸則是何禮義之素稱而有
此儀度之忝錯耶韋哉 聖上承靈太一衍慶珠源
岐周盛業風膺傳昌之旨炎漢中興允屬曾孫之身

撥亂反正蕩穢改玉光天之續冠古之行卓百王而
超十倫矣躬奉珪璋而明清廟肅〻之儀夙夜敬止
殫聖人翼〻之誠情文而至誠敬倫至孝理之化蔑
以過矣不料頃年楚國經亂漢儲無餘生民織勞牲
力罄耻七 廟時食之享八路土宜之供節〻而裁
減事〻而蠲省者實出於憂國之至意而亦由於不
得已也漢箸争借周謀孔多民力雖盡奉先爲重晉
家四時亂後之草〻宜革長安九室泰平之濟〻漸
復者議者之見也養志爲孝恤民爲悳損下益上忍

涉於割肉而充腹禮煩豊昵或近於厲民而瀆神者
或者之說也於斯二者孰定一乎執端用中何策爲
上愚之所聞異於是嗚呼神不徒享而惟禮之享禮
不徒行而惟在於誠故廟未有非禮之祀〻未有不
誠之享誠苟至矣禮苟盡焉則廟制之混錯非所慮
也典祀之欠缺非所憂也而今日之廟制也如此今
日之典祀也如此則愚不敢知享先之禮有所未盡
而追遠之誠亦有所未至乎嗚呼黍稷之馨非自馨
也馨之者在人牲牷之腯非自腯也腯之者在人則

執事所謂苟有明信澗溪沼沚之毛可薦於神明者
愚不敢謂不然也為今之計實在聖上約身而踐
禮存心於克誠燕閑凝念勿復有詖僻之念鷄鳴陽
若篤踐於死妄之域洋洋肅肅若或越服禮盡誠而
以為享祀之本虔恭敬思而以為將事之儀念茲在
茲罔敢或怠使誠意交孚於上下禮典煥新於一代
以之薦祀而享陟降之靈以之議廟而得隆殺之宜
文昭武穆左右咸秩苾芬薦享籩豆靜嘉則將見祖
考來格而百靈咸和殊徵盼蠁而福嘏并臻至於祭

儀之歸正廟禮之得宜特其緒餘耳一篇將終餘意
未罄請為執事盡鳴呼今日之可聞者多矣西虞孔
棘餘祲甚惡則邊事可問也頑民不辜逢殘繼起則
民心可問也上蒼示警雷雨愆期則天變可問也凡
此三者甚是當日之切憂而憂時執事不此之問何
也豈非廟制祀儀國之當先而禮之大本實在於斯
乎伏願執事清讌之見啓沃之際禮以道之誠以告
之則 國家幸甚 宗廟幸甚 謹對

問農家水利 戊辰八月增廣魁

對范蜀公判國子監曰取湖學法建水利齋使學者因其名而求其實於是多士華出議若以爲此元祐人才之所由盛也嗚呼水利古制也旣利其民又得其士若蜀公者可謂溉其根食其實者乎今執事臨圍以水利爲問其亦范蜀公之意乎躬耕食貧之士感而爲之說曰先王念民也深故農政爲養民之本先王慮患也遠故水利爲農政之先蓋民必待農而生農必得水而又恒暘之災非此則無以備之枯槁之苗非此則無以蘇之是以逆天之未旱相地之便

宜鑿山築土廣設隄障之所引納濬導預儲灌注之用決東決西以代甘霔之澤油然霈然免致燋爛之慘則信乎水利之最利於民天也雖然遇灾而施澤者乃水之利也豫蓄而待用者乃人之功也水不能自利而在於人利不能自施而施由於人是故修治之得其道則有備於無患而旱魃不能虐脩治之失其道則莫保於暵乾而歲功無所成然則水爲養農之本人爲治水之本如欲盡疏鑿之功而備將來之患則盍反其本哉請因明問仰對以臆滔天之害乃堯

宅土之功是以而溝洫之盡力畎澮之斯濬則粒食
之禹吾無間然七歲之旱大警於懋德之成湯倬彼
之章載咏於側身之宣王而桑林自責則甘雨斯應圭璧既
卒則旱害乃弭潤下之功雖闕於傳記而救災之道
可見於聖王矣至若秦守治蜀堆乃鑿魏臣守鄴
而清漳是溉谿口之控注而畝畝收種者鄭國之能
也渭渠之穿開而在野騰頌者白公之良也若乃頹
水一濁而竟族使酒之郎鴻澤奏決遏呂食羹之怨則
利害由人何預於水噫周井一廢秦陌爭法而粳稻

之利漸開於漢唐則上上雍田反同於楊土之下下
惟貞之究賦或踰於冀州之上錯是果為民興利之道
能合乎古昔而有加於先王乎嗚呼代遠三代世入
季世多桀少貊前後滔滔則可稱可法愚悲未之見矣
愚聞良農能務貴於多獲君子能言貴於知務請姑
舍是嘗試談今靑丘一域環海為國魏邦千里在在
泉流楚州四境望望川澤況我 列聖重民為政六
典經國之書載夏氏掌澤之規一部訓農之編倫周
禮氷人之職占方內之山川就地利之高深土勢就

下則疏濬而為之渠泉源之在上則塡塹而為之堤設置之遠近咸籍於地官鍾蓄之多寡備述於輿地黃閣之元老不以細事而親管之墨綬之小吏考其勤慢而上下之則其所以鎭邦本之生理防未來之災患者方諸往古纖悉無闕是宜弘農穀熟旱不為災太湖大堤歲計千萬白屋有生生之樂赤子頌襟襟之盛獨奈何周年或斬於累登斛旱不免於斯也則公田之雨既失於杏花之辰灌塲之澤莫頼於菖葉之候內而畿服外而嶺海道路者相望溝壑者相連

魏歲之凶不獨於河內魯禾之無遍條於四境以至孑遺周民殆盡於齊饑若此不已國何為國嗚呼醒明主在上良長史在下法未嘗不明制未嘗不修而水利之無利於民若是之甚何也是果漢法之既久晉槩之斯生耶抑亦齊史之卒急而衛綱之不擧耶古之水利利民而已今之水利文具而已古之官吏奉法而已今之官吏廢墮而已嗚呼浸灌之頃不過幾千而得穀之多猶過百萬則是何水利之獨利於古耶地維三百戶盈萬幾而稅入之數半不及古則

是何水利之無益於今歟嗚呼桃虫不戒則終至於漂堤尺霤不斷則終至於穿石今為水利之弊豈無積漸之源乎在昔治水利也必擇都水之官專任而責效故百畝之田夫以時而易矣今時則不然問其官則勸農之官也問其掌則堤堰之司也沃土膏壤盡入於貲里之屯庄尺波勺流先灌於富人之田疇嗚呼瀦澤之設豈端使然哉官吏之任徒有其名矣嗚呼法制之不舉也既如彼官吏之廢墮也又如是則赤土之亢塵玄龜之拆背無怪於連年而使之有

利之水利終歸於無益之文具者亦無惜矣嗚呼堯水湯旱聖世不免驚心慘目在今尤甚今年之患即今之患也來歲之憂有甚於今則豈後之弊端在於今矣愚聞溝洫誌曰今夫水順導則流逆導則壅其所以順之逆之者豈不在人乎誠能九重知則哲之明三銓審精揀之道簡溫良慈恕之士寄牧守令長之職白骨之舊陂得如李渤而治之餘杭之新堤得如蘓老而修之的其耕耘之候酌其激灔之波雨澤之雖洽而常如大旱之日民生之既蘓而常如未蘓

之時核其能否之績以憑黜陟之典一如 祖宗朝
故事則庶幾災不爲災農不失時南畝嘔吟寧多且
涗之詠東郊觀稼極目如雲之盛廬江鄰下比邑而
稱美漢吏蔡守每人而揚名從値可罪之渠歲保無
載羅之魯饑矣篇不已就吏竭餘纔焉昔晉國饑文
公問箕鄭曰救饑何以對曰信夫救饑之策固非一
道而信之一字似乎迂矣以今觀之信知言矣今年
之旱饑㦖於晉國 朝廷之失信甚於晉國則救饑
之政舍信何以哉今 此下民不信乎上者蓋已久矣

自癸亥反正之初有宣諭布告之旨而自始迄今言
不踐實因循之習尚存革新之擧未聞以其章章較
著者言之減賑之減稅權貸之給復報羅而不罷則
民不信者此也州縣之積逋掊克之科沁告蠲而不
蠲則民不信者此也內需之田民議汰而旋傳宮家
之魚䈯論去而不去則民不信者此也賍墨之刑始
重而終貸量田之法幾擧而中止則民不信若此也
如是則今日之 朝廷雖有利民之政今日之民庶
終無信從之心矣爲今日計豈在於務信之外乎嗚

呼此其大器也若夫潤澤之則在執事尚以爲可轉
聞于 上謹對

問用兵奇正 辛未秋 漢城 試魁

對昔宋人有篤於禁疾者學醫於秦越人〻〻問曰子之疾幾年矣曰二十年秦越人笑而謝曰子之篤於疾二十年而始學醫其亦已矣夫篤於疾二十年然後始學醫者秦越人猶笑之況今朝廷用兵四十年始欲聞奇正之道於不學軍旅之人異哉執事之問也噫此正何如時也歟〻辛殆哉奇正之說失今不講則三年之艾終不得於七年之間矣愚於是不以秦越人之笑〻執事而痛哭流涕長太息而爲之說曰兵無常形戰無常法無常形也故兵有強弱之不同無常法也故戰有奇正之合異蓋井〻之旗堂〻之陣相時而動剋期而戰者兵之正也蔵形匿影乍顯乍隱擊左應右衝東擊西者兵之奇也是以兵刃既合決勝於兩陣之中者其勝在正而奇不如正也乘敵之無備收功於一擧之間者其功在奇而正不如奇也此戰陣之用莫大於斯二者而含斯二者則無以制勝

而禁暴也雖然兵家常勝固在奇正而以奇亦正各
有其用時乎以奇而舍奇用正則其正適足以取敗
時乎以正而捨正用奇則其奇亦足以無功苟能量彼我之
形勢察奇正之機會正亦以其時奇亦以其時正而
不悖於取勝之宜奇而不底於自潰之禍則其奇也
其正也有必勝必取之制無以國與敵之患矣然則
正不能自爲之正能以正取勝者將也奇不能自爲
之奇能以奇獲捷者將也欲用奇正盍用良將請固
而白之軍旅之事聖所未學田也三軍夫子不與而

所懼者事所成者謀則其所愼重盍可知矣噫存亡
所係大事在戎則其動也有時其行也有法仰觀俯
察卜史占之揚箕離畢各用拘忌折綿流金不利行
師者兵家之說不易之正也惟彼赤壁之鏖兵以風
而利蔡城之擒賊因雪而勝沱水氷堅光武濟師錢
塘無潮元人獲全是何莫正於天時而風與雪也天
亦示其奇也莫正於地利而氷與潮也地亦示其奇
也愚嘗思之嗚呼雄雄在此一擧設祭呼風是孔明
之神術而若無纖火大事去矣此所謂東風不與周

郎便者也環寇列陣莫利先入冒雪疾馳乃李愬之忠勇而若失此夜告叨無期此所謂官軍入城人未知者也至若白水中興八九已就卜者詐歸追勢迫急則王霸之告一時之詭辭而先儒曰亦可謂能權也屬楮運迄天意已去而敵虜露宿潮水不至長驅之勢天假強胡則史氏謂天不祚宋也嗚呼人之不可違者天時兵之最可忌者風雪而人騁其奇天不能違縮之不可欺者造化物之定可信者潮水而多助之至地失其正是知其正其奇果在於人而天時

地利果不如人也天東一域用武之國也南隣海寇北接山戎征討控禦無代無之而粵自龍蛇一意戎政其所以行軍之道布陣之法參古今之宜斟損增之覘擊刺進退不愆於六步七步相癹制權不差於先時後時鍊閱之久今四十年則行師奇正宜若懸合而余之何兵不習戰、失其法鼓纔塡然梁卒曳兵刃未相交趙人瓦解對壘嘄鋒不見搴旗之捷間路犄角莫有㡠幟之績百步十步鳥散風靡一戰而如是二戰而如是吳王之三戰三北魏侯之東敗西喪

千載吾東再見今日嗚呼孫吳奇正之法今亦有其書矣團伍精銳之軍今亦有其衆矣法不改古也軍不改聚也用之能盡其道則今之戰猶古之戰也其正也其奇也豈有宜於古而不宜於今哉然而宜於古者古之人能用之也不宜於今者今之人不能用也其所以用於今而合於古者不可他求觀乎夫范魏公之言曰邊上將帥常患之人豈天地厚於古而薄於今也信哉言乎誠能求之以誠待之以誠聽鼓而思之拊髀而念之不以反陋而棄之如遺不以歷試而崇之以爵推心而委任、、而責成使行師奇正各適所宜兵之奇者如淮陰之斬陳餘兵之正者如岳飛之破朱仙智以展其蘊才以盡其能養銳於無事之日賈勇於有警之時以戰以守一如古人所謂奇正則將見犬羊就殲而憂虞斯熄矣愚謂奇正之道至此而盡矣篇之終矣語可新乎噫用兵奇正固在得將而得將之本又在於得相、得其人將亦得人此古人所謂內外相須并行不悖者也是故吉甫在外而山甫在內蕭何為相韓信是薦房杜謀斷

英衛効力自古靡有內無良相而外得良將者也方
今玉鉉論道伊周接武金鉞專征方召布列則內外
之治宜無不盡而行師用兵也莫聞奇正之以道則
是為將者非人也為將者非人則相臣無用將之效
矣然則奇正之道責之於將將之得人責之於相然
後內外幷張本末兼該矣夜朁之言執事恕之謹對

論

治蜀尚嚴猛

戊辰別試魁此論及策表具箚賦皆居魁
並貫四場魁

論曰甘辛梁肉之食足以補人之元氣而不能以救
垂絕之命薑桂鍼石之具足以起將死之人不能以
補安養之時時乎梁肉而急之以鍼石則是徒害而
無益矣時乎鍼石而緩之以梁肉則是救死而促
矣有人於此真元積耗大癰已決一指股大一腰
大喘息猶存大命將盡則俞扁之妙手何術以救之
乎其將梁肉而緩之乎抑將鍼石而急之乎鍼石固

害而梁肉非時則可不用其鍼石乎梁肉固美而鍼
石惟時則可不用其鍼石乎昔炎運告迄九土橫潰
一隅西州無主乃亂則西川即已潰之癰疽也孔明
即將救之俞扁也識時務之孔明爲國之道當如何
也瘡痍之百姓若何以蘓之縱弛之政綱若何以新
之于斯時也孰不曰民之未蘓仁以撫之士之未附
寬以御之哉然孔明之政不以寬而以嚴孔明之法
不以恩而以威則是豈非當癰疽已潰之後用俞扁
鍼石之救乎嗚呼漢綱尚正而積漸之弊已痼於縱

弛漢法尚寬而末終之患已極於陵替縱弛而至於無
父無君陵替而至於僭帝僭王夫孔明之志常在於
復漢室〻〻之復莫先於正綱紀既隳之綱舍嚴而
何正既弛之政舍威而何張孔明之得乃興漢之基
也孔明之治蜀乃復漢之治也一州之民即天下之
民一州之政即天下之政也天下之無君父可以寬而化
之乎奸雄之僭帝王者可以寬而服之乎奸雄之父
天下之化既不能以寬而能焉則繩之以嚴峻之
律從之以威猛之法者豈非當日之急務而膏肓

之藥石也哉況劉璋以庸暗之才際艱危之時德政不施於民刑政不肅於國全蜀士民不知政令之爲何物刑政之爲何事耳習於聞目習於見豈眞所謂久則難變者歟孔明之志若在於一隅之蜀則雖或因循而沿襲可也踵舊而畱存可也孔明之志實在於復中原而興漢室則可不威之以法而使之知恩限之以爵而使之知榮哉孔子曰寬則濟之以猛猛則濟之以寬噫寬政之後尚以猛濟之況闇弱之後繼弛之餘治之也振之也不以嚴不以威則不益於御

馬而不以羈縻惜禾而并溉稂莠者乎或者曰顙高祖之愛人憙赴義之士衆者昭烈之素志而孔明不不能順其美法高祖之三章慰西川之民望者孝直之忠告而孔明不能聽從爲則曾有王佐之才有儒者氣像而旣不能順君之美又不能納人之言肖王道之寬仁而踵秦法之嚴峻矣乎曰此孔明之正所謂順昭烈之美而孝直之所不能及者也何以言之慈仁不殺以寬爲德者雖是昭烈之志而正大綱明人紀復漢室之天下者亦昭烈之志則爲孔明計豈

獨以區區之小仁將順之爲務而不以明倫紀復漢室之大志順美於其君而施之政令哉高祖約法以寬承苛則其所謂大寒之陽春病後之粱肉其視於華刘璋之闇弱振頹弛之政令者豈非時勢之使然而寬猛之各異也哉曾謂孔明之明思不及乎此大抵寬猛之於民猶水火之於人也知水火不能以獨濟則知寬猛之可以偏廢矣蓋嚴峻其刑法者固孔明當日之政而漸摩以仁義者亦孔明當日之心也故簞食迎師之說惓惓於在廬之時不塞忠諫之言

恩恩於出師之時其仁民愛物之心固在言意之表斯可見矣婦女髽哭兩川縞素則仁恩惠澤之浹民肌髓者亦可見矣豈若後世之徒猛而不知寬徒威而不知恩一令之施而民不畏之一令之行而民不從之者哉雖然孔子曰道之以德齊之以刑夫聖人爲國德屋刑先而孔明則不惟先之以刑又從而尚叩使後世藉之者誤及無辜之人可勝嘆哉謹論

死易立孤難 庚午秋別試

論曰嗚呼士之生世也莫難者死也尤莫難者死得

其死也莫難者死而能死焉尤莫難者死得其死而
又能死得其死焉則是天下之莫難者能之也天下
之尤莫難者又能之也天下之莫難者而能焉天下
之尤莫難者又能焉則天下甚事復有所難而天下甚事復有所不易也哉
是故人之所難而已不難之人所不易而已獨易之
則其所謂至難者反爲之至易而其所以易之者適
足爲天下之至難矣夫至難者死而反爲之易則其
易者固人之所難而其難者有甚於人所難者矣其
有一死於前以爲其易一死於後以爲其難前之所

易者固足以當後之難後之所難者亦足以敵前之
易則此尤烈丈夫之所難也吾於趙氏之二容焉見
之矣當岸賈之亂趙氏也旣殺趙朔焉又滅趙族焉
趙氏之不絶而董存者只穎腹中之一遺孤耳以勢
而言之趙氏之族滅矣遺腹之孤弱矣而賈之氣勢又
不可以智力取勝則二容之於是時知己之深讐不
可得以報矣趙氏之宗祀不可復以血矣然而以人
事之難易言之死者人情之所惡則天下豈有易死之
人哉人有恒言曰感慨殺身易從容就死難夫計日

後之事機決此時之死生者豈非人之所共難也而其相與謀之言曰死易立孤難豈不以人所以難之者而吾所以易之者抑吾之爲後日謀者反有難於今日之死故也嗚呼立孤固人之所難而二子亦難之死亦人之所難而二子獨易之何二子之或難於難而或不難於難也此其志不難知矣何則人〻至難者死則死非易能之事也而當死而得死則死其死也均是死也而死得其死則衆人難之志士能之蓋鴻毛泰山輕重自别魚與熊掌取舍斯分則人皆

有一死而斯死也異乎人之死矣而不以人之所難者爲難而以人之所不易爲易矣若夫將來之事機不可以豫期後日之成敗不可以逆覩而襁褓中一嬰兒將不免爲餓虎之求攫則趙氏之不血食不待智者已筭〻矣彼二子者非不知事機之至難也立孤之至難也與殺身之至難等是天下之至難而一則以爲易一則以爲難者何也誠以知己之恩不可以不報國存之計不可以不遂也是故杵臼之所以死於前者非所以易其死也適足以成後日之至難也

程嬰之所以死於後者非只爲踐其言也乃所以報杵臼之易死也夫杵臼之死以一時匿山之故而定實以兵殺之是其謀則從容而死則倉卒也程嬰之死乃趙武復讐之後誠尊榮富貴之時而遂死之是其謀亦從容而死亦從容也噫立孤至難也從容死尤至難也爲此兩至難者程嬰也死雖難也而其難也人情之大凡所難也能人之大凡所難者杵臼也以兩至難較之於一大凡所難匿山而先死豈非難中之易也然則杵臼之死非以死爲易也其所難者在於後而匿山而先死者適獨以殺其身而已故不計其難而以爲易人以死爲難而杵臼既以死爲易而先死則程嬰之立孤也不得不自任以至難也事雖異於難易而死實同於先後一先一後而志于死則一也嗚呼死與立孤在二子則難易有别而在公人則皆是至難也二子之一難一易固不可差殊觀也而人或以不擇所事少二子之節義者豈其然乎

謹論

擬唐太宗奬諭安市城主詔 月課

皇帝若曰咨爾高麗國安市城主將爾之精忠朕甚嘉之爾之志節朕甚服焉人各爲其主耳欲令群下效之玆乃班師誕告用寘朕昔在隋季初起晉陽東盪西伐筭不遺策強如武周適彼朔野悪如世忠拉於伊水回戈南指而蕭銑下揚麾北征而師都伏李軌不戰而獻河西李密跋扈而殲黎陽此數者中國之雄也皆南面稱孤開地千里而後不踰時朕能剋之至若頡利之驍騰而服於便橋突利之凶悍而擒諸

定襄薛延陀之倔強而終作勅勒麹文泰之負固
而夷為内郡此外夷之酋豪也皆控弦百萬鐵騎
雲屯而兵不血刃朕能勉之用是四海底平萬方咸
寧粤今三十年茲矣爾高麗不供貢職敢干朕化朕恭
斯怒親御六師帝常勝之勢摧天下之兵威灵所暨
何敵不剋而蕞爾孤城敢抗王師者于今幾日月哉選
銳抽精鼓以薄之則砲車雷震飛鏃雨下使朕之三河
材士六郡良家盡為城下之虫沙貔貅猛將帳前爪牙
舉皆卻步而不前朕自起兵以来未嘗敗也不虞今日卒
見於爾也朕之文武大官謀士宿將咸曰添兵積粮持久長
圍以為必勝之計朕獨以為不然朕聞三軍可奪帥也匹夫
不可奪志也今爾奉君之命守君之城得人之死力抵死
而不少撓竭其忠而盡其義一乃心而抗大難雖古之烈
丈夫何以過此真可謂不可奪之志也真可謂不可屈
之節也不識爾何狀能令朕嘉歎之至此哉朕之軍中
死事者非一朕不之恤為朕之師徒失意而左次朕不之
恨為朕之所服者惟爾之節也朕之所欽者惟爾之忠
也向者中國之諸雄外夷之酋豪方之爾真兒戲身

之襄薛延陀之倔強而終作勑勒麴文泰之負固
而夷爲內郡此外夷之酋豪也皆控弦百萬鐵騎
雲屯而兵不血刃朕能剋之用是四海底平萬方咸
寧粤今三十年玆矣爾高麗不供貢職敢干朕化朕恭
斯怒親御六師席常勝之勢摧天下之兵威灵所暨
何敵不剋而蕞爾孤城敢抗王師者于今幾日月哉遴
銳抽精鼓以薄之則砲車雷震飛鏃雨下使朕之三河
材士六郡良家盡爲城下之虫沙貔貅猛將帳前爪牙
擧皆却步而不前朕自起兵以來未嘗敗也不虞今日卒

見於爾也朕之文武大官謀士宿將咸曰添兵積粮持久長
圍以爲必勝之計朕獨以爲不然朕聞三軍可奪帥也匹夫
不可奪志也今爾奉君之命守君之城得人之死力抵死
而不少撓竭其忠而盡其義一乃心而抗大難雖古之烈
丈夫何以過此眞可謂不可奪之志也眞可謂不可屈
之節也不識爾何狀能令朕嘉歎之至此哉朕之軍中
死事者非一朕不之恤爲朕之師徒失意而左次朕不之
恨爲朕之所服者唯爾之節也朕之所欽者唯爾之忠
也向者中國之諸雄外夷之酋豪方之爾眞兒戱耳

是何寔然微物雜出於經傳子史者若是其多歟至於騷人墨客之畫料詩材亦在於此其故何歟古人云能往能来不愆其候而今或穡事未熟霜信先至使南畝之人間拜頓影愁歎滿野是固無心之物乘氣去来而似若有與於人事者何歟將溫涼節序亦有古今之異而然歟抑禽鳥去来亦有早晩之不同而然歟如欲来賓北徂各當其時而無乖錯之患者其道何由諸生窮格之外必有能言是者願聞其說

表

擬唐丞相宋璟等謝同日上官命宴都堂（己巳秋科作魁）

一時拜渙汗之恩既叨匪分之寵九天霈需雲之澤更承式宴之榮喜深同朝樂哉今日伏念臣等非周三宅忝虞四隣群才屬休明猥厠晉蘭室之遘天子喜文學濫蒙漢桂館之招俱非五百載之命世敢比二三豪之爲時豬臺掌詞頭臣璟之匪據可愧鳳閣草詔手臣說之小技何稱至如乾曜之不才亦被晉接之殊遇無循良之竗譽歷試方郡縣

簪笏於華冑共沐恩波雨露偏深徒積尸素之
刺雲霄已逼相戒過福之災逮玆玉鉉之虛席正當
金殿之覆甌君卜相果誰爲之才未之於昭代臣之輩
不可數也恩必及於惟賢視若心膂視若股肱簡
拔佇在於儁乂汝作鹽梅汝作麴蘖寵命反加於
庸流前爲丞後爲疑紫誥黃紙置之左置之右一
日三公袞衣繡裳鑊膳黼座之日月玄圭赤舄交
暎政堂之槐梅何畐命爵之辰復此錫燕之渥中
消奉引旣侈上官之威儀內府須宣吏設都省

之華宴恩隆九棘榮動八茵兮鴻爐之綺羞錯落
瓊蘖酌獻罍之琮醞瀲灩金觴風傳九璈聲按太
常之法曲星燦六弁香浥尚方之恩花鼎軸同升
未輸沃心之報效湛恩均霈先叨濡首之榮光但
知浹髓而淪肌不覺舞手而蹈足之許芳辰之遞
勝盛事方頌於明時侈黃扉之寵章異數親
見於此日況玆瓊詞之燦爛寶出玉汝之洪私紫
極宸圭降七章之雲漢璇霄寶墨煥三台之星
躔和南風於舜殿汝諧汝弼詠湛露於周雅

同德同心歷觀前代之遭逢未若玆辰之優異
玆盖伏遇皇帝陛下使臣以禮臨下以誠謂臣等
雖無黼黻之才責飾斯世知臣等粗有補袞之志
篤渠王家遂令如臣者三俱被不世之數臣敢不
一心輔聖二人共貞遷擢閏朝廷縱蔑秉軸之道調
和新日罪百罪庶勉燮理之猷

擬漢諫議大夫夏侯勝謝喻以無懲前事 丙戌重試 居第二

往者不諫只誅狂妄之誅遺示之盡言特荷恩諭之
降光生白簡帶溢青蒲伏念臣少事武皇待罪
光祿素昧經術謬稱夏侯之尚書豈好人師不怠冬
日之講討徒恩不負所學願效勿欺之忱當昌邑廢
罰之恒陰粗進當車之忒逮聖皇維新之政化未賁
蚩衣之治須緣廟號之肇稱乃與列侯而會議躬仁
義励咸武合擧清廟之樂章喪師衆竭民財妄陳淅
聖之瞽說難逭自作之孽竟罹無妄之灾在桎梏而
追愆誰怨誰咎逢雷雨之作解惟帝惟天白日昭之
俾從諫大夫之後丹忠耿耿之遠切死言責之心自信
愚樸之無他邪見簡易之有剌九重殿上不知尊主

之儀百僚廷中或貽呼字之失言可布告曰若稽古
之克出而語人敢曰爲王而誦允愚臣前後所犯者
豈聖明誚讓而止哉方俟鈇鉞之濫加不啚綸綍之
遝至不保其洗旣令許以自新若懲于前惟恐言之
未盡臣不言有罪寧辭苦口之陳帝乃曰無懲盍勉
非心之格告內順外肎曰善前之爲瀝血剖肝更殫
由中之悃追惟往事遠汗顔而增慚責效將來但拜
手而知感苟非包荒之大度寧見遵諫之弘規益進
逆耳之猷無復噬臍之悔旨哉攸服高宗但賞說言

遜于僉心太甲克念伊訓如臣遭遇宗罕古今玆蓋
伏遇皇帝陛下以皇曾孫遂爲天子轉圜從善適追
高皇止輦受書近法文祖至今策賀亦被鴻私臣敢
不備七人之諫臣竭一心之報國治安進策縱慚長
太息之賈生出入拾遺庶效甚矣戇之汲黯

擬漢待詔賈捐之請罷珠崖郡　月課

中國有聖子德化已洽於遐邇南人復叛矣郡邑宜
罷於窮荒何怏於斯請姑舍是欽惟皇帝陛下北辰
居所南面無爲呼韓革心撫先皇之洪業亡忝續前

懲建元之窮兵四裔將圍於庭衢百蠻已聚乎文物
頤惟珠崖之絶域邈在瓊海之中洲島而夷言自是
化外殊種蚌胎寶産素稱域中珍奇風烟不通於堯
封星文逈隔於周野連境土於百粤久屬尨夫臣佗
開郡縣於一隅蓋自武皇帝世炎風毒霧去者十無
一還夕叛朝降迨玆百有餘載徒勞益戍而添兵未
見飲化而歸仁故今吏士之逢殘寔緣暴悍之狃習
廟謨已定爭議南土之揮戈我武維揚佇見北闕之
懸首然念小醜之玆蠢焉用大衆之斯興人今朊兒

蝥六合漸漬於同軌君已富土壤一九寧裨於方輿
日闢國之周王仁不以力歲加兵之秦帝得何補上
不治乃深治莫謂空棄之可惜力服非心服許令懷
綏而自新稽首爭來已見諸國之寶玉無脛自至何
愛厥貢之蠙珠矧當周歲之告凶復此魯賦之悉索
去年戰今年戰虛老三軍前出師後出師費動萬計
不幾虛內而事外可戒爭地而殺人臣伏望下三尺
之德音恢萬里之明見特宣䩄罷之命俯循遂棄之
便則師旅長征免致暴露之苦蠻夷率服應效就日

之恍炎徼獲安温澤旁譏臣謹當拾遺紫闥待詔金門何相見之晩歟縱愧諫征伐之主父長太息者此也窮追策治安之先臣

擬漢相國蕭何謝命劒履上殿 月課

飮至紀功烈旣荷分土之疏榮禮異見群臣吏豪上殿之殊命横腰誇贊跂足知恩伏念臣何有一能猥並三傑授履圯下學殘留侯張良帶劒徒中才之楚王韓信自愧刀筆掾吏徒持文墨議論給餉足兵粗知爲國之本發蹤指示敢云其功則人逮兹楚猴之沈殲正當周爵之行賞沙中偶語反居臣等上何海内威加獨家帝曰嘉乃方惧第一之位次復此異數之便蕃苛土加名何安獨多食邑劒履引上崗被殊等恩私玉帶睽呉鈎仍近黼座之嚴家赤舄升殿殿不旁文石之趨蹌腰間寳緱未遂班心之解佩脚底珠約猶存省眼之結纂傾此頊頊之庸姿復叨几几之優渥兹盖伏遇皇帝陛下斷蛇恢業斬馬爲盟賜劒此宮邁楚子之待士錫履東土軼周王之懋功遂令罔功之臣獲此無前之寵臣敢不戴履天地磨勵

心衷七十被袷縱未及平陽之勇烈六奇出計庶幾
彈户牖之智謀

箋文

王世子冊禮賀箋文 乙酉九月

前星掩輝暫輟三朝之禮小海重潤獲覩貳極之儀
喜氣兼霄歡聲匝地恭惟 主上殿下以聖生聖爲君
盡君欽福錫民誕膺多男之祝自家及國咸仰知子
之仁追玆冊禮之克完益致基本之永鞏伏念臣忝
守外服幸際洪休跕阻龍墀莫陪歡舞之列心懸鳳
闕夢切燕賀之忱

討平逆賊安益信柳濯洪景振等
大殿陳賀〻箋文（

潢池弄兵敢逞射天之計宗祊默祐悉就肆市之刑
三灵乂安八方蹈舞恭惟 主上殿下允文允武既除
既治秋殺春生不忒順時之運怒刑喜賞孰有越厥
之民茲當戡亂之辰益膺中命之錫伏念臣犬馬誠
深鷹鸇志励猥殿南服莫陪歡舞之班遙瞻北宸益
切鼇抃之賀

沙川集草藁卷之四 終

王大父以經世文章平昔所著述不爲不多而只緣棲遑於內外盡散於中間逮夫捐館之時吾先子甫更齔吾叔父方在腹其拳而存者又未能收拾巾箱所載不滿萬千之一可勝惜哉吾先子在時每懼夫泯焉而無彰嘗手自蒐輯作爲一帙固將壽諸梓而圖不朽乙丙大侵

穿竊滋甚是冊也亦犯慢藏之戒致
令王大父之文吾先子之志并不免爲
湮沒之歸是何天理噫噫痛矣及至
今日吾先子下世條二十年吾卄父又七
十而耄期矣顧余不肖之責當復何如
耶但疾病以絆之科業以牵之有意於
繼先志而莫遂者雖矣去歲初夏偶閱

家藏得王大父手書日記曆十餘卷就
而省考則若其吟詠咳唾之餘見錄於
其間者或有之遂乃覓而拈記間又求
散在於知舊家者合而彙以爲上下
兩編詩文雜体總凡若干首嗚呼此特泰
山之毫芒濵涬之[illegible]泒豈以此窺測其淵
源哉雖然崑玉之片彩桂林之半條不

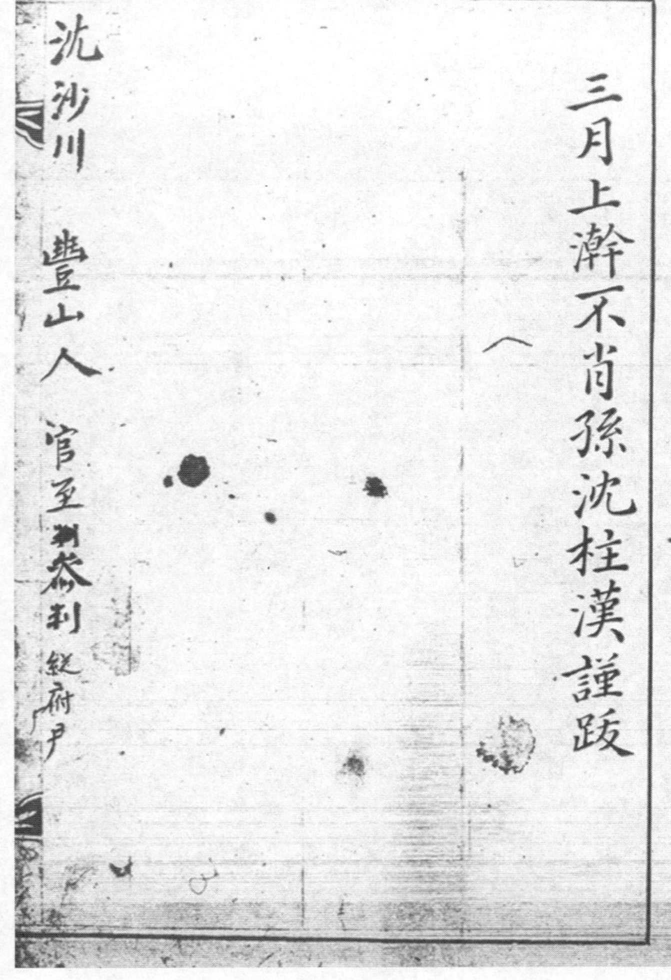

宮為稀世之寶則夕必固非可論也已噫不肖小子生晩家庭且況早孤而零丁凡有所起無從而質只誦孫提時口吋緒言而亦將又煙沉響絶顧今汲汲於是集之畾成者竊恐其愈久而愈失也繕寫之餘敢附一語以叙顛末無寓愴感之意云爾時歲丁酉

三月上澣不肖孫沈柱漢謹跋

沈沙川 豊山人 官至刱叅判 綾府尹

申竹堂 濡 高靈人 官至吏判

南滄溟 龍翼 宜寧人 官至大提學

李麻菴 休徵 廣州人 官至吏判

任南谷 翰伯 豊川人 官至判書 校理

鄭晩洲 昌胄 草溪人 官至參議 副提

朴草亭 守玄 密陽人 官至司藝

姜雪峰 栢年 晋州人 官至吏判 提學

八文章